いざなぎ流　祭文と儀礼

増補

斎藤英喜

法藏館文庫

本書は二〇〇二年一二月二五日に法藏館より刊行された『いざなぎ流　祭文と儀礼』の増補版です。

目次

増補　いざなぎ流　祭文と儀礼

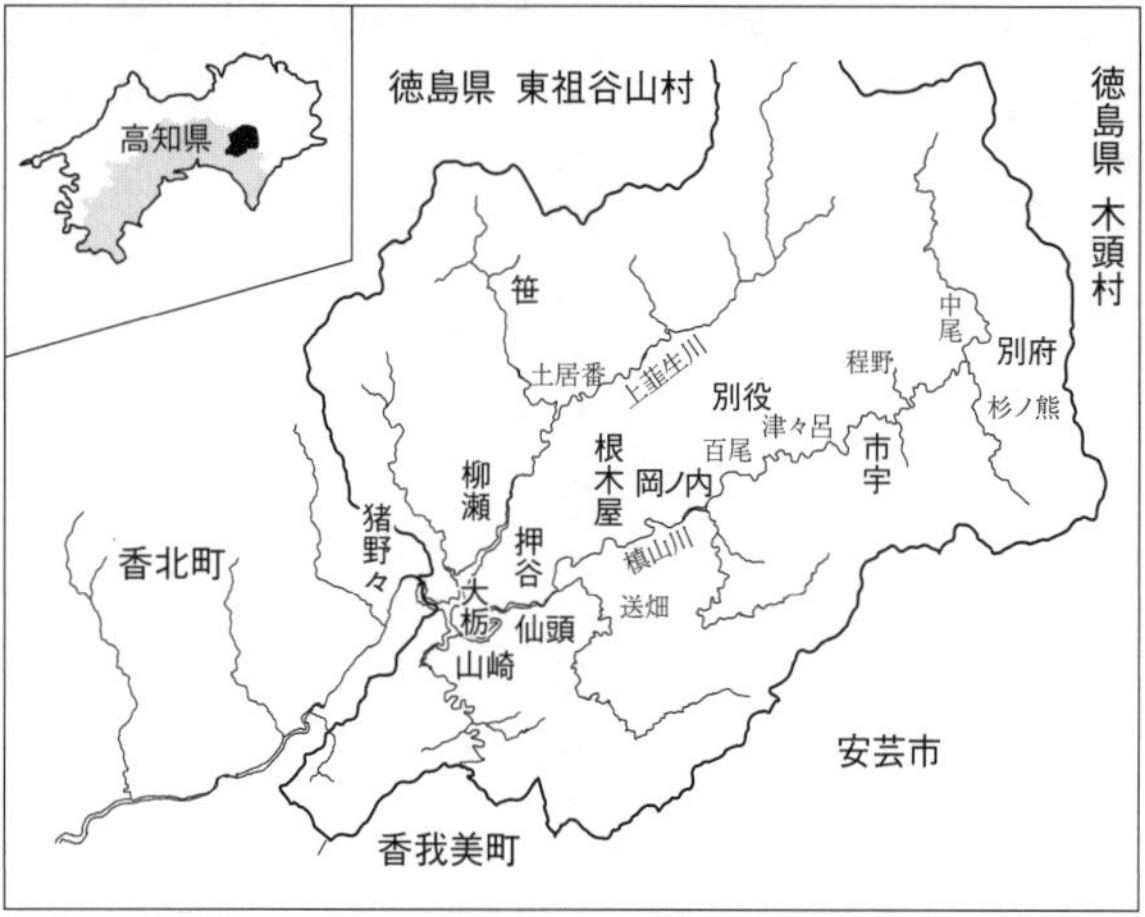

高知県物部村（現・香美市物部町）**略図**

＊祭文、法文の引用については、基本的にオリジナルテキストどおりにした。
ただし読みやすくするために適宜読点を付し、当て字や平がな表記の箇所には原文脇（ ）内に正字と判断したものを補った。（ ）のないルビは原文のまま。

また、吉村淑甫監修、梅野光興・斎藤英喜共編『いざなぎ流祭文帳』（高知県立歴史民俗資料館、一九九七年）に翻刻されたテキストは、基本的にそれに従った。

序章

一九九九年の〝最後の大祭〟から

二十世紀も終わろうとする、一九九九年の春三月、深い山々に囲まれた四国高知県の山間村落、旧香美《かみ》郡《ぐん》物部《ものべ》村市宇《そんいちう》（現・香美市物部町）の十二社神社で、〝最後の大祭〟と銘打たれた「いざなぎ流」の祭儀が行なわれた。

基本的には非公開の「いざなぎ流」の祭儀がはじめて全面的に公開されたこと、また村全体がバックアップしたこと、そして何よりも、この大祭が今世紀最後の、いや「いざなぎ流」にとっても最後の大祭になるだろうという情報が流れたことにより[1]、それほど広くはない神社の境内には、多数の人々がおしかけていた。その数は延べ百人は超えていただろう。民俗芸能・民俗音楽・口承文芸・民間信仰を対象とする民俗学者はもとより、歴史学・宗教学・人類学・国文学などの研究者たち、さらにオカルト推理小説のベストセラー作家・編集者・報道関係者・民俗写真家・民俗映像家、あるいは在野の神道家や祈禱師・拝み屋……。そうした多種多様な人々の熱いまなざしが交差するなか、四日間にわたる

図1　物部村風景　急斜面にはりつくように生活が営まれる。

図2　十二社神社の祭祀　四日間のクライマックス「日月祭」の神楽。

「いざなぎ流の大祭」は執行されていったのである。(2)

四日間の祭りは、初日の「取り分け」に始まって、山の神祭り、村荒神《むらこうじん》への祈禱、そして湯神楽、礼神楽、十二社神社への本神楽をへて、最終日のクライマックス・お十七夜《じゅうしちや》の月を拝む「日月祭」へと展開していった。五色の色紙を垂らした綾笠《あやがさ》をかぶり、手には長い神楽幣を持ち、白い浄衣をまとった「太夫《たゆう》」たちが、ゆっくりとしたリズムの太鼓にあわせて祈禱し、あるいは神楽の舞を舞う。その姿は、「いざなぎ流」がやたらに細かい儀礼次第をもちつつも、素朴で単調なものという不可思議な印象を人々に与えただろう。

それにしても、かくも多くの人々を惹きよせた「いざなぎ流」とは何か。どこにその魅力があるのだろうか。

「いざなぎ流」の名前が研究者に知られるようになったのは、一九六〇年代になってからである。(3) 中世のお伽草子（室町時代物語）に似ている「祭文《さいもん》」が多数伝えられていること、また「呪い」の信仰や儀礼が存在していること、あるいは「神楽」の古い形態が実修されていることなど、列島各地の「民俗信仰」「民俗芸能」が多く瀕死の状況にあるなかで、いざなぎ流は、まさしく奇跡的な存在であったのだ。(4) さらに最近では、マス・メディアやサブ・カルチャーを中心とした「陰陽師《おんみょうじ》ブーム」のなか、いざなぎ流が陰陽道の伝統を伝えるものとして、テレビや雑誌、インターネットなどでも頻繁に取り上げられるようになったのも周知のところだろう。

だがなによりも、今回の〝いざなぎ流・最後の大祭〟を目の当たりにした研究者たちは、この一見素朴な祭りが、近代の細分化された研究プロパーのなかで培われてきた民間信仰、民俗芸能、民間神楽、口承文芸、伝説研究、民俗社会、地方史研究……といった持ち前の研究タームでは捕捉しえないような、なんとも名付けえぬ世界が広がっていることに気付かざるをえなかったにちがいない。いったい、「いざなぎ流」とは何か、と——。

「いざなぎ流」。それは何よりも、「太夫」と呼ばれるいざなぎ流の宗教者たちが実修する、その祭儀の現場のただ中に立つことではじめて見えてくるだろう。そのとき、いざなぎ流は一地方の民間信仰といった枠組みにとどまらない、近代的な学問のカテゴリーや知の体系を大きくこえでる豊穣な世界へとわれわれを誘《いざな》うだろう。一九九九年の〝いざなぎ流・最後の大祭〟は、あらたな学問の始まりを告げる場でもあったのだ。

本書は、「いざなぎ流」の宗教世界を、太夫たちの儀礼現場のただ中から解明していく、〈知〉の探求譚である。

「祭文」研究といざなぎ流

かつてに比べれば圧倒的に減少したとはいえ、太夫たちは、市宇の十二社神社のような氏神祭祀をはじめ、村内の旧家に祭られる宅神《たくじん》の祈禱や神楽、地神の祭儀、山や川の鎮め祈禱、さらに霊的な病いにたいする病人祈禱など、多種多様な祭儀・神楽・祈禱を今も執行している。わたしは一九八七年（昭和六十二年）以来、十数回、それらの祭儀現場に立ち会ってきた（巻末・祭祀調査一覧、参照）。そこで気付かされたのは、いざなぎ流の祭儀・神楽が、太夫たちの口から発せられる、多種多様なコトバによって成り立っている事実である。

そのコトバは、あるときは呪文のように密かに唱えられるかと思えば、大音声で、朗々と響き渡ってくる歌のようなときもある。経文の読誦のようでもあり、またきわめて素朴なリズムの歌謡の節回しをもつ。その音声言語を中心とした儀礼は、いわゆる「神楽」なるものが、華麗な舞の身体伎芸や演劇的な所作、笛・太鼓などの伴奏による音楽世界によって成り立つという先入観をまったく裏切るものであった。いざなぎ流の祭儀や神楽は、太夫の口を通して発せられる多様なコトバ＝声を中心とした音声言語の聖なる空間であったのだ。太夫自身も言う。いざなぎ流はすべてコトバによって作られていると。

太夫の口から発せられる夥しい数のコトバたち。そのなかでももっとも重要なもの――それこそが「祭文」であった。

太夫の覚え書きには、次のような種類の祭文が書き記されている。

＊えぶす《恵比須》様の祭文　＊荒神様の祭文　＊地神の五方立て　＊どくう《土公》の五方立て　＊地神の祭文　＊大どっくの祭文　＊山の神の祭文　＊山の神祓　＊山の神の信《真》言　＊水神様

之祭文　＊水神様の真言　＊地神の五方立ての祭文　＊伊佐奈祇様の祭文　＊天下小《（天刑星）》　＊の祭文　＊すその《（呪詛）》祭文大ばりう《（提婆流）》　＊みてぐら祈り　＊みてぐら　＊送り物の上字　＊尺寸《（釈尊）》返しの祭文　＊月よみの祭文　＊日よみの祭文　＊月読月読祭文　＊月読祭文　＊月割経　＊女柳の祭文　＊西山の月読方祭文　＊仏法の月読の祭文　＊咒阻《（詛）》之一相返の方　＊ゆうがの祓　＊御なぢ王の命の祭文　＊七夕方の月読　＊みてぐらをくる事　＊五いんしずめ　＊金神様の祓　＊金神の祝詞　＊金神様の祭文

（中尾計佐清太夫所持『御神祭文集書物』[5]）

これらのなかには、吉村淑甫、髙木啓夫、小松和彦といった研究者によって注目・考察されてきたメジャーなものも多い。たとえば御伽草子（室町時代物語）の『をこぜ』や『熊野の本地』に類似する「山の神の祭文」「地神の祭文」、祇園牛頭《ごず》天王《てんのう》縁起と通じる「天下小《てんげしょう》（天刑星）の祭文」、あるいは呪詛の起源を語る「すその祭文・尺寸返し」、晴明説話との交渉が見られる「いざなぎの祭文」など。それらは説経や中世説話、民間説話、昔話などに繫がっていくことが明らかにされてきた[6]。そこから見えてきたいざなぎ流の「祭文」は、職業的な芸人＝祭文語りに担われた歌祭文や山伏祭文、説経祭文、デロレン祭文などの近世的な祭文[7]とはまったく異なる世界であったのだ。いざなぎ流の祭文は、太夫が執行する祈禱や神楽のなかで読誦される、まさしく宗教的詞章／儀礼言語の世界である。

ここで、かつて五来重が、次のように述べたことを想起しよう。

従来祭文研究から継子あつかいされていたものに、三河花祭祭文がある。早川孝太郎氏によって昭和初年にあつめられたものが、大著『花祭』の「祭文詞章と口伝」に載せられているけれども、研究者にあまり利用されていない。これは祭文が古代祭文のような純粋な儀式的なものか、近世の歌祭文のように人情をかたる「くずれ祭文」だけに限られていたことによるであろう。しかし日本芸能史としては、この両者をつなぐ中世の祭文にこそ、大きな課題がのこされているといえる。

（『日本庶民生活史料集成』第十七巻・解説[8]（319頁）

一九七二年に書かれたこの文章以降、「三河花祭祭文」の世界については、近年の山本ひろ子の研究[9]によって、「継子あつかいされてきた」という「中世の祭文」としての実態解明が飛躍的に進展していった。また中国山地の神楽祭文についての岩田勝の研究[10]は、「中世の祭文」のあらたな一面を提示してくれた。物部村・いざなぎ流の祭文群も、そうした花祭祭文や神楽祭文と通じていく「中世の祭文」の一角に存在しているのである。

それのみならず、現在、花祭や中国山地の神楽祭文の多くが誦まれる祭儀の場を失って

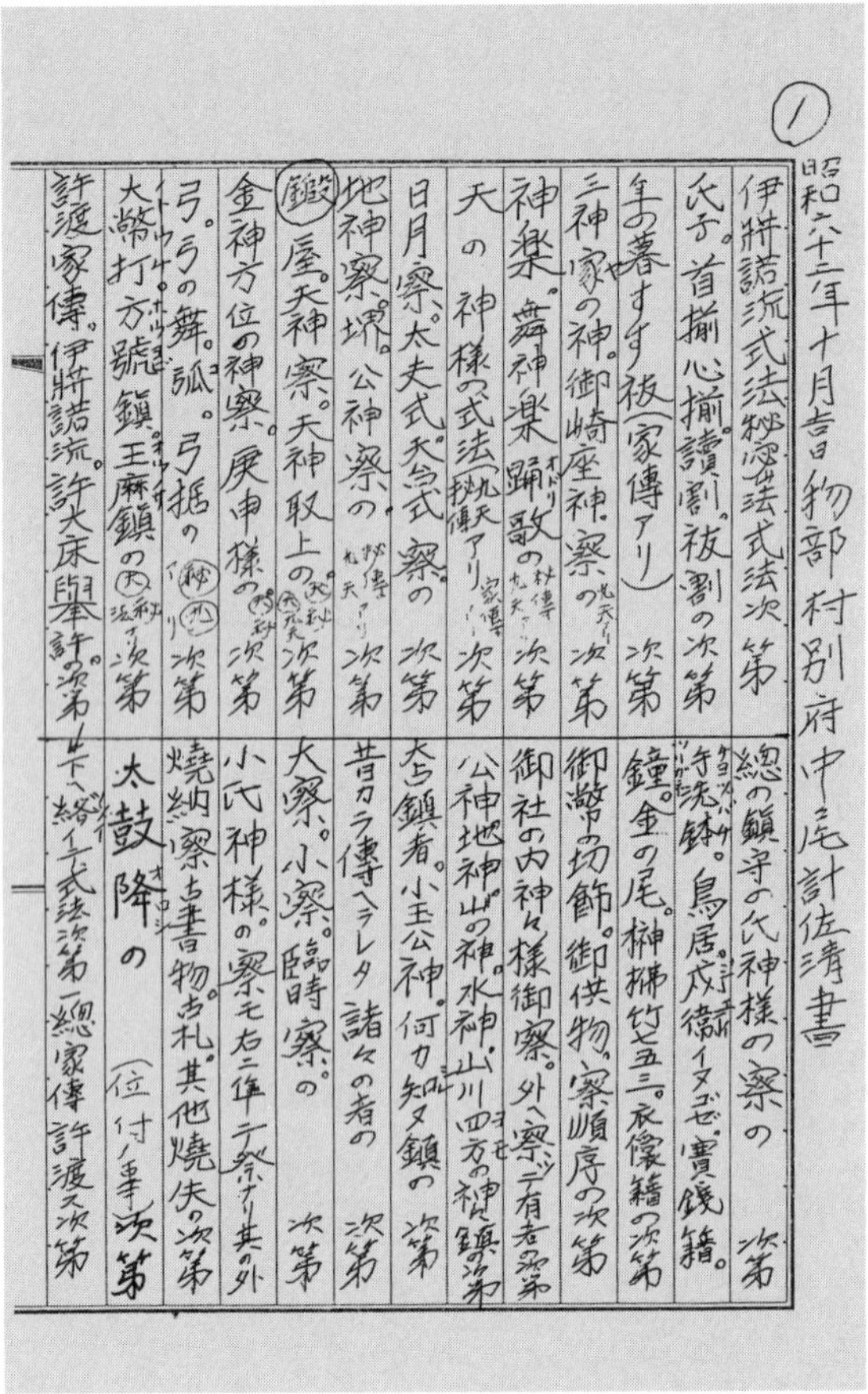
昭和六十二年十月吉日物部村別府中尾計佐清書

伊弉諾流式法秘密法式法次第
氏子。首揃心揃讀割。祓割の次第
手の暮すす祓（家傳アリ）次第
三神家の神。御崎座神祭の次第
神楽。舞神楽踊歌の次第
天の神様の式法（九天秘傳アリ）次第
日月祭。太夫式天公式祭の次第
地神祭。堺。公神祭の次第
屋。天神祭。天神取上の次第
金神方位の神祭。庚申様の次第
弓。弓の舞。弧。弓据の次第
大幣打方號鎮。王麻鎮の次第
許渡家傳。伊弉諾流。許大床與挙許の次第

總の鎮守の氏神様の祭の次第
手洗鉢。鳥居。戌亥ゴゼ。實銭籍。
鐘。金の尾。榊拂竹七五三。衣裳籍の次第
御幣の切節。御供物。祭順序の次第
御社の内神々様御祭。外へ祭ッテ有者ノ祭
公神地神山の神。水神。山川四方の神々鎮の次第
大土鎮者。小王公神。何カ知ヌ鎮の次第
昔カラ傳ヘラレタ諸々の者の次第
大祭。小祭。臨時祭。の次第
小氏神様。の祭モ右ニ準テ祭ナリ其の外
燒納祭古書物古札。其他燒失の次第
太鼓降の（位付ノ手）次第
下ヘ終イ式法次第一總家傳許渡ス次第

図3　いざなぎ流の儀礼・式法次第（中尾計佐清太夫書）

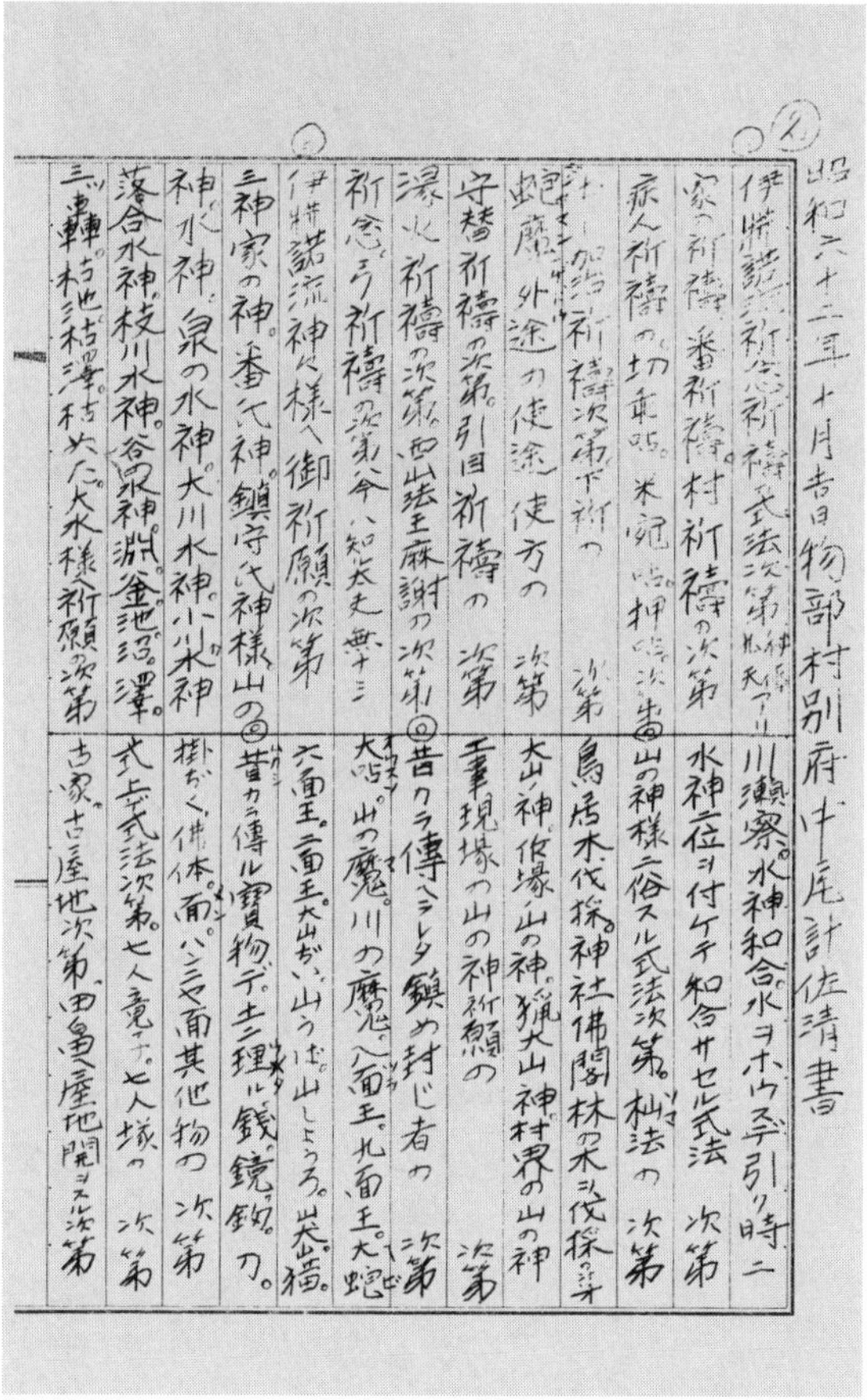
昭和六十二年十月吉日　物部村別府　中尾計佐清　書

伊弉諾流祈念祈禱式法次第　川瀬祭。水神和合。水ヲ水内ヘ引ク時ニ
家の祈禱。番祈禱。村祈禱の次第　水神位ヲ付ケテ和合サセル式法　次第
病人祈禱の切紙。米宛呪。押呪次第　山の神様ニ俗スル式法次第。杣法の　次第
蛇咒祈禱次第。下祈の　次第　鳥居木代採。神社佛閣林の木ヲ伐採の時
蛇魔外道の使途。使方の　次第　大山ノ神。依縁山の神。猟大山神。村界の山の神
守護祈禱の次第。引目祈禱の　次第　天筆現場の山の神祈願の　次第
湯水祈禱の次第。西山法王麻謝の次第　昔クラ傳ヘラレタ鎮め封じ者の　次第
祈念ニヲ祈禱の次第今ハ知ル人無シ　大呪。山の魔。川の魔。八面王。九面王。大蛇
伊弉諾流神々様ヘ御祈願の次第　六面王。二面王。大山がい。山うば。山しょうろ。犬。山猫。
三神家の神。番代神。鎮守代神様。山の　昔カラ傳ル寶物デ土ニ埋ル銭。鏡。鉄。刀。
神水神。泉の水神。大川水神。小川水神　掛おく佛体。面。ハニヤ面其他物の　次第
落合水神。枝川水神。谷泉神。淵。釜。池。沼。澤。　式上式法次第。七人童子。七人様の　次第
三ツ轟。古池。枯澤。枯井戸。大水様ヘ祈願の次第　古家。古屋地次第。田畠ヘ屋地開ヲスル次第

図4　舞を中心とした愛知県豊根村山内の花祭の場面

いるなかで、いざなぎ流の祭文が、たとえば「山の神の祭文」は山の神の祭り、「地神の祭文」は地神の祭儀、「恵比寿の祭文」は恵比寿の神楽における「神の育ち」として、さらにいざなぎ流の特徴をもっとも顕著に示す「取り分け」＝すそ儀礼における「呪詛《すそ》の祭文」など、今も太夫たちが執行する様々な祭儀・祈禱・神楽の場でもちいられる、文字どおり〃生きた祭文〃としての姿を見せてくれることは、何よりも特筆すべきことだろう。

いざなぎ流の祭文は、太夫の執行する祭儀や神楽と結びついた儀礼言語であった。祭文が語る神々の来歴や祭儀の由来などは、山の神・水神・地神、あるいは御崎《おんざき》・天神など多種多様な神霊との関係で成り立つ物部村という民俗社会の宗教的コスモロジーを形作っている。したがって祭文を誦んで執行する儀礼とは、そうした神々のコスモロジーを再現し、共同体を維持・再生する場として機能していく。儀礼の執行者たる太夫は、その儀礼によって、村の人々と神々とのあいだを仲介する存在、と見なすことができよう。

しかし、いざなぎ流の祭文と儀礼世界は、それだけでは終わらないのだ。

「神強制」としての祭文読誦

中国山地の神楽研究のなかで見いだされた「祭文」をめぐって、岩田勝は次のように論じている。

このように、司霊者が直接に神霊にかかわる場面では、悪霊強制型が主体となり、そのためには祭文の読誦によるウエイトがきわめて高くなる。それだけではなく、祭儀の場をきよめたり、祭儀の妨げをする悪霊をはらいしずめるのも祭文により、そのうえでの諸神勧請の神強制も祭文によることになる。／かくて、村方祭祀のもろもろの祭儀において司霊者みずからが直接に神霊にかかわる限りは、その祭式の主体をなすものは祭文の読誦なのである。／みずからをカリスマの呪力の持続的な保持者であると自認する司霊者は、神霊を巫者に神がからせることとともに、祭文の読誦によってみずからの意志どおりに神霊を強制することができるとして祭儀の場に臨んだのである。

（『中国地方神楽祭文集』総説[11]）（42～43頁）

岩田によって見いだされた神楽の世界は、神々に奉納される芸能といった一般的理解をこえて、さらにダイレクトに神霊たちと交渉していく場としてあった。そこでは祭儀を妨害する悪霊を祓い鎮める力、あるいは神を強制的に勧請する力が、「祭文の読誦」によって実現される。その力を担うのが、法者《ほさ》・祝師《ものもうし》・禰宜《ねぎ》・太夫《たゆう》・神楽男《かぐらお》・注連主《しめぬし》など様々な名称で呼ばれる「司霊者」の存在であった。悪霊とも見まがう神々と渡り合う「司霊者」。その「カリスマの呪力」は、「祭文の読誦」によって保持される。したがって、神々の来歴や祭祀の由来を語る「祭文」は、たんに民俗社会の宗教的コスモロジーの物語的表現ではなく、「司霊者」たちが神を強制し、操作するときの実践的な「武器」でもあったのだ。彼らは祭文のコトバをとおして、神々と交渉し、それを自らの意志どおりに操作していく。

ここに語られる祭文と神楽、祭儀の姿は、これまでの口承文芸研究や民間信仰、民俗芸能研究の枠組みとはまったく異なる一面を見せてくれる。そのあたらしい成果は鈴木正崇の研究にも見ることができる。[12] ポイントは、祭文が、神霊を意志どおりに操作していく「司霊者」の呪力と密接に繋がるという視点である。いざなぎ流の「太夫」が、岩田のいう「司霊者」にあたることはいうまでもないだろう。「中世の祭文」の実像は、何よりも太夫という司霊者との関係のなかにこそ浮上してくるのだ。

祭文によって、太夫が直接神々と渡り合っていく現場に着目したとき、祭文の世界は、たんに村落社会を支える宗教的コスモロジーの機能を踏みこえて、神霊たちを「強制」する力を発揮する呪的テキストとなる。ここにおいて、祭文のなかに語られる神々は、村落社会の秩序を形成する「神」とは異なる相貌をもってくる。それらは、太夫たちによってしか相手どることができない、特別な存在として現出してくるだろう。そうした神と渡り合う力を支えるものこそが、いざなぎ流の祭文であった。

太夫たちは言う。いざなぎ流の祈りの基本は祭文にある、と——。だから祭文はぜったいに現代語に直してはならない。現代語にすると神々とコトバが通じなくなってしまう。また、祭文をきちんと誦むことができれば、どんな病人の祈禱をしても治すことができる。あるいは祭りや祈禱のなかで不明なことがあれば、祭文に書いてあることを確かめてみれば、たいていのことはここに書いてある。またそれは太夫個人の呪法に密接に関わる存在なので、自分が所持する祭文の書物は、自分の死後残しておくと祟りがあったりするため、すべて焼くとか、埋めてしまう。岩田勝がいう「みずからをカリスマの呪力の持続的な保持者」と見なす太夫の威力を支える祭文とは、まさしくこれを示すといえよう。

いざなぎ流の祭文が読誦される儀礼現場のただ中に降り立ったとき、さらにわれわれは、「祭文」以外の膨大なテキスト群に出会うことになるだろう。「法文《ほうもん》」と呼ばれる呪的詞章である。太夫たちが、神霊を強制し、自由に操作するという祭文の働きをさらに極大まで展開させたテキスト群である。祭文から法文へ。そのときわれわれは、太夫たちが相手どる神霊たちが、「式王子」と呼ばれる謎めいた一群へと変貌していくことを知ることになるはずだ。それは「呪術」という、近代的な思考や認識のもっとも極北にひそむ問題群に立ち向かうことになるだろう。

いざなぎ流の深奥へと分け入ること。必要なのは、「太夫」の側に限りなく近付き、彼らの側からのみ見えてくる世界を記述していくことにあると、まずは確認しておきたい。

いざなぎ流太夫は「陰陽師」か

では、いざなぎ流の太夫たちは、いつ頃からこの地で活動を始めたのだろうか。彼らはどのような歴史的な系譜をもつ宗教者なのだろうか。

残念ながら、いざなぎ流太夫の歴史的な起源や来歴を直接語る資料はない。だが、いざなぎ流太夫の歴史的な系譜を推定していくうえで欠かせない資料がある。太夫たちが活動する旧香美郡物部村に関わる近世期の資料、『柀山《まきやま》風土記』（文化十二年〈一八一五〉）という書物である(13)。

そこにはかつて槙山《まきやま》村と呼ばれたこの地域の、寛永十一年（一六三四）、天和二年（一六八二）の江戸初期の年号をもつ祭儀の記録が収録されている。それらの諸記録には直接「いざなぎ流太夫」の名称こそ出てこないのだが、陰陽師神子《みこ》、神主、山伏、博士《はかせ》といった宗教者たちが、天の神、大将軍、御崎など、現在のいざなぎ流太夫たちが執行する祭儀とほとんど同じものを担っていることが見てとれる。彼ら陰陽師神子、神主、山伏、博士たちが、現在のいざなぎ流太夫に連なる存在であることは、ほぼまちがいないようだ(14)〔補注1〕。

さらに近年、近世期における「諸国陰陽師」の実態研究が進展していくなかで、いざなぎ流太夫の歴史的系譜について、あらたにわかってきたことも少なくない。

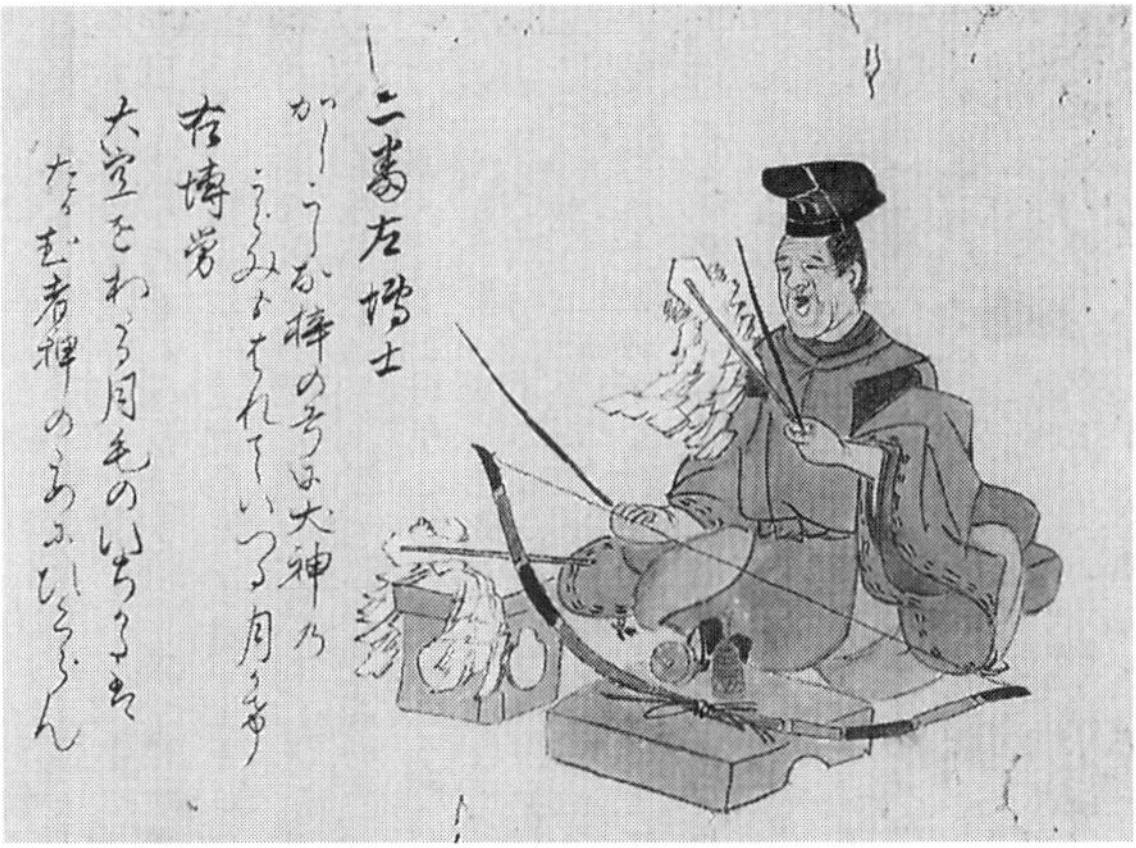

図5　土佐国職人絵歌合「博士」（高知市民図書館蔵）

諸国の陰陽師系宗教者たちにとって、一つの画期となったのは、天和三年（一六八三）、寛政三年（一七九一）に、地方において「陰陽師」としての活動を続けるためには、「安倍晴明《あべのせいめい》」を祖とする陰陽道の宗家＝土御門《つちみかど》家から「許状」をもらい受ける、という制度が確立した時である。陰陽師としての宗教活動をするためには、土御門家から認定されねばならなくなったのだ。このとき、土御門家側からは「陰陽師」としての活動内容がセレクトされ、また逆に「陰陽師」として行なってはならない行為も確定された。その禁止行為として代表的なものが「梓神子《あずさみこ》」＝死者の霊を降ろす弓祈禱である。土御門家によれば、「梓神子」は陰陽師の所行ではなく、「唱門師《しょうもんじ》」「博士」の職掌と区別されたのである。[15]

土佐には、長岡郡本山村に土御門家の「許状」を伝える「陰陽師村」があったが、一方、いざなぎ流太夫が主に活動した槇山村（旧物部村）には、土御門支配下の陰陽師とは別に、永野吉太夫や芦田主馬太夫を「博士頭《がしら》」として組織された「博士」と呼ばれる集団がいたという[16]〔補注2〕。彼らは、土御門家から禁止された「梓神子」＝弓祈禱を行ない、死霊降ろしや憑物落としなどを専門に担う宗教者たちであったらしい。

　本論のなかで詳しく見ていくように、いざなぎ流の太夫たちは、自らのことを「巫博《かんなぎはか》士《しょ》」と呼ぶ。また現在は行なわれなくなったが、かつては頻繁に「梓神子」＝弓祈禱を執行し、それに関する祭文資料も数多く伝えられている[17]。いざなぎ流の太夫たちは、まさしくこの「博士」の系譜に連なる宗教者と推定されるのである[18]。したがって、もし土御門家に認定された宗教者だけを「陰陽師」と規定するならば、いざなぎ流太夫たちを「民間陰陽師」と一般的に呼ぶことはできないだろう。

　しかしこのことは、いざなぎ流が「陰陽道／陰陽師」という枠組みだけではとらえきれない、もっと広大な宗教世界を抱えていることを語っている。事実、いざなぎ流には「陰陽道」のみならず、熊野系修験、密教、三輪流神道、吉田神道などが混入し、複雑に習合した形で成立したことは、すでに指摘されてきているところである[19]〔補注3〕。こうした「いざなぎ流太夫」たちの活動の実態こそが、民間社会のなかを生き抜いた宗教者たちの実像をわれわれに教えてくれるにちがいない。

「民間宗教者」論をめぐって

民俗社会のなかで活動する「民間宗教者」の実態については、民俗学の重要な対象であることは、いうまでもない。実際、柳田国男も、その初期の研究対象が、巫女・毛坊主・ヒジリ・唱門師などといった「民間宗教者」に集中していたことは、すでに指摘されているとおりである[20]。柳田以降民間宗教者の研究は、五来重の地方修験の研究[21]を経過し、さらに沖縄のユタ、カンカカリャ、ツカサ、東北のオカミサン、ミコなどの民間巫者[22]、そして陰陽師への関心へと展開していった。それらは、民俗学そのもののあらたな研究動向、すなわち予定調和的な民俗社会論や、通文化的・均一的な民間信仰論への批判的検討、また民俗宗教の歴史的形成過程を考察していくという問題群ともリンクしていよう[23]。一九七〇年代後半に、小松和彦が「いざなぎ流」に出会い、研究を展開させていったことも、そうした研究状況の先駆けであることはまちがいない。

一九七九年に発表された小松和彦の論文「説明体系としての「憑きもの」」は、「(民間)宗教者」について、次のように定義している。

一般の人びとの説明がこのレベル（病いについての、空虚な、みせかけだけの説明——引用者注）で留まるのに対し、その「もの」に具体的内容を与えるために存在し活動するのが宗教者である。宗教者は、一般の人びとが知らない独自の説明体系を所有し、それに

従って一般の人びとがみせかけの説明を行なった部分に、明確に論理的説明を加える。(24)
(90頁)

「宗教者」の存在を介在させるとき、民俗社会のなかの「信仰」(ここでいう「説明体系」)は、平面的・一元的な構造に収束するのではなく、知っている者/知らない者という対立のなかで、立体的・多元的な構造をもつことが発見されていく。ここで小松が設定したテーマは、「彼ら(太夫)が所有しているパラダイムをどこまで明らかにしうるか」という問いとともに、「宗教者の社会的役割についても詳細に析出する必要がある」といった方向に振り分けられていく。「宗教者」の存在を必要とする「民俗社会」の「宗教的・社会的構造」(25)を明らかにすること、といってもよい。

小松のその後の研究はおもに後者の側、つまり民俗社会のなかでの「民間宗教者」の役割を分析する方向に、その力点が置かれていった。いざなぎ流太夫の存在から見えてきた民俗社会の「闇の精神史」「負の領域」を切開することで、柳田国男以来の予定調和的な「民俗社会」のイメージを大きく変えていくのである。その成果は大きく評価されるところだ。

しかし一方で、民俗社会のなかの信仰という枠組みに解消しえない、「彼ら(太夫)が所有しているパラダイムをどこまで明らかにしうるか」という問いは、依然として最重要な課題として残されていた。詳しくは本論のなかで見ていくことになるが、たとえば「山の神」「御崎様《おんざきさま》」「巫神《みこがみ》」「天神」などの自然神・家神・祖霊神・職能神という、民俗社会のなかに普遍的に見られる神々への信仰も、いざなぎ流太夫の「独自の説明体系」のなかで、村落の多くの生活者たちの信仰対象とは大きく異なる相貌を見せることになるからだ。それはさらに、宗教者たち内部における儀礼実践の「知」や「技」をめぐる、多様な実態を探りだすという課題に向かっていくことになるだろう。太夫たちが所持する「祭文」と、祭文が誦まれる儀礼現場は、さらに解明されるべきことを多く残して、われわれのまえにあるのだ。

太夫たちの「資料」をどう扱うのか

「いざなぎ流」はその太夫が居住する地区や家、また個人の師匠の系譜によって、中尾伝・市宇伝・杉ノ熊伝・百尾《ももお》伝・岡ノ内伝など、いくつもの「伝」の違いをもっている。したがって、研究の方向としては、地域別のいざなぎ流の「流儀」の系統を明らかにすること、また複数の太夫の祭文テキストや儀礼次第の作法を比較・分類・統合して、普遍的な「いざなぎ流」なるものの体系を導くことが考えられよう。

こうした研究方法のうえに立った成果は、髙木啓夫『いざなぎ流御祈禱』三部作、さらに『いざなぎ流御祈禱の研究[26]』に見ることができよう。たとえば『いざなぎ流御祈禱の研究』の「式王子と式方術」の論述の前提になっているのは、「押谷《おすだに》資料」「源太郎家資料」「永森家資料」「計佐清《けさきよ》家資料」といった資料名がついた膨大な数の資料群である。高木の方法は、これら膨大な資料を蒐集し、それをいくつかのテーマ、モチーフごとに分類し、そこから導かれるいざなぎ流の「式法」の体系を系統づけていくスタイルとなっている。その手つきは、きわめて厳密な「文献主義的方法」といってもよい。

ところで、高木によって「押谷資料」「源太郎家資料」「永森家資料」「計佐清家資料」などと名称が付された祈禱テキストは、一見すると、旧家の土蔵にでも眠っていた「資料」のように思えてこよう。もちろんそうした形の資料を高木が蒐集した場合もあるだろう。けれども、忘れてはならないのは、それら資料名がついたテキストとは、じつはそれを実際にもちいて、様々な祈禱儀礼を実践してきた太夫たちの活動現場と不可分にあったことだ。したがって、祈禱儀礼でもちいられる祭文や法文などは、師匠と弟子の系譜のなかで生ずる「家伝」「口伝」「秘伝」、あるいは居住する地区による「伝」の違いによって派生する、きわめて実践的なテキストといえる。テキスト相互による伝承のちがいとは、太夫の祈禱法、方術のちがいそのものに関わるのである。[27]

以上のようないざなぎ流の歴史的系譜への広がりを押さえつつ、太夫たちの活動の実態、その豊かな儀礼実践の現場に徹底的に即した研究が必要であることを、あらためて確認していこう。本書は、まさしくその要求に応えるために書かれたものといってよい。

それにしても、太夫たちの儀礼現場に即する研究とは、ただたんに祭儀のタイムテーブルを組み立て、その次第を再現すればよい、といった素朴な現場主義なのだろうか。いや違う。そこには、一つの明確な方法論が問われるのだ。

実践／現場という方法

わたしは一九八七年に物部村に入り、いざなぎ流の調査・研究を始めたが、そのとき決定づけられた条件は、すでに活動している太夫がきわめて減少している現実であった。わたしは、複数のインフォーマント＝太夫を対象として、多くの聞き書きを集めるという「民俗学」の常道が困難になりつつある状況のなかで、「いざなぎ流」の調査・研究を開始せざるをえなかったのである。

そこでわたしは、当時現役で活動中の太夫のなかで長老格であった旧物部村別府《べふ》の中尾計佐清太夫と出会い、彼を中心的なインフォーマントとして調査・研究を進めることになった。このことは、先に述べたとおり当時の外的な条件によるものであったが、しかし調査を進めていく過程で、次のことに気付かされた。「いざなぎ流」はきわめて一人の太夫の個性に決定づけられていることが多く、いってみれば一人の太夫に一つの「いざなぎ流」があるといったようなことだ。したがって複数の太夫の祈禱テキストや知識、情報を比較・分類・検討していくなかで、普遍的・客観的・歴史的な「いざなぎ流」なるものの体系を導くよりも、「中尾計佐清太夫」という一人の太夫自身の知識に徹底的にこだわり、彼が執行した儀礼現場のなかから作りだされた「いざなぎ流」の世界を記述していくことに、わたし自身のやるべきことがあるのではないか、という自覚に至りついたのである。

こうして文字どおり中尾計佐清太夫のもとに就いて、彼が執行する様々な祈禱、祭儀の現場に立ち会い、その現場を通して語られていく彼の言葉・知識・情報・教えから「いざなぎ流」の世界を探求していくことになった。そのことによって、「いざなぎ流」を「太夫」という宗教者自身の実践と現場の側から記述していく方法を提示することが要求されたのだ。問われるのは、いざなぎ流の祭文や儀礼を、計佐清太夫自身のコンテクストのなかで、いかに解読していくか、といってもよい。

こうした本書の論述は、一見すると、一人の太夫の資料や言説、その実修した儀礼の場に限定された、きわめて主観的な調査・記述という批判を招くかもしれない。研究は、複数の「資料」から客観化され、相対化されることで、厳密な学問的考証が可能となると、普通には考えられるからだ。

もちろん、本書においても、可能なかぎり計佐清太夫以外の祭文テキストなどを用いているし、それらのあいだの相互比較などの考察も行なっている。その作業によって、計佐清太夫の言説や資料だけでは見えてこない問題も扱っている。だが、そこで重要なのは、それぞれの太夫の祭文テキストを、儀礼現場から切り離し、「文献」として抽出し、客観的な「資料」として横に並べて比較検討する、といった扱い方はぜったいにしないという立場をとったことだ。太夫の祭文テキストは、ニュートラルな「文献資料」ではなく、それぞれの太夫の儀礼実践と不可分に結びついた、いわば太夫の「実存」と切り結んだ形で存在している。そして「いざなぎ流」の宗教世界は、そうした実践や現場以外には存在しない、という立場に立つのである。

これはたんなる主観的、一面的な記述なのだろうか。いや、そうではないのだ。

わたしがここで突き当たったのは、二十世紀の後半に「学問」なるものがひとしく当面し、新世紀を迎えた今もまだ解答をえていない、もっともラディカルな課題そのものであった。すなわち、歴史的事実なるものは史料のなかに「客観的」に存在しうるのか、また宗教世界（宗教体験）の「客観的」な記述とは可能なのか。あるいはどの地域にも通じる「通文化的」な民俗信仰なるものは実在しうるのか。祭祀のタイムテーブルを組み立てることが、はたして祭りの現場を再現したことになるのか、そして「呪術」なるものはいかに「学問」として記述しうるのか……。(28)

どうやら、わたし自身が、いざなぎ流の世界で出会った問題は、現在の歴史学・宗教学・人類学・民俗学・国文学などの諸学がひとしくぶつかっている、まさしく学問の現在の難関そのものであったのだ。すなわち、「客観性」とか「普遍性」といった、これまでの学問の前提となっているような思考が、じつはたんなる近代的な一つの概念・認識にしかすぎないことを知ったとき、われわれの「学問」や「研究」はいかに可能なのか、という課題である。もちろんそれは、個別研究の領域というよりも、この新世紀を生き始めたわれわれの〈思想〉や〈知〉がひとしくぶつかっているテーマといえよう。問われるのは、研究論文の「記述」「文体」そのもの、ということにもなるだろう。

そうした意味で、本書でもちいられる「実践」、「現場」といった用語は、きわめて方法的なタームなのである[29]。そのタームとしての定義はここではしないでおこう。以下の本書の「記述」と「文体」そのものが、そのタームの意味内容を示し、また方法論の提示となるはずだからである。

さて、以上のような予備的な問題を確認したうえで、いよいよ「いざなぎ流」の太夫たちが活動する舞台、高知県物部村のフィールドへと赴くことにしよう。

注

（1）ただし、このときの〝最後の大祭〟という言い方は、十二社神社における祭儀としては最後という意味で、実際、この後、平成十三年（二〇〇一）には、物部村別府土居において、一週間かけた「天の神」「日月祭」が行なわれている。

（2）十二社神社の大祭の詳しい報告は、梅野光興「いざなぎ流「日月祭」を見る」（『土佐・物

部村　神々のかたち』ＩＮＡＸ出版、一九九九年）、同「いざなぎ流の大祭」（『季刊・民族学』91号、二〇〇〇年新春）などを参照。

（3）いざなぎ流に関する基本的な研究文献目録としては、梅野光興編・執筆『いざなぎ流の宇宙』（高知県立歴史民俗資料館、一九九七年）、吉村淑甫監修、斎藤英喜・梅野光興共編『いざなぎ流祭文帳』（高知県立歴史民俗資料館、一九九七年）にある。

（4）このことは、いわゆる「高度成長以降」の日本列島社会において、それまでの「伝統的」な生活様式が解体し、従来の「民俗学」が対象としてきた民俗信仰、民俗芸能そのものが消滅しつつある、ということに繋がるが、一方、民俗学内部においては、そうした社会変動の時代のなかでの、都市社会における「民俗」や「観光民俗」、あるいは「民俗芸能の再創造」などが主題化されてきている。この問題については、橋本裕之「観光と保存のはざまで――民俗芸能の現在」（山下晋司編『観光人類学』新曜社、一九九六年）、同「民俗芸能の再創造と再想像」（『講座・日本の民俗学10　民俗研究の課題』雄山閣出版、二〇〇〇年）などを参照。したがって、ここで扱う「いざなぎ流」の世界を、単純に「伝統的」「民俗的」と価値化・特権化しようとするわけではないことは、あらためていうまでもない。

（5）表題に「御神祭文集書物／昭和二十三子年二月吉日／中尾計佐清」とある。

（6）いざなぎ流の祭文と御伽草子・縁起・昔話などとの関係については、小松和彦「いざなぎ流・地神の祭文――若干の検討と資料」（『社会人類学年報』第三巻、一九七七年）、同「「いざなぎの祭文」と「山の神の祭文」――いざなぎ流祭文の背景と考察」（五来重編『山岳宗教史研究叢書15　修験道の美術・芸能・文学［Ⅱ］』名著出版、一九八一年）、同「いざなぎ流祭文研究覚帖」（『春秋』一九八九年八月～一九九四年五月）、石川純一郎「いざなぎ流神道の祭文――〝天刑星祭文〟の背景と行疫神説話の展開」（『日本民俗研究大系7　言語伝承』国学院大学、一九八七年）、福田晃「諏訪縁起・甲賀三郎譚の原像」（『神道集説話の成立』三弥井書店、一九八四年）などを参照。

（7）近世、近代の「祭文語り」については、兵藤裕己「祭文語り」（『岩波講座　日本文学史』十六巻、岩波書店、一九九七年）などを参照。

（8）五来重編『日本庶民生活史料集成』第十七巻「解説」（三一書房、一九七二年）。

（9）山本ひろ子「大神楽「浄土入り」――奥三河の霜月神楽をめぐって」（『変成譜』春秋社、一九九三年）、同「神楽の儀礼宇宙――大神楽から花祭へ」（『思想』一九九五年十二月号～一九九七年十月号）。

（10）岩田勝『神楽源流考』（名著出版、一九八三年）、同『神楽新考』（名著出版、一九九二年）など。

（11）岩田勝編『中国地方神楽祭文集』「総説」（三弥井書店、一九九〇年）。

（12）鈴木正崇『神と仏の民俗』（吉川弘文館、二〇〇一年）。

（13）高知県立図書館架蔵『山内文庫』。第一巻から第三巻まで、土佐史談会より謄写版で翻刻・刊行されている。

（14）木場明志「近世日本の陰陽道」、同「近世土御門家の陰陽師支配と支配下陰陽師」、高埜利

彦「近世陰陽道の編成と組織」、山本尚友「民間陰陽師の発生とその展開」（以上の論文は、木場明志他編『陰陽道叢書3　近世』〈名著出版、一九九二年〉に収録）、林淳「幕末の土御門家の陰陽師支配」（『愛知学院大学人間文化研究所紀要　人間文化』9号、一九九四年、12号、一九九七年）、梅田千尋「陰陽師」（高埜利彦編『民間に生きる宗教者』吉川弘文館、二〇〇〇年）などの成果を参照。

(15) 木場、前掲論文(14)参照。また木場には、「民間陰陽師の咒法――高知県香美郡物部村「太夫」における事例」（『日本人の生活と信仰』同朋舎出版、一九七九年）という「いざなぎ流」研究の早い時期における調査・研究がある。

(16) 平尾道雄『近世社会史考』（高知市立市民図書館、一九六二年）。また近年では梅野光興「神子・博士・陰陽師――いざなぎ流祭儀の生成」（『比較日本文化研究』第六号、二〇〇〇年）が「いざなぎ流太夫」の歴史的系譜について詳細な考察を行なっている。

(17) 髙木啓夫「すそ祭文とほうめんさまし――弓打ち太夫の因縁調伏」（『土佐民俗』72号、一九九九年）参照。

(18) 梅野、前掲論文(16)参照。

(19) 小松、前掲論文(6)「「いざなぎの祭文」と「山の神の祭文」――いざなぎ流祭文の背景と考察」、髙木啓夫『いざなぎ流御祈禱（第三集）』（物部村教育委員会、一九八二年）など。近年、三輪流神道との接点については、松尾恒一「物部村の職人と建築儀礼――大工法をめぐって」（『民俗芸能研究』三十二号、二〇〇一年三月）の論文がある。

(20) 真野俊和「「民間信仰」は実在したか」(『宗教研究』325号、二〇〇〇年)。
(21) 五来重編『山岳宗教史研究叢書』に見られる成果。
(22) 近年の注目すべき研究としては、池上良正『民間巫者信仰の研究』(未來社、一九九九年)、川島秀一『ザシキワラシの見えるとき』(三弥井書店、一九九九年)、内田順子『宮古島狩俣の神歌』(思文閣出版、二〇〇〇年)など。
(23) 関連する多くの論考があるが、永松敦『狩猟民俗と修験道』(白水社、一九九三年)、小松和彦編『記憶する民俗社会』(人文書院、二〇〇〇年)、鈴木、前掲書(12)などの成果をあげておく。
(24) 小松和彦『憑霊信仰論』(伝統と現代社、一九八二年)、増補版は、ありな書房、一九八四年。のちに、講談社学術文庫、一九九四年。
(25) 小松、前掲書(24)。
(26) 髙木啓夫『いざなぎ流御祈禱の研究』(高知県文化財団、一九九六年)。
(27) もちろん、髙木の研究のなかに、そうした視点がないということではない。たとえば、髙木啓夫『本川村史』第二巻「寺社・信仰編」、第三巻「神楽・信仰編」(本川村史続巻編集委員会、一九八九年、一九九五年)の論考など。
(28) こうした問題についての研究書は多いが、前掲(23)の民俗学プロパー以外のものとして、太田好信『トランスポジションの思想』(世界思想社、一九九八年)、上野千鶴子編『構築主義とは何か』(勁草書房、二〇〇一年)、北條勝貴「《言語論的転回》と歴史認識/叙述批判」

(『ジラティーヴァ』1、二〇〇〇年)、鶴岡賀雄「宗教学者は神秘家のテクストにいかに接近するか」(『現代宗教学2　宗教思想と言葉』東京大学出版会、一九九二年)などの成果をあげておく。また「呪術」の問題については、カルロス・カスタネダ『呪術師と私』(二見書房、一九七四年)以降の、いわゆる「ドンファン・シリーズ」、中沢新一『虹の理論』(新潮社、一九九八年)を参照。

(29)「現場」「実践」の方法的問題は、古代文学会の共同研究のなかで見いだされたものである。その成果の一端は、古代文学会編『祭儀と言説』(森話社、一九九九年)に収録された諸論考を参照。

〔補注1〕林淳、梅田千尋の近世陰陽師の研究は、林『近世陰陽道の研究』(吉川弘文館、二〇〇五年)、梅田『近世陰陽道組織の研究』(吉川弘文館、二〇〇九年)、としてまとめられた。

〔補注2〕その後、いざなぎ流太夫の歴史的研究は、小松和彦によって大きく進展した。その成果は、小松『いざなぎ流の研究——歴史のなかのいざなぎ流太夫』(角川学芸出版、二〇一一年)としてまとめられた。なお、本書についての研究史的意義は、斎藤英喜「「いざなぎ流」研究の現在と展望——小松和彦『いざなぎ流の研究』をめぐって」(『比較日本文化研究』第16号、二〇一三年)、同「《書評》小松和彦『いざなぎ流の研究——歴史のなかのいざなぎ流太夫』」(『京都民俗』第三十・三十一号、二〇一三年。本書、収録)で論じた。〔補論2〕「民俗学はいかに〈歴史〉を記述するか」、参照。

〔補注3〕 松尾恒一の研究は、『物部の民俗といざなぎ流』(吉川弘文館、二〇一一年)、にまとめられた。

第一章　「山の神の祭文」の世界――山のものは山へ、川のものは川へ

1　山の神の棲まう村へ

深い山々に囲まれた日本列島各地の山間村落がそうであるように、土佐・旧物部村にも数多くの山の神信仰や伝承が伝えられている。杣《そま》、樵《きこり》、猟師、焼き畑……、山あいを生活の場とする物部の人々は、山の神を畏れ、敬い、そして祭ってきた。旧物部村は、まさしく山の神の棲まう村であった。その山の神を祭る担い手こそが、いざなぎ流の太夫たちであり、祭りを遂行するうえで欠かせないのが「山の神の祭文」である。

いうまでもなく、山の神の信仰といえば、柳田国男の有名な「山の神とヲコゼ」以来、民俗学（民間信仰研究）の重要なテーマの一つである。農耕民の山の神信仰、山人たちの信仰をめぐる問題として柳田以降も多くの研究がある(1)。

さて、われわれの「いざなぎ流」の探求は、民俗学のオーソドックスな対象となる「山の神」信仰に切り込むことから始まる。いざなぎ流の「山の神の祭文」は、民俗学で常識

となっている「山の神」信仰にたいして、いかに異なる世界を見せてくれるだろうか。

男神／女神説の背後にあるもの

これまでの「山の神信仰」の研究によれば、たとえば山の神は嫉妬深い女神であるとか、地母神の象徴であるとか、あるいは田の神と習合していく信仰などが指摘されてきている。一方、山の神を「男神」とする伝承もあって、その信仰実態について多くの議論がなされてきた。たとえば物部村各地区にわたる「山の神信仰」を詳細に調査した近藤直也は、「山の神サマは女の神サマ。嫁が怒れば「山の神が怒った」という」（根木屋《ねきや》）、「山の神は女の神、だから山の所へは女が行ってはいかん」（別府土居《べふどい》）といったような土地の言い伝えを数多く採集している。それによれば、物部村では、山の神＝女神説が圧倒的多数をしめるという(2)。

しかし、近藤の採集例のなかであらためて注目されるのは、「極少数派」とされつつも、山の神を男神とする言い伝えがあったところだ。

女の人を山の神というが、これは龍宮世界から山の神サマのオトヒメサマが嫁に来ているから女の人を山の神という。オコゼの三郎は山の神とオトヒメとの仲人であり、山オコゼというのは山にある。……山の神は男である。この話を知らん人は山の神は女だと

図6　物部の深い山々

いう。　（別府野地《やぢ》）

この言い伝えが採集された「別府野地」は、いざなぎ流太夫・中尾計《け》佐《さ》清《きよ》太夫が活動していた地区にあたる。発言の主が計佐清太夫か他の太夫かどうかは残念ながら不明だが、山の神が男神で、「オコゼの三郎」を仲人に龍宮世界のオトヒメサマを嫁にしたという発言のもとになっているのが、後に見るように、いざなぎ流の「山の神の祭文」の物語世界によっていることは明らかだ。太夫自身の発言かどうかは不明としても、この言い伝えの主体は、いざなぎ流祭文の内容を知っている人、ということになる。

この採集例にたいして近藤は、「物部村では男神としての山の神は極少数派であり」したがって「神道やイザナギ流の知識が導入される以前の民間信仰として、女神としての山の神が存在していた」、「男神を表明する伝承も一皮むけば、その下にはしっかり女神が存在していた」というように論じている。この議論の進め方は、「神道やイザナギ流の知識」という外部の信仰にたいして、それが浸透してこない「以前の民間信仰」なるものを対置する形になっている。固有な民俗社会のなかには、外来の宗教に影響される以前の純粋な信仰があったという発想だ。そこから「女神としての山の神」が、より固有な民俗信仰と価値づけられるのである。それは「固有信仰」なるものを価値化する「民俗学」的論理の定型といえようか。[3]

しかし、こうした議論にたいしては、はたして純粋で固有な「民間信仰」なるものは「実在」したか、という問題提起があることも周知のところだろう。[4] 民俗社会の信仰は、もっと複雑でダイナミックな生成のなかにある点に注目が集まっているのである。

たとえば小松和彦は、狩猟や杣師、太夫などには山の神＝男神とする観念が強いが、農業に従事する人々のあいだには女神とする観念が強いという、旧物部村のなかでの信仰の偏差を指摘している。[5] 旧物部村のなかには、二つの系統の山の神信仰が同時に存在しているのだ。それは、信仰の担い手たちの職能のちがいから説明される。ここからは、民俗社会の信仰空間が階層をなし、多面的に形成されているという問題が見えてくるだろう。「民間信仰」という平板なプロトタイプを設定するまえに、その山の神信仰が、〝誰にとっ

ての信仰か〟という主体の問題にこそこだわる必要があるわけだ。(6)

いざなぎ流は、旧物部村という民俗社会に根ざした「民間信仰」とされてきた。それはたしかであろう。しかし、いざなぎ流の太夫たちの信仰が山あいの人々の生活や信仰と深く関わることを認めつつも、いま注目したいのは、「この話を知らん人は山の神は女だという」といった発言についてである。「この話」（いざなぎ流の「山の神の祭文」にもとづく伝承）は、自然発生的に共同体のなかに流通する信仰ではなく、知っている／知らないという、「知識」の問題として取り出される。それは村落の人々にたいして、専門的な宗教者として屹立していく、太夫たちの宗教世界、儀礼実践の現場と不可分にある世界、といってよい。いざなぎ流の「山の神の祭文」は、そこに存在しているのである。

山の神の性別をめぐる問題は、どうやら、いきなりわれわれを問題の本質へと導いてくれるようだ。

2　「山の神の祭文」を読むために

もちろん「山の神の祭文」はいざなぎ流だけに存在する祭文ではない。東北から九州の広範囲にわたる山間民、狩猟民の社会に多数の「山の神の祭文」が伝承されている。またヲコゼを仲介者とする山の神と龍宮乙姫との婚姻譚も、昔話や御伽草子などに見られる説話世界である。さらに奥三河豊根村三沢の「山神祭文」や秋田マタギの「山神の祭文」などにも共通していることが指摘されている。[7] いざなぎ流の「山の神の祭文」も、その一角に存在するものといえよう。

これまでの研究によれば、全国各地の「山の神の祭文」は、二つのグループに分類できるという。[8] 一つは猟師系の職能者が伝えたもの、もう一つは杣、樵などの職能者が伝えた祭文である。これから詳しく見ていくように、いざなぎ流の「山の神の祭文」は、山の樹木の伐採に関して、山の神と山林職能者たちとが契約を結ぶという内容をもつ。いざなぎ流の「山の神の祭文」は、杣・樵系の祭文といっていいだろう。

太夫の祭儀・呪法と結びつく「祭文」

けれども、いざなぎ流の「山の神の祭文」の特徴は、そうした山林職能者たちの信仰というレベルに解消しえないところにあった。その点について、すでに髙木啓夫の次のような指摘がある。

この山ノ神祭文を基本にして杣法や大工法、山ノ神祭り儀礼が成立しているところをみると、山ノ神祭文は山林に従事する人々の携えたものであろうか。もし、そうだとすれば、それが祈禱太夫たちの手に委ねられたのは、いつどのような経過があってのことであろうか。（中略）そこには山ノ神祭文を携えてきた人々の特質らしさを示す祭式作法は全く見出されないのである。山ノ神祭文は、いわゆるいざなぎ流祈禱の祭式形態に没してしまっているのである。[9]（76〜77頁）

「杣法や大工法、山ノ神祭り儀礼」とは、いざなぎ流の太夫が実修する呪法、祭儀作法をさす。いざなぎ流固有の宗教儀礼、呪術といってもよい。いざなぎ流の「山の神の祭文」は、そうした祈禱・儀礼と不可分にあった。したがって物部村の「山の神の祭文」は、山林の仕事に従事する杣人、樵といった職能者たちのための祭文とはいえない、というのが髙木の指摘するところである。

物部村の「山の神の祭文」には、狩人、杣人といった人々の生活に繋がるような「祭式作法」は見いだされず、専門的な宗教者である太夫たちの「いざなぎ流祈禱」の体系のうちに組み込まれているというのである。このことは実際に、いざなぎ流の「山の神の祭文」が、狩猟者や杣人などの山間職能者の家に伝えられてきたのではなく、あくまでも祈禱を専門とする宗教者＝いざなぎ流太夫のもとに伝わったという事実とも対応しよう。

もちろんだからといって、いざなぎ流が狩人や杣人といった山間の職能者の世界とまったく切り離されていたわけではない（実際、太夫たちの多くは、山間の仕事にも従事している）。「杣法」「西山法《にしやま》」といった、職能者たちの生活のなかの信仰と結びつくようないざなぎ流の呪法の存在は、そのことを示唆している。しかし、その呪法は職能の世界に繋がりつつも、いざなぎ流の宗教世界の内側に位置づけられ、太夫たちに管理されているのである。

議論の前提になるのは、物部村という村落社会の信仰が、狩人や杣人といった職能者の世界と、「いざなぎ流太夫」という専門的な宗教者の世界との、いわば信仰の階層分化、多層化があるということだ。前節で見た、女神／男神のちがいも、そこに関わってくる。いざなぎ流の「山の神の祭文」は、あくまでも山の神祭儀、祈禱を専門的に行なう太夫のための、太夫によって作りだされた祭文なのである。いざなぎ流の祭文を、太夫の〝宗教実践のためのテキスト〟として読むというわれわれの方法は、こうした高木の指摘を敷衍することから導きだされてくるのである。

祭文のヴァリアントはなぜ生まれるのか

さて、現在、いざなぎ流の「山の神の祭文」は、次の四種のテキストが翻刻・活字化されている。

A　小松キクジ太夫本「山神祭文[10]」

B　竹添左近太夫本「山王神大代神宮さいもん[11]」

C　中尾計佐清太夫本「山の神の祭文」[12]

D　小松豊孝《とよのり》太夫本「山乃神」[13]

Aのテキストは山の神降臨とその祭祀の由来を語ることで完結するもの。Bは、山の神と龍宮乙姫との婚姻譚を中心とした内容。そしてC・Dは、両方のストーリーを兼ね備えたテキストとなっている。つまりここから、いざなぎ流の「山の神の祭文」には、

Ⅰ　山の神の降臨と祭祀の起源譚の系統

Ⅱ　山の神と龍宮乙姫との婚姻譚の系統

Ⅲ　両方の物語を兼ね備えた系統

という三つの系統があることがわかるのである。

同じいざなぎ流の太夫が伝える祭文でありながら、こうした系統のちがいが生じる理由について、小松和彦は次のように説明している。[14] Aのように婚姻譚をもたず、山の神祭祀起源が中心となる祭文は、民間陰陽師の流れをくむ土佐の「博士《はかしょ》」の後裔たちによるもの、Bの婚姻譚を中心とする祭文は、熊野修験や狩猟民系のテキスト、両方の物語を備えているC・Dの祭文は、民間陰陽師系と熊野修験系が独自に結合したテキスト。すなわち「山

の神の祭文」の系統のちがいは、「いざなぎ流」が中世後期から近世初期にかけて、様々な民間宗教者たちが複合して成り立ったこと、その系統の差異を暗示しているというわけだ[15]。

「山の神の祭文」の系統、ヴァリアントの生成は、いざなぎ流なるものを形成していった宗教者たちの系統の多様性を示す。マクロ的な視点からは、それはたしかであろう。だが、さらにミクロな視点を求めれば、祭文テキストに多くのヴァリアントが生じるのは、それを所持する太夫の祈禱法や術の系統のちがいに繫がるのではないか。いざなぎ流は、太夫が居住する地区のちがいによる「中尾伝」「根木屋《ねきや》伝」「市宇《いちう》伝」「百尾《ももお》伝」といった伝、また家のちがいによる「家伝」といった、多種多様な祈禱法が分立している。祭文テキストの系統、一つひとつのヴァリアントはそうした太夫の祈禱実践と不可分に関わっていたというべきだろう。それは祭文の物語そのものが、彼らの祈禱法と密接に繫がっていたことも暗示する。

では、われわれが見ていく計佐清太夫の「山の神の祭文」は、いかなる世界を開示してくれるだろうか。さっそく計佐清太夫の祭文テキストの解読に入ろう。

3　計佐清太夫「山の神の祭文」を読む

計佐清太夫の「山の神の祭文」は、山の神の一代記風に、その両親の紹介から始まる。

> 山の神の父の御名は、ら天の権ぜの王と申す、母の御名は、まき《(槙)》大権《(黄金)》如来の王と申す、之天地《(竺)》久もくろが御山へ天や上らせ給ふてござれば、三人のごうきんだち《(御公達)》がいでき初まり申してござれば、太郎のごうきんだちは、東々方花ぞが山をりよ《(領)》じ持せ給ふて御わします……[16]。

天竺の「ら天の権ぜの王」と「槙黄金如来の王」との間に生まれた三人兄弟。そのうちの長男・太郎は「東々方花ぞが山」を所領として譲られるが、それを不服として日本の山を自らの所領とすべく日本へと天降ってくる。やがて、彼は日本の地の山の神となる。

ここでわかるように、いざなぎ流の「山の神の祭文」に語られる山の神は、「日本」の山に自生した神霊ではなく、「天竺」という異郷から来臨してきた神であった。山の神といえば、山に自生する自然神というイメージがあるが、いざなぎ流の祭文のなかの山の神は、天上世界から来臨してくる神であったのだ。それが太夫の相手どる山の神の属性である。

山の神祭祀起源譚の構造

以下、地上に降りてきた山の神の物語のあらすじをおってみよう。

(1) 山の神は、蟻虫・さんかの獣・鳥・熊鷹などを自分の「眷属」に定め、その「羽休め木」を設定した。しかし、それとは知らず、日本の氏子たちは、勝手に木を伐採し、病いになってしまう。

(2) 病いを受けた氏子たちは「こりゃ何事であろうよ」と、その原因を知ることができない。そのために「天竺星のじょもんみこ殿」という人物を雇ってきて、「占い判じ」をしてもらう。その結果、人々は病いの原因が山の神の木を伐ったための「お叱り」(御意見)と知ることができた。

(3) さらに氏子たちは星のじょもんのみこ殿に、山の木々の伐採を山の神に許可してもらう「受け約束」の交渉を依頼する。

(4) 星のじょもんのみこ殿による山の神との交渉の結果、山の神は「月々日々、大大神楽に終夜の神楽」の執行を要求してくる。だがそんなことをしたら、氏子たちの生活ができないからと、星のじょもんのみこ殿は、まず「一日あがりの腹立日《ぷくりょにち》」を山の神に奉ることを申し出る。それによって山の神が一の山口までの木の伐採を許可してくれると、続けて星のじょもんのみこ殿は、さらに二の山口、三の山口へと「受け約束」の交渉を進めていく。その結果、山の神への大々的な祭りを行なうことで、山の木の伐採の許しを得た。そして山の神は「奥々かんひがいらずのいかくが御山」を住まいとして鎮まった。

ここまでが、山の神降臨譚と祭祀起源譚である。この後、物語は「おこぜの次郎」を仲立ちとした、龍宮乙姫と山の神の婚姻へと展開し、親に秘密で山の神と通じ、妊娠した乙姫が龍宮世界から追放され、やがて山の世界で山の神の子供たちを数多く出産することで終わる。この後半の展開は、諸地方に伝わる「山の神の祭文」と共有する物語要素といってよい。だが、そうした部分と決定的に異なるのが、山の神の来臨から祭祀の起源へと展開するパートである。それは他の地域の祭文にはない、

図7　山の神の幣

いざなぎ流固有の内容であったといえる。したがって、以下のわれわれの分析も、そこに焦点を定めることになる。

天竺から来臨した山の神。その神の許しを得て、伐採される山の樹木。それを生業とする山林の職能者＝杣人たち。祭文の前半部が語るのは、もともと山の神の所有物たる聖なる樹木が、人々に譲渡された起源である。それは山で生きる杣人たちの職能を聖化する神話といってもよい。山の神との「受け約束」によって、山の樹木伐採の権利を獲得した、山林の職能者＝杣人たちの聖なる職能の由来である。それこそが、山の民にとっての「山の神の祭文」の意義といえよう。

祭文の隠された主人公

しかし、祭文の物語の内部に目を向ければ、山の神と杣人たちのあいだを取り持つ、キーパーソンとなる人物の活動に気付く。そう、「天竺星のじょもんのみこ殿」だ。たとえば(2)の場面でも、氏子たちの「病い」の原因が山の神、眷属の「羽休め木」を伐採したための「お叱り」＝祟りであると認定するのは、あくまでも星のじょもんのみこ殿の「占い判じ」であった。氏子たちだけではそれは認識しえない。さらに、山の神との「受け約束」も、すべて星のじょもんのみこ殿の仲介によって成り立っていく。彼の存在なくして、氏子たちは「受け約束」を果たすことはできない。いざなぎ流の「山の神の祭文」は、じつはこの「星のじょもんのみこ殿」が、隠された主人公であったのだ。

それにしても、「天竺星のじょもんのみこ」とは何者なのか。

「天竺」とあるように、彼もまた土着の人物ではなく、異国（他界）から来訪した存在であった。そして、彼の背後に、山の神と杣人たちとのあいだに立って、「受け約束」＝山の神祭祀を今も実修する者、すなわちいざなぎ流太夫が息付いていることはいうまでもない。星のじょもんとは、山の神祭祀を行なう太夫自身の始祖・原像にほかならないのだ。太夫たちはこの祭文を誦むことで、その声＝コトバによって「星のじょもんのみこ」と一体化して、山の神祭祀を遂行していく。旧物部村の「山の神の祭文」は、「星のじょもんのみこ」が登場し、その活動を物語の主軸に置くことによって、山林職能者の手を離れ、太夫の祈禱実践を根拠づけるテキストへとシフトしていったといえよう。

なお、いざなぎ流の他の祭文のなかにも、太夫たちの原像とおぼしき人物が多数登場してくる。たとえば、「大土宮神本地《どっくうじん》」のなかの「高野上人伯父じょもん」、取り分けに誦まれる「呪詛《すそ》の祭文」（「尺寸返し《しゃくすん》」）に登場する「天竺唐土《とうど》拯問《じょもん》のみこ殿」、あるいは巫神《みこがみ》の取り上げ儀礼の唱文における「釈迦のこみこ」、または式王子の使役に関わる法文のなかの「かんなぎはかしょ」（巫博士）……。これら多数の宗教者たちの存在は、なんらかの形で現在のいざなぎ流太夫の原像を想像させる。そして「原像」がいくつもあるということは、太夫たちの実修する儀礼の種類に応じて、その儀礼を実践するときの根拠となる

「始祖」が複数必要とされたことを意味する。いいかえれば、いざなぎ流の祈禱法が、それぞれの「始祖」にもとづいて、多様な技術からの分化・発展・統合によって歴史的に成り立ったことを、それら多様な「始祖」たちの存在から見てとれるのである。太夫の原像としての人物たちは、いざなぎ流の多様な祈禱法の知と技術そのものの表象なのだ。

山の神祭祀と民間陰陽師

次に、山の神祭祀の具体的な作法をめぐって「山の神の祭文」を見直してみよう。まずは、「星のじょもんのみこ殿」が、山の神との交渉を始める(4)の場面——。

もんぶ《(凡夫)》のす上《(衆生)》の氏子に時やと《(雇)》われ申して、うけやくそく《(受約束)》のねがいにまいりた、ねがいをたいしてたまわれのうよと申せば、もんぶのす上の氏子のぶんてわ、我にうけやくそくは立まいのねがいわた丶んあのうとわ申してござれば、いともやすくにござろう、願をたいしてたまわれのうよと申せば、月々日々大大かぐら《(神楽)》にしゆや《(終夜)》のかぐらをたまわるなれば、ひろくにゆるそう、それでわもんぶの氏子のつかふう月日もすくなきものよと申して、一日あがりのぶくりょう《(腹立)》日を差上げ申ぞ、正月初とら二月卯三月辰四月み五月午六月未七月申八月酉九月いぬ十月亥十一月子十二月丑の日とわ、一日あがりのぶくりゅう日をわ差し上申ぞう、一の山口ひろくにゆるいて給われのうよて、ねがわせ給へば、

それそうござれば、星のじよもんのみこのゆうりがつめば……、

山の神からの「月々日々、大大神楽に終夜の神楽を給はるなれば、広くに許そう」という要求にたいして、星のじょもんはそれを撥ね除け、こちらからの譲歩の条件を差しだす。その手際は、まさに彼の存在が、神霊たちと渡り合っていく交渉人であることを語っていよう。

注目されるのは、最初の条件として差し出した「一日あがりの腹立日」である。これは安倍晴明に仮託された陰陽道書『簠簋《ほき》内伝』（南北朝後期に成立）に「山神腹立日」として設定されている、山入りをタブーとする日のことである。[17]

十二　山神腹立日

寅申巳亥未辰戌子午卯酉丑

（『簠簋内伝』第四[18]）

その日に山に入ると山の神が腹を立てるから、入山を禁忌とするわけだ。その日が山の神の祭日ともなる。いざなぎ流の源流の一つに、陰陽道が大きく位置していることが確認できるだろう。なお『簠簋内伝』（とくに四、五巻）は、世俗的な習俗に関する陰陽道のタブーが中心で、このテキストの成立の背景には、京・祇園社に依拠する民間陰陽師（法師

陰陽師）の活動が想定されている。[19]〔補注1〕いざなぎ流太夫と民間陰陽師との接点を示すところだ。

さらに祭文で語られる「一日あがりの腹立日」の禁忌は、現在も狩猟・杣人の忌み日として伝承されている。

杣・殺生人とともに山の神の祭り（ジョウモク）の日は猟をしてはいけない。この日は正月から初寅、二月は卯、三月は辰というように一日上がりに猟をしない。氏神様が氏子が山に入るのを嫌われるからだ。[20]

祭文に語られる世界が、そのまま民俗社会の知恵として生々しく生きていることが見てとれよう。なお「山神腹立日」の習俗は、たとえば南会津地方の杣出身の狩人の文書にも見られる。[21]それは「山の神の祭文」が、杣、狩人の生活空間に根付いた信仰世界であるように見えるところである。しかし、そうした信仰世界を作りだしたのは、あくまでも山の神と交渉する星のじょもんを主人公とした、いざなぎ流の「山の神の祭文」のなかにあった。「杣・殺生人（猟師）」たちの自然発生的なものではなく、民間陰陽師の系譜をひくいざなぎ流太夫たちの宗教的な知が、その禁忌設定をリードしたというべきであろう。[22]

山の神祭祀の作法

さらに、星のじょもんが作りだす山の神祭祀の作法を見てみよう。

三の山口をひろくにゆるいてもたして給わるなれば、村でわ一社の氏神様への式方次第の式の御ぜん《膳》を差上げ申した、しよじ《精進》ついでをもちまいらして、右わき左りわき白かね三階高棚ゆいやかさりて、ヤマジタダレノ五万五へイ《幣》、もち《餅》がいわぐら酒があいば、作りの初穂に穂花のはつほ、よきあらいね《洗米》、ちんしに御しめ《注連》もひきやまわいて、御悦《祝》御ちそう《馳走》式方次第の式の御前《膳》を差上げ申そう……、それそうござれば三の山口までひろくにゆるそうものよと申して、奥々かんひがいらずのいかくが御山へととばせ給ふて……。

山の神様にたいして、村の氏神の祭りを行なうついでに、神社の右脇・左脇に、三階棚を組み立て、「ヤマジタタレ」の御幣で飾り立て、「式の御膳」＝餅や酒、洗米などの供物を差し上げよう、というのである。

たしかに、「村では一社の氏神様へ……」という叙述があるように、ここに定められる山の神祭祀は、氏子たちによる共同体祭祀の形態をなす。それを果たすことで、氏子＝杣人たちは、山林の仕事に従事していくことが可能となるのだ。

しかし、祭文の語りの方位は、あくまでも、言葉をもって山の神と掛け合い、そして微細で複雑な山の神の祭祀法の式次第そのものを提示していく星のじょもんの存在に向けられている。ここに語られる祭祀の次第の複雑さは、これが山の民自身の自然発生的な祭りではなく、専門祭祀者によって遂行されることを印象づけよう。髙木啓夫のいう、「山ノ神祭文は、いわゆるいざなぎ流祈禱の祭式形態に没してしまっている」とは、このことを指しているわけだ。

山の神との交渉を果たし、その最後に山の神の祭祀法を定めた「星のじょもんのみこ」。山の神の祭祀の場において、この祭文を読誦していく太夫たちは、まさに「星のじょもん」と一体化することで、その祭祀を完遂させていく。

ここでわれわれも祭文の物語世界から一歩踏みだし、太夫たちが実践する山の神祭祀の現場へと赴くことにしよう。

4　山の神祭祀の現場へ

昭和六十二年（一九八七）十一月二十七日から三十日まで、旧物部村別役《べっちゃく》に鎮座する「小松神社」で臨時祭が執行された。小松神社は、祭神も勧請年月ももはや詳らかではないが、平安時代中期の『延喜式』神名帳の「土佐国・香美郡四座」のなかに見える由緒ある式内社である。『土佐国式社考』は、「大忍庄《さと》槇山別役に在す。此の郷小松氏多し。蓋、其の祖なり」と、この地域一体を支配した小松氏一族の祖神を祭る神社としている。小松一族は平家の落人伝承と繋がったり、あるいは大陸から渡ってきた人々の子孫とする言い伝えもある。また「いざなぎ流」の原型は彼らが作ったという伝承もある。[23] 小松神社はいざなぎ流とも深い関わりのある神社であったようだ。

小松神社の祭礼から

小松神社の定例祭祀は、十二月一日に、神主による神道式の祭礼として行なわれる。その日には集落の小松姓の氏子が参集し、ふだんは静寂に包まれた山間の神社にそれこそ人々が溢れかえるという。

だが、この年は、特別に「いざなぎ流」の太夫が主催する臨時祭が、定例の祭礼に先立つ四日まえから、計佐清太夫以下、彼の弟子筋の太夫たちによって行なわれたのである。同年の春に行なわれた神社の参道の改修工事、一の鳥居の洗い清め、二の鳥居の建て替えに際して、工事の無事遂行を神に「願かけ」したことへの「願ほどき」が臨時祭の目的という。祭りは四日間にわたる。その間、太夫たちは、高い木立ちに囲まれた神社の境内に寝泊まりして祭りを執行していくのであった。この小松神社で執行された臨時祭が、わたしが最初に立ち会った「いざなぎ流」の太夫による祭儀であった。わたし自身も計佐清太夫の許しを得て、太夫さんたちとともに、神社の拝殿に泊めてもらい、四日間の祭祀に立

図8　小松神社

ち会うことができた。

　さて、四日間にわたる臨時祭の中心行事は、拝殿のなかで行なわれた「小松乃神社様」「お天道《てんとう》様」「諏訪様」「守目《もりめ》の巫神《みこがみ》様」と呼ばれる神々への「本神楽」である。だが、その神楽は、一般に想像されるような、笛や太鼓、歌謡の賑やかな音楽、華麗な舞踏や演劇的な所作といった「民俗芸能」「伝統芸能」といったイメージからはほど遠い。神社の拝殿のなか、計佐清太夫以下、四人の太夫たちが、浄衣で正装し、五色の色紙を垂らした綾笠を被り、長い神楽幣をゆっくり左右に振りながら唱えごとを誦んでいく、なんとも瞑想的ないざなぎ流独特の神楽である。なお「本神楽」の次第は、いざなぎ流の宅神《たくじん》祭の場合と基本的には同じものである（詳しくは第二、三章、参照）。

ところで、拝殿のなかの氏神の本神楽と並行して、社殿の南西にあたる林のなかで、もう一つ別の祈禱が繰りひろげられていた。木の枝で二段の棚が組み立てられ、棚の後ろには山の神・大荒神・新木《しんぼく》・古木《こぼく》・水神といった神々を象る御幣が括りつけられる。中の棚には十二膳の餅・菓子・酒・蜜柑・米つぶなどが供えられた。さらに棚の下には、道六《どうろく》

図9　山の神の棚　後ろに山の神・水神・大荒神などの幣が立てられ、下の地面には、山の神の眷属の幣が立てられる。

神《しん》・四足《しそく》・すそ・山みさき・川みさき・六道神《ろくどうじん》などの小さな御幣が地面に直接差し込まれ、そのまえにも供えがされる。この臨時に作られた、地面を含めて三階の棚こそ、山の神を祭る祭壇である。太夫は、この山の神の棚のまえで、「山の神の祭文」を読誦していく。

社殿の南西の林のなかに組み立てられた三階棚。そこに飾りつけられた多くの御幣たち。ここには、「山の神の祭文」に語られた、「星のじょもん」が山の神との「受け約束」をする祭儀の様子が幻視されよう。実際に執行される祭りの場で、われわれは祭文に語られた世界そのものと出会うのだ。計佐清太夫の「山の神の祭文」は、いまも行なわれる山の神祭祀の〝起源神話〟として生きているといえよう。

山の神の棚のまえで祭文を読誦するとき、いま行なわれる山の神祭りが、祭文に語られる聖なる起源のとおりに、山の木々を切り出したことの代償＝「受け約束」となる。祭文を山の神に聞いてもらうことで、かつての「受け約束」を思い出させ、木々を伐採したことの許しを得る。このときの山の神祭祀は、神社の鳥居を立て替えるにあたって、山の木を伐採していたことの「許し」を得るものであった。もちろんそれは、祭祀を実修する太夫自身が、祭文のなかの「星のじょもん」と一体化するという実践の現場によって初めて可能となるのである。

棚の一番下に祭られるものたち

祭文を読誦していく山の神の三階棚の祭壇。そこであらためて目を向けるべきは、棚の一番下、地面に直に突き立てられている小さな御幣たちである。太夫によれば、それら小さな御幣たちは、山の神の「眷属」の一種を表象しており、次のような名前と由来をもつ。

◇道六神——道の神のこと。道路で事故などがあると必ず祭られた。
◇四足《しそく》——四つ足の獣。山の動物たちの魂魄。
◇すそ——人の憎しみ、妬みのあらわれ。その魂魄。いわゆる呪詛（呪い）と区別するが重なるところもある。
◇山みさき、川みさき——大川、小川などが合流しているところに棲息する山川の魔物。
◇六道神《ろくどうしん》——山や川での不慮の事故で死んだ者の魂魄。無縁仏となっているもの。キュウセン、山スズレ、川スズレともいう。

山の神の祭りをするときには、こうした道の神霊・獣の魂魄・死者霊・呪詛・山川の魔性魔群といったものを一緒に祭祀しなければならない。それらは山の神の「眷属」となっているからだ。祭文のなかにも、山の神が「日本」の山に降臨してきたときまず行なったのは、「蟻虫さんかの獣、鳥や熊鷹しちようの翼に至るまで、皆我らの眷属のうよと申し

図10　山の神の棚の下　眷属たちの幣が直接地面に立てられている。

図11　山の神の眷属の幣　左から山ミサキ・川ミサキ・スソ・四足・道六神・六道神。

て」と、眷属たちを集めることであった。山の神は多数の眷属たちを引き連れている神霊、といえよう。太夫は魔性魔群を眷属として引き連れてくるので、山の神は家のなかでは祭れないともいう。下の棚で山の神の眷属たちを祭るのは、まさしく祭文に語られる世界を前提にしているのである。と同時に、眷属たちの素性をめぐって、祭文とはちがう、あらたな解釈が施されていることを知ることができよう。

計佐清太夫は言う。山の神を祭るときにとくに注意すべきは、これら眷属たちをきちんと祭ることにある。眷属たちにたいして「言葉をかけてやる」ことが必要なのだ。それを忘れると、山の神の祭りそのものがうまくいかない、と。

物部の山々には、数多くの山のものたちが棲んでいる。八面王《やつらおう》・六面王《むつらおう》・山姥《やまうば》・山爺《やまじい》・山女郎《やまじょろう》・山の魔・川の魔・山犬・山猫……。それらは、人の入り込まない奥山に棲息する魔物・動物霊・妖怪の類いということになろう。その多種多様な眷属の存在は、「山」という世界の神秘そのものを象徴している。眷属たちにたいして「言葉をかけてやる」とは、山の神秘の奥深くまで分け入り、その不可思議な力とコミュニケートしていく、いざなぎ流太夫の呪能そのものを語っているのである。そのときの「言葉」のもとになっているのが、太夫たちの誦む祭文のコトバであることはいうまでもない。

ここから次のような問題が見えてこよう。小松神社の臨時祭で行なわれた山の神祭祀。それは「山の神の祭文」に語られる起源としての「受け約束」を再現する。だが同時に、儀礼のただ中においては、山の神の眷属たちの素性やその目的をめぐって、祭文の物語世界とは異なる方向へと変貌していくのではないか、と。

山のものは山へ、川のものは川へ

この年の臨時祭の執行理由は「願ほどき」にあると太夫は説明していた。それは間違いない。だが、いま見たような祭祀の細部へと分け入っていくとき、この臨時祭のもう一つ奥に隠されていた目的が見えてくる。計佐清太夫は、この年の臨時祭の本当の目的として、こう語った。

参道や鳥居建立の工事、作業を進めるうちに、山の木を伐ったり、山や川を汚したり、また工事に携わった人たちの間に、何か言い争いごとなどがあったかもしれず、そのために神様にたいして「曇り」や「隔て」ができた。工事によって、山のものや川のものを「起こしてしまった」から、「山のものは山へ、川のものは川へ」、送り鎮めねばならない。また人々の言い争いによる曇りや隔ても「きれい」にしなければならない。それが今回の臨時祭を行なう理由である……。

山の樹木を伐採したために、山、川のものの世界を侵犯した。それは人々への祟りとなってしまうかもしれない。その結果、人々に憑依して災いをもたらすかもしれない。もしそんなことがあったら、人々の体から離れて、山川のもとの住みかに帰っていただく。「山のものは山へ、川のものは川へ……」。この呪文めいた言葉には、山のもの、川のものをそれぞれの本貫地に送却していく儀礼思想が読みとれよう。

もちろん実際にこのとき、山の神の祟りがあったとか、誰かが病気になったかどうかは不明である。というよりも、本当に災いがあったかどうかは別にして、そうした「曇り」や「隔て」という神との関係のマイナス要素を前提にして、太夫は祈禱を執行するということが重要なのだ。ここには太夫たちの、山や川の神にたいする神経質なまでの「気配り」がうかがえる。山の神の眷属にたいして言葉をかける、という発想とも通じていよう。

それにしても、あらためて気付かされるのは、「臨時祭」の目的とされることが、「山の神の祭文」に語られた、山の神と氏子たちとの「受け約束」＝契約の物語と微妙にずれていくところだ。祭文によれば、祭祀執行は、山の神にたいして樹木を伐採することを許可してもらうことにあった。しかし、いまここで太夫が繰りひろげる儀礼は、そうした祭文の祭祀起源の単純な反復ではない。山の神やその眷属からの「お叱り」による災いを除去するために、人々に取り憑いた神霊を送却することが目的とされているからだ。

小松神社の臨時祭。その現場は、「山の神の祭文」に語られる山の神祭祀の形態をこえる、さらなるいざなぎ流の固有な儀礼世界へと、われわれを導こうとしている。

5 「りかん」という儀礼言語

「山の神の祭文」は、山の神祭祀の根本祭文として、太夫の山の神祭祀執行に欠かせないものである。それは祭文に語られる世界とも呼応する。だがその一方、「山の神の祭文」は、個別的な山の神祭祀以外の儀礼の場でも誦まれていた。それをもっとも端的に示すのが、「取り分け」という儀礼である。

「取り分け」とは、太夫たちが執行する家の神祭り（宅神祭）、氏神祭祀、山鎮めなどの本祭のまえに必ず行なう儀礼である。本番の祭りに先立って、祭りを行なう家や神社のなか、その家族の身体に取り憑いている魔性魔群、穢《けが》らい不浄のものを「ミテグラ」のもとに集め、本貫地のあるものはそこに、そうでないものはミテグラごと不動からめの縄で縛り、「すそ林」という土中に埋めて封印することが目的とされる（詳しくは第四章、参照）。いざなぎ流ではもっとも重要な意義をもつ儀礼で、これがきちんと「きれい」にできたかどうかが、あとの本祭の進行にも影響を与えるという。この取り分けのポイントになるのが、「祭文」の読誦であった。取り分けでは、「山の神の祭文」をはじめとして、水神・地神・土公神《どっくう》・恵比寿《えぶす》・荒神・いざなぎの祭文（さらに天神、呪詛《すそ》の祭文）が誦まれるのである。

図12 「取り分け」の儀礼 本祭に先だって、「すそ」をはじめとした穢れをミテグラに集める。このとき、「山の神の祭文」も誦まれる。

「山の神の祭文」が取り分け儀礼のなかで誦まれる実態は、この祭文が個別的な山の神祭祀の場に限定されず、まさに太夫が実修するいざなぎ流の祈禱・儀礼全般に必要な祭文としてあることを意味する。高木啓夫のとらえた、「山の神の祭文」が、「いざなぎ流祈禱の祭式形態に没してしまっている」とは、このことと通じよう。もちろん、われわれにとって問題は、それをより積極的に意義づけることにある。

祭文に付加される秘密のコトバ

それにしても、「山の神の祭文」が取り分けで誦まれるのは、どういう理由なのだろうか。ここにこそ

「山の神の祭文」が、いざなぎ流の太夫という宗教者固有の祭文となる秘密が隠されていた。

太夫たちは、儀礼の場で祭文を読誦したとき、その祭文を誦むことでどのような効果があるのか、どんな目的なのかを説明するための特別なコトバを付け足す。祭文に付加されるそのコトバは「読み分け」とも「りかん」ともいう。「りかん」(24)〔補注2〕(以下、「りかん」の呼称に統一)を付け足さねば、祭文を誦むだけでは何の効果もないのだ。「りかん」は、太夫たちの個人的な裁量に関わるところで、そのコトバをきちんと言えるかどうかが、太夫の宗教者としての能力を示すことになるという。書物として文字化される祭文にたいして、「りかん」は一回一回の儀礼に則して太夫が個別に編みだすコトバである(ただし一定のパターンもあるようだ)。まさしく秘密のコトバであった。

では、取り分けで「山の神の祭文」を読誦したとき、どのような「りかん」のコトバが祭文に付け足されるのだろうか。それはおおよそ次のように語られる(25)。

(1) 山の神王大神様へは、御本地御ひおもとは、御廻《え》向《こう》次第に、読みや開いて参らした、良き喜びを召されて、

(2) 王大神様の御部類、御眷属が十六天の御神のザツマに、屋地三神に金キン銀に、織物反物七夕道具に、氏子仲場の五尺の体に御縁を掛けて引きや雲(曇)いてよも候う共、黄

金の花べら花ミテグラへ、呼びや集め千丈広野が奥へ御引きのけを頼み参らする、

(3) 御部類、御眷属、山の神、川の神、六面王に八面王、夜行《やぎょう》神、山スズレ、川スズレ、狐、狸、サンカの四足二足、魔群化性の者が、御縁を掛けてござろう共、御縁を切らって、御縁を放いて、黄金花べら花ミテグラへ、諸願成就、集まり影向《ようごう》成り給へ、

(4) ブニ当てヒケイに、白米千石、黒米千石、ま米も千石三千石、白餅千枚、黒餅千枚、マ餅も千枚三千枚、七畝七逧七谷、木の実、草の実、ガヤの実、姫ガニ、フキノトウ迄、ヒケイヨラメテ出まいらした、

(5) 是受け取り、奥々かんひがいらずのいかくが御山、王大神の千丈羽衣の下へ立ち退き影向成り給へ、此のミコ、一門口より送り出す。

(1)「御本地御ひおもと」は、山の神の「祭文」のこと。祭文を「御本地」と呼ぶのは、「大土公神本地」などの例がある。「読みや開いて……」と神に向けて祭文を誦み上げたことを宣言する文句。祭文は神にたいして「御廻向次第」として誦まれたことがわかる。「御廻向」とは、一般的に死者霊を慰撫し、その冥福を祈ることの意味だが、ここでは祭文の読誦が、神への慰撫・鎮めのために誦まれたという意義になる。祭文を聞いて、山の神は「良き喜びを召され」るわけだ。祭文は、神の偉大な力をコトホグ＝賞賛するような働きをする。

(2)「御廻向次第」の祭文を誦んだので、「良き喜び」を得た山の神（王大神様）は、その眷属たちが、屋敷神や財産、織物、七夕道具、さらに氏子の体に憑依して（御縁を掛けて）、神々との関係に「曇り」を生じさせていたとしても、この祭壇の「ミテグラ」のもとに眷属たちも集めて、すべてを引き連れて「千丈広野が奥」へと退去してくれるように頼む。「ミテグラ」とは、藁でできた輪型の台に「だいば人形の幣」と「四幣」という四本の幣を立てたもので、「取り分け」儀礼に欠かせない祭壇である（二九七頁図38、参照）。人々にたいして「お叱り」＝災厄として取り憑いている山の神、眷属の霊が人や家、道具などから離れて、ここに呼び集められるのである。

(3)さらに具体的に「御部類」「御眷属」の名称が明らかにされる。「山の神、川の神、六面王に八面王、夜行神、山スズレ、川スズレ、狐、狸、サンカの四足二足、魔群化性の者」といった、まさしく山に棲息する妖怪変化たちである。それらが「御縁を掛けて」いても、「氏子仲場の五尺の体」から離れて、祭壇の「黄金花べら花ミテグラ」のもとに集まってくるように祈る。こうした「御眷属」のことは、祭文のなかにも「蟻虫さんかの獣、鳥や熊鷹しちようの翼に至るまで、皆我らの眷属のうよと申して……」と記されていた。

(4)そして部類・眷属たちにたいして、多種多様な供物を捧げる。「ブニ当てヒケイ」とは、一般に神の眷属となる下級の精霊、死霊たちに与える供物を意味する。

(5)最後に、「ブニ当てヒケイ」を受け取った部類・眷属たちにたいして、「奥々かんひがいらずのいかくが御山」に棲まう山の神王大神様の「千丈羽衣の下」に立ち退いてくれるように頼むのである。いうまでもなく、山の神王大神様が「奥々かんひがいらずのいかくが御山」に鎮まることは、「山の神の祭文」のなかで、「星のじょもん」との交渉の結果に語られていたことであった。

送却儀礼としての効果

「取り分け」儀礼で祭文を読誦すること。それは「お叱り」状態の山の神の機嫌を直し、神の眷属たちも引き連れて、その元の住みかに送り返すという意義をもった。それを可能とするのが、今見た「りかん」のコトバである。小松神社の臨時祭の目的とされた、「山のものは山へ、川のものは川へ」という送り鎮めは、こうした取り分けの目的と合致していることが確認できよう。計佐清太夫は臨時祭のとき、取り分けをとくに厳重に行なったことを後に教えてくれた[26]（七六頁**図13**、参照）。

このように、取り分け儀礼の遂行には「りかん」のコトバがなければ、送却儀礼としての効果が発揮しえないことが見てとれる。祭文を誦んだだけでは駄目なのだ。まさしく儀礼の実践のコトバといえよう。だが同時に、その「りかん」は、あくまでも祭文を前提にして発せられるコトバであったことを忘れてはならない。山の神とコトバをもって相渡り、「受け約束」を獲得する「星のじょもんのみこ」を主人公とした祭文の物語世界である。

図13　中尾計佐清太夫が、小松神社の祭祀のあとに書き記した切紙

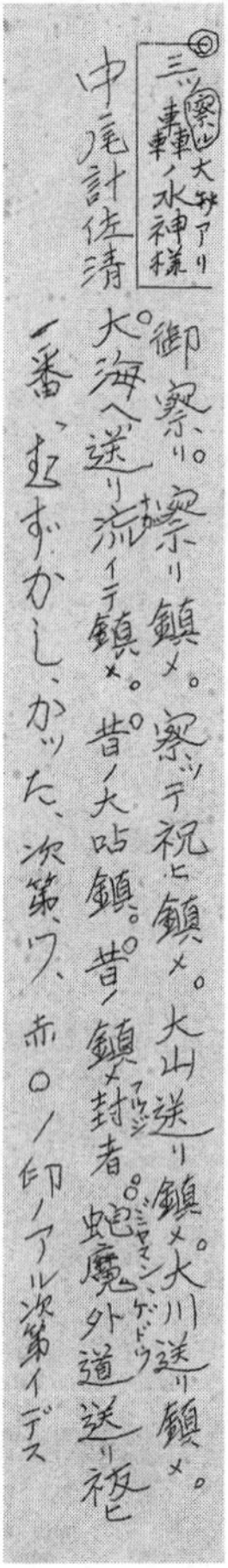

山の神と渡り合った「星のじょもんのみこ」を始祖とし、彼と一体化しうる太夫。その太夫の口から発せられる「りかん」のコトバだからこそ、山の神やその眷属たちを送却する呪的効果が発揮しうるわけだ。

物語と儀礼が一体となる実践の現場。祭文、そして編みだされる「りかん」のコトバ――。ここに、言葉を繰る呪術師としての太夫の姿が見えてこよう。

「取り分け」の儀礼で読誦される「山の神の祭文」から浮き上がってくる、山の神の相貌。それは、奥山に棲息する魔性魔群、妖怪たちのリーダー格として、何よりも人々から畏怖される存在であった。山を生業の場とする人々の聖なる根拠としての神を超出し、祈禱のプロたる太夫たちによってのみ相手どることのできる神霊。だからこそ、いざなぎ流の「山の神の祭文」は、太夫たちの祈禱実践を根拠づける祭文になるのである。

6　生成する祭文

「山の神の祭文」は、祈禱の現場にある太夫の実践と密接な祭文テキストであった。もちろんこのことは、計佐清太夫本のテキストに固有な問題には解消しえないはずだ。いざなぎ流の祭文がもつ本質といってよい。計佐清太夫の祈禱実践と祭文という視点に立ったとき、他の太夫たちの所持する「山の神の祭文」も、それと同じ方法で読むことが要求されるだろう。

ところで、いざなぎ流の「山の神の祭文」に、いくつかの系統、別ヴァージョンがあることは最初に確認したとおりである。それは祭文を所持する太夫の「伝」の相違であり、さらにその背景には、「いざなぎ流」なるものを形成したいくつかの宗教思想の歴史が考えられた。いざなぎ流の宗教史的な背景という視点である。

そうした見解にたいして、われわれの方法からは、「山の神の祭文」の別ヴァージョンの生成をどのように見ることができるだろうか。それぞれの太夫が、自らの祭祀や祈禱の現場で向き合った〝山の神〟の相貌のちがいに、祭文の変容を促すエネルギーがあったことを想定してみることができる。

この方法意識のもと、現在翻刻されている「山の神の祭文」の別ヴァージョンを見てみよう。

障碍神としての山の神——小松キクジ太夫本「山神祭文」

キクジ太夫本は、「山の神の降臨と祭祀の起源譚」のみで成り立っているテキストである。その構造は、計佐清太夫のテキストの前半部と同じである。しかし、祭文の叙述に分け入ってみると、重大なちがいに気付かされる。

キクジ太夫本のなかの山の神祭祀の場面。「天竺星のじょもんのみこ殿」にあたる人物は、ここでは「じよを門太夫」の名で登場する。

> じよを門太夫の申され様にわ、それそを有るなれば奥山十山《（遠）》のふもと《（麓）》なるこけが岩屋、槙が寺共する方へ祝い上らせ給へ、文部《（凡夫）》の氏子にたいぜん運をしまいらする、一の山口三十三社二の山口三十三社三の山口三十三社集めて九十九社が方へ、生木が千本、枯木が千本、文部の氏子に植へさせ、東方西方南方北方中方五方の山にて文部の氏子のをしませ給ふた小木《（古）》新木七十五本を山神王大神様の羽休木と読与へ参らする。
>
> （小松キクジ太夫「山神祭文」[27]）

ここに語られる山の神祭祀は、計佐清太夫本のそれとはかなり異質である。注意したいのは、前半の「奥山遠山の麓なるこけが岩屋、槙が寺共する方へ祝い上がらせ給へ」のフレーズ。キクジ太夫本が語る山の神祭祀とは、山の神を、神が本来鎮まるべき奥山遠山へと送りだし、それにたいして氏子たちの「惜しませ給ふた古木新木七十五本」を、山の神の羽休め木として献上していく、という形態になる。そこに見てとれるのは、災厄として取り憑く神を本来の地に送り返す、送却儀礼の作法である。

　それに見合うように、祭文の結末は次のようになっている。

(1)　是より奥山十山のふもとなるこけが岩屋槙が寺共する方へ祝い上がらせ給へよ、針降る峠に針降る沼きり降る峠にきり降る沼東方とろとろ上らせ給へ、五方同じ、千山の王にと上らせ給へ安座の位に付き給へ、

(2)　何年玉の氏子わ山神王大神様の御り《領》よをきさき《妃》つちけんぞく《眷属》の行合見入が有る共、今日こよいわじよを門太夫にかわりて、さんうに栄のかんばく御幣を切りやしたてて様合《影向》遊したぞ、身はだ《肌》を放れて立退き給へ、門より内わ外津車で門より外へなるなればかすみに掛けて、奥山十《遠》だを放れて立退き給山の其の御山ふもと《麓》へ祝い上らせ給へ、三神屋づまを放れて立退き給へ、何年玉の氏子わ山神王大神様の御りよをきさきつちけんぞくに、五条のそむきが之有る共、御新木の御立替を致し参らする。　（同前）

図14　山の神の送却　山の神の棚を山々に向かって設置し、その前で、太夫が山の神や眷属を送却する祈禱を行なう。新築の家の祭りで、建て物に残る「木霊」を送り返す意味をもつ。

本来の棲む場所へと山の神を「上げる」こと。さらに最後には、山の神を「千山の王」へとより位の高いステージへと上げ、「安座の位」につけて鎮めていくこと。これがキクジ太夫本の語る山の神祭祀の方法であった。

それを受けて、(2)段落の「何年玉の氏子わ……」以下の叙述では、「山神王大神様の御領妃、つち眷属の行き合い見入れが有る共……」というように、氏子たちが、山の神やその眷属の禁忌に触れて、障りや祟りを受けている場合があったとしても、氏子の体に悪霊として憑依している状態から、その立ち退きを祈願していく。「身肌を離れて立ち退き給へ」というフレーズは、決定的である。

この祭文テキストでは、計佐清太夫本にあったような、山の神と杣人たちとの聖なる契約という〝祭儀起源譚〟よりも、山の神、眷属が氏子たちに「行き合い見入れ」＝憑依して障りや病いをもたらす恐ろしい行疫神・祟咎神としての相貌が強く印象づけられている。このちがいは何を語っているのだろうか。

「りかん」から祭文へ

計佐清太夫の「山の神の祭文」は、氏子と山の神との間の「受け約束」といった、共同祭祀の起源譚の構造をもっていた。だがキクジ太夫本では、山の神と眷属の障りによって病者に取り憑いた魔性魔群のものを山に送り返す、つまり鎮めることが主題となっている。

それは共同体的な祭祀にたいして、特定の病者を対象とした「病人祈禱」の場というものを想定させよう。

このとき、山の神は、山の民たちの聖なる職能と関わる相貌をかなぐり捨てて、山で生活する人々にたいして不断に障りや病いをもたらす障碍神としての神格を全面に押しだしてくる。そうした障りの神としての山の神と向き合うのが、キクジ太夫の「山神祭文」であった。山の神による障り、祟りを原因とした病人祈禱の場で使われる祭文テキスト、といってもよい。霊的な病いの治療に関わる病人祈禱の現場が、こうしたヴァージョンをもたらしたのであろう。ちなみに、キクジ太夫が居住したのは上韮生《かみにろう》地域である。そこは「祭儀」よりも「祈禱」(病人祈禱)を主体とする流儀であったという報告がある。(28)

さらに気付くことがある。祭文の結末部が、物語世界の叙述から、そのまま、祈禱している場そのもののコトバへと転移していくところだ。三人称で語られていた物語の世界から、「今日今宵はじょもん太夫にかわりて……」という具合に、いま、祈禱儀礼をしている現場で、祭文の効果を語り上げる表現へとシフトする。「身肌を離れて立ち退き給へ……」、「奥山遠山の其の御山麓へ祝い上らせ給へ」と、氏子にたいして障りをなす山の神、眷属にたいして太夫が直接向かい合っていくコトバなのである。

もはや明らかであろう。最後のパートの表現が、「取り分け」の儀礼で祭文に付される「りかん」のコトバに近いことだ。「取り分け」という、障りをなす神霊たちを本貫地に送却していく儀礼に使われる「りかん」のコトバが、キクジ太夫本「山神祭文」を作りだしていることが想像される。祭文のあとに太夫が付した「りかん」が、そのまま祭文のコトバのなかに流れ込んでしまったのではないか。そこには祭文のなかの詞章が、儀礼の現場の「りかん」によって改変されたり、増補されたりしていく、祭文テキストの生成が見てとれよう。

婚姻譚の深層にある世界――竹添左近太夫本「山王神大代神宮さいもん」

左近太夫本は「山の神と龍宮乙姫との婚姻譚の系統」のテキストである。山の神祭祀起源譚をもたず、「おこぜの次郎」を仲介者とする龍宮乙姫との婚姻譚を中心とした祭文で、山の神と海の神との婚姻という、きわめて神話的な構造をもつ物語である。他の地方にも多く見られるという意味でもっとも典型的な「山の神の祭文」といえる。結婚のあと、龍宮乙姫が山の神の子を出産する場面には、蘇民《そみん》将来・巨端《こたん》長者の話型がもちいられていることも指摘されているとおりだ。山の神（男）と海の神（女）の婚姻、出産の物語展開は、農耕社会における豊穣を求める「農民的な山の神信仰」にもとづくという説もある[29]。

しかし注目したいのは、蘇民将来の家で龍宮乙姫が山の神の子を生む場面である。

よるの子丑ノこくに、ござん《（産）》のひぽが、とけゆく、四百しべ《（四病）》をのやまい《（病）》のかミ《（神）》、ごたん上《誕生》ぞらう《候》、ひきあげ、をやしやみん《蘇民》が所のおば丶、うス《臼》中ゑひき上、をや《親》となる、山の神のをセ《仰》にわ、まづ、いちばんに、ひきあげるわ、ぎをん《祇園》牛頭天皇《王》と、なをつれそらう、二ばん、ひき上るわ、天けしやう《天刑星》殿となをつける、三ばんめに、ひき上る住吉大明神、となをつける、そののこり、をんこわ、め《目》ないかミみ丶《耳》ないかミ、はな《鼻》ないかミ、くちなきかミ、セなき神、はらなきかみ、て《手》なきかミ、あし《足》なきかミ、ことごとく、なをつけて、四百しべの、やまいのかミと、なをつくる……

（竹添左近太夫本「山王神大代神宮さいもん」[30]）

龍宮乙姫（水神）が出産した山の神の子供たちは、なんと「四百四病の病いの神」と呼ばれていく。最初の子は「祇園牛頭天王」、二番は「天刑星殿」、三番目は「住吉大明神」と名付けられ、後の子たちはそれぞれ身体に欠損をもつ神という名を与えられる。

「祇園牛頭天王」とはいうまでもなく、京都祇園社を本拠地とする疫病神の代表である。「天刑星殿」は、その牛頭天王の別名。名前の来歴は陰陽道書の『簠簋内伝』にもとづく。この祭文テキストの背後には、祇園系陰陽師の流れが想定されるところである。三番目の「住吉大明神」は、古代以来の海洋神として著名な神格であるが、中世末から近世にかけては、やはり疫病神としての信仰をもっている。

山の神と乙姫との間に生まれる御子神たち。それらは「祇園牛頭天王」以下、疫神、病いの神たちであった。ここにはこれまでの〝山の神信仰〟とは明らかに異質な世界が見えてこよう。

竹添左近太夫本の祭文を考えるうえで、もう一つ見すごせない問題がある。この祭文テキストとほぼ同じようなストーリーをもつ祭文が、「厄神病の祭文」「祇園様の祭文」「天《てん》刑星《げしょう》（天下正）の祭文」の名前で伝えられている事実である。それらはひとしく、疫病神の祭祀・祈禱をテーマとした祭文テキストだ。そのストーリーは、中世に流布した「祇園牛頭天王の本地」を基本としている。左近太夫本の「山の神の祭文」は、そのまま疫神の祭文＝「天刑星の祭文」へとシフトすることが可能であったわけだ[31]。

図15　水神和合の幣　「山の神の祭文」の婚姻譚にもとづく幣。家の水回りに立てられる。真ん中が、「和合」を表象する幣。「おこぜ」の姿をあらわすともいう。

「山の神の祭文」がなぜ「疫神」の祭文に変貌するのか

山の神信仰と疫神信仰とのシンクロ。山の神を祭る「山の神の祭文」と疫神に関わる「天刑星の祭文」の相互乗り入れ状態である。だが先のキクジ太夫本「山神祭文」が、病人祈禱の場に即した祭文テキストであったことを考えると、山の神の御子神の相貌が〝疫神〟そのものとして立ち現われることは、きわめて自然に納得できよう。さらに人々の病いの原因が山川に棲息する魔群魔性の類いとすることも、山深い物部という民俗社会の信仰的コスモロジーから、説明することが可能だ。ヤマノカミはヤマイノカミへと変成するわけだ。

たとえば梅野光興は、このことについて次のように分析している。「病気の原因とされるものには圧倒的に山川の魔群魔性が多い。物部のような山深い所では、山に潜むさまざまな妖怪たちが、もっとも病気の原因として適当であったのだろう。……そのため、山の神と水神が結婚して病の子を出産するというよそからみれば特異なモチーフも、物部の世界観の中ではもっとも納得いくものとして、結合が進んだものと思われる」[32]。一つの見解として納得できるが、では、いざなぎ流の太夫たち自身は、このことをどう考えているのだろうか。

たしかに、「取り分け」儀礼に付される「りかん」や、キクジ太夫本「山神祭文」のテキストを見ていくと、山の神が病気の原因となるという信仰は色濃いように感じられる。また「山の神の祭文」と「天刑星の祭文」との間に、物語構造上で類似点は多い。けれども、太夫の祈禱実践のテキストたる「祭文」は、たとえストーリーの展開に類似点があったとしても、「山の神の祭文」と「天刑星の祭文」とは、厳しく峻別されねばならないという前提があったようだ。それはまさに、実践的な効果がちがうから、ということになろうか。計佐清太夫は次のようにいっている。

山の神様と、てんげしよう（天刑星のこと）と、重なる面はありますが、内面を一緒にして考へると、訳がわからなくなりますので、何を元にして考へるかといふことです。[33]

「何を元にして考へるか」ということについて、太夫は続けて「山の神様の元に成る」のは「天竺星のじよもん命」であり、「天下しよう様の元に成る」のは「祇園大明神」であると説明している。その「元に成る」ものから「割り出すこと」が、祭文を理解するうえで重要なのだといっている。

神々の「元に成る」とは、いわばその神霊をいかに祭り鎮める力となっているか、といいかえてもいいだろう。祈禱の実践者たる太夫が、祭文に差し向けている視線は、祭文がもつ実践的な呪力のなかにあったのだ。この点、小松和彦も「むしろ彼ら（太夫）にとってはその祭文がどのような目的に用いられたのか、というのが問題であり、その性格を決める要点なのである。山の神の廻向のために用いられれば「山の神の祭文」なのであり、厄神の廻向のために用いられれば「てんげしょうの祭文」なのである」[34]ということを指摘している。

ここからは、いざなぎ流の太夫たちが、口承文芸研究者のこだわるような祭文の物語構造上の類似点や、あるいは民俗学者による民俗社会のコスモロジーとの対応性への視点とは、まったく異なる実践知をもって、祭文を位置づけていることが見えてこよう。「山の神の祭文」がいくつかの別ヴァージョンをもっていることも、そのちがいによって祈禱法にどんな相違が生じてくるか、ということしか太夫たちにとっては問題にならないのだ。

いざなぎ流の「山の神の祭文」。それは太夫の祈禱実践に使うためのテキストであった。そこに登場する〝山の神〟は、太夫のみが向き合うことのできる神霊にほかならない。そのとき、われわれは、太夫たちが渡り合う〝山の神〟から生成する、あらたな呪術のコトバに出会う。

山の神をめぐる「法文」

ここに、「祭文」という名称のテキストとは異質な、しかし「山の神」の名を冠した一群のテキストが存在する。計佐清太夫によれば、祭文にたいして「法文《ほうもん》」という名で区別された、いざなぎ流のもっとも秘密に属する祈禱テキスト群である。計佐清太夫の山の神に関わる法文には以下のようなものが見える。

◇「山の神のけみだし敷」
◇「山ノ神さわら敷」

◇「山の神のつけさわら」

具体的に次のような詞章をもっていた。

東方三万三おく《億》三百三十三国、天の山に三万三おく《億》三百三十三社の山の神白ひげ《髭》大明神、中山口三万三おく《億》三百三十三国　天の山に三万三おく《億》三百三十三社の山の神大大神あら《荒》ひら《平》大明神、西山口三万三おく《億》三百三十三国　天の山に三万三おく《億》三百三十三社の山の神大明神、三ケ国の山の神大大明神様のわきだちあらんのけんぞく《眷属》、けい合《警護》様三十三ケ敷《式》　森敷、九十九敷、かぜこの敷、九万九ケ敷、まり敷、せめ敷、九千五人が大森大山ぢい《爺》、山うば《姥》、山の王そう、大山みさき、小山みさき、あら《荒》山みさき、き《鬼》神ノ神、六ツラ《面》王、八ツラ《面》王、九万九ツラ《面》王の大神様を奉行る、天や下だらせ給う、打敷大神様、大山王そう、八万八剣まな敷の大神、七ツのまないたをしたて、どごん剣、けみだし敷の大神様を、一時半時に行正《招》じるまいらする、おり入り様合《影向》なされた御度候

（「山の神のけみ出し敷」[35]）

意味不明のコトバも多いが、ともかく膨大な数の山の神とその部類・眷属たちを、「けみだし式の大神様」として、この祈禱の場に召喚させてくる呪詞といえる。「式の大神」、

「行い招じる」とは、いざなぎ流の祈禱法のなかで、式神＝式王子を使役する呪法に関わるコトバであった。「山の神のけみだし敷」という法文は、太夫の式法によって、山の神と部類・眷属を太夫自身の式神として使うためのテキストではなかったか。

東東方山ノ神大大神の宮社の内、さわらの敷、さわらちけん《智拳》と行い降ろす、五方同じ、敷のこれ上印《うわいん》に山ノ神大大神さわら敷、さわらのちけん《智拳》、はやく風くろ風さわらの大疫神を与えさせ給へ、くばる天なくわる天なくだる天なちなる天なちけん《智拳》にそばか《莎訶》、開けた眼はふさかせん、あげた足はおろさせん、ふんだ爪は抜かせんぞ、そくめつ《即滅》そばか《莎訶》

（「山ノ神さわら敷」[36]）

最後に付されたおどろおどろしいフレーズ。「即滅そばか」。もはやいうまでもないだろう。この法文は、山の神を「さわら式」として召喚し、それをもって敵を調伏していくためのものであったのだ。

祭文の読誦によって祭り鎮める山の神が、法文のなかで「さわらの大疫神」として呼びつけられていく。「さわら」とはサハリ、サハラヒの意味だろう。山の神と疫神との相関という問題は、太夫の「一緒にして考へると、訳がわからなくなります」という言説を一見裏切るかのように、調伏儀礼のなかであらたな局面を見せ始めるのだ。

「山の神の祭文」から「山ノ神さわら敷」「山の神のけみだし敷」へ。そこに発見されるのは、「山の神の祭文」の、さらにその奥に秘められた、太夫の呪術実践のなかの〝山の神〟といえる。太夫の呪法によって式神化される山の神・部類眷属たち。それはもはや、民俗社会の神々のコスモスの極北にしか存在しえない、文字どおり「いざなぎ流」の最深部の霊格ではないか。

山の神の棲まう村、物部村。そこに伝承されるいざなぎ流祈禱。その祈禱に使われる「山の神の祭文」――。祭文の解読から出発したわれわれは、山の神信仰をめぐる一般通念を大きく揺るがす、いざなぎ流の深奥部を早くも見せつけられたようだ。それを確認しつつ、次なる考察へと移ることにしよう。

注

(1) 代表的なものとして、松山義雄『山国の神と人』(未來社、一九六一年)、堀田吉雄『山の神信仰の研究』(伊勢民俗学会、一九六六年)、千葉徳爾『狩猟伝承研究』(風間書房、一九六九年)、同『続狩猟伝承研究』(風間書房、一九七一年)、大護八郎『山の神の像と祭り』(国書刊行会、一九八四年)、永松敦『狩猟民俗と修験道』(白水社、一九九三年)などをあげておく。

(2) 近藤直也『ケガレとしての花嫁』第三章「高知県物部村に於ける事例研究」(創元社、一九九七年）。
（3）近藤、前掲書（2）。
（4）池上良正「宗教学の方法としての民間信仰・民俗宗教論」、真野俊和「「民間信仰」は実在したか」（ともに『宗教研究』三二五号、二〇〇〇年九月）。なお、同号は「「民間信仰」研究の百年」を特集している。
（5）小松和彦「「いざなぎの祭文」と「山の神の祭文」――いざなぎ流祭文の背景と考察」（五来重編『山岳宗教史研究叢書15　修験道の美術・芸能・文学［Ⅱ］』名著出版、一九八一年）。
（6）たとえば真野俊和は、前掲論文（4）で「「民間信仰とはどこに存在するか」という問いをたててみたとき、結局のところその信仰を実践するものたちの個々の具体的な営みというところに帰着した」というところから、「民間宗教者研究」を位置づけている。本書の方法も、ひとまず、そうした流れのなかに位置しているといってもよい。
（7）千葉、前掲書（1）『続狩猟伝承研究』第二部第一章「山の神とヲコゼから」。
（8）小松、前掲論文（5）。
（9）高木啓夫「式王子と式方術」（『いざなぎ流御祈禱の研究』高知県文化財団、一九九六年）。
（10）小松キクジ太夫所蔵「神道諸法伝祭文集」（『土佐民俗　共同採集報告1（物部村土居番民俗採訪）』土佐民俗学会、一九六九年）。
（11）吉村淑甫「いざなぎ流神道祭文集」二（『土佐民俗』十一号、一九六六年）。後に吉村監修、斎藤英喜・梅野光興編『いざなぎ流祭文帳』（高知県立歴史民俗資料館、一九九七年）に再録。

(12) 前掲書(11)『いざなぎ流祭文帳』。
(13) 小松、前掲論文(5)。
(14) 小松、前掲論文(5)。
(15) いざなぎ流太夫の歴史的な系譜・系統については、木場明志「民間陰陽師の咒法――高知県香美郡物部村「太夫」における事例」(『日本人の生活と信仰』同朋舎出版、一九七九年)、梅野光興「神子・博士・陰陽師――いざなぎ流祭儀の生成」(『比較日本文化研究』第六号、二〇〇〇年十二月)を参照。
(16) オリジナルテキストは前掲書(11)。
(17) この点、山本ひろ子氏からの教示による。
(18) 中村璋八『日本陰陽道書の研究』(汲古書院、一九八五年)。
(19) 村山修一『日本陰陽道史総説』(塙書房、一九八一年)。
(20) 千葉、前掲書(1)。
(21) 千葉、前掲書(1)。
(22) 永松敦は前掲書(1)『狩猟民俗と修験道』第一章「椎葉村の狩猟伝承」で「山の神とオコゼの説話を保持・伝播し、オコゼを供える山の神祭りなどに従事したのも、修験者または陰陽師という専門の宗教者であって、一般民衆のなかから自然発生的に出現したわけではないのではなかろうか」と指摘している。基本的に本論の立場と同じものといえる。
(23) 「即ち小松一族は祖神(今の小松神社)を追うて槇山に移って来たが、もともと大陸から来た人々の子孫であるから学問もあって、支那や日本のことがらをたくみによみこんだ調子のよい文句を作り、空箱に弓をくくりつけ、その弦をはじいて箱を共鳴させ乍ら節をつけて唱えた。……そのうち病気や災難があればそれをのがれる文句を作り、棚を設け幣を飾り、その前に坐ってこの文句を唱えた」（松本実『物部村志』物部村教育委員会、一九六三年）。

(24) 物部村大栃在住の小松豊孝太夫は「其の場に相ふ様に読解を付けて祈る。祭文を祈つただけでは何のコウ果もない」（『咒阻方の法式次第』）と記している。

(25) 小松太夫、前掲(24)を参考。

(26) 取り分けにおいて、とくに「昔ノ大ずそ鎮。昔ノ鎮メ封者、蛇魔外道送り祓ヒ。一番むずかしかった次第ワ、赤○ノ印ノアル次第イデス」と記している。

(27) 前掲(10)。

(28) 小松和彦「いざなぎ流祭文研究覚帖・天刑星の祭文」（『春秋』一九八九年八・九月号）。

(29) 千葉、前掲書(1)。これにたいして、岩田勝『神楽源流考』第二部第五章「宝蔵太子と龍女姫」で「どのような意味で農耕の豊饒を希求する農民的な山の神信仰の伝承なのかについては、じゅうぶんに論じていない」と批判している。

(30) オリジナルテキストは前掲書(11)。

(31) 小松、前掲(5)、(28)を参照。ほかに石川純一郎「いざなぎ流神道の祭文――〝天刑星祭文〟の背景と行疫神説話の展開」（『日本民俗研究大系』第七巻、国学院大学、一九八七年）。

(32) 梅野光興編・執筆『いざなぎ流の宇宙』（高知県立歴史民俗資料館、一九九七年）。

（33）中尾計佐清太夫からの書簡による。

（34）小松、前掲（5）。

（35）中尾計佐清太夫所持『必密之方　御神集書物』（表紙に、「昭和参拾壱年正月／必密之方／御神集書物／槇山村別府／中尾計佐清」）。

（36）中尾計佐清太夫所持『敷大子行書物』（表紙に「大天神小天神五六天神十万八天神／敷大子行書物／昭和什（拾）年旧六月吉日／半田吉蔵」）、前掲資料（35）。

〔補注1〕『簠簋内伝』の成立に関しては、依然として不明な点が多いが、その後の研究としては、鈴木一馨「『簠簋内伝』の陰陽道書としての位置付けに関する検討」（駒沢大学『文化』23号、二〇〇五年）がある。また林淳「簠簋内伝」（日本仏教研究会編『日本仏教の文献ガイド』法藏館、二〇〇一年）は、「室町時代の暦注解説書のなかで『簠簋内伝』を位置づけることは必要である。従来はともすれば牛頭天王縁起に目が奪われすぎ、暦注部分への関心は不足していたと思われる」という、重要な指摘をしている。

〔補注2〕「りかん」については、その後、梅野光興「いざなぎ流祭文と呪術テクスト」（名古屋大学大学院文学研究科『日本における宗教テクストの諸位相と統辞法』二〇〇八年）がある。

断章1　病人祈禱と「天刑星の祭文」

病人祈禱を専門にする太夫

中尾計佐清太夫に就いて「いざなぎ流」の調査・研究を始めて数年がたったころ、ある家の祭り＝宅神祭のときに、病人祈禱を専門とする一人の太夫に出会った。その太夫は、旧物部村岡ノ内地区の伊井阿良芳《あらよし》太夫という。計佐清太夫の弟子の一人ではあるが、もともとの「伝」は計佐清太夫とは異なる流儀に属していた。阿良芳太夫は、職業的な病人祈禱専門の太夫で、ほとんど毎日のように「患者」のもとに出かけ、祈禱を執行しているという。

そんな阿良芳太夫が参加した宅神祭のある一夜、彼がかつて行なった病人祈禱の実例の一つを語ってくれた。それは、次のようなエピソードであった。

ある中年の男性。彼は五年間のあいだ、ほとんど毎晩のように蛇の夢を見た。そのうち体の一部に、イボのような突起物があらわれた。それでもう死ぬのかと思っていたとき、阿良芳太夫と知り合い、太夫に祈禱を依頼した。太夫の祈禱によって、原因は蛇の祟りであることがわかった。祈禱は何日もかかったが、その最終日、太夫は特別な生木の箱を用意し、男性の肌にあらわれたイボをそこに移し、封印した。山の斜面の人の来ない場所にその箱を埋めて、蛇の祟りを封じ鎮める祈禱を行なった。その祈禱を男性の息子が手伝っていたが、息子はうっかりして箱の蓋を開けてしまった。息子は悲鳴をあげた。父親の肌にあらわれたイボと同じ突起物が、箱の内側に無数についていたからだ。だが、阿良芳太夫は平然と答えた。当たり前だ、そこに移したのだから……。

いざなぎ流ではかつて「病人祈禱の時代」と呼ばれるほど、病人祈禱がさかんに行なわれていた。だが近代的な医療設備が整うにしたがい、病人祈禱を行なう太夫は減少していった。ちなみに計佐清太夫自身も当初は病人祈禱を行なっていたという。

たしかに病人祈禱は圧倒的に減少しているのだが、一方で、阿良芳太夫のように、ひっきりなしに病人祈禱を行ない、それを職業としている太夫もいる。彼によれば、病人祈禱の依頼は村内にとどまらず、高知市内、さらに関西や名古屋などにも「出張」することがしばしばあるという。そこには現代の都市社会における「病い」（霊的な病い）をめぐる新しい動向と、いざなぎ流太夫の祈禱とがクロスしていく興味深い問題が暗示されていよう。

ちなみに阿良芳太夫の息子の幸夫氏も太夫となり、父太夫のあとを継ぐ形で病人祈禱を専門に携わっている。

「病人祈禱」研究の難しさ

さて、いざなぎ流の病人祈禱の方法、そのシステムについては、髙木啓夫『いざなぎ流御祈禱（第二集）病人祈禱篇』[1]によって、おおよその祈禱次第や構造は判明してきた。すなわち、その基本は「取り分け」（詳しくは第四章を参照）とほぼ同じシステムをもっている。すなわち、「病気」の原因となる穢らい不浄のものをミテグラに寄せ集め、封印してすそ林に埋めてしまうという方法である。

けれども、病人祈禱そのものの執行は限られていること、そもそも個人的なプライバシーに関わることが大きいため調査が困難であるなどの理由から、個別的な祈禱の現場については、いまだ不明のことが多いのもたしかだ。わたし自身も何度か阿良芳太夫から、病人祈禱の現場に立ち会う許可を得ようとしたが、残念ながら実現できなかった。

しかし病人祈禱の「調査」や「研究」が難しい理由は、それだけではない。たとえば先ほどの阿良芳太夫が語った事例について、それがどこまで実際のことなのか、太夫のなんらかのトリックなのか、あるいはまったくの作り話なのか、という真偽を問うことにぶつかってしまうからだ。「祈禱」や「呪術」なるものを、近代的な学問の文脈のなかでいかに記述しうるのか、という問題といってもよい。それゆえ病人祈禱の「研究」では、祈禱の構造的なシステムを解明すること、そしてその背景にある宗教世界の歴史的な系譜、または儀礼がもつ象徴の体系などの分析、あるいは太夫と患者、家族との社会的な関係の考察などが、「客観的」な学問の記述とされてきた。

それにしても、病人祈禱によって実際に病人が治癒され、彼が救済され、生を回復していくという、その「事実」そのものにたいして、学問や研究はどのように向き合うことができるのだろうか。その癒されるということの「リアル」を、われわれの側はどれだけ理解しうるのだろうか。そしてその「リアル」を学問的にどう記述しうるのだろうか[2]……。ここでぶつかる問題はかなり重たく、深い。「病人祈禱」のまえで、「研究者」としてのわれわれは立ちすくんでしまう。

病人祈禱固有に誦まれる祭文

そこで、あらためて太夫が執行する病人祈禱のシステムに目を凝らしてみると、ここでも大きな意味をもってくるのが、「祭文」の読誦という実践であった。

阿良芳太夫が言うには、昔、ある太夫が祭文は御伽話みたいなものだからと馬鹿にして、祈禱のときにきちんと誦まなかった。そうすると治るはずの病気も治すことができなかった。だから自分の師匠は言っていた、祭文さえきちんと誦めば、どんな病気でも治せるのだと。それぐらい自分たちの祈禱には祭文は重要なのだ。

御伽話みたいな物語をもつ祭文。しかし、その祭文こそが祈禱の実修にあたって、何よりも重要であること。阿良芳太夫のこの発言には、祭文が語る物語世界と、祈禱儀礼で病気が治るという呪術の力とが密接に繫がっていることを示唆しよう。祭文の物語は、太夫の宗教的威力の起源を語る神話なのだ。神話を語ることで、目の前の病者は、病いが発生する以前の世界の始まりにつれもどされ、そして治癒されていくのである〔補注1〕。

さて、病人祈禱では、「取り分け」と同じように基本的な祭文——恵比寿・荒神・地神・土公神・いざなぎ・山の神・水神・呪詛《すそ》・天神の祭文が誦まれるが、さらに病人祈禱にのみ限って特別に読誦される祭文があった。それが「天刑星の祭文」である。「テンゲショウの祭文」。所持する太夫たちのテキストによって天下正・天下小・天芸正・天けやう所などの様々な表記を見るが、天体の星をイメージさせる「天刑星」とは、宿曜道《すくようどう》、陰陽道に関わる神格であった(3)。

安倍晴明に仮託された『簠簋内伝』と天刑星

南北朝時代後期に成立したと推定される『簠簋《ほき》内伝』という書物がある。平安時代中期の代表的陰陽師・安倍晴明に仮託された陰陽道書である。その巻一に、天刑星の来歴が記されていた。

天竺摩訶陀《まかだ》国に商貴帝《しょうきてい》という王がいた。彼はかつては帝釈天《たいしゃくてん》に仕えて、諸々の星々の探題という任務に就いていた。そのときの名が「天刑星」という。やがて天刑星は、娑婆世界に降りてきて、あらためて「牛頭天王《ごずてんのう》」と名乗ったという。天刑星とは、すなわち牛頭天王の異名であったのだ。

牛頭天王とは、疫神の代表でありつつ、同時に疫病退散の守護神となる京・祇園社（現・八坂神社）の祭神である。その来歴は、有名な蘇民《そみん》・巨端《こたん》の物語を軸とした「備後国風土記・逸文」（『釈日本紀』引用）、「祇園牛頭天王御縁起」（文明本）をはじめとして、「祇園御本地」、「祇園大明神事」（『神道集』）などの様々なテキストが伝えられている。さらに民間陰陽師（法師陰陽師）たちを担い手とした祇園信仰の流布のなかで[4]、各地方には「牛頭天王ノ祭文」（宝暦八年〈一七五八〉）、「灌頂（勧請）祭文」（天文十九年〈一五五〇〉）、「八王子祭文」（伊勢外宮の祀官）、また「牛頭天王島渡り祭文」（奥三河）、「牛頭天王祭文」（信濃国分寺）などが多数存在していることが、これまでの研究によって明らかになっている[5]。いざなぎ流の「天刑星の祭文」も、そうした牛頭天王系祭文のヴァージョンの一つであったことが推定される[6]。それは、いざなぎ流と陰陽道との密接な繋がりを見る手掛かりになるだろう。

その物語の大筋は、以下のようなものである。豊饒国《ぶにょうこく》の武塔天王《むとうてんのう》の王子・武塔太子（牛頭天王）は、その姿があまりにも恐ろしかったので、后がなかなか見つからなかった。後に山鳩の使いによって、沙竭羅《しゃかつら》龍王の三女・波利《はり》采女《さいめ》という姫宮が天王の后になるという情報を得た。天王は数万騎の家来をひきつれ龍宮に向かい、その途中で巨端将来という長者のもとに宿を借りようとしたが、長者の巨端将来は天王に宿を貸すことを拒んだ。だが、一方貧しい蘇民将来は暖かく歓待してくれた。後に波利菜女と結婚した牛頭天王は、帰国の途中、蘇民将来には膨大な金品を与え、宿貸しを拒否した巨端将来は一族残すことなく殲滅してしまう。ただ巨端のもとに嫁いだ蘇民の娘だけは、「蘇民将来の子孫の札」「茅の輪」の目印にして、救出した。この「蘇民将来の子孫の札」「茅の輪」をもつことが、疫神・牛頭天王の災厄から逃れることの由来になるわけだ。以上が世間に多く流布している「祇園牛頭天王縁起」の基本的な物語である。

計佐清太夫「天下小祭の文」を読む

ところで、第一章で紹介した、山の神と龍宮乙姫との婚姻と出産を語る、竹添左近太夫本「山王神大代神宮さいもん」は、「祇園牛頭天王縁起」と似ている物語展開をもつ「山の神の祭文」の別ヴァージョンであった。そこには山の神信仰そのものが、疫神信仰とシンクロするという問題が秘められていたのである。

しかし、その一方で「山の神の祭文」とは異質な世界が「天刑星の祭文」にあることも見逃してはならない。太夫たちは両者をきちんと区別して認識していく。ようするに、「天刑星の祭文」は、あくまでも病人祈禱の儀礼に読誦される祭文として区別され、実際にその場固有に使われる祭文であったのだ。

では、「天刑星の祭文」は、どのように病人祈禱の現場と呼応していくのだろうか。計佐清太夫が使っていた「天下小祭《てんげしょう》ノ文」を読んでみよう。

(1) 天下小（天刑星）と、ぎをん（祇園）大明神は夫婦となって、天竺さいばの国を巡行していたが、途中で一人の子が生まれ、二人は育てていた。天下小は三年先に地上に降り、頭の病い・手肩の患い・腰の病・「ちんば」・脚気の病い、厄年などを作り出した。

(2) 三年あとから地上に降りたぎをん大明神と再び夫婦になって、南々方を巡り歩いていたが、日が暮れたので、地鎮家《や》堅めのお祝いをしていた東々方こたん（巨端）の長者のもとに宿を貸してくれるように頼んだ。

(3) こたん長者は、天下小の妻が妊娠していて、今夜にもお産の紐がとけそうなので、宿を貸すことはできないと拒否する。

(4) 怒った天下小は西々方しょみん（蘇民）のもとに行き、宿を貸してくれるように頼む。貧しいしょみんは、出産間近の天下小の妻のために産湯を沸かし、歓待してくれる。

(5) 一方、こたんの長者の家では、先祖代々の家の宝物が補陀落世界・八幡地獄へ落ちていく夢を見た。その夢解きを天竺熊野々権現様に占い判じてもらうと、こたん長者の一族の寿命がきれて、すべて火炎に燃えいくという結果がでた。

(6) そこでこたん長者は、災厄を逃れるために、坊主千人・太夫千人・出家千人を雇って八重の注連を張り巡らせて、地鎮家堅め命乞いの御祈禱を始めた。どこにも隙がなかったが、楊枝の代わりに注連の足をちぎったので、獅子蜂に変身した天下小は、その隙間から侵入し、こたん長者の一族すべてを討ち滅ぼした。

(7) こたん長者のもとにはしょみんの娘が嫁いでいた。しょみんの妻は、娘が死ぬのはあきらめるが、孫一人も助けられなかったことを悲しんだ。これを知った天下小は「おいのべかずら」を使った呪術で、孫を蘇生させた。

(8) しかし親がいないので、その子は道端に据え置かれた。そこを通り掛かった熊野の僧侶たちが、子供を柿の木にひっ掛けて「きむら(猿)のわごう」と名付けた。そして人間の作った作物を盗み食いしたら、その肝を使って四百四病・八百八病の薬にしようと決めた。これが猿の肝が病いの薬になる因縁である。

(中尾計佐清太夫「天下小祭ノ文」[7])

冒頭から、天刑星と祇園大明神が夫婦であったという、なんとも奇妙な設定に驚くばかりだ。この設定は天刑星と牛頭天王(祇園大明神)とが同体異名の神であったという『簠簋内伝』の叙述をもとにしていることはいうまでもないだろう。しかしそれにしても、両者を男女神・夫婦神にふり分ける発想は、「祇園牛頭天王縁起」の原型からは大きく逸脱する構成といわざるをえない。

どうして、こうした奇異な変形が生じたのだろうか。そこには何か隠された意図があるのだろうか。ポイントとなるのは、物語のうえで欠かせない宿乞いを拒否する(3)の展開である。

「産血の穢れ」への忌避というテーマ

巨端長者が天刑星の宿乞いを拒否する展開は、「牛頭天王縁起」と共通している。通常の牛頭天王物語では、巨端は長者でありながら不親切なので拒否し、一方蘇民は貧しかったが心が優しいので歓待したという、「隣のじじい」型の昔話にも共通する話型となっている(8)。つまり物語の展開のうえからは、なぜ巨端が拒否したかという理由はとりたてて問題とされない。だが計佐清太夫本「天下小祭ノ文」では、次のような理由が述べられている。

一夜の宿はかしてしんでる事にわならんあ、きやくそう《(客僧)》人のつれさせ給うた妻のきさきは身もちがいたいと見えまいらする、こいさの夜中にごさん《(御産)》のひぼがとけるであろぞ……。

天刑星の妻（祇園大明神）が妊娠中で、今夜にもお産の紐が解ける＝出産するから、宿を貸すことができないというのである。この拒否の理由は、別の太夫の所持本ではもっとはっきり語られていく。

あなたに一夜の宿借すことできん、あなたのつれたる妻のきさき、身もろかいゆとなりさせ玉、夜中の丑乃時な御座のひぼ、とけると見へた、大事な座敷をけがすによりて一夜の宿借ことできん。

（森安宮春太夫「天藝正祭文」[9]）

出産間近なので宿を貸せないという理由は、出産に際しての出血が、大事な家座敷を穢すことになるからということであった。計佐清太夫本よりも、さらにダイレクトに「産血の穢れと忌避」ということが語られていることが見てとれよう。

ここからすぐにわかるように、天刑星と祇園大明神が夫婦という奇異な設定は、巨端長者の宿貸しの拒否が「産血の穢れ」への忌避を理由とした、という展開をもたらすためのものであった。「産血の穢れ」のモチーフを描きだすためには、宿乞いをする旅人は出産間近な夫婦でなければならなかったのである。

いうまでもなく、通常の牛頭天王物語は、波利菜女への求婚の旅の途中で巨端から宿借りを拒否されるので、こうした理由づけはありえない。これはいざなぎ流の「天刑星の祭文」の独自な構成といえよう。なお、牛頭天王縁起のヴァージョンの一つ、奥三河の「牛頭天王島渡り」祭文では、波利菜女が産んだ八王子の一人=蛇毒気神をめぐって、月水や衣那・赤不浄について独自な展開を見ることができる(10)。

産血の穢れと忌避。それを理由とした巨端長者の宿貸しの拒否。ここにはいざなぎ流の宗教世界のうちに、産血の穢れと浄化をめぐる独特な神観念が孕まれていることが見てとれる。それをもっとも顕著に語るのは、第三章でとりあげる「御崎様《おんざきさま》の祭文」である。

十月目に生まれなかった御崎様は、十三月目にようやく誕生した。だがそのために神の父母は「産血」に穢れて、「溺れしもれて」しまった。御崎様という神は、まさしく産血の穢れの真っ直中に誕生したのだ。そこで「百三柳王《りゅうおう》かなまく童子」なる人物の提案によって、御崎様のために「十二人の神楽の役者」を揃えて、「ばっかいじたて」の大掛かりな神楽を執行するというように展開していく。産血にまみれた神を清めるための神楽という意義がここで語られていくのである(詳しくは第三章、参照)。

ひるがえって、「天刑星の祭文」の宿貸し拒否譚から見えてくるのは、巨端長者にとって天刑星が、産血の穢れを家座敷にもたらす可能性がある、まさしく忌避されるべき存在であったということだ。当然それは、天刑星という神格が、人々にとって恐ろしい、行疫神であったという展開とも通じていよう。そこから見れば、巨端の拒否の行動は、なんら非難されるべきものではなかったということになる。「牛頭天王縁起」が語るような、慈悲の心のない悪人とそれにたいする懲罰という構成とはちがう論理が、この祭文を作っていると想像できよう。

ここからは「天刑星の祭文」が、病人祈禱の場で誦まれる理由がはっきりしてくる。病人祈禱の主題は、忌避すべき疫神をいかにして退散させるかにあったからだ。

「天刑星の祭文」の別ヴァージョンを探る

次に、物部川上流域の計佐清太夫たちとは別の系統の太夫の祭文を見てみよう。上韮生《かみにろう》川ぞいの立花集落の小松キクジ太夫が所持していた「天行正祭文」である。

こちらの祭文では、天刑星はすでに天竺で出産をすませていた。そこから日本に降ってくるにあたって、蘇民将来の御姥が、あなたほど大勢の眷属を引き連れた者に宿を貸す者は日本にはないだろうから、自分が先に日本に降りて用意をしておこうと約束する。だが先に日本に降りた蘇民将来の御姥は、巨端の家に行き、次のようなことを告げる。

諸(蘇)民将来のうば(姥)わ、三年先に天や降り東杉村こたんちよ(巨端)を者へ来り、当年計都・黒星・羅喉六三星の廻りが悪き人へ、天竺より魔法け(鬼)神天や降り日本文部を取りやたす程にわ、早く祈念祈禱を召され様と申させ給ふて……。

（小松キクジ太夫「天行正祭文[11]」）

天刑星のために宿を用意しようといったにもかかわらず、巨端長者にたいしては、これから「魔法鬼神」が来襲してくるから、それを防ぐための「祈念祈禱」をしておくように、という。ここでは天刑星は明らかに「魔法鬼神」であり、それは巨端長者にとって「当年計都《けいと》・黒星《こくせい》・羅喉《らごう》六三星の廻り」が悪いことに繋がっていたのである。小松キクジ太夫本では、巨端長者が宿乞いを拒否するのは、「蘇民将来の御姥」の忠告によるとなるわけだ。だがそれを聞き入れて天刑星の宿乞いを拒んだために、最終的には天刑星の復讐によって滅亡させられるわけだから、「蘇民将来の御姥」の忠告は巨端を陥れるための陰謀だったとも解釈できる文脈になる。それは「祇園牛頭天王縁起」のパロディとなっているともいえよう[12]。

さらに注目すべきは、巨端長者が宿乞いを拒否したのは、天刑星が文字どおり「魔法鬼神」であったと語られるところだ。とくに「当年計都・黒星・羅喉六三星の廻りが悪……」といった宿曜道《すくようどう》の禁忌が全面にでているのは興味深い。計都や羅喉とは白道（月の運行コース）と黄道（太陽の運行コース）の交点にあって、日月食や個人の災厄をもたらす凶星であった[13]。この文脈では、巨端は星廻りが悪いときに「魔法鬼神」の来襲に備えて、物忌みに入り、悪霊祓いの祈念祈禱をしていたのだから、宿乞いを拒否するのは、当然ということになるだろう。

次のような祭文は、このモチーフをさらに展開させていったものといえる。

我等が方には七代伝わる蘭の庭木が御座候所、不量不天に枯れ行くは不思議ならんと申す、博士を揃へ占ひ申せば、丙午の三月六日午ノ刻に空天竺より客僧一人天降ると相見え候が、是には宿かす事ならんよと占ひ出されて候えば、丙午三月六日午刻に空天軸（竺）より客僧一人降らば御宿貸すなと、大道に高札を建て出家を百人揃えて七重に七五三を引き、千部万部の経文読み祈り御祈禱中半に空天竺より疫神の御神天降り……。

（『高橋鶴吉氏旧蔵資料』[14]）

これは物部村のいざなぎ流と交流があったという本川《ほんかわ》村に伝わる祭文資料である。[15] 残念ながら題目が失われているのだが、牛頭天王系の祭文であることは明らかだろう。ここでは「博士」の占い判じによって、蘭の庭木が突然枯れたのが災厄の前兆とされて、そのために「丙午の三月六日午ノ刻」に天竺から来る客僧に宿を貸してはならないという禁忌が占われる。とくにそれが「博士」による占いとされるところは興味深い。いうまでもなく、「博士」とはいざなぎ流の太夫と重なる民間陰陽師の原像であるからだ。そして「博士」の占いに従って、注連を張り、祈禱を始める。実際に、「丙午の三月六日午ノ刻」に来臨するのは「疫神の御神」＝天刑星（牛頭天王）ということが語り明かされていくのである。
これらの祭文では、巨端長者が宿乞いを拒否する展開が慈悲心のない行為と非難されるのとはちがう語り方になっていた。計佐清太夫たちのテキストの、産血の穢れの忌避というモチーフから、巨端長者にとって来訪する天刑星が文字どおり悪なる行疫神であったという展開に至りつくのである。さらに来襲してくる日時にこだわるのは、天刑星がもつ「暦神」としての性格を強調しているといえよう。ここから、巨端の宿貸しの拒否とは、来襲してくる行疫神に備えての「物忌み」であり、それを避けるための祈禱儀礼の執行へと繋がっていくのだ。

計佐清太夫の祭文から何が見えてくるか

さて、あらためて最初に検討した計佐清太夫の祭文を見なおしてみよう。宿乞いを拒否された天刑星が、巨端に復讐する場面。天刑星は「見やじんづ」「きくやじんづ」に巨端長者の家の様子を探索させたところ、次のような事態が巨端の家では起こっていた。

我等はふわるきゆめ《夢》をみたよのうとわ申して、ゆめや合せ申して御座れば、東々方こたん《巨端》が長者の親十代ヨリつた《伝》われ申した玉手箱か八ツにわれてくだらくせかい《補陀落世界》へさかしにを《落》ちたをゆめに見た、われらわ親十代より、つたわり申したはだ《肌》ののまもりを《緒》かきれてくだらくせかいへ、あちた《落》をゆめに見た、我等おぢのくれたるちよばんかゞみが七ツにわれて八幡《万》地国《獄》へさかしにおちたをゆめに見たよのうとわ申して、天地《竺》久熊野々権現様へうらない《占》はんじ《判》に天やのぼらせ給ふて、うらないはんじて見まいらすれば、親十代ヨリつた《伝》われ申した玉や手箱が八ツにわれてくだらく世界へさかしにおちるをゆめに見たのは、東こたんのしゆていし《子》そん《孫》がたえ行くたとへであろうぞ、親十代よりわたりたるはだのまぶり《守》のをがきれてくだらく世界へあちたをゆめに見たのは、こたんがさと《里》の三千人ずめう《寿命》がきれいくたとへであろうぞ、おぢのくれたちよばんかゞみが八ツにわれて八幡地国《獄》へとうだ《飛》をゆめに見たのは、こたんが御家の四方のすみどに火えん《炎》にもえゆくたとへであろうぞ、いそいて天やくだ《下》りて、ぢちん《地鎮》家がため《堅》、いのちごい《命乞》の御きとう《祈禱》めされのうよと申して御座れば……。

(計佐清太夫本「天下小祭ノ文」)

巨端長者は、親代々から伝わった「玉手箱」「肌の守り」「ちょばん鏡」がそれぞれ「補陀落世界へさかしに落ちた夢」「八万地獄へさかしに落ちた夢」という「悪しき夢」を見た。そこで「熊野々権現様」に占い判じを祈ったところ、「悪しき夢」は自分の一族が滅亡する前兆であると告げられる。そしてその災難から逃れるために「地鎮家堅め、命乞いの御祈禱」を始める……。

悪い夢見は天刑星の復讐を予知するもので、それにたいする防衛を始めるという場面へ展開していく。「牛頭天王縁起」でも、「爰に古端、相師を召して言く、此間以ての外に恠異多し、これを占へと。相師が曰く、三日の内の大凶、天王の御罰也と云々」（吉田家旧蔵本『牛頭天王縁起』[16]）といった叙述がある。牛頭天王の来襲のまえに、その予兆が占われるという物語の構成は大枠では同じである。

しかし「悪しき夢」から自分の滅亡を占い判じていく展開は、その場面だけを見れば、『高橋鶴吉氏旧蔵資料』の祭文の「七代伝わる蘭の庭木が御座候所、不量不天に枯れ行くは不思議ならん」と、何かの前兆を察知し、それにたいする占いを始める展開と似かよっていたことが見てとれる。もちろん『高橋鶴吉氏旧蔵資料』の祭文の場面は、最初の宿借りのときで、天刑星が復讐してくるまえであった。だが、そうしたストーリーの展開をこえて、互いに共通する論理が見てとれるのだ。すなわち来襲する行疫神への対抗と防御である。

たしかに計佐清太夫本「天下小祭ノ文」の物語展開は、宿乞いを拒否された天刑星による復讐として語られる。しかし物語の場面を語るコトバは、来襲する行疫神にたいする占い判じとそれを防ぐための祈禱儀礼のコトバとして取り出すことが可能になるのだ。ここからは慈悲の心がない巨端が天刑星から復讐される、という物語とは異質なレベルが浮き上がってこよう。物語のなかに孕まれている祈禱儀礼である。祭文に語られる「地鎮家堅め、命乞いの御祈禱」という祈禱は、そのまま太夫たちが執行する疫神防御の儀礼と通じていくわけだ（なお、現行の太夫の儀礼では、新築した家の最初の家祈禱を「地鎮家堅め」という）。

さらに計佐清太夫の祭文において、巨端の夢占いは「熊野々権現様」への祈りによって行なわれている。その後に続くところにも「熊野々権現様」が登場していた。ここからは、いざなぎ流の宗教世界の背景に熊野の修験山伏、熊野信仰が色濃く広がっていることを推定させてくれるが、読みとるべきは、たんなる信仰的な背景ということをこえて、祈禱や卜占術の実践をめぐる技のぶつかりあう現場である。「熊野々権現様」の登場はそれを信仰の対象とする熊野修験と、祇園牛頭天王信仰を支える陰陽師たちとの、宗教的な競合関係を導いてこよう。具体的な儀礼や祈禱の場における力や技の競合といってもよい。いざなぎ流の信仰世界は、いくつかの宗教が単純に習合しているというよりも、それを作りだした宗教者の間の力の競い合いのなかに生成してきたのである(17)。

「天刑星の祭文」のなかに語られる儀礼世界。次に、実際の病人祈禱の儀礼現場では、この祭文はどのように誦まれるのか、そのメカニズムに迫ってみよう。祭文の物語と「病気」を治癒していく呪法とはどのように結びついていくのだろうか。

病人祈禱の基本構造から

では、いざなぎ流の病人祈禱はどのように行なわれるのか。その基本形とされる「押し

加持祈り」の次第を見てみよう。(18)

(1) 下祈り（けがらい消し、こりくばり、祓え、神迎え、四季の歌、神道、枕加持）
(2) 祭文読誦（恵比寿・荒神・地神・土公神・いざなぎ・山の神・天刑星・水神・呪詛・天神）
(3) 中はずし（すがぬき加持）
(4) 門はずし、霊気はずし
(5) 総まくり
(6) 行ない（五体の王子）
(7) 人形祈り
(8) おったて祈り（うち落とし・きりくじ・身体かじ・病人囲い）
(9) ミテグラ括り、鎮め、神送り

ひじょうに複雑な構造をなしているが、基本的な方法は、病人の体に巣食っている「悪魔」「外道」を病者の肌から分離させ、ミテグラという依代、祭壇のもとに集め、最後はミテグラごと土中に埋めて鎮めてしまうことにある。その発想は、(3)の「中はずし」の次第で誦む唱文に見てとれる。

只今よりは悪ま《(魔)》さがし《(探)》がまいりたぞ、げどう《(外道)》さがしがまいりたぞ、悪まさがいて、悪ま送りをしまいらする、げどうさがいて、ひけい送りをしまいらする、ふまぬし《(米主)》氏子の五尺の体にすんだるありしようしなの悪またちは、ねたかおきたか、おきやおどろけ、しかみをふり立、よくにをんきき候へ、のくしほのうてわのかれまいぞ、たつしほのうてわたたれまいぞ、今がのき《(退)》時、今がたつ時、早くに立ちのき用合《(影向)》なり給へ、

（中尾計佐清太夫「中はづし《(ママ)》」[19]）

病人の身体に憑依している「悪魔」を探しだし、それを立ち退かせる。詞章のなかでは、太夫自身が「悪魔探し」「外道探し」として病者の体のなかに入っていき、「悪魔」を探し回るというイメージが語られていく。そして見つけだした「悪魔」にたいして、「今が退き時、今がたつ時」と、病人の体から立ち退くことを要求していくわけだ。

こうした病人祈禱は、家祈禱、宅神祭、氏神祭祀などに先立って執行する「取り分け」（読み分け、祓い分けとも）と構造的に同じものという。[20]「取り分け」では祭場となる家や家族全体、また周囲の地域に累積している多種多様な「穢らい不浄」を除去していくことが目的となるが（第四章、参照）、病人祈禱の場合は、特定の個人の身体に憑依する悪霊を対象とするのである。

病人祈禱が複雑な次第となるのは、病人に憑依している「悪魔」「外道」の素性が多様

にあらわれることと関わるらしい。個人的な「病気」の原因は一つには限定しえず、いくつもの要因が複雑に絡み合っていることが多いという。そこで祈禱は病人の体に住み着く魔性魔群の素性を探索して、絡み合っているそれらを一つひとつ、丁寧に取り分けていくのである。そして最後には簡単には立ち退かない魔物にたいして、(6)「行ない」で式王子(式神)を使役して、その暴力的な力で強制的に立ち退かせるのである。

送却の手段としての祭文読誦

では、こうした病人祈禱のなかで、「祭文」の読誦はどのような意味をもつのだろうか。(2)の次第のなかで読誦される祭文は多種多様であるが、基本的には「取り分け」と同じ祭文である。太夫たちの説明によれば、「取り分け」で祭文を読誦するのは、人にたいして「お叱り」をする神々とその眷属たちの機嫌を癒し(「廻向する」とか「礼儀のため」と太夫はいう)、祭儀の場となる家や地域、人の体から離れて、神々の元の住みかにお帰りいただくためである。それは祭文に語られる世界のとおりに、神々に元の状態に直ってもらうことといってもよい。祭文は、まさに神々の来歴、由緒を語る「神話」としての働きをもつわけだ。

たとえば「山の神の祭文」を誦むのは、人々に災いをもたらす山の神に機嫌を直してもらい、人の世界に侵入してしまった山の神(その眷属たち)に元の住居たる奥山に帰っていただくことが目的とされる。「山のものは山へ、川のものは川へ」である。したがって「山の神の祭文」には、山の神が本来どこに鎮座しているべきかが語られる。祭文の読誦によって、その由来のとおりに、災いなすものを元の場所に送却していくのである。祭文には、そうした送却させる力が備わっているとされる。

病人祈禱のなかで「天刑星の祭文」を誦むことも、基本的にはこれと同じ効果を期待していよう。疫神にたいして「今が退き時、今がたつ時、早くに立ち退き影向なり給へ」(「中はづし」)と、病人の身体から退散させ、その本来の住みかへと送却させていく。そして疫神を送り鎮めるべき場所の来歴は、その祭文のなかに語られている。「中はづし」の唱文は、当然そのまえに読誦された祭文を前提としているからだ。

では、天刑星はどこに送却されていくのだろうか。計佐清太夫の「天下小祭ノ文」には、忌避されるべき疫神＝天刑星の来襲にたいする防御の祈禱が語られていた。「地鎮家堅め、命乞いの御祈禱」である。では侵入してしまった疫神は、どこに送り鎮められるのだろうか。

疫神はどこに送却されるのか

あらためて、計佐清太夫の祭文を見なおしてみると、祭文の物語のなかには、天刑星を送り鎮める場所が具体的に示されていないことに気付く。疫神たる天刑星の本来の住みかについては、祭文は何も明かしてくれないのだ。ではどうやって、太夫たちは、疫神＝天刑星を送却していくのだろうか。

そこで、計佐清太夫の祭文テキストの末尾に、以下のような叙述が付いていたことが注目される。それは物語的世界とは一歩離れた、儀礼の現場そのものに寄り添った形の詞章となっている。

(1) しよみん《蘇民》がしゅてい、しそん《子孫》といえば役《厄》年ささせん《先》やくそく《約束》のぎい《儀》にてごうざばれば、くわ《桑》の木三寸御札はをしやけづりて左の御手のおや《親》ゆび《指》くいきり、すずりの水にすりやあわして、ちしや、ややせもかき《書》やしるいて、天地く《竺》岩が長がしやがせきの石口四寸へこめおき申してござるが、

(2) 御家の見ちがえでわないかよ、かど《門》のとりやちがえでわないかよ、しよみんがまご《孫》のとりちがえでわないかよ、御家の見ちかえかどのちがえ、しよみんがまごのとりやちがえ、ちら正のとりやちがへぞとゆうてそれくせごとでわないが、

(3) もしやとりちがえて役年あそびがつよくにあるとも、西やしよみんが、しよらい《将来》しそん《子孫》がばしよ《場所》わときやとわれ《雇》を申して、よみ《読》わけ《分》とり《取》わけ拂《祓》いわけて、さんごんさいへい《斎幣》、ごぜいが御ふね《船》をこれのりくらへとよみ《読》やあつめ《集》申して、しそんへつた《伝》へて、ごぢようの祭りもとらして、東々方こたんがしやが里、へいらく国く、たいらん

国、やしや国しまのおとひめじよろ（乙姫女郎）の左のたもと（袂）へとりおき申してしんでる。

祭文の末尾に、物語に付加される形で記された詞章。これはどうやら、儀礼の現場で祭文に付け足される「りかん」の一節であったようだ。本来は書き留められることのない、儀礼の場で一回的に太夫が編みだしていくという「りかん」のコトバが、ここでは祭文テキストの末尾に書き残されていたのである。

したがって、覚え書きとして書かれたものらしく意味不明のところも多いが、おおよそ以下のように理解できよう。(1)では蘇民将来の子孫の家には厄年の災いはさせないという「先約束」があり、それは桑の木の三寸のお札が証拠となっている。続いて(2)で、いま祈禱をしている病人は、蘇民の子孫である、それなのに彼が病いに罹っているのは、疫神が来襲する家、門をまちがえたのではないかと問いただす。そして(3)で、もしまちがえているなら、自分は蘇民の子孫に雇われて祈禱を行なっているのだから、「さんごん斎幣、ごぜいが御船」を依代にして、疫神はすみやかに巨端長者の里に向かってください、そこに住む乙姫女郎の左の袂のうちに取り置きましょう……。

太夫は「りかん」のコトバによって、病人に取り憑いた疫神を直接説得していく。「りかん」は、疫神に向けて太夫自身が直接語っていくスタイルになっているのだ。祭文は、いわば三人称的に天刑星の来歴を語っていたが、「りかん」は太夫が疫神と直に向き合い、それに語り聞かせるためのコトバといえよう。

天刑星は巨端長者の里に送却される

それにしても、祭文に付される「りかん」のコトバの内容は、祭文の物語そのままではないことに気付く。とくに最後に出てくる「乙姫女郎」なる女性は、祭文のなかには一切語られていない人物である。しかし、そのことによって、太夫は疫神＝天刑星を送り鎮める場所を確定させていくのだ。すなわち、巨端長者の里こそが、疫神が送り鎮められるべき場所であるという理屈である。

祭文のなかで、天刑星を拒否したために疫神から復讐される巨端長者の里が、疫神を鎮め置くべき空間として解釈しなおされる。それは疫神の送却儀礼＝病人祈禱を執行する太夫たちの、きわめて実践的な解釈といえよう。太夫は、「りかん」のコトバによって、疫神を巨端長者の里に送却し、その里に住む乙姫女郎によって鎮め置かれることを実現させる。こうした「りかん」を付け足すことで、祭文は、疫神を送却する効能をもっていくと考えられよう。

病人祈禱の遂行には「りかん」のコトバがなければ、疫神の送却儀礼となりえない。祭文を誦んだだけでは駄目なのだ。だが疫神を巨端の里に送り返すという「りかん」は、巨端長者が天刑星に襲われ、滅亡した祭文の物語を前提にしなければ成り立たない。祭文の物語を語るコトバを前提にしつつ、太夫たちはそこにあらたな解釈をしていく。滅ぼされた巨端長者の里こそが、天刑星が送り鎮められる場所なのだ、そこには、天刑星を招き迎えてくれる「乙姫女郎」が住んでいるのだ、というように。

さらに奇妙奇天烈な物語へ

天刑星が滅ぼした巨端の里が疫神の送却されるべき場所、という驚くべき解釈は、病人祈禱の現場のなかでさらなる展開を遂げていく。

病人祈禱の中心となる「中はずし」の次第で、太夫が唱える詞章の一節を見てみよう。

(1)　東々方こたん《(巨端)》が長者、御家のかかりを見まいらすれば、六ツ棟造り八ツ棟造に四方すみぎに、中高あがりに、あっぱら見事御家造りでわしますが、

(2)　こたんのつれさせ給うたおとひめぎみ《(乙姫君)》を見まいらすれば、頃を申せば秋の月、姿を申せば春の花、廿のゆびまで手すぢもはわん、玉をみがいてよきやひめ《(姫)》にて御ざばるが、一のきどわ、しをりむこうて、あをめのかがみ《(鏡)》が七おもて、ますみのかがみが七おもて、からかねをもてが七おもて、合して三七二十一やおもても左のゆんでにさし上げて、一のきどはしほりむこうて、四百四病もこいしい《(恋)》八百八病もこいしい、役神病の神もこいし、どこにて役《(厄)》年がわりわないか、疫神かわしもこいしや、こいし

に〱とまね《(招)》きよせ《(寄)》るが、それへそれへとおもむ《(赴)》き給へ、玉むき給へ、ぬりかけぬりんにそばか《(莎訶)》と祈りもたして、拂《(祓)》もたして送ろうぞ、よくに御きき候へ、

(3) ふまぬし《(米主)》病者とこたん《(巨端)》がさとのおとひめぎみとわ相性相名相や人にてござれども、ふまぬし病者はみめのわる《(悪)》さよ、きりようのわるさよ、どこにて取る長所がわしまさんぞ、こたんがじよろ《(女郎)》の七まの奥なるかがみのしようねと、うつろいたまへ、たまむけ給へや、ぬりかけぬりかけぬりりんにそばか、祈りもたして送ろうぞ、拂もたして送ろうぞ、よくに御きき候へ、

(4) こんじよう《(今生)》この世と申するは、あくま《(悪魔)》のすむ《(住)》ちようどころでわしまさんぞ、きりふる峠げにきりがふる、針ふるとうげに針がふる、かすみのかかる峠にかすみがかかる、あくまのすむちよう所でわしまさんぞ、東々方こたんが長者と申するは、あくまのすみよきさと《(里)》にてわしますぞ、春が来てもふだるない、夏が来てもほめさゆうない、秋が来てもせわしゆない、冬が来てもさぶうない、いつも二八月にてござるが、いづみ川にわ酒がわく、木竹に餅がなる、あくまのすみよきじようど《(浄土)》でわします、一年暮れれば二年暮れ、二年暮れれば三年暮れ、五年八年、一生暮らすに月日の暮るをえしら里とでわします、それへそれへとおもむけ給へ、玉むき給へ、ふりかけぬりんにそばかと祈りをたしよ、拂もたしよう……。

（中尾計佐清太夫「中はづし」）

(1)では巨端長者の家屋敷のすばらしさが讃えられる。続く(2)で、巨端長者の娘＝乙姫君の美しさが描かれ、彼女が「疫神病の神」への恋しさのために、疫神を招き寄せるために祈っていることが語られ、(3)では「米主病者」と巨端の里の乙姫君とは相性が合うが、病者のほうは器量が悪い、だから疫神は美しい巨端の里の乙姫君の鏡のもとに行くように祈り送ろう。さらに(4)では「今生この世」は疫神＝悪魔の住みかとしてはふさわしくない、それにたいして巨端の里は「悪魔の住みよき浄土」だから、どうぞそちらの里に赴いてください……。

この「中はづし」の唱文が、「りかん」のコトバのさらに拡大された内容となっていることは、いうまでもないだろう。祭文のなかでは、天刑星を拒否し、疫神によって滅ぼされた巨端長者の里が、「悪魔の住みよき里」＝疫神が本来住むべき理想的な世界として反転していく。天刑星を拒んだ巨端こそが、疫神が赴くに一番ふさわしい「悪魔の住みよき浄土」と反転され、解釈されていくのである。そこでは、なんと乙姫女郎が疫神を恋しがっているという、エロスの関係をも作りだしてしまう。

祭文そのものからは、大きく隔たっている、この奇妙な「中はづし」の唱文。しかしその詞章が、疫神を病者のもとから離し、本来のあるべきところに送り返すための「りかん」の延長上にあることは明らかであろう。その儀礼言語と呼応することで疫神送却の効能を発揮していくのだ。そこには、祭文をこえた、疫神と乙姫女郎とのもう一つの物語さえ胚胎しているように思われる。

病人祈禱＝疫神送却の儀礼。その渦中においては、天刑星を歓待した蘇民将来の役割は後退し、天刑星を拒否したために滅ぼされる巨端長者の存在がクローズアップされていく。巨端が疫神に襲われ、滅亡したのは、じつはそこが天刑星の本来の住みかであったから、と反転していくように。それは疫神と巨端とが同質の存在であるかのような認識も導かれるのである。

このとき、陰陽道書『簠簋内伝』以下の「牛頭天王縁起」でも、じつは結末は、巨端長者調伏儀礼の来歴となっていたことが、あらためて注目される。「蘇民の子孫の札」「茅の輪くぐり」という習俗の後景には、年中行事を巨端調伏の来歴として語り明かすメカニズムが潜んでいたのだ。(21)(補注2) いざなぎ流の「天刑星の祭文」は、そうした巨端調伏という牛頭天王縁起譚の構造を、逆に浮き上がらせてもくれるのである。

いざなぎ流の儀礼の世界は、太夫たちが発するコトバ＝祭文によって成り立つ。だが、太夫たちの儀礼は、祭文を形どおりに誦んで終わるわけではない。祭文を踏まえつつ、そこから儀礼の現場にふさわしい、あらたなコトバを編みだしていく。それこそが、いざなぎ流の儀礼の現場であった。

注

（1）髙木啓夫『いざなぎ流御祈禱（第二集）病人祈禱篇』（物部村教育委員会、一九八〇年）。

（2）中沢新一『チベットのモーツァルト』「病のゼロロジック」（せりか書房、一九八三年）などが提示している問題を参照。

（3）『晋書・天文志』に歳星（木星）所生の七星の一つと記されている。

（4）村山修一『日本陰陽道史総説』十「宮廷陰陽道の形骸化と世俗陰陽道の進出」（塙書房、一九八一年）。

（5）西田長男「『祇園牛頭天王縁起』の成立」（初出は一九六六年。後に柴田実編『民衆宗教史叢書・御霊信仰』雄山閣出版、一九八四年、に再録）。村山、前掲書（3）、村上学「『神道集』の世界——「祇園大明神事」を通じて」（『説話の講座5　説話の世界Ⅱ』勉誠社、一九九三年）、松本隆信『中世における本地物の研究』六「祇園牛頭天王縁起について」（汲古書院、一九九六年）、山本ひろ子『異神』第四章「行疫神・牛頭天王」（平凡社、一九九八年）、今堀太逸『本地垂迹信仰と念仏』第三章「牛頭天王と蘇民将来の子孫」（法藏館、一九九九年）など。

（6）いざなぎ流「天刑星の祭文」についての先行研究として、千葉徳爾『続狩猟伝承研究』（風間書房、一九七一年）、小松和彦「「いざなぎの祭文」と「山の神の祭文」」（五来重編『山岳宗教史研究叢書15　修験道の美術・芸能・文学[Ⅱ]』名著出版、一九八一年）、同「いざなぎ流祭文研究覚帖・天刑星の祭文」（『春秋』一九八九年八・九、十、十一月号）、石川純一郎「いざなぎ流神道の祭文——〝天刑星祭文〟の背景と行疫神説話の展開」（『日本民俗研究大系』

第七巻、国学院大学、一九八七年）がある。

（7）オリジナルテキストは、吉村淑甫監修、斎藤英喜・梅野光興共編『いざなぎ流祭文帳』（高知県立歴史民俗資料館、一九九七年）に翻刻、収録。

（8）「隣のじじい」型の話型については、三浦佑之『古代叙事伝承の研究』（勉誠社、一九九二年）を参照。

（9）オリジナルテキストは、高知県立歴史民俗資料館・梅野光興氏より提供。

（10）山本、前掲論文（5）。

（11）オリジナルテキストは、『土佐民俗・共同採集報告1（物部村土居番民俗採訪）』（土佐民俗学会、一九六九年）に翻刻・収録。

（12）小松、前掲論文（6）は、門脇豊重太夫本「病疫神祭文」を対象に分析し、その「パロディ的性格」を指摘している。

（13）山下克明『平安時代の宗教文化と陰陽道』（岩田書院、一九九六年）参照。

（14）オリジナルテキストは、髙木啓夫編『本川村史』第三巻「神楽・信仰資料編」（本川村史続巻編集委員会、一九九五年）に翻刻・収録。

（15）髙木、前掲書（14）解説による。

（16）西田、前掲論文（5）による。

（17）小松、前掲論文（6）「「いざなぎの祭文」と「山の神の祭文」」、山本ひろ子「リベンジと神たちの抗争」（『怪』6号、一九九九年）など参照。

(18) 病人祈禱の次第については、髙木、前掲書(1)、梅野光興編・執筆『いざなぎ流の宇宙』(高知県立歴史民俗資料館、一九九七年)を参照。
(19) オリジナルテキストは、計佐清太夫所持『中はづし集書物』(昭和二十三年八月吉日)。髙木、前掲書(1)にも翻刻・収録。
(20) 髙木、前掲書(1)、小松和彦「呪詛神再考——いざなぎ流のコスモロジー」(『現代思想』一九八四年七月号)参照。
(21) たとえば『簠簋内伝』巻一の結末には、「正月一日の紅白の鏡餅は巨旦が骨肉、三月三日の蓬萊の草餅は巨旦が皮膚、五月五日の菖蒲結粽は巨旦が鬢髪……、咸く是巨旦調伏の儀式なり」と記されている。

〔補注1〕 祇園牛頭天王をめぐっては、斎藤英喜『増補 陰陽道の神々』第三章「牛頭天王、来臨す」補論「牛頭天王の変貌といざなぎ流」(思文閣出版、二〇一二年)、また同『荒ぶるスサノヲ、七変化』(吉川弘文館、二〇一二年)で「暦神」の問題として論じた。また近年の研究としては、鈴木耕太郎「「感応」する牛頭天王——『阿娑縛抄』所収「感応寺縁起」を読む」(『日本文学』二〇一六年七月号。後に『牛頭天王信仰の中世』〈法藏館、二〇一九年〉として刊行)が、祇園社縁起とは異なる、観音信仰と結びつく牛頭天王縁起のテキストを解読して、注目される。

〔補注2〕 いざなぎ流の病人祈禱については、斎藤英喜「野狐加持秘法・小考」(伏見稲荷大社

『朱』第51号、二〇〇八年)、同「いざなぎ流病人祈禱の世界――神話研究の視点から」(アジア民族文化学会『アジア民族文化研究』14号、二〇一五年三月)で論じた。なお、その論考は、アジア民俗文化学会の第二十八大会・シンポジウム「病と祓――病気治療をめぐる東アジアの比較文化史」(上智大学四谷キャンパス、二〇一四年十二月十三日)の口頭発表を活字化したものである。そのシンポジウムには中国雲南省モソ人の宗教者ダバによる「病い祓え儀礼」の実演があり、文化人類学の張正軍、中国古代史の森和の発表、歴史学の北條勝貴、文化人類学の東耕太郎のコメントがあり、ひじょうに充実した内容のシンポジウムとなった。同誌に、その報告も掲載されている。

第二章　巫神祭祀考——修行する死者霊たち

1　柳田国男「巫女考」から

大正二年（一九一三）から三年にかけて、柳田国男は「巫女考」という長編論文を発表している。(1)この時期に書かれた「毛坊主考」（大正三〜四年）、「唱門師の話」（大正五年）、「俗聖沿革史」（大正十年）などとともに、「民間宗教者」への関心の高まりのなかで執筆されたものという。(2)それらの論考は、定住農耕民（常民）の世界に収束していく後の柳田の学問には失われた、多様で広がりのある信仰世界を垣間見せてくれる。〈柳田学〉の検証としても興味深い論考群といえよう。(3)

「いざなぎ流」と出会う柳田国男

しかし、われわれがここで注目したいのは、柳田が「御子神《みこがみ》」という信仰について論じているところだ。御子神とは、死者の霊が「神」として祭られる信仰の形態で、その伝承地として美作・備前・備中・伊予・土佐などが紹介されている。見すごせないのは、「土佐の韮生豊永本山《にろうとよながもとやま》」に伝わる「御子神」の信仰である。いうまでもなく、そこはいざなぎ流の太夫たちの活動している地域と重なる。すなわち「巫女考」という論文は、大正期の柳田国男が「いざなぎ流」の世界と出会ったのではないかという、きわめてスリリングな一場面が予想されるのである。まずは、柳田の記すところを見てみよう。

土佐の韮生《にらう》豊永本山等の山村には神職其他の者で、先規に従ひ御子神を祭つて居る家筋がある。其家では人が死んで之を御子神に祭らうとするときは、之を旦那寺に断り、亡父何右衛門事先例を以て後年神に祭りまする故過去帳に御記下されまじくと言つて置く。又当時訳を断らざりし者は三年忌或は七年忌法事の節、此者先例を以て今日より神に祭りますから過去帳の法名御消し下されと断り、位牌を墓所へ捨てるのである。位牌を捨てなければ神になることは出来ぬ。（「巫女考」）（227頁）

土佐の「御子神」信仰のあらましについて説明するくだりである。亡くなった家の主人を死後何年かすると「御子神」に祭り上げることがポイントとなる信仰で、その祭りは旦那寺の「過去帳」を抹消することから始まる。死後は旦那寺の「過去帳」に「法名」をもって管理されるという近世社会のシステムを脱すること、すなわち位牌を捨てるというかなり過激な行為から「御子神」の信仰はスタートするのだ。

注意されるのは、「御子神」として祭られる者が「神職其他の者」と規定されるところである。つまり家の主人ならば誰もが「御子神」になれるわけではなく、生前に神事に携わった者だけが、その対象となるのだ。このことは、「御子神」が民間宗教者の活動となんらかの関係があることを暗示しよう。

ところで、「土佐の韮生豊永本山などの山村」に伝わる御子神信仰についての記述は、柳田の実地調査によるものではなかった。この一節は、幕末の韮生郷柳瀬村の古老・柳瀬五郎兵衛が書いた「御子神記事」(4)（元治二年〈一八六五〉）をもとにして、それを要約する形になっている。そのために後で見るように、柳田の思わぬ誤りが指摘できるのだが、それにしても、御子神信仰は「いざなぎ流」とどのように関わるのか。さらに柳田の文章を追ってみよう。


さて愈々神に祭るのは其年十一月、氏神祭の日神事の濟んだ後である。今日は是より何右衛門を神に祭るのだと言へば、子孫血縁の者皆集り村長を上座に招き、太夫二三人又は四五人其中の一人を本主《ほんしゅ》の太夫と定め、よくは分らぬが白幣を振つてタテ食へと云ふ儀式を行ふのである。存生中正直第一にして悪事を巧まざりし人は、一度のクラへにて早速神の座に直り、不正直にして謀計多かりし者は、クラへ五六度に及んでもとくと神座には直らねども、先づこれ迄よと置くものがある。夫より本主の太夫へ神をのり移すと称して何やら舞を舞つて居るとやがて託宣がある。曰く是より内は木葉の下のオボレ神にて有りしが、大小氏子心を揃へ今日伊勢のミコが瀧へ請じられ、ホウメンをさましてやあら嬉しやと云ふ。答、大小氏子心を揃へオウメンさましてます、大の氏子小の氏子悪事災難来り候とも拂ひのけてちがへ守らせ玉へと云ひ、やあら嬉しや〳〵と舞ふとある。（同前）（227～228頁）

死者霊が御子神に祭り上げられていく、具体的な祭儀の次第である。御子神を祭るのは氏神祭が終了したあと。子孫血縁者を集め、「太夫」によって「白幣を振つてタテ食へ」という儀式が行なわれる。一度で神になるものもあるが、生前の行ないが悪かった者は何度も「クラへ」をしないと神にならないこと、神となると氏子や家族を守護するという託宣があること、その儀式は、「白幣を振つてタテ食へと云ふ儀式を行ふ」といった次第になっていたと柳田は記す。

もはやいうまでもないだろう。死者霊を御子神にするための「白幣を振つてタテ食へと云ふ儀式」を行なう「太夫」こそ、いざなぎ流の太夫であった。大正期の柳田国男は、ついにその現場に立ち会うことはできなかったが、御子神の儀式を執行するのは、まぎれもなく、いざなぎ流の太夫たちであったのだ。民間宗教者への熱い関心のなかで書かれた論考が、いざなぎ流太夫の執行する儀礼に関するものでありながら、ついに彼は「いざなぎ流」の現場に出会えなかったとは、なんとも皮肉なことといえよう。

ここで柳田の文章に重大なミスがあることを指摘しよう。柳田は、御子神の儀式を「白幣を振つてタテ食へと云ふ」と記している。しかしその部分、柳田がもとにした「御子神記事」では、「神歌ヲヨミテ幣ヲ振リタテ食ヘト云コトスルナリ」（傍点は引用者）と記されている。つまり「振つてタテ食へ」ではなく、「幣ヲ振リタテ」そして「食《くら》へ」という儀式を行なうと続くのが、正確な記述であった。これは柳田のまったくの読みちがいなのだが、問題はたんなる読みちがいに留まることなく、さらに大きなところに発展する。

死者霊を神にする「神楽」

「クラへ」（食へ）。それは、いざなぎ流の太夫たちが執行する儀礼のなかで、「神楽」のことを意味する。神楽の原義が「カミクラ」（神座）にあったとは[5]、すでに通説となっているが、いざなぎ流の「クラへ」はその神楽の原義に通じるともいう[6]。

それはともあれ、われわれが注目したいのは、家の亡くなった主人を御子神という「神」に祭り上げる儀式が「神楽」として行なわれたというところだ。さらに、御子神信仰が家の主人を神にするということで、いわゆる先祖霊の信仰ともクロスすることが考えられるが、祖霊信仰が「神楽」と結びつくという、きわめて刺激的な問題が、ここから導かれることになるわけだ。

柳田以降の民俗学の常識では、一つの自然過程として、家の主人が死後五十年（あるいは三十三年、四十九年とも）が過ぎると、家の先祖神へと昇華していくとされている。家の主人の霊（仏）は、一定の時間が経過すれば「先祖霊」（神）となり、家の子孫を守護してくれている、という認識である。[7]だが土佐における御子神は、時間が過ぎれば、自然に祖霊神に上がるという常識とはちがっていた。「神歌ヲヨミテ幣ヲ振リタテ」という「食へ」＝神楽の儀式を執行せねば、いくら時間が経過しても死者霊は「神」にはなれないのだ。

土佐の御子神信仰。そこから導かれるのは、死者霊を神にする神楽という儀礼である。そしてそれが、いざなぎ流太夫が行なう「宅神祭」の一つの形態としてあったという事実である。

それにしても、死者霊を神に祭り上げる神楽とは、「神楽」の従来のイメージからはなんとも奇異な印象があろう。神楽といえば、神に奉納する芸能というのが、一般的な認識であろうから。

けれども近年の神楽研究の進展のなかで、中世後期あたりに、死霊神楽・霊祭神楽・菩提神楽・後生神楽、あるいは浄土神楽と呼ばれる、死霊の鎮めと浄化、舞いうかべという構成をもつ神楽が膨大に存在していたことが、明らかにされつつある。[8]東北の「墓獅子」

「菩提神楽」の亡者招き、また中国地方の「六道十三仏の勧文」の地獄探し、九州の「植野神楽」での墓地から神楽の斎場まで御霊を迎える次第など、土佐の「御子神」神楽との共通点が見いだされるという。いざなぎ流太夫による「御子神」の神楽も、死者霊の世界と深々と交渉していく、〝中世神楽〟の系譜のなかに置くことが可能となるだろう。〔補注1〕

さらに祖霊神信仰との関係からいえば、一般に家の神（宅神）の祭りは、家族、とくに家の主人（長男）が中心になって行なうとされるが、「御子神」の神事を担っているのはあくまでも、いざなぎ流の太夫たち専門の宗教者であった。それは家族だけでは不可能な儀礼なのだ。太夫が執行することではじめて、亡主人の霊は神として祭り上げられるのである。

大正期の柳田国男がついに見ることができなかった、いざなぎ流太夫による御子神の神楽の世界。いま、われわれは、その儀礼の現場へと赴くことになる。

祭祀の現場はどう記述しうるか

わたしは、一九八七年（昭和六十二）以降、中尾計佐清太夫を中心に、彼が行なってきた「いざなぎ流」の祭祀祈禱を調査してきたが、そのなかで「御子神」の祭祀（神楽）にも何度か立ち会うことができた。(9) 以下の本章では、そのなかの一つの祭祀をメインに「現地調査の報告」というスタイルをとりながら、現在も物部の山深い村々の一角で繰りひろげられている、いざなぎ流太夫による「御子神」祭祀の世界を考察していく。

もっとも「現地調査の報告」といっても、最近の人類学・民俗学の研究動向から知られるように、客観的なデータの蒐集や祭祀のタイムテーブルを作成すればすむというわけにはいかない[10]。「調査」する対象と「研究者」とはいかなる関係になるのか、また「調査」の結果を記述するにはどういう文体が必要なのか……。そこにはきわめて方法的な立場が要求されるわけだ。祭祀の「現場」を記述するとは、一つの方法的な構えを必要とする[11]。それのないところに、客観的でニュートラルな現場など存在しない。

さて、これまでの研究によれば、土佐の御子神信仰は、物部村内の旧家に祭られる「オンザキサマ」(御崎様、御先様と表記)といった家の神と密接な神格として、民俗社会のコスモロジーを形成していることが指摘されている[12]。その意味で御子神信仰とは、村落のなかの「家」の秩序を維持・再生産するシステムとして機能していたといえる。それは大きく見れば、家の神・祖霊信仰といった民俗信仰の類型に置くことができよう。そして、いざなぎ流太夫が執行するのは、家の神信仰に外来の宗教者がいかに関与したかという問題、従来の視点からいえば仏教・修験道・陰陽道などの「成立宗教」が「民俗信仰」とどのように交渉したかという議論になろうか[13]。

「御子神」信仰が家の秩序維持に関わることはたしかである。太夫はそれに「外」から関与する。しかし、実際に死者霊を神にしていく「クラヘ」=神楽の実修は、家とは無関係な太夫という専門宗教者によってのみ可能だった。彼らがいなければ、家の死者霊は御子神になれないのだ。それは、中世的神楽の系譜に連なる「浄土神楽」の儀礼作法とも密接にクロスしてくる。このとき、御子神祭祀の「現場」とは、何よりも太夫たちの儀礼実践のうちに見いだされるだろう。現場の記述は、彼らの側に寄り添うことではじめて可能となる、というように。

土佐の「御子神」信仰の世界。それは家の神や祖霊信仰といった従来の視角よりも、「いざなぎ流太夫」という宗教者の儀礼実践の内側から見ていくことで、はじめてその神格の謎に近付けるのではないか。柳田国男自身が示唆したように、御子神とは「神の血筋」――神の祭祀に携わる者の神格化であったのだから。（なお「御子神」の表記は、太夫によって神子神・命神・美古神など多様にあるが、以下の記述では計佐清太夫の「巫神《みこがみ》」の表記に統一する。）

2　巫神祭祀（神楽）の概略

いざなぎ流太夫の祭祀法では、巫神祭祀（神楽）は二回にわたって執行される。

(1)　巫神の取り上げ神楽

図16　巫神の神楽

(2)　巫神の迎え神楽

まず死後数年後に(1)「巫神の取り上げ神楽」が行なわれ、それからまた数年後に(2)「巫神の迎え神楽」という儀礼を行なう。二回目の「迎え神楽」を執行することで、霊は完全な「巫神」になるとされる。二度も「神楽」をする理由について、「地の底の世界から取り上げてきた霊魂は、その日のうちにみこ神と祀られるが、取り上げて来たばかりでは、その座に座っているのが居心地が定まらない。そこで後日、再度祀ってじっくり落ち着いてもらう[14]」と説明されているが、こうした段階を置く儀礼の執行には、「巫神」という神格の内実ともなんらかの関係があるだろう。

旧物部村津々呂・小原家の祭り

これから立ち会うことになる、平成五年（一九九三）三月に行なわれた旧物部村津々呂《つづろ》の小原薹《だい》太郎氏宅の巫神祭祀は、(1)の「取り上げ神楽」にあたる。それは、薹太郎氏の父・義行氏、祖父・松次氏、そして姓名不詳の古い先祖霊の三体を巫神とする祭りである。なお、小原家では、平成八年（一九九六）一月に、(2)にあたる「迎え神楽」を執行している。

津々呂の小原家は国道ぞいにあるが、家から小一時間ほど山道を上り下りしたところに鎮座する地域の氏神・小松神社（第一章、参照）の「守目《もりめ》」（一種の在地神主）を務める由緒深い旧家である。家の伝承によれば、小松神社に迎えた神を背負ってきた、姥神を泊めた家という。現当主の薹太郎氏は、屋号の「森ノ下」は神社の守目であることを証す名と語っている。さらに第一章でもふれたように、小松神社は「いざなぎ流」の成立とも深い関係をもっているらしい。薹太郎氏は、別府《べふ》の中尾計佐清太夫に弟子入りし、太夫としての修行もしている。

さて、今回の巫神の「取り上げ神楽」に雇われた太夫は、「本主」の中尾計佐清氏と、その弟子にあたる中山義弘氏、伊井阿良芳氏、伊井幸夫氏の四名であった。

小原家の「巫神の取り上げ神楽」は、三月十二日から十七日にかけて執行された宅神祭の一環として行なわれる。まず祭祀全体の概略を見ておこう。

十二日　取り分け（読み分け）
十三日　舞台飾り、精進いり、湯湧かし、湯神楽、礼神楽
十四日　本神楽（御崎様、お十七夜様）、えぶす（恵比寿神楽）、祝い
十五日　巫神（地主）の塚起こし［a］、取り上げ神楽［a］、塚起こし［b、c］、取り上げ神楽［b］
十六日　取り上げ神楽［c］、方呼び鎮め、五印鎮め、神送り、祝い
十七日　しょぶ分け、かんし

［a］姓名不詳の古い先祖　［b］小原蔓太郎氏の祖父にあたる松次氏
［c］小原蔓太郎氏の父、義行氏

十二日の「取り分け」とは、祭りを執行するに先立って行なう次第で、祭りの場の穢れや不浄のものをその空間から取り分けて、ミテグラという祭具に集め、それを土中に埋めて封印する儀礼である。そこには、いざなぎ流独特の「すそ」という観念が介在し、きわめて複雑な儀礼構造をもつことがこれまでも指摘され、注目されている。いわば「いざなぎ流」の根幹に関わるような問題に通じているのだが、詳しくは第四章で明らかにしていきたい。

十三日、十四日の次第は、当家の家の神にたいする祭りである。「湯湧かし、湯神楽」

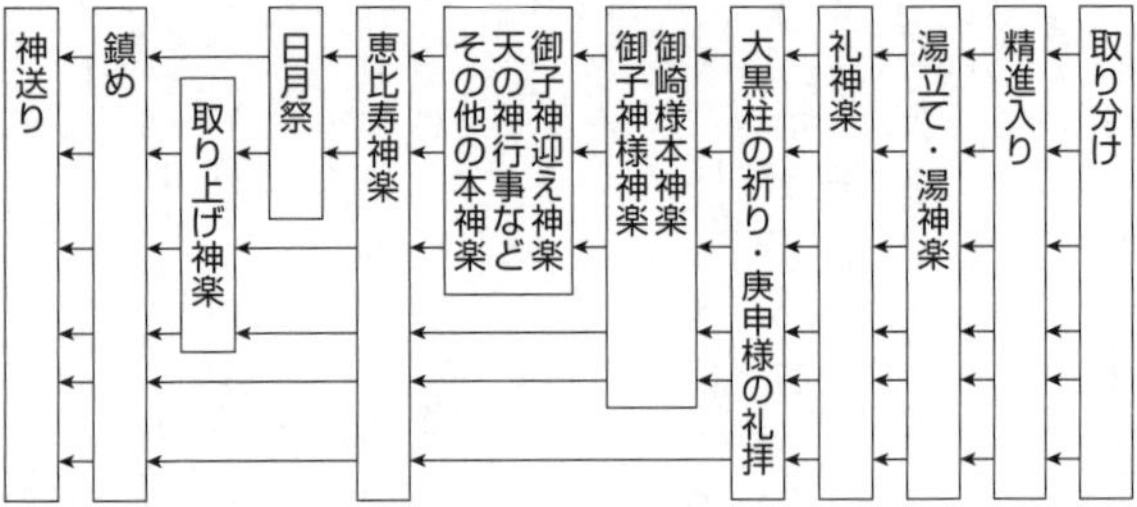

図17　宅神祭の構造　（高知県立歴史民俗資料館『いざなぎ流の宇宙』より）

は神楽の舞台を湯で清めるもの、「礼神楽」は全国の神々、また神楽の道具（太鼓・笠・弓など）への礼儀の神楽という。「御崎様《おんざきさま》」（御先様とも表記）は物部村の旧家に祭られる重要な神格で、巫神祭祀とは不可分な関係にある。巫神とは、生前に御崎様を祭っていた家の主人の霊であって、したがって御崎様を祭っていないところでは、「巫神」になれないというのが基本である。この点は後にまた詳しくふれることになろう。

「お十七夜様《じゅうしちやさま》」は日月神で、「オテントウ様」と呼ぶが、実質的には「月神」である。祭られている家によって、三日月様、お十七夜様、二十三夜様の種類がある。これは集落全体の神とされている。「恵比寿《えぶす》」は一般に有名な家の神。台所に祭られる神である。これら以外に、荒神祭り、庚申様祭り、大黒柱祭りなどの屋内の神々が祭られる。こうした家内の神々を祭り終えると「祝い」と呼ばれる、いわゆる直会《なおらい》の宴がひらかれる。

そして十五日からいよいよ巫神の祭祀（取り上げ神楽）が

始まる。柳田が言っていた「氏神祭の日神事」がすんでから巫神の祭りに入るという記述に対応しよう。祭りの構成が家の神祭祀と巫神祭祀というように二段階になっているのだ。家の主人（先祖）を巫神として祭り上げるためには、まず家内中に鎮座している家の神々をすべて祭り終えて、それから巫神の次第に入る。ここには、巫神が生前に家の神の祭り手であった主人の神格化、という観念と呼応することが見てとれよう。家の神を祭り終えてから、かつて家の神の祭祀者であった家の主を「神」にしていくのである。タイムテーブルで［a］［b］［c］とあるのは、巫神として祭り上げられる霊が三体あったことを意味している。

十六日の後半の「方呼び鎮め、五印鎮め、神送り」は、祭祀全体を終了させるにあたって行なう儀礼である。祭りの場で活動した様々な霊力を鎮静させ、また他所から迎えられた神々を送り返すといった内容になる。十七日は、家から依頼されて祭祀を執行した太夫たちが、祭りの報酬となる金品を配分し、また家の人たちに感謝し、家を祝うといった内容の次第である。そして太夫たちは、お祝いの席の途中で、家を称え、誉める歌を歌いながら、家から去っていくのである。

さて問題となる巫神祭祀は、十五、十六日の二日間にわたる。その中心は「塚起こし」と「取り上げ神楽」という二パートになっている。巫神祭祀は、この二つのパートの儀礼が密接に繫がり、両方ではじめて完結するのである（さらに正確にいえば、数年後の「巫神

図18　塚起こし　墓石の左脇に立てられた三五斎幣に死霊を迎える。

の迎え神楽」の執行で、巫神祭祀のワンサイクルが完成する)。

まずは「塚起こし」の現場へ赴くことから、巫神祭祀の内実に踏み込むことにしよう。

3　「塚起こし」の現場

死霊を神にするには、まずは「あの世」の霊を「この世」に連れ戻す必要がある。いざなぎ流はそれを直接的に墓場で行なう。「塚起こし」という儀礼である。文字どおり塚(墓)に葬られている死者の霊を「起こす」(現世に呼び戻す)儀礼だ。

墓場のまえの太夫

太夫の一人が頭に手ぬぐいをかぶり、家

の当主とともに国道ぞいの小原家の家墓に赴き、それは行なわれた。[15] 頭の手ぬぐいは、死者の霊の穢れを避ける（へだて）ためという。[16] そこには穢れに満ちた墓所をトポスとした、きわめて危うい儀礼であることがうかがえよう。

墓石のまえで太夫は、近くの土中に埋まっている小石を掘りだす。そのときできた小さな穴から、埋葬されている死者霊に呼びかけるらしい。古くは、実際に枕石を取りのけて、土中の屍に向けて直接、霊を呼び起こしたという。

墓のまえに座った太夫は、「三五斎幣」という小さな御幣を墓の横に立てかける。この御幣に霊を寄り憑かせるのである。太夫は「はり印」という印を結び、「読み起こし」を行なう。祈りが始まると太夫は「こりくばり」（祭祀・祈禱を始めるにあたって誦まれる、一種の「神勧請」）に続き、「引き継ぎ」と呼ばれる唱え言を唱えていく。これまでの祭祀の様子や、これから行なう「取り上げ神楽」のこと、また神楽を行なうことを様々な神霊たちによろしく頼むといったような内容である。

これがすむと、次にいよいよ、地下に眠る死者の霊にたいする直接的な呼びかけが始まる。[17]

当所式《(敷)》地の地神地公《(荒)》神地だい《(大)》どんくう《土公》、十三大師の御心のざつ《(座端)》まに、御縁を掛けて、ひきやくもいて、ござばらう供、御縁を切らいて、御縁をはないて、三五さいへい《(斎幣)》、是のりくらえ、さら〱みあそび《御遊》用合《影向》成り給え。
山にて山の神、山、えぶす《恵比寿》の御心のざつまえ、御縁をかけて、ひきや御座ばろう供、御縁きらいて、御縁をはないて、三五さい幣、是レのりくらえ、さら〱みあそび《御遊》用合《影向》成り給え。（川も同じ）
（中尾計佐清太夫「かいどう《街道》ざらえ」[18]）

墓に葬られた死者は、墓場の敷地の地神、公神、大土公、「十三大師の御心の座端」（仏教的世界の象徴であろう。死者は仏式によって葬られているから）、さらに周囲の山の神、山恵比寿などに「御縁」ができてしまった。そこでまず死者の霊にたいしてそれらとの「御縁」を切ることが要求される。

その縁切りをして、「三五斎幣」を「のりくら」（ヨリシロ）にして憑依してくるように、呼びかけていく。「御遊び影向成り給へ」とは、神を迎えるときのパターン化された表現である。冥界の死霊は巫神となるために現世に召喚されるのだ。墓地にいることで「御縁」ができた神霊との縁を切ることが、巫神となるためのステップであった。このとき太夫は、墓の周囲に散米をする。縁切りのための地神や山の神、その眷属などにたいする「挨拶」といえよう。墓地は諸霊の棲まう山々に囲まれた一角に位置していた。

「浄土の地獄」の縁を切って

さらに呼びかけは続く。

(1) 東々方ごく(極)らく(楽)浄土の、浄土の地国(地獄)御縁を掛けて、ひきやくもいて御座らう供も、御縁をきらいて、御縁をはないて、

(2) 三尺四面塚黒土み(御)墓を一の休場《ヤスバ》で、三五さい(斎)幣これのりくらえ、さら〱みあそび用合成給え。

(3) 神(新)宮え(へ)向えて、神(新)宮で洗うて、本宮え(へ)向えて、本宮で清めて、字号位ひを付け、楽えへや(あ)げて、しんぢよう。

(同前「海道ざらえ、地国ざらえ」)

(1)「御縁をきらいて、御縁をはないて」とあるように、これも「縁切り」の内容となっている。ここで縁を切るのは「東々方極楽浄土の、浄土の地獄」である。これについて、太夫は、死者とは地獄で溺れているので、そこから上げてやるのだと説明している。「溺れ」→「取り上げ」という、きわめて具体的なイメージで太夫たちの儀礼は執行されるのだ。死者はすべて地獄にいる。「塚起こし」とは、地獄で溺れている死者霊を、文字どおり「取り上げる」のである。

興味深いのは「極楽浄土の、浄土の地獄」という表現である。いざなぎ流にとって、浄

土と地獄とは対立した他界というよりも、対となるような世界と認識されていたのである。ここでは、大きく仏教的世界から「御縁」を切ることが、「巫神」となるための大前提であったことがわかる。

続いて「浄土／地獄」という仏教的他界から縁を切って、(2)「三五斎幣これのりくらえ」と斎幣に寄り憑くことが要求される。だが、そのまえに「三尺四面塚黒土御墓を一の休場《ヤスバ》で」とあるように、冥界から現世に戻ってくるときの中継地点として「黒土御墓」が設定されている。(19)「休場」という言い方は、この後の「取り上げ神楽」の場面でも出てくる。霊が最終的に憑依すべき「バッカイ」や御幣に来るまえの中継となる柱を「休場」と呼んでいる。

(3)「新宮へ迎えて……」は、斎幣に憑依した霊を清めていくフレーズ。「新宮」「本宮」とは熊野新宮、本宮のこと。熊野が浄化の聖域として認識され、その聖なる「湯」で洗い清めるのである。いざなぎ流の「湯神楽」にも、神や祭場を湯で清めるときに、「熊野の新宮、本宮の湯……」という詞章がある。ここからはいざなぎ流祈禱と熊野信仰との接点が見えてくるが、それは後にふたたびふれることになろう。

続く「字号位ひを付け、楽えへあげて……」とは、墓場から家に連れ戻された霊を「巫神」へと祭り上げる神楽に対応する文句。熊野の湯で清め、神楽をして巫神にしてやるから、はやくこの世に戻り、斎幣に寄り憑けと、霊を急かすような内容である。霊のほうも、神楽で巫神にしてもらえる保証があれば、冥界から戻ってくるというわけだ。

霊を誘いだす「花」の歌

だが、それでもまだこの世に戻る踏ん切りがつかない霊にたいして、太夫は、歌によって霊を誘いだす。今までの唱えごとの口調とは打って変わって、太夫の口から、寂しげな調子の歌が歌いだされる。


正月に入れば梅の花、七つうね〳〵谷々までも咲や栄える、花なれど、あのよ《世》ぢや、咲かん花なれど、此の世ぢやいさみの花よ、花をいさみて三五さい《斎》幣これのりくらえ、さら〳〵みあそひ《御遊》用合《影向》成給え、これになびかん神もない、これになびかん仏なし。

二月に入ればつばきの花。（以下繰り返し）

三月に入れば桜の花。

四月に入れば卯の花。

五月に入ればごこくの花。

六月に入ればゆりの花。

七月に入ればそばらぎの花。

七ツのうね〳〵谷々迄も咲きや栄える、花なれど、あのよぢや咲ん花など、この世ぢやいさみの花、花をいさみてよりござれ、是レになびかん神もない、是レになびかん仏なし。（同前「塚おこし」）

山深い、冬枯れの墓地で、季節に咲き乱れる花の歌が、霊に向けて歌いかけられる。正月から七月までの「この世」に咲く花を列挙し、「あの世」で花は咲かないのだから、それを「いさみ」（慰め）として「この世」に戻ってこいと死者霊に向けて呼びかけるのである。

霊に向けた歌は、低く哀しみを帯びた調子で歌われる。冥途から戻ってくることに踏ん切りがつかなかった霊も、この歌に誘われるようにしてこの世に帰ってくるのだろう。「塚起こし」にもっとも効力をもつのが、「正月に入れば梅の花……」という歌であったのだ。なおいざなぎ流祈禱には神勧請・神迎えのときに歌われる「四季の歌」という詞章がある。(20) 季節を歌うことが、神を迎えることになるのである。「塚起こし」の歌も、基本的にはその構造をもっていた。

ちなみに、いざなぎ流祈禱では、死者霊の「取り上げ」とともに、祭られず忘れられた神の「取り上げ」も行なっている。たとえば鍛冶職の家が、家業をやめたために鍛冶屋の神の祭りを忘れた場合は、その神は「溺れ神」と呼ばれる。祭られていない神からの「知らせ」によって溺れ神を「取り上げる」のである（第五章、参照）。

すぐには戻ってこない死霊

さて、ここまでの次第が終わると、太夫は死者霊が斎幣に寄り憑いたかどうかをクジで判定する。クジとは、太夫が神意を聞くときのもっとも基本的な方法である。左手で数珠の一部を持ち、右手で数珠の玉を括りながら、あるところで指を止め、右手と左手のあいだの玉の数を数える。玉の数が偶数ならば「否」（ノー）、奇数ならは「是」（イエス）と判定する。太夫は、あらかじめ判定すべきことを心のうちに決め、数珠を括って、それがイエスかノーかを見ていくわけだ。

多くの場合は、ここまでの次第で死者霊はあの世と縁を切り、この世に戻り、斎幣に寄り憑く。クジはイエスとなる。だが、そう簡単にすまないときもある。

> くじがとれねば、又かやす、つみとが（罪咎）、ひこう（非業）な死をした者、さか字をつかうた者、にわくじがとれねば、其の読訳をし、縁切をする、切りくじをつかえば仏のくじ。
>
> （前出「海道さらえ、地国さらえ」）

「くじがとれねば」とは、イエスとならない場合のこと。取り上げる死者が生前に罪や咎があり、また非業な死に方だったりしたときは、死者の霊は簡単にはこの世に戻らない。このような場合、太夫は「読訳《よみわけ》」、すなわち特別な「りかん」の文句を追加し、もう一度

図19　死霊が依り憑いた三五斎幣を手に抱え、家に戻る太夫

「縁切り」の詞章（海道さらい、地獄さらい）を繰り返すことになるのだ。

すぐにはこの世に戻らない「罪・咎、非業な死をした者」。それはあの世において、様々な悪縁ができてしまった霊、成仏できていない霊と認識されよう。さらに「さか字をつかうた者」とは、生前太夫だった者が呪い調伏などを行なっていた場合、やはり罪・咎ある者として「くじ」がとれない。「切りくじ」も、それに類する呪法。ここからは、「取り上げ」の対象となる霊が太夫であることを前提にすることが見てとれる。いいかえれば、巫神という神格が「太夫」と深く関わることを暗示しているわけだ。

ようやく「くじ」がとれて、死霊はこの世に引き戻された。最後の仕上げとして、死霊が寄り憑いた斎幣に、太夫は一反の木綿を巻く。それを大事そうに手に持って、ゆっくりとした足取りで、家に戻ってくる。そこから巫神祭祀は次なる次第＝「取り上げ神楽」へと展開していくことになる。

ところで、中尾計佐清太夫は、幣に憑いた霊は裸の赤子だと説明している。たとえ年老いて死んだ者も、地獄から呼び起こされたときは、赤ん坊の姿であった。だから太夫は「幣を手に持つとき赤子の尻を感じる」と語る。幣に巻かれた木綿は裸体の霊の着物であった。太夫は、赤子を抱くように幣を抱えてくるのだ。

こうした計佐清太夫の説明の仕方が、はたしていざなぎ流太夫の全体に流通しているものかどうかはわからない。ただ呼び起こされた霊が、つまり巫神へと昇華するまえの霊の姿が「赤子」であったという認識は、注目したい。「塚起こし」に続く儀礼のなかに、「神の育ち」という思想があった。巫神祭祀とは、いわば「神」なるものを生成させる儀礼というテーマが、ここに見えてくるからだ。それは霊の「修行」という実践的な方法と関わる。

4 「浄土神楽」の系譜と塚起こし儀礼

太夫が墓場において、地の底から死者霊を呼びだす儀礼、「塚起こし」。巫神祭祀の最初の段階に行なわれる、この奇異なる儀礼をめぐって、最近、「浄土神楽」という視点から見直すべきことが、山本ひろ子によって提示されている。[21] 巫神祭祀（神楽）と浄土神楽・死霊神楽・霊祭神楽との関連はすでに岩田勝が指摘しているのだが、[22] 山本の研究は、それをさらに具体的に実証しようとするものといえよう。とくに、山本の議論は、これまでわれわれが見てきた計佐清太夫とは系統の異なる太夫の唱文テキストを使っている点、計佐清太夫の行なう儀礼を別の視点から見なおす意味でも、重要な問題を提示することになるだろう。

以下、山本の議論を辿りつつ、それを検証していこう。

山本説の検討から

まず山本が「塚起こし」との類似を指摘する、備後荒神神楽の祭文「六道十三仏の勧文」について。

荒神神楽は本来、三十三年に一度行われた。死者の霊は三十三年経つと浄化されて「祖霊」へと昇華するからだが、この加入は自然過程として実現しない。太夫たちによる浄土神楽によって祖霊へと変成するのである。

若くして死んだ者、横死した者。いまだ鎮魂されず冥途にあってこの世を伺う霊たち。その霊を神楽の夜、この世へと呼び出し、浄化・慰撫して成仏させる。それを行うのが、「法者」と呼ばれる司霊者と霊媒の「神子」のペアで、その時唱えられる祭文が「六道十三仏の勧文」であった。

法者は梓弓をかき鳴らし、十三仏の経文を唱えては六道の辻に迷う死霊を教化し、次のステップへとはやし、せきたてる。「急げ、霊よ」。

（山本ひろ子「呪術と神楽」3、48頁）

死者霊が祖霊となることが「自然過程」ではなく、「太夫」の神楽によってはじめて可能となること、そしてそのとき「あの世」から死霊を呼び戻すことが、祭文によって行なわれる……など、その構造はいざなぎ流の「塚起こし」儀礼とクロスすることが見てとれる。

では、具体的に、いざなぎ流の「塚起こし」との類似的を見てみよう。山本は、「塚起こし」の儀礼中、最初の「くじ」で霊が戻ってこなかったときに、あらためて付け加える唱文があったことを指摘する。それは「七山和讃」（「七山回向」）といった歌であった。

一番、富士山に登りて東国四十里有ると見た、み山にかなわぬ花なれど柳一本植えおいて、ちんとこまくらうに、たたへの回向と寄りござれや御仏様

（森安家蔵『祈禱弓』[23]）

これに続けて紀州大峰山・四国石鎚山・越中立山・出羽羽黒山・紀州高野山・下野日光山といった名だたる名山を歌い上げ、それぞれにシキビ・椰・そーば木・萩の花などを植え込み、廻向することで、戻らぬ霊に向けて「よりござれ」と、再度の召喚を試みる内容である。山本はこの唱文を「仏とゆかりの深い霊山に聖木を植え、仏菩薩を称え、回向し

ますので、その功徳でここに来てください」と解釈していく。（なお、ここで数々の「霊山」が登場してくるところは、後の「取り上げ神楽」の儀礼との関わりからも注意しておこう。）

さらに「七」の数字に注目し、さきほどの「塚起こし」の歌も一月から七月までの「花」が歌われたこととの関連が見いだされる。それは次のような「極楽・地獄の七曲がり」という発想と繋がっていた。

> 東方極楽浄土の曲がりが七曲がり、南方弥陀の浄土の曲がりが七曲がり、西方九品の浄土の曲がりが七曲がり、北方弥勒のスイショの曲がりも七曲がり、八《(万)》幡地獄の曲がりも七曲がり、三尺四面の曲がりが七曲がり
> 信濃国善光寺の御寺に差し出で丶、無常の風に打ふけて、屋根越へ佐古越へて、よりござれや、地獄々々へ告げや渡いた、告げのいた。(24)

「七曲がり」というのは、死霊が冥界の奥処に入り込んで、様々な悪縁・亡魂などともつれあっている状態を象徴するコトバであった。こうした遠い冥界から、この世に「よりござれ」と呼び戻される死霊の道行きは、「成仏できない死霊が地獄や六道を巡るという」モチーフとして「浄土神楽祭文」にも多く見いだされる。そこにいざなぎ流の「塚起こし」儀礼と浄土神楽との接点を指摘していくのである。

さ迷う冥界の霊たち

注目されるのは、死霊がさ迷っている冥界の様子、そこから帰還してく過程が具体的に描かれる唱文の存在である。

みはか《御墓》にすまず、さい《賽》の川でしで《死出》が山、えんま《閻魔》たい社《帝釈》や、そうづご《葬頭河》やのばー《婆》あのまえを、西さい《西》方、九本《品》が上土《浄土》に、みろく《弥勒》が上土《浄土》、八万ぢこく《地獄》、雨がぢこく、こうり《氷》のぢこく、火のやぢこく、ゆき《雪》がぢこく、ぢこくぢこくはひまをねごうて、神のかよいと、なりて、本のみはかを、たよりきて、御主ご幣へのりうつれ、

（藤岡好法太夫『新御子神位上師』[25]）

ここでは、霊は「御墓」ではなく「賽の河原・死出の山」「閻魔・帝釈・葬頭河の婆」など、さらに具体的な仏教的世界観にもとづく「あの世」にいる。「死霊は必ずしも墓地の下・地底にいる（と観念されている）わけではない」という。それは「西方、九品が浄土」「弥勒が浄土」などの極楽も、「八万地獄」「雨の地獄……」といった地獄も同じ範疇に括り込まれる。そうした遠い「あの世」の霊にたいして、「本の御墓」を頼りにして、御幣（三五斎幣）に乗り移れと呼びかけるのだ。

さらにこの唱文には、「あの世」から戻ってくるときの道筋も描かれる。

東方上土《（浄土）》、南方上土、西方上土、北方上土、中方上土、しな《（信濃）》どの国のぜんこう《（善光）》寺、下付《（野）》の国、日光山なんこう院、国々、がらんうじ《（伽藍氏）》寺またも、山川海、無明に、きりに、まじわり、難行、く《（苦）》行で、仏のざつま《（座端）》に付かず共、三尺しめん《（四面）》、つかぐろ《（塚黒）》、みはか《（御墓）》を、たより、きりやかすみもぬぎすて、うれしき神のかよいと、さやどり、御主ご幣へ、のりうつれ、

（同前）

霊はこの世の善光寺など寺々を経由して、霧や霞の姿に化し、「御墓」をターミナルにして御幣のもとに乗り移ってくる……。その叙述は、まさしく霊の道行きの詞章であった。それは先ほどの「七山和讃」（七山回向）の唱え言の内容を、一連の道行き詞章に仕立てたものといえる。

ここから山本は、いざなぎ流の塚起こしと「浄土神楽」との接点を次のように述べていく。

このようにみてくると、「塚起こしの唱文」は、にわかに浄土神楽祭文に同調してくる。なぜなら浄土神楽とは、死者であれ生者であれ、地獄を経由した「浄土入り」によって成仏や生まれ替わりを果たすものであり、その引導のために誦まれたのが浄土神楽祭文であったからだ（「呪術と神楽」3、49頁）。

いざなぎ流の巫神の塚起こしの儀礼は、「浄土神楽」ひいては、中世的な神楽の世界の系譜に置くことが可能となるだろう。いざなぎ流の世界は、けっして孤立したものではなかったのだ。そのことを山本論文から確認していいだろう。

「浄土神楽」とのちがいは何か

もちろん、いざなぎ流の巫神神楽――塚起こし儀礼と、浄土神楽とのちがいも大きい。山本はその点についてこう説明している。浄土神楽では「浄土」は、成仏儀礼によって到達しうる、神仏一体の世界としてあったが、いざなぎ流では地獄も浄土も同質にとらえ、そうした仏教世界との離別を強いることが基本になっていた。なぜなら、いざなぎ流の儀礼が「成仏」を志向するのではなく、まさに「御子神としての「新生」を目的としているからにほかならない」からであった、と。

さらに山本は、いざなぎ流の儀礼の特徴として「着せ替え」の思想を指摘する。それは次のような唱文から導かれる。

今日こそ安座に付けて、本座に直いてとらせるぞ。垢の衣は脱ぎ捨て、精進のかたびら早や召し替え、ぬれぎの笠を脱ぎ捨て、烏帽子の姿を召し着て、神の姿となり、御霊御幣へのりうつり、神の道をたよりと、神が舞台へと急がせ給へ。(26)

あの世から戻ってきた死霊にたいして、「召し替え」「脱ぎ捨て」「召し着て」と語りかけられる内容は、死後の世界によって関係した仏教的な世界と一切縁を切ることの象徴と解釈していく。[27]「今後一切の仏事とは縁を切るという思想のあかし」というわけだ。

御子《マ》取《マ》りあげ儀礼は、グローバルには仏の世界に仮寓していた死霊を、神の世界へと転属させる「着せ替え」とみなすことができよう。冥界とこの世の巡歴を経て、古い衣装を脱ぎ捨てた死霊は「御子神」へと一歩近づくのである。（前出、52頁）

以上、山本ひろ子によって提示された、いざなぎ流の巫神祭祀、とくに塚起こし儀礼と浄土神楽との類似点と相違点についての議論を見てきた。山本の研究視角によって、いざなぎ流の巫神祭祀（塚起こし儀礼）のあらたな局面が具体的に見えてきたことはたしかである。とくに冥界奥深く迷い込んだ死霊の様態・在所に対応すべく、多様な唱文が誦み唱えられる儀礼の実態については、これまでの巫神祭祀の研究をさらに一歩進めたものといえよう。

しかし、やはり問題として残るのは、いざなぎ流の巫神祭祀と浄土神楽との相違点である。浄土神楽がめざすのが、死者霊の浄化→成仏→祖霊化であるのにたいして、いざなぎ流はあくまでも「巫神」という神への転生であったという違いは、即座に指摘できる。それは山本も言及している。だが、問題はそれだけにとどまらない。

「修行する死霊」という主題へ

あらためて、山本の考察が、いざなぎ流の巫神祭祀のうち、「塚起こし」の儀礼に焦点をあてて、「浄土神楽」との接点を描きだしていることに注意しよう。いうまでもなく、巫神祭祀は塚起こしで終わるのではなく、それに続く「取り上げ神楽」を遂行することで、完結する儀礼である（さらに正確にいえば、数年後に行なう「迎え神楽」までが必要となる）。ようするに、いざなぎ流の巫神祭祀の特徴は、「塚起こし」と「取り上げ神楽」との連続のなかに見いだすことができるのだ。山本論文が「取り上げ神楽」に言及しないのは、考察の連載が「塚起こし」で中断しているためという事情もあるのだが[28]、問題はさらに本質的なところにまで波及するだろう。

山本論文は、いざなぎ流の巫神祭祀の特質を「仏の世界に仮寓していた死霊を、神の世界へと転属させる「着せ替え」とみなすこと」にあると指摘する。それは大きく「浄土神楽」との違いとしては正しい。

しかし、「塚起こし」に続く「取り上げ神楽」の次第に踏み込んでいくと、たんに死霊を「神の世界へと転属させる」という言い方では理解しえない祭儀の現場に出会うことになるのだ。すなわち、そこに見いだされるのは、死者霊の「修行」というテーマである。

「塚起こし」から「取り上げ神楽」への展開のポイントは、死霊がたんに浄化され、慰撫されるということだけではない。死者霊の「修行」ということが、キーワードとなってくる。そのとき、死者霊が冥界でさ迷っている姿も、巫神へと変成するための、一種の「難行・苦行」の過程＝イニシエーションであったと見えてくるのだ。霊にとって「あの世」にいるあいだとは、巫神へと再生するまでの「修行」の一過程であったというように……。

われわれが巫神祭祀の現場から見いだすのは、この修行する死者霊たちのリアリティといってもよい。それこそが、巫神祭祀が「浄土神楽」の系譜にありつつも、そこから屹立してくる、いざなぎ流固有の儀礼世界の内実ではないだろうか。それは何よりも、太夫の儀礼実践のただ中において見いだされるはずだ。

さて、そのことを具体的に確認すべく、太夫の力によって冥界から呼び戻され、三五斎幣に寄り憑いた死霊とともに、われわれも次なる儀礼の現場＝「取り上げ神楽」の舞台へと向かうことにしよう。

5　取り上げ神楽の儀礼世界

神楽の舞台の荒人神

「塚起こし」によって呼び起こされた霊。それは「荒人神《あらひとがみ》」と呼ばれる。墓から出てきたばかりで、まだ死穢が付いているという意味だろう。「荒人神」は「新人神」とも表記する。(29)三五斎幣に憑いた「荒人神」は、家に迎えられ「取り上げ神楽」が執行されることで、「荒巫神」へと変成していくのだ。

墓から荒人神を家に迎えるときは、連れてこられた荒人神とともに、墓に行った太夫にたいして、軒先の雨垂れ落ちで、別の太夫による徹底的な祓え、清めが行なわれる。「本宮へ迎えて、本宮で清めて」ということの実践だろう。それをへてから、荒人神が憑いた御幣は、部屋のなかに張られた「神道《かみみち》」（注連道）にそって移動させて、「休場《やすば》」という柱のうえに安置しておく。

ここから祭祀次第は屋内に移る。

「舞台」と呼ばれる部屋の四方には注連縄が張られ、中央には天井から御崎様を祭るときのバッカイがつるされている。神事を行なう聖域のシンボルといえよう。そして「諸《しょ》物《もっ》」という一斗二升の米俵や弓、膳などが据えられたまえに本主となる太夫が座り、他の

①軒先で祓え

②神道を移動

③休場に安置

④神楽の舞台

図20　荒人神の移動　①霊（荒人神）が依り憑いた三五斎幣を抱え家に辿り着くと、軒先で別の太夫から祓えを受ける。②荒人神の幣は屋内に迎え入れられ「神道」にそって、神楽の舞台へと進んでくる。③幣は休場に安置される。④四方に主連縄が張られた舞台で、巫神の取り上げ神楽が行なわれる。

太夫たちや家の主人が円座になる。彼らは頭に「笠」と呼ばれる五色の垂れをさげた被り物と浄衣をつけ、手には神楽幣を持って、体を左右に揺らしながら、独特な調子で神楽の詞章を唱えて（誦んで）いく。「御子神記事」にある「神歌ヲヨミテ幣ヲ振リタテ食ヘト云コトスルナリ」に対応するところだ。いよいよ「取り上げ神楽」の開始である。

それは次のような次第になっている。

(1) 浜の行文《ぎょうもん》
(2) 川の行文
(3) 潮の行文
(4) まなごの行文
(5) 山の行文
(6) 水ぐらえ
(7) お札の水を汲む
(8) ごとう
(9) 舞上げ

以上のような次第の神楽を終えると、「荒人神」は「荒巫神」へと昇華し、「字号」という、荒巫神としての名前が与えられる。そしてこの「取り上げ神楽」の後、三年から五年のうちに行なう「迎え神楽」を執行すると荒巫神は正式な「巫神」となる。そこで家の天井裏のお棚の御崎様の右脇に祭られるのである。小原家では平成八年（一九九六）一月に「迎え神楽」が行なわれた（断章2、参照）。

さて、「取り上げ神楽」は［a］姓名不明の古い先祖墓の霊、［b］臺太郎氏の祖父（松次）、［c］臺太郎氏の父（義行）の三体の順序で、それぞれ一回ずつ行なわれた。［a］、［b］の神楽はスムーズに進み、荒人神は荒巫神に上がった。だが、肝心の臺太郎氏の父・義行霊は、簡単には荒巫神にならなかった。祭りの進行を阻むアクシデントが起きたのである。

巫神に上がらない霊

(1)「浜の行文」から(5)「山の行文」が終わると、柱のうえに安置された荒人神（が憑依した斎幣）は、神道を伝わって舞台中央の弓のまえの太夫のもとに移動させる。そして(6)「水ぐらえ」という次第が終わると、荒人神が「よき喜び」であるかどうか、つまり荒巫神として喜んで祭りを受けるかどうか（これを「上がる」「神座に直る」という）を「クジを取る」ことで確認していく。クジとは、太夫が手に持つ数珠をもみしごき、揃えた玉の数が偶数か奇数かによって神意を判定する方法である。一種の占いでもある。これによって太夫たちは、神とのコミュニケーションをとっていくのだ。太夫にとって、もっとも重要な技である。なお柳田が紹介した「御子神記事」にある託宣は、ここで行なわれたと思われる。近年では託宣は行なわれず、太夫のクジによる判定となった（断章2、参照）。

だが十六日の［c］の次第では、「よき喜び」の神意が出なかった。臺太郎氏の父、義行霊は荒巫神へと上がることができなかったのである。このときの小原家の祭りの一番の目的は、なんといっても臺太郎氏の父の霊を巫神に上げることにあった。その肝心の霊が神に上がらないのだ。そのことを察知した家族たちに戸惑いと、不安が拡がった。祭祀の場に、何が起きたのだろうか。

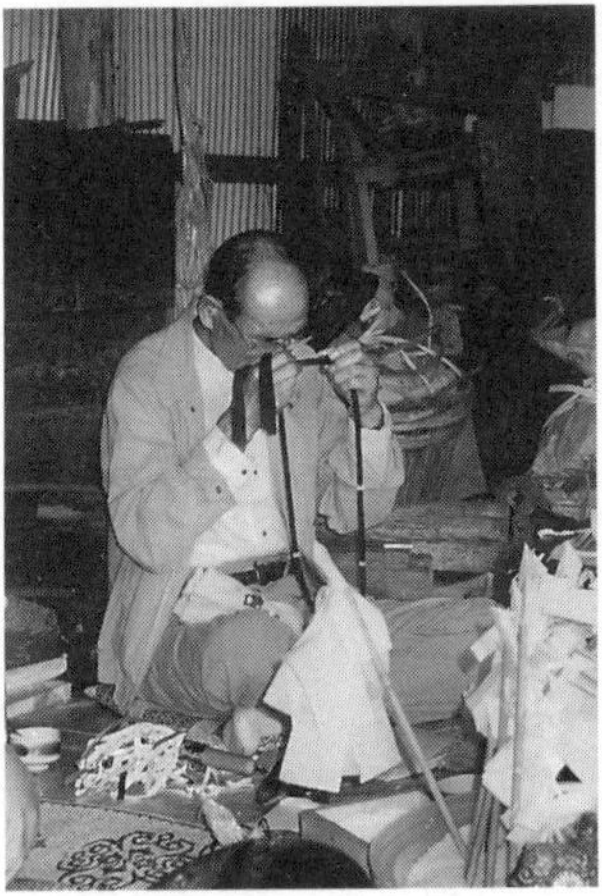
図21　クジをとる太夫

義行霊の取り上げ神楽は中山義弘太夫が本主を務めた。中尾計佐清太夫の直弟子である。(6)の次第が終わり、中山太夫がクジを取ったとき、師匠は弟子に「よき喜び」と出ないだろうと問うた。たしかに中山太夫のクジは、義行霊が荒巫神に「上がらない」ことを判定していたのだ。そこで師匠の計佐清太夫は弟子に教えた。「ここの地主（義行霊のこと）は他所で死んでいるからな」「他所で死んでいるから神に叱られる。へだてができる」。だから巫神となる「よき喜び」のクジが下りないのだ。

後の話によれば、臺太郎氏の父、義行氏は高知市に出かけたときに、途中で倒れ、そのまま死去したという。家のなかで死んでいない。まさに「他所で死んでいる」のである。そうした死に方の場合は、神に「叱られ」、神と「へだて」ができてしまう。それで巫神に上がりにくいのだ。まさに「非業な死をした者」である。師匠太夫はそれを知っていたが、事前に弟子には教えなかった。祭りの場はつねに弟子にとって、一回一回の修行の過程であった。そこで師匠は弟子に「死に際をたしかめて行なえ」と忠告するのである。

そこで「読訳をし、縁切をする」。取り上げの妨げになっている「道六神《どうろくしん》・山の神・水神・氏神・巫神・本尊」を祭り、川で鎮めて、納めてくる。「塚起こし」で行なった「縁切り」を再度行なうのである。ここでもう一度、義行霊のために、「かかっている」(取り憑いている) 不浄のものの「御縁切り」をしたのだ。

かくして義行霊 (荒人神) が荒巫神に上がるための妨げは除かれた。神楽はふたたび「水ぐらえ」を行ない、終わるとクジを取った。今度は「よき喜び」となるはずであった。

ところが――。

それでも上がらない霊

クジの判定は、いまだ荒巫神に上がらないと出てしまった。

最初に「上がらない」というクジが出ることは、計佐清太夫も予測していた。この霊は「上がりにくい」と。しかし、次の判定は、計佐清太夫にとっても予測不能の事態であったようだ。ここで神楽の進行はふたたび中断してしまう。太夫たちは方策をたてる。

そこで神楽に参加している太夫のなかで、「米占《ふまうら》」を専門とする伊井阿良芳《あらよし》太夫に神判を依頼した。「米占」とは、米つぶを盆のうえに散らし、そのときできた形から神意を見る占いの技法である。その結果、伊井太夫は、次のようなことを占い判じた。

義行氏は生前に猟師の仕事をしていた。物部村地域では、猟師の仕事は師匠について修行しなければならない。そして師匠から「許し」を得て、はじめて一人前の猟師となるのである。ところで、義行氏の「許し」を与えた師匠はすでに死去していたが、この師匠はいまだ巫神となっていなかった。どうやら師匠より先に弟子のほうを巫神としようとすることが、義行霊の「取り上げ神楽」の妨げになっているらしい。師匠の霊が妨害しているというわけだ。こうした経緯が、伊井太夫の占いによって判明してきたのである。

伊井太夫は、義行氏の師匠の霊にたいして、弟子のほうを先に巫神とすることを「こらえてくれ」と頼む祈りをして、再びクジを取ってみた。その結果「もう一度「水ぐらえ」をしてくれたら上がる」という判定が三度出た。神楽は再開され、ここにおいて、ようや

図22　巫神の取り上げ神楽（舞い上げ）

く義行霊（荒人神）は「荒巫神」へと昇華していったのである。義行霊は「神守重小八幡《かみもりしげ》」という巫神としての字号《じごう》（名前）を与えられる。

「取り上げ神楽」は、最後に(9)「舞い上げ」の次第をもって終わる（本頁**図22**、参照）。いままで着座のまま唱文を唱えていた太夫たちは、ここで立ち上がり、激しい太鼓の調子にあわせながら、神楽幣を振り上げ、錫丈を鳴らしながら円舞する。それまでの静的な様子から一気に動きのある場面に転じるのだ。まさしく家の亡主霊や先祖霊が荒巫神へと上がったことの喜びを表現していた。そしてこのとき、家族たちもシキビの葉を、舞台で舞う太夫たちに向けて撒き散らしていく。家族たちは「待ちかねていたんじゃろうね。喜んで舞い上がった」などと語るのである。ここで舞いを舞う太夫たちは「神」の姿に変換され、人と神との交歓の場が現出してくるのだ。

組み込まれた「アクシデント」

以上、平成五年（一九九三）三月の小原家から、巫神の取り上げ神楽の様相を見てきた。それは決まった次第の繰り返しではなく、簡単には上がらない巫神があるように、それこそ何が起きるかわからないような、一回的な祭儀の現場といえよう。もっとも「上がりにくい」巫神にたいして、「くじがとれねば、又かやす……」という口伝があったように、それは祭りのなかで前提になっていた。また「御子神記事」にも、

又人ニヨリ一トクラヘ二クラヘニテモ神坐ヘ得直ラス、是ハ存生ノ時不正直謀計多ク常ニ悪事ヲ巧ケル故神ニヱナラヌトテ、五反七反モクラヘ云様得度神坐ニ直ラヌドモ先是ヨトテオクモアル也。

とあるように、巫神へとスムーズに上がらないことは、しばしばあったことがわかる。それは祭りのシステムのなかに操り込まれているアクシデントといってもよい。

しかしそうでありつつ、家の主人が荒巫神へと上がらない場面は、家の当事者たちにと

って、不安と悲しみに満ちた時間であったこともたしかだ。夫が巫神と成らないとき、妻は涙を流す。また家で娘が病気がちであったりすると、それは亡主人が早く巫神にしてもらいたいと「とり憑いた」のだと噂されたりする。亡くなった主人を「神」に上げることは、家族たちにとって切実な問題であったのだ。それは確実に、祭りの場に緊張をもたらす。その同じ場を共有しつつ、太夫たちの様々な知識や技術が駆使されていくのである。一回一回の祭りの進行は、それを担う太夫にとっては修行であり、また新しい祈禱の技を見いだす実践の過程としてあったといえよう。

繰り返しいえば、巫神祭祀を必要としているのは、家の亡当主や先祖を神として祭らねばならない家の側にある。そして彼らによって太夫は雇われて、家族のために祭祀を代行するのである。太夫は、巫神祭祀を必要とする家の代行者ともいえる。

けれども、そうでありながら、取り上げ神楽を司っているのは、あくまでも太夫たちであった。上がらない霊にたいして、家族の者はどうすることもできない。太夫の専門的な祭祀技術と知識によってのみ巫神の取り上げ神楽は完遂されるのである。そうした実践の視点から見れば、太夫たちは、家族の代行といった立場にはとどまらないのだ。

太夫たちの実践の現場としての巫神祭祀。その現場へと降り立とうとするとき、われわれに要求されるのは、太夫の声によって繰りひろげられる取り上げ神楽の唱文＝コトバの読み解きである。すなわち⑴から⑹までの神楽の詞章である。それが解読されたとき、死霊を神へと変成させていく太夫たちの側からの、巫神祭祀の内実が開かれてくるにちがいない。そこで、神楽の詞章の解読へと論を進めることにしよう。

6　「行文・行体」——修行する荒人神

「行文・行体」とは何か

「取り上げ神楽」の中心となるのは、(1)から(5)までの「行文《ぎょうもん》」と、(6)の「水ぐらえ」の唱文である。まずは「行文」から見てみよう。

(1)「浜の行文」

荒人神のごいぜん様には、東方浄土に御座るか、地獄に御座るか、白浜御座るか、黒浜御座るか、十万世界に御座るか、御縁を切らいて、東方浄土の注連道《しめみち》越えて、注連道伝うて神道《かみみち》伝うた、此のおんだらしゅの本筈伝うて、上筈伝うて、弦のあわいで、取り上げ神楽のきんくの御米に、かかりて影向《ようごう》なりたまえ、かかりて本覚《ほんがく》、かかりて正覚《しょうがく》ならしめせ。（以下、南方浄土・西方浄土・北方浄土・中方浄土と繰り返す）[30]

「塚起こし」で地獄（浄土）から引き上げられた荒人神を「取り上げ神楽」の舞台に招

き、「おんだらしゅ」(弓のこと)の本筈、弦や「きんくの御米」をヨリシロとして神として祭っていこう……。「取り上げ神楽」の開始を告げる文句といってもよい。また「巫神」となることを、「影向」(神仏が姿を顕わすこと)という表現とともに、「本覚」「正覚」といった仏教語であらわしていることは注意しておきたい。

「行文」は、(1)「浜」から(2)「川」、(3)「潮」、(4)「まなご」へと展開していくが、髙木啓夫は、「これらの行文は荒みこ神を水で清め、潮で清め、洗った体をまなごで乾かす様を唱文したもの」[31]と説明している。それは死者霊の浄化儀礼という解釈といえよう。しかし、はたして「行文」(行体《ぎょうたい》・行文)とは、たんなる浄化の儀礼ということなのだろうか。

さらに「行文」の表現に注目してみると、問題は意外な方向に展開していく。

(2)「川の行文」

東方大川と中へ参りて水の行文なされ、行文行体なされて、行文行体たけだでなれば、東方浄土の注連道越えて、注連道伝うて神道伝うた、此のおんだらしゅの本筈伝うて、上筈伝うて、弦のあわいで、取り上げ神楽のきんくの御米に、かかりて影向なりたまえ、かかりて正覚ならしめせ。

後半の表現は(1)と同じだが、あらためて注意したいのは、「行文行体なされて」の一節である。この「行文行体なされて」の叙述は、以下の「潮の行文」「まなごの行文」「山の行文」のすべてに見いだされる。「行文・行体」とは何か。

それ捨身斗藪の行体は、山伏修行の便りなり。（謡曲「黒塚」[32]）

夫修験之行体ハ深秘不可説。（『両峯問答秘鈔』巻上[32]）

「行体」とは、煩悩を滅却しひたすら修行に励む山伏修行＝山岳修験者の姿をあらわしていた。すなわちそれは、修験道に関わるもっとも「深秘」の部分を意味する語彙であったのだ。ここで荒人神は、修験者の修行の姿に重ねられていくことが読みとれよう。

次に「行文」についても修験関係の資料を探ってみると、残念ながら直接「行文」の用例は見いだせない。ただ「行水文」「剃髪文」「着衣文」（『修験常用集』巻下[33]）といったように、修験の行（峰入）に関わる作法を記す「文」（呪文・真言）の多数あることが確認できる。「行文」も修験の「行」の作法と通底する用語といっていいだろう。

「行文・行体」――。どうやらそれは、修験の「行」に繋がるらしい。「川」「潮」「まなご」へ参って「行文行体なされて」とは、荒人神が荒巫神となるために、川や潮、まなご（海）に行って修行してくることを意味したのではないか。そしてその修行の思想を支えているのは、山岳修験の修行観ではないか。

修験の山で修行する霊

この予測は、最後の「山の行文」によって、より確実なものとなる。

(5)「山の行文」

荒人神のごいぜん様には、大峰山へ参りて、お山の行文なされて、行文行体なされて、行文行体たけたでなれば、東方浄土の注連道越えて、注連道伝うて神道伝うた、此のおんだらしゅの本筈伝うて、上筈伝うて、弦のあわいで、取り上げ神楽のきんくの御米に、かかりて影向なりたまえ、かかりて正覚ならしめせ。

羽黒山へ参りて……、(以下、同様の文句で)
比叡山へ参りて……、
伊吹山へ参りて……、
月輪山へ参りて……、
笠置山へ参りて……、
金剛山へ参りて……
東方富士山へ参りて、朝日の行文、夕日の行文なされて、(以下略)

いうまでもなく、ここに登場する山々は多く修験のメッカである。荒人神は、そうした修験の山々に赴いて「行文行体」するのだ。死者霊は修験における「峰入」の行をすることで、「神」に成るといってもよい。浜から川、潮、まなご、そして霊山に赴いて修行することで、巫神へと変成しうるのだ。「取り上げ神楽」の「行文」とは、巫神と成るための修行の様子を叙事しているといえよう。それはけっして、たんなる死霊の浄化ではないのだ（ここで、塚起こし儀礼の「七山和讃」の霊山巡礼が想起されよう）。

神楽の詞章のなかで、詞章を唱える太夫は、あたかも修験の「先達」のように「新客」としての荒人神を導いていく。その修行が、神楽のコトバの呪力によって実現される。ここには「いざなぎ流」が、コトバを、さらにそれを太夫が口に唱える声が、祈禱や神楽の重要な呪力となっていく様が見てとれる。計佐清太夫は、いざなぎ流はすべて言葉によって作っていくのだと述べている。

それにしても、「浜の行文」「川の行文」「潮の行文」といった展開には、「水」による浄化といったイメージも見いだせる。それは否定できない。けれども、その場合も、次のような浄化儀礼が修験の作法のなかにあることに目を向けておきたい。

問云。道中非巡水《ひすこり》ノ在所如何。答云。非巡水者七箇所也。（『両峯問答秘鈔』巻下）

「非巡水」とは臨時の沐浴のこと。熊野参詣の途次に特定の川や海での垢離《こり》・沐浴儀礼を意味する。熊野参詣にあたっては、紀伊御河・魚河・出立・滝尻・近露・湯河・音無の聖地が「非巡水者七箇所」と定められている（『両峯問答秘鈔』巻下）。

熊野信仰とリンクする儀礼

とすれば、浜や川、潮（海）といった「水」による浄化をイメージさせる「行文・行体」は、聖なる「山」に入る（峰入）ための行のステップともいえよう。「行文・行体」は、熊野修験の儀礼思想とリンクしてくることが見えてくる。熊野参詣とは「浄土」への旅であり、身体をなかだちとした霊的な変成を獲得することを意味したのである。[34]

なお先に見たように、「塚起こし」の唱文には「新宮へ迎えて新宮で洗うて、本宮へ迎えて本宮で清めて……」と熊野とのダイレクトな関係を示す表現があった。いざなぎ流と熊野修験との交渉という問題が、具体的なレベルで見えてくる。もちろん、だからといって、「いざなぎ流」の祈禱世界のルーツが熊野修験にあると一元化することはできないだろう。だが、死者霊を「巫神」へと転成させる儀礼に、熊野修験との接点を多く見いだせることは、ここで確認してよい。それは熊野信仰そのものの内実とも関わろう。

さて、「水」による浄化は、たんなる死霊の清めという意味をこえて、熊野修験とも通底するような、神に成るための「修行」の一環として見えてくる。死者霊は修行することで巫神と成る。巫神祭祀の現場で、様々に起きるアクシデントは、死者霊が苦しい修行の過程にあることを暗示しよう。そのとき、「かかりて本覚、かかりて正覚」といった表現のでてくる理由も諒解しうる。修験における「峰入」修行とは、まさしく「本覚」「正覚」――即身成仏するための実践行であった。[35][補注2] 巫神の取り上げ神楽は、これにアナロジーされているのだ。

それにしても、「塚起こし」儀礼において、死霊は徹底的に仏教的世界と「縁を切る」ことが強制されていたのに、巫神となるための「修行」過程には、修験道（仏教）の修行法や思想が巧みに織り込まれているとは……。ここには仏教的な思想や儀礼とともに多種多様な宗教思想や儀礼作法を巧妙に取り込みながら、「巫神の取り上げ神楽」という独特な儀礼を作り上げていった、いざなぎ流太夫の始祖たちの、儀礼の実践者としてのしたたかな相貌が想像されよう。それは、巫神の取り上げ神楽が「浄土神楽」の系譜に位置しつつも、そこから屹立する、いざなぎ流固有の世界を強烈に主張してくるところだ。

7　「水ぐらえ」から「字号」へ――神としての位づけ

聖なる水を求めて

浜から川、潮、まなご、山へと赴いて修行する荒人神。それに続くのは、「水ぐらえ」という詞章である。そして、ここにもまた「水」の主題が見えてくる。

（6）「水ぐらえ」

これ天竺十三川、百三川の清めの水を、行いおろいて、神が守目《もりめ》、神楽の役者、ひとしゃく、しゃくらせ給うて、一万歳とも、清まりへやあがり給うて、安座《あんざ》の位に付き給え、本座《ほんざ》の位に付き給え、天下《てんげ》の位にあがりませ、ニカニカうれしゅ、おん御酒《ごしゅ》召すろ、イヤリャードント、サーバラサーバラ……（以下、二万歳から、十二万歳まで同じ）

まず「水ぐらえ」の「くらえ」。いざなぎ流祈禱・神楽のなかで「くらえへあげる」「くらえやる」「のりくら」といった形で頻出するコトバである。「くらえ」は神楽のクラ（神の座）ではないかという説もあるが、[36]実体は不明。いざなぎ流太夫は「くらえる」を神霊を弓や幣に依り憑かせる意味で使う。つまりそれが「神楽をする」ことの本来の内容であったのだ。神楽のもともとの働きは、「芸能」ということをこえて、祈禱や呪術としてあったという主題がここに見えてこよう。

「水ぐらえ」の内容を見てみよう。「神が守目」「神楽の役者」（実際に取り上げ神楽を執行する太夫のこと）が、天竺から清めの聖なる水を「行いおろいて」、その聖水を杓モジで荒人神に注ぎ、清めていくと、「一万歳」の位まで清まった荒人神は「安座の位」「本座の位」「天下の位」に上がっていく。これを十二万歳まで繰り返す。

「清めの水」「清まりへやあがり……」の表現からは、清めや浄化といった観念が見られるが、これもたんに死霊の清め・浄化と限定することができない。何よりも、「水ぐらえ」の詞章は巫神の「取り上げ神楽」だけではなく、いざなぎ流の「本神楽」と呼ばれる御崎様や天神などの神々の神楽でも使われるからだ（御崎様の「本神楽」については、第三章で詳述する）。そこでは、祭られる神も「水」によって「清め」られるのである。すなわち「神楽」とは、神を清め、位を高めていく儀礼として実修されるわけだ。

　神楽に孕まれる「神清め」の祭祀思想。それはけっしていざなぎ流だけのものではない。たとえば中部地方の「遠山《とおやま》霜月祭」「草木《くさき》神楽」「坂部《さかべ》の冬祭」「奥三河の花祭」などの、いわゆる霜月系神楽のなかに見いだすことができる。湯立ての「湯」によって、神を清め、神への立願を果たしていくのである[37]〔補注3〕。

　しかし「水ぐらえ」の場合、それは「湯」ではなく、あくまでも「水」であった。「清めの水」なのだ。もちろん、いざなぎ流の宅神祭にも「湯神楽」の次第がある（一四四頁の**図17**、参照）。祭場（舞台）を清めるとともに、詞章に誦み上げられる神々を清めていく次第である。そうした湯神楽にたいして、しかしここでは、あくまで天竺に由来する聖なる「水」の清めなのだ。

神としてのステージが上がる

さらに見逃せないのは、清めが「一万歳とも、清まりへやあがり給うて……」とあるように、神の「位」が上がっていくと語られるところ。聖なる水で清められることと、神としての位階が上がっていくことが同義なのだ。浄化・清めは、神としてのステージをアップさせていくことと密接に繋がる。取り上げ神楽の文脈でいえば、「行文・行体」の修行を終えた荒人神が、「水ぐらえ」によって、荒巫神としての位を上げていくことを意味したのである。そこにはまた「神の育ち」という観念も含まれる。冥界から引き上げられた死霊は、赤子の姿をしていると計佐清太夫は観想していた。あるいは「神をチソウ」するという言葉も使う。「チソウ」とはかわいがるとか、育てるという意味をもつ。まさしく神として育てられ、そのステージが上がっていくわけだ。

天竺から汲んできた聖なる水による清めと位上げ——。ここに思い起されるのは、修験道における「閼伽《あか》の作法」であろう。「閼伽」とは本来は仏に供養する水を意味したが、修験の儀礼のなかで、清浄無垢の水を汲むことで、五塵煩悩の垢を洗い落とす修法となり、さらに大日如来の浄水で清めることで五智の徳を具え、「仏」と成る峰入の行として意義づけられたのである。[38] ちなみに『峯中修行記』には閼伽水を汲むことを「ヲコミシラウケ」という。

さらに頭上に聖水を注ぐことで高いステージを獲得する密教の「灌頂」儀礼との関係も

考えられる。いざなぎ流の神楽が、多様な宗教思想や儀礼との習合のなかで成り立ったことが見てとれるところだ。

いざなぎ流の「水ぐらえ」は、「天竺十三川、百三川」（別伝に「天竺かくせん川ふめつが池」「うめずが池、ひめずが池」ともある）の浄水を汲み、その水によって清めることで、神霊の位を上げていくのであった。「水ぐらえ」の後には「お礼の水を汲む」という次第が続く。ここにも巫神祭祀、すなわちいざなぎ流の神楽思想のなかに、修験道儀礼との繫がりが見いだせよう。なお、伊井太夫は、「「水ぐらえ」は神楽以外にも使える、上がらない神もこれを誦めばかならず上がる」と語っている。「水ぐらえ」の抱えている宗教思想の深さを暗示してくれる言葉だ。ここに呪術としての神楽の問題が示唆されよう（この点は第三章、参照）。

巫神のホーリー・ネーム

天竺の聖なる水によって、「十二万歳」へと、そのステージを上げた荒巫神。その儀礼と対応して、個々の荒巫神の名前が付けられる。「御子神記事」には「神名ト云フコトモツケズ」とあったが、たとえば今回の義行霊の場合は「神守重小八幡《かみもりしげ》」という名前が付けられた。太夫があらかじめ、いくつかの名前を考えておき、そのなかのどれがふさわしいかを「クジ」で判定していくのである。このことを「字号《じごう》（諡号の訛化か）を呼び付ける」

という。

「字号」——。あの世から帰還した死者霊が、「行文・行体」の苦しい修行をへて、荒巫神へと転生したことを証すホーリー・ネームである。その聖なる名前のなかに、巫神という神格の謎を解く鍵がありそうだ。

まず義行霊の「神守重小八幡」の意味を見てみよう。「神守」は字義どおり神祭りを、とくに自分の家以外の他所の家の神を祭った者をあらわす。「重」は晩年までも、それを行なったことを意味する。小原家の当主は氏神の小松神社の守目でもあった。巫神が「神職ノ家」（「御子神記事」）の者とされることに通じよう。「小八幡」の八幡とは、猟師職の者に付く。義行氏が生前、猟師の職にあったことは先にふれた。ここで巫神とは、特定の職能と結びついていたことがわかろう。

さらに巫神の「字号」について、計佐清太夫の手控え帳に記されたものと、太夫自身の説明を記してみよう。

識護《しきもり》魔法ノ巫神
僧勘《そうかん》魔法ノ巫神
神護魔法ノ巫神
占一若宮三省《しめいちわかみやさんじょ》ノ巫神

訣言《ゆげん》ノ巫神　　　　（『三神如来外必密集書物』）

これらの「字号」は生前、いざなぎ流の太夫を務めた者の名称である。「識護魔法ノ巫神」は物知りで法文の使い方も知っている太夫、「僧勘魔法ノ巫神」は僧侶（仏法）の修行もした太夫。「神護魔法ノ巫神」の字号は太夫として最高のものという。「占一若宮三省ノ巫神」は祈念、梓弓（占い事）をした太夫。とくに「三省」は巫女の場合に付く。そして「訣言ノ巫神」は、生前に使ってはいけない「式法」（呪い調伏）を用いた太夫に付けられるもので、実際に計佐清太夫も「式を使った太夫を取り上げた」ことがあるという。

これらの例からは、巫神とはいざなぎ流太夫が死後に成る神格という基本線が見えてくる。また「字号」とはたんなる神名というよりも、巫神として位階をあらわしていたといえよう(39)。巫神としての位を上げていく「水ぐらえ」に対応するところである。

巫神と太夫との相関から

だが「字号」には、「神守重小八幡」の「八幡」が付く例のように、猟師職の場合もあった。他に猟師の場合は「阿弥陀八幡」と付く。また、「木内《きのうち》若宮半途《はんず》ノ巫神」「木槌建《きのつちたつ》一宮《いちのみや》ノ巫神」は大工職の場合。あるいは鍛冶職には「小天神」という字号が付く。こうした字号の付け方から、巫神は太夫（神職）以外の専門的な職能者、技術者の死後、神と祭られたものと見なすこともできよう。柳田国男が「神職其他の者」と述べていた点に対応するところだ。

けれども、問題はさらに複雑であった。

あらためて「いざなぎ流」の祈禱世界を見直すと、大工職は「大工法」[40]、猟師職は「西《にし》山《やま》法」、鍛冶職は「天神法」というように、それぞれの職能は、いざなぎ流の「式法」（呪法）のなかに組み込まれていた。もちろん、それぞれの職能者がすべて「いざなぎ流」の式法を知っているわけではないが、ここから巫神の字号とは、大工や猟師、鍛冶という職業の種類からの命名というよりも、基本的にはいざなぎ流の祈禱法から派生してきたと考えるべきではないか。何よりも巫神の「ミコ」とは、柳田にいわせれば、神事に仕える者を意味したのだから。巫神といざなぎ流の祈禱法・呪術体系との密接な関係が、ここに浮上してこよう。

巫神の「取り上げ神楽」。それはたしかに「浄土神楽」の系譜のなかに位置づけることが可能であった。神楽によって、死者霊を「神」へと転生させる儀礼は、従来の民俗学における家の神信仰、祖霊信仰という枠組みを踏みこえていく、あらたな視野をもたらしてくれよう。それはたしかである。

しかし、巫神祭祀の現場へと降り立ったとき、われわれの前にひろがってくるのは、修行する霊たちの相貌であった。死者霊の修行は、同時に、その儀礼を遂行する太夫たち自身の修行ともオーバーラップする。このとき、巫神たちは、家の神という外皮を脱ぎ捨て、「いざなぎ流太夫」という儀礼の実践者の実存と密接に繋がってくるのだ。われわれは、「浄土神楽」という視野のさらにその向こう、太夫の祈禱実践を支える思想の奥へと赴くことが要求されよう。

8　いざなぎ流の祈禱体系のなかで──「巫神がけ」の呪法

「御子神記事」には、巫神へと上がった神霊にたいして、太夫が次のように祈るコトバが記されている。

大ノ氏子小ノ氏子悪事災難来リ候トモ払ヒノケテチガヘ守ラセ玉ヘ……。

荒巫神と成った亡主人にたいして、家内の者を守護してくれと依頼する祈りである。巫神は家の主人の霊であったのだから、その家内の者の幸福と安全を守ることは、当然といえる。巫神は家の神なのだ。

「たしかな前立て、後ろ立て、頼みまいらする」

しかし、そうした祈りが終わった神楽の唱文の最後に、以下のようなコトバが太夫によって追加されていく――。

神が守目、神楽の役者、式法次第をしまいらしょうと、その御時の、たしかな前立て、後ろ立て、頼みまいらする、お十七夜の御如来、三十三度の大大神楽をしまいらしょと、その御時のたしかな前立て、後ろ立て、頼みまいらする……。

「神が守目、神楽の役者」とは、神楽を執行する太夫自身のこと。「式法次第」とは、いざなぎ流の祈禱法といった意味。「前立て、後ろ立て」とは、その祈禱をするときの呪能を守護することをあらわす。「お十七夜の御如来、三十三度の大大神楽」は、太夫が執行するオテントウ様（日月祭）のことである。

この最後のコトバによって、太夫は、自分が取り上げた巫神にたいして、祈禱や祭祀を行なう太夫としての呪力への擁護を祈っていることが見てとれよう。計佐清太夫も、「取り上げた巫神に、太夫の後ろ立てとなってくれと頼む」と語っている。家の守護神たる巫神を、その家とは無関係な、太夫自身の祈禱法をバックアップする神霊へと変換させていく論理である。巫神は、家の神であることの、その奥に、いざなぎ流太夫の「神」としての霊格を備えているわけだ。それは太夫が唱える唱文のなかで、獲得されていく。もちろんそんなことは、家の当事者たちのあずかり知らぬ、太夫だけの「秘儀」であった。

さらに、いざなぎ流の祈禱法の内側へと迫ってみよう。

たとえば、太夫が祭祀次第で使う「こりくばり」という詞章がある。太夫が執行する祈禱・儀礼の前に必ず誦み上げられる、一種の神勧請の唱文である。日本全国の神、神社の名前を誦み上げていく、神名帳といってもよい。それを誦み唱えることで、これから行なう祈禱にたいして、神々の守護を仰ぐのである。「こり」とは垢離のこと。神にたいして清浄な心身を作ることを意味する。

なお『古今著聞集』巻第一「徳大寺実能熊野詣の事並びにこりさほの事」というエピソードのなかに、

諸人がこりの水をひとり汲みければ、こりさほと名付て、人もあはれみけり。

といった一節がある。「垢離」のための浄水を汲む男のことを「こりさほ」(三手本の本文には「垢離小男」と傍記あり)[41]という。この「こりさほ」は後に熊野権現の夢告によって「こりさほのみぞいとほしき」と称えられている。「こりさほ」とは垢離のための浄水を管理する職能であった[42]。ここから、いざなぎ流祈禱における「こりくばり」とは、「垢離」

のための聖なる浄水を管理し、それをくばる者としての「いざなぎ流太夫」の職能を象徴すると考えられる。それは神楽における「水ぐらえ」とも呼応しようか。

太夫の「神」への変換

さて、この「こりくばり」の唱文には、全国の著名な神々から、土佐の国、さらに物部村内の氏神といったように膨大な数の神々が登場してくるのだが、そのなかに「巫神始まりたづねれば……」と巫神の名前が見えるのである。

つづろ《津々呂》ーうば《姥》神三じよ《省》のみこ《巫》神、きた屋敷にやまぶし《山伏》ひじり《聖》十さんせつ、あさ日のみこ神、よー日のみこ神、西谷かねもりしげのみこ神、奈ろ《呂》ニハぐうひんまほう《魔法》のみこ神、あき《安芸》のやすの谷にしよがんみこ神……。

（中尾計佐清太夫所持『御神集書物』[43]）

これはその一部であるが、物部全域の巫神たちにたいして「こりくばり」が続くのである。そして最後のコトバには、

神が守目、字文のみでし《御弟子》に、あどなは取らせん、ひけいを折らせん、師匠へ名折りを取らせん、神のおかどもたをさん、たしかな前立、後立てにおなをり用五《影向》なされて……。

「あどな」は「脇役」のこと、「ひけい」は「供物」のこと。「神のおかどもたをさん」は神に折り目正しく、節操を守るといった意味ととれる。そうすることで、旧物部村全域に鎮座する巫神たちに、これから祈禱を始める自分の「前立て、後ろ立て」となってくれることを頼むである。巫神とは、自分たちいざなぎ流太夫の職能の始祖といった意味になるのだろう。直接的には自分の「師匠筋」ともいえる。巫神とは、基本的には太夫の死後の神格化なのだから。

このように「こりくばり」で巫神を勧請し、「前立て、後ろ立て」を頼むことを「巫神がけ」と呼ぶ。ここからは、家の守護神たる巫神が、太夫の祈禱の詞章によって、いざなぎ流の呪法の守護神へと変換していく相貌がはっきりと浮かんでこよう。いうまでもなく、自分が取り上げた巫神は、「こりくばり」のなかに次々に追加されていく。取り上げた巫神が多くなれば、それだけ太夫として呪能は高まっていくのである。

さらに巫神は、次のようないざなぎ流の祈禱法にも登場する。

うしろに立守らせ給うは、氏神小八万《幡》、みこ《巫》神小八万、地に四そん大明神、天にからす王大神、夜は大たか《鷹》の大神、昼は小たかの大神と、けんじ《顕示》わたらせ給う。五方十二が方へ御せき《関》の大神様と行い小《招》じまいらする。

（「四方立のかこい《囲》」、計佐清太夫所持『西山道立之方　みがこい《身囲》家かだめ《堅》の方門（法文）[44]』）

「身囲い家堅《や》め」とは、祈禱する太夫自身、また太夫が祈禱した家に、邪霊や悪霊などが入ってこないようにする呪術である。これと似ているものに「関を打つ」という呪法もある。「身囲い」と「関」とが相互に通じることは、「四方立の囲い」に「御関の大神様」とあることからもわかる。密教や修験における「護身法」と見ればいいだろう。

そのなかに「うしろに立守らせ給う」神霊として「巫神小八幡」が登場してくる。「巫神小八幡」は名前から、猟師系の巫神。いざなぎ流では「西山法」という部類になる。この巫神をはじめ、ここに登場する諸神霊を「顕示わたらせ給う」て、つまり太夫のもとに召喚して「身囲い家堅め」をする。防御の神だ。「たしかな前立て、後ろ立てにおなをり影向なされて……」――「巫神がけ」の具体的な実例といえよう。

かくして、太夫たちは、家の主人の死霊を巫神にする「取り上げ神楽」に携わりつつ、その儀礼のただ中において、自らの祈禱法を守護する神としての巫神をも作り上げていく〝離れ業〟を実践していたのだ。

天井裏の御崎様の右脇に

「取り上げ神楽」によって「荒巫神」となった霊は、三年、五年の後に行なわれる「迎え神楽」によって、正式な「巫神」となる。その後に巫神は、家の天井裏の神棚の「御崎様」の右脇に祭られる（巫神の御幣が、御崎様の幣の脇に立てられる）。

「迎え神楽」とは、御崎様の右脇に迎えるという意味だろう。この場合、巫神は御崎様を守護する神（家来の神）と解されている。巫神とは、その家の神の中心＝御崎様を祭る当主の霊であったのだから、死去した後も「神」となって御崎様を守っていくという論理である。したがって、旧物部村では、御崎様を祭っていない家では巫神を祭ることもできず、逆に当主を巫神として祭る家には、必ず御崎様を祭るという相互関係が見いだされるのである。(45)

御崎様の神格そのものについては、不明なことが多い。村落社会の歴史的な過程からは、かつての村内の作人層（本家から分れた分家筋）に多く祭られており、村内の家々の「同族団的統合」を果したともいわれている。(46)ともあれ、御崎様は、「家」を中心とした村落共同体を維持する神観念であったことはたしかだ。そして巫神も、それを支えるものとしてあった。

しかし、いま、巫神という神格が、いざなぎ流太夫の祈禱法・呪術体系と不可分な関係をもつことを見すえたとき、当然、御崎様という神格にたいしても、これまでとは違う視線を注ぐ必要がでてくるだろう。

御崎様を求めて。その素性を探索するためには、何よりも「彼」が祭られている、家の天井裏の神棚のもとに赴かねばならない。

薄暗い天井裏の一角。木で組まれた幣立て。無数といえるほどの白い幣が立て掛けられている、神々の聖域。そこに潜む、あらたな謎を秘める神——。

注

（1）『定本・柳田國男集』第九巻（筑摩書房、一九六二年）。
（2）真野俊和「「民間信仰」は実在したか」（『宗教研究』三二五号、二〇〇〇年九月）。
（3）赤坂憲雄『山の精神史——柳田国男の発生』（小学館、一九九一年）、同『柳田国男の読み方』（ちくま新書、一九九四年）などを参照。
（4）土佐国史集成『土佐国群書類従』巻一（高知県立図書館、一九九八年）に収録。また高木啓夫『いざなぎ流御祈禱（第三集）天ノ神・御先神・みこ神篇』（物部村教育委員会、一九八二年）にも収録されている。
（5）折口信夫「神楽（その一）」（『折口信夫全集』第十七巻　藝能史篇1、中公文庫、一九七六年）その他。
（6）髙木啓夫『いざなぎ流御祈禱』（物部村教育委員会、一九七九年）。
（7）たとえば柳田国男「先祖の話」（『定本・柳田國男集』第十巻、一九六二年、筑摩書房）。
（8）岩田勝『神楽源流考』第九章「神楽による死霊の鎮め」（名著出版、一九八三年）を参照。また、山本ひろ子「浄土神楽祭文」（『ユリイカ・臨時増刊』一九九四年）。奥三河の大神楽における「浄土入り」の儀礼（生きている間に浄土入りを体験させる。共同体のイニシエーションともなる）が、中国山地の死霊神楽、浄土神楽と共通の系譜にあることを指摘している。山本ひろ子「大神楽「浄土入り」」（『変成譜』春秋社、一九九三年）、同「神楽の儀礼宇宙」（『思想』一九九五〜九七年）なども参照。

（9）平成四年十二月物部村程野・宗石家祭祀、平成五年一月物部村送畑・小松家祭祀、平成五年三月、物部村津々呂・小原家祭祀。詳しくは巻末の祭祀調査一覧、参照。

（10）主に人類学プロパーからの研究、たとえばクリフォード・ギアーツ『文化の読み方／書き方』（森泉弘次訳、岩波書店、一九九六年）など参照。

（11）こうした問題意識は、現在の人文学のあらゆるジャンルともリンクする。わたし自身の方法は、古代文学会の夏季セミナー「古代文学の〈現場〉へ」（一九九二〜九八年）という共同研究から学んだところが大きい。詳しくは序章、参照。

（12）吉村千穎「屋内神の一形態」（『日本民俗学』49号、一九六七年）、同「高知県香美郡旧槙山村における民間信仰の一報告」（『近畿民俗』43号、一九六七年）、高木、前掲書（4）、小松和彦「天の神祭祀と村落構造」（『歴史手帖』一九八三年七月号）、梅野光興「天の神論」（『高知県立歴史民俗資料館研究紀要』4号、一九九五年）などを参照。

（13）たとえば赤田光男・小松和彦編『講座・日本の民俗学7　神と霊魂の民俗』（雄山閣出版、一九九七年）の赤田光男の「総説」を参照。

（14）高木、前掲書（6）。

(15) 平成五年の小原家の「塚起こし」に携わったのは、伊井阿良芳太夫である。
(16) 梅野光興編・執筆『いざなぎ流の宇宙』（高知県立歴史民俗資料館、一九九七年）を参照。
(17) 以下の論述は、初出論文にたいする山本ひろ子の批判、山本「呪術と神楽3」（『みすず』445号、一九九八年四月）を受けて、儀礼の次第順序について訂正した。
(18) オリジナルテキストは、中尾計佐清太夫所持『三神如来外必密集書物』（表紙に「昭和三十九年旧正月吉日／三神如来外必密集書物／昭和六十一年丙寅旧七月七日／物部村別府／中尾計佐清書」）。
(19) 「黒土御墓」の解釈については、山本、前掲(17)の論文を参照した。
(20) 「四季くれば、四季を歌ふや此頃よ、年立ちもどりて、春くれば、春の景色をみしようとて、わ門に門松しめ飾り……」といったもの。高木、前掲書(6)に翻刻収録。なお、この歌謡は、近世の国学者・鹿持雅澄『巷謡編』にも収録されている。
(21) 山本、前掲(17)。
(22) 岩田、前掲書(8)。また中国地方の神楽祭文資料の翻刻と解説として、岩田編『中国地方神楽祭文集』（三弥井書店、一九九〇年）。
(23) オリジナルテキストは、高知県立歴史民俗資料館・梅野光興氏からの提供による。
(24) 山本、前掲(17)論文に引用されたものによる。
(25) 前掲(23)。
(26) 前掲(24)。

(27) 岩田、前掲書(8)第七章「神子と法者」などで、備後の浄土神楽祭文「六道十三仏のカン《勘》文」のなかにも、「取神を離す着せ替えの行法」があったことを指摘している。どうやら「着せ替え」の思想は、いざなぎ流固有ではなく、広く浄土神楽の系譜に見られるものと思われる。

(28) ともあれ、山本ひろ子による「いざなぎ流」の考察が中断しているのは惜しい。いち早く論考連載の再開が望まれるところだ。

(29) アラの語義については、古代の文献からの考察として、古橋信孝『古代和歌の発生』(東京大学出版会、一九八八年)。古代のコトバとしての「アラ」は漢字表記の荒・新ともに、その根底にあるものは同義であったと説いている。

(30) 以下、神楽(行文・行体)の詞章は、祭祀中の録音テープから起こしたものによる。なお、高木、前掲書(6)に掲載されている詞章も参照した。

(31) 高木、前掲書(6)。

(32) 日本大蔵経編纂会編『修験道章疏』第二巻、国書刊行会、二〇〇〇年、に収録。

(33) 日本大蔵経編纂会編『修験道章疏』第一巻、国書刊行会、二〇〇〇年。

(34) 山本、前掲書(8)『変成譜』「中世熊野詣の宗教世界」参照。

(35) この点、宮家準「修験道の成仏観」(『修験道思想の研究』春秋社、一九八五年)を参照。

(36) 高木、前掲書(6)。

(37) 渡辺伸夫「「生れ清まり」の儀礼と歌謡」(岩田勝編『神楽・歴史民俗学論集1』名著出版、一九九〇年)、池原真「「玉取り」と「神清め」」(〔補注1〕の論集に再録)、山本ひろ子「花祭の形態学」（ともに、『神語り研究』第4号、春秋社、一九九四年）、桜井弘人「遠山霜月祭の湯立てとその構造1」（『飯田市美術博物館研究紀要』12号、二〇〇二年）。
（38）宮家、前掲書（35）参照。
（39）「字号」については、髙木、前掲書（4）にも詳しい。
（40）近年、いざなぎ流の「大工法」と両部神道、御流神道との接点を論じた、松尾恒一「物部村の職人と建築儀礼――大工法をめぐって」（『民俗芸能研究』三十二号、二〇〇一年三月）の論が注目される。
（41）日本古典文学大系『古今著聞集』の頭注参照。
（42）山本、前掲（34）「中世熊野詣の宗教世界」を参照。
（43）表紙に「昭和二十二年丁亥年／御神集書物／旧正月吉日／中尾計佐清」。
（44）表紙に「八月八日／西山道立ノ方／みがこい家がための方門／（法文）中尾計佐清」。
（45）ただし、計佐清太夫の方法として、御崎神が祭られていない家の場合、「先祖八幡」を最初に祭ることで、家の亡くなった主人を巫神として祭るという次第がある。本書巻末の祭祀調査一覧を参照のこと。
（46）小松、前掲論文（12）参照。
〔補注1〕「中世神楽」については、斎藤英喜・井上隆弘編『神楽と祭文の中世』思文閣出版、二〇一六年を参照。とくに第三章・斎藤「大土公神祭文・考」、第六章・星優也「神祇講式を招し祈らむ」」、第八章・池原真「静岡県水窪町草木霜月神楽に見る湯立ての儀礼構造」、第十章・梅野光興「いざなぎ流「神楽」考」、第十二章・井上隆弘「九州における神出現の神楽と祭文」が「中世神楽」の問題を論じている。

〔補注2〕「修行する神」については、中世八幡信仰のテキストにも見られることが、村田真一『中世八幡信仰の神話言説』法藏館、二〇一六年によって明らかにされている。

〔補注3〕「湯立て神楽」をめぐるその後の研究としては、井上隆弘『霜月神楽の祝祭学』岩田書院、二〇〇四年がある。

断章2　神懸かりする神楽

突然の神懸かり

それはまったく思いがけない出来事であった——。

神楽の終盤、御幣を振り立て舞っていた老婦人が突然、倒れた。すると彼女の口から今までとはちがううなり声とともに、何やら言葉らしきものが聞こえてきた。「うれしいぞよ、うれしいぞよ、ありがと、ありがと……」。それはどうやら、神へと上がっていった霊の声であったらしい。平成八年（一九九六）一月、小原家で執行された「巫神の迎え神楽」の最中に、まったく偶然に起きた神懸かりの現場にわたしは立ち会ったのである。

それにしても、神楽が神懸かりを伴うことは、「神楽」の起源神話において語られるところであった。天の岩屋にこもったアマテラスを迎えだすアメノウズメの舞いは、『古事記』『日本書紀』に「神懸」「顕神明之憑談」と語られている。そうした神懸かりや託宣が伴うウズメの舞いが、「神楽」の起源とされたわけだ[1]。神楽はまさしくシャーマニックな宗教芸能であったといえよう。

図23　神懸かりを解く祈禱を行なっている場面

けれども、文献上に残された宮中御神楽（内侍所《ないしどころ》御神楽）にせよ、また現在伝わる諸地方の里神楽（民間神楽）にせよ、神懸かりや託宣がもたらされる神楽の例は少ない。わずかに陸中宮古の黒森神社の湯立託宣の神楽、備中・備後の荒神神楽、石見の大元《おおもと》神楽などの数例しかない。また奥三河の湯立神楽・花祭にも託宣・神懸かりの痕跡がある。[2] 民間神楽における神懸かりは、明治以降の近代化政策のなかで「邪宗」「迷信」として、警察の干渉を受け、弾圧されていったのだ。それは神楽から神懸かり・託宣が消し去られ、神楽の目的が五穀豊穣や家内安全などの「現世利益」へと変質していく過程でもあった。

　こうした近代社会における「神楽」の変質のなかで、偶然起きた、いざなぎ流の巫神迎え神楽の「神懸かり」は、きわめて貴重な瞬間といわねばならないだろう。近代の合理主義を食い破るように現出した場面である。だが、それはけっして、たんなる「偶然」ではなかった。いざなぎ流の神楽システムのなかに、じつは神懸かり・託宣は仕組まれていたのだ。

作法としての神懸かり

いざなぎ流の巫神祭祀は、塚起こし、取り上げ神楽、そして数年後に執行される迎え神楽で一つのサイクルが完結する儀礼である。冒頭の「神懸かり」の場面は、この迎え神楽の最終局面で起こった。正式な巫神と成り、天井裏に上がっていくことができた喜びを、その家の老婦人に憑依して「うれしいぞよ……」と人々に告げたのだ。たしかにそれは偶然の出来事であったが、じつは、巫神の神楽には、古くは神懸かり＝託宣は次第として仕組まれていたのだ。

江戸時代末期の文献、柳瀬五郎兵衛「御子神記事」（元治二年〈一八六五年〉）[3]に次のように記されている。

夫ヨリ本主ノ太夫ヘ神ヲノリウツストテ何ヤラヨミテ舞〳〵シテモ託宣有、曰、是ヨリウチハ木ノ下タノオボレ神ニテ有シガ、大小氏子心ヲ揃ヘ今伊勢ノミコガ滝ヘ請ジラレ、ホウメンヲサマシテヤアラウレシヤト云、答大小氏子心ヲソロヘホウメンヲサマシマス、大ノ氏子小ノ氏子悪事災難来リ候トモ払ヒノケテチガヘ守ラセ玉ヘト云、ヤアラウレシヤウレシヤト云テ舞舞シ大音ニテサラハ是ヨリ氏子揃ヘフマヤルト云、

江戸時代には、巫神の神楽の最後に、太夫自身に神を乗り移らせ、「託宣」を受ける次第があった。そして「託宣」は、神が乗り移った太夫と、もう一人の別の太夫との間の問答形式によっていたらしい。現在のいざなぎ流太夫による巫神の神楽には、この神懸かり・託宣の次第は失われている。しかしその伝統があったから、偶然のように家の婦人に巫神が乗り移る憑依現象が起きえたのだ。老婦人に憑依した霊の「うれしいぞよ……」の言葉は、記録にある「ヤアラウレシヤウレシヤ……」に対応しよう。

注目すべきは、江戸時代の記録からは、巫神の神楽における神懸かり＝託宣には、憑依する太夫と、神を憑依させ、託宣を導き出すサニワ的な役割の太夫のワンセットという仕組みが見えてくるところである。

いざなぎ流の神楽と神懸かり、託宣。その儀礼現場からは、単独のシャーマンによる神懸かりにたいして、憑依する巫者と憑依させる司霊者による「セット型」のシャーマニズムという形態が見えてこよう。それはもう一つのシャーマニズムの形態として、普遍化されるものであった。

もう一つのシャーマニズム

日本列島の各地には、いわゆる「憑依型」とされるシャーマンが多く知られている。その代表が、東北地方のイタコ・ゴミソ・カミサマであり、沖縄のユタ・カンカカリャ・ムヌス・ニゲーピトゥなどと呼ばれる巫者たちである。多くは女性だが、なかには男性もいる。彼女たち（彼ら）は、自らの体に死霊（仏）をおろし、死者の言葉を生者たちに告げたり、神霊が憑依して予言や占い、病気治療などを行なう。こうした民間巫者の生態は、柳田国男・中山太郎・桜井徳太郎・佐々木宏幹・池上良正[4]などによる調査・研究がある。

日本におけるシャーマニズム研究は、単独で神懸かりし、託宣したり、病気治療したりする巫者たちが主な対象となってきた。しかし列島社会には、「単独型シャーマン」にたいして、「セット型シャーマン」と分類される形態があった。主に修験道の祈禱、儀礼のなかに見いだされる。「憑祈禱《つき》」と呼ばれるものだ。修法者が不動明王などと合一し、その眷属を「憑坐《よりまし》」に憑依させて託宣や予言などを得ていく。またこの眷属は「護法」ともなり、修法者は護法を使役して、悪魔や外道を威嚇し、病人から落とすという修法もある。[5]

ここには、神霊が憑依する「憑坐」と、神霊を寄り憑かせ、使役する「修法者」というワンセットの形で祭祀や祈禱が進行していく姿が見てとれよう。

中国地方の民間神楽を調査・研究した岩田勝は、こうしたセット型シャーマニズムを、「神がかる巫者―神がからせる司霊者」という形態として抽出した。[6]岩田によれば、セット型シャーマニズムは、神楽による祭儀の基本構造という。中世後期から近世にかけての呼び名では、「神がかる巫者」は神子《みこ》・棹《さお》・板《いた》、または託太夫《たくだゆう》とか神柱《じんばしら》、「神がからせる司霊者」は、法者《ほさ》・祝師《ものもうし》・禰宜《ねぎ》・太夫、または神楽男《かぐらお》や注連主《しめぬし》などとも呼ばれている。その神楽の場は、次のように描かれる。

> 司霊者衆を統括し差配する注連主にとって、もっとも肝要な場面は、神霊の託語を得るべきときである。注連主は、（太鼓役をも兼ねつつ）巫者に神がからせるべく、神霊に対して神歌《かみうた》（神楽歌）や祭文《さいもん》などの唱文をつぎつぎに誦みかけ、神がかった巫者（＝神霊）に問いかけて、その名を名告らせ、答えさせるだけでなく、氏人たちにその託語（託宣）を判りやすいように通辞できなければならない。さらに、それだけでなく、巫者の神がかりを解く「打ち返し」などと呼ばれる呪法を施すことができる呪験を保持していることが欠くことができない要件とされる。
> （岩田勝『神楽新考』220頁）

ここに描かれる神懸かりは、石見《いわみ》地方の大元《おおもと》神楽が典型的な事例であるが、いざなぎ流の巫神の迎え神楽の神懸かり＝巫神となった霊の託宣も、その系譜のなかで理解できよう。さらに司霊者と巫者のセットの形態は、そのまま「ミメーシス」（模倣）に移行させることもできる。奥三河（愛知県）の花祭における榊鬼、坂部（長野県）の冬祭における天公《てんこう》鬼《き》と禰宜との関係、あるいは西日本の神楽の庭に訪れる山の神の使霊＝荒平《あらひら》、九州山地の荒神と法吏（法者）との関係など、仮面異装の姿で顕われる神霊と向き合う禰宜や法吏・法者などは、「神がかる巫者―神がからせる司霊者」の構造に当てはめることができるのだ[7]。なお、このセット型のシャーマニズムの形態は、古代の文献にも痕跡が見いだされる。たとえば神霊が憑いたヤマトモモソヒメという巫女と、それに問いかけ、託宣を導きだした崇神天皇との関係、また女性神官（斎祝子・斎女・物忌）と男性神官（禰宜・祝）との分担など、ペアとなって神事を遂行する形態である[8]。

「司霊者」の役割

これまでのシャーマニズムの理解では、神懸かりをする「巫者」にのみスポットが当てられ、神懸かりを導き、託宣を聞き出す「司霊者」には、ほとんど注意が向けられていなかった。それは日本列島のシャーマンが「憑依型」（ポゼション型）に限定されていたこととも通じよう。たしかに司霊者は祭祀のあいだ神懸かることはなく、終始覚めた状態でなければならない。けれども、彼が巫者に神霊を寄り憑かせ、神の言葉を導きだし、また神懸かりを解くといった、いわば不可視の神霊を統御する能力をもちうるのは、司霊者となる存在が、「脱魂型」（エクスタシー型）のシャーマンであったことを意味しよう。岩田勝の指摘をふたたび引くと――。

> 司霊者は、そのイニシェーション過程において神人合一や即身成神（入我我入）のエクスターゼ（エクスタシーによる遊行の旅）の幻覚体験を得て、みずからの守護神霊に同化し一体となりうる呪験を得るべきものとされ、そのような修行を経て、さまざまな神霊のはたらきを顕現させ、それらを操置と統御することができるものとされる。
>
> （岩田、前出書）

これはエリアーデが論じたシャーマンのエクスタシー体験、イニシエーションにほかならない[9]。もっとも岩田は、司霊者の「イニシェーション過程」と「祭儀の場」を重ね合わせて理解することには否定的であるが、祭儀＝神楽が一つのイニシエーション・修行の過程と同一化されることは、いざなぎ流の巫神神楽の「行文・行体」にも見いだせるところである。人間のスピリチュアルな領域を覚醒させ、統御していくエクスタシー技術は、テクネー（技術・技法）の開発であるかぎり、それを担う宗教者にとって、修行と祭儀は一体のものとなるのである。

「相取。日のしやく」と「きねのりくら」

さて、ふたたび「いざなぎ流」の儀礼の現場に戻ってみよう。

たしかに現在は、巫神の神楽のなかに仕組まれた神懸かり・託宣の作法は途絶えてしまった。しかし、計佐清太夫が所持する書物のなかには、神懸かりと託宣に関する興味深い詞章が記されていた。以下のような詞章である。

(1)　きねのりくら《(支禰乗座)》わ、右のかいな《(腕)》が、りゅうのこま、左のかいなとう車、あんかのこうべ《(頭)》の、しやらの林がりようがんまなこが、かなまなこ、はぐきの数三十三枚三くき、さらはの大神、三ずの下での、神びらく、神米《カナフマ》しんとと、正《(招)》じる神たちのり倉《(乗座)》きらうな、のり《(乗)》あそ《(遊)》べ、のり倉きらうな、のり《(乗)》うつれ、あそびし給えば、東方しよどからよりござれ。五方同じ　（「たくせんの舞降し」）

(2)　氏子大せいの、はこびでござゐます、きねのりくら、のりやあそばれましたら、あること、か《(隠)》くさん、ないこと言わせん、ありしようありあかしづかな、じげんおたく《(示現御託)》をひろめおかッしやれませう　（「相取。日のしやくの云ふ事」）

(3)　氏子たいせいの、はこびでござります、のりくら、あそうで、ある事かくさん、ない事言わせん、ありしよありあか、しづかな、じげんおたく《(示現御託)》を、ひろめ、おかッしやれませう　（「たくせんの合取り」）

(4)　聞いて、さやどりましてございます、願の通りの、りゆ《(立)》願奇《(寄)》進も立ちまいらしてございます、氏子中ばえおす《(教)》えを取らして、天の高ま《(天)》が原え、さらりッと上がらッしれませう　（無題[10]）

(1)の「きねのりくら」とは「支禰」または「宜禰」、そして「乗座」という表記がある。神を乗り移らせる役目をする太夫をさすのである。「招じる神たち乗座きらうな、乗り遊べ」とは乗り移らせるための詞章。この詞章によって、キネノリクラとしての太夫の身体に神を降ろしていく。

(2)(3)は、「相取。日のしやく」、すなわち示現御託を導く者の詞章である。アイトリ・ヒノシャクの太夫が「ある事隠くさん、ない事言わせん」「しづかな、示現御託を、ひろめ、おかッしやれませう」と、キネノリクラの太夫に向けて、託宣を要求する場面が見てとれるだろう。そして(4)の詞章で、託宣を終えた神に向けて、キネノリクラの太夫の身体から離れて、元の場所に帰ってくれと要求していくのである。

かくしてキネノリクラの太夫とアイトリ・ヒノシャクの太夫のペアで執行される神懸かり（神降ろし）と託宣の儀礼現場がこの詞章から見えてこよう。

なお、現在では途絶えてしまったが、いざなぎ流では、かつて病人祈禱として「弓祈禱」が修されていた。付蓋という箱のうえに桑の木で作った七尺五寸の弓を張り、弦で叩きながら神霊、死霊を引き出してくる。それは基本的には東北地方の巫女が行なう「弓叩き」と似ている。ただいざなぎ流では、単独ではなく、本役（キネノリクラ）の太夫と相役の太夫（アイトリ・ヒノシャク）のペアで行なう。神懸かった本役の太夫＝霊に向かって、相役のアイトリの太夫が一つひとつ尋問していくのである。(11)

いざなぎ流に伝えられた神懸かり・託宣の儀礼は、二人の太夫がペアで遂行する形態として、岩田勝が指摘した「もう一つのシャーマニズム」を鮮明に見せてくれる。さらに注目したいのは、いざなぎ流の場合、託宣儀礼の主体は、神霊が乗り移る「キネノリクラ」ではなく、やはり「アイトリ・ヒノシャク」の太夫が担っているところである。アイトリ・ヒノシャクの力によって、神からの託宣が聞きだされ、神は制御されていくからだ。それはまさしく岩田がいうところの「司霊者」の呪力を示しているだろう。

しかし、それにしても、冒頭に紹介した、現在の神楽の場で偶然起きた「神懸かり」は、太夫ではない、家の婦人のもとに神が降りるという、あらたな局面を見せてくれた。太夫の呪能と競合するようにして、あらたな霊的身体のもとに神が降り、神の声を発するという現場が現出したといえよう。

なお、このときの「神懸かり」の場面は、高知県立歴史民俗資料館が制作した『いざなぎ流御祈禱』という映像資料に記録されている。

注

(1) 上田正昭「神楽の命脈」(『日本の古典芸能1　神楽』平凡社、一九六九年)。なおアメノウズメの神懸かりが「神楽」の起源とする言説は、九世紀初頭の『古語拾遺』に記されている。

(2) 早川孝太郎『花祭』前編(『早川孝太郎全集』第一巻、未來社、一九七一年)、武井正弘「花祭の世界」(『日本祭祀研究集成』第四巻、名著出版、一九八七年)、山本ひろ子『大荒神頌』(岩波書店、一九九三年)、同「神楽の儀礼宇宙(中の二)」(『思想』一九九六年七月号)などを参照。

(3) 髙木啓夫『いざなぎ流御祈禱(第三集)天ノ神・御先神・みこ神篇』(物部村教育委員会、一九八二年)に翻刻されたものを引用。

(4) 柳田国男「妹の力」(『定本・柳田國男集』第九巻、筑摩書房、一九六九年)、中山太郎『日本巫女史』(大岡山書店、一九八四年)、桜井徳太郎『日本シャマニズムの研究』上下(『櫻井徳太郎著作集』第五巻、六巻、吉川弘文館、一九八八年)、山下欣一『奄美のシャーマニズム』(弘文堂、一九七七年)、佐々木宏幹『シャーマニズムの人類学』(弘文堂、一九八四年)、池上良正『民間巫者信仰の研究』(未來社、一九九九年)など。

(5) 修験道とシャーマニズムの関係については、宮家準『修験道思想の研究』(春秋社、一九八五年)を参照。

(6) 岩田勝『神楽源流考』(名著出版、一九八三年)、同『神楽新考』(名著出版、一九九二年)。

(7) 岩田、前掲(6)『神楽新考』第四章「巫者と司霊者」。

(8) これら古代の事例については、益田勝実『秘儀の島』(筑摩書房、一九七六年)、義江明子『日本古代の祭祀と女性』(吉川弘文館、一九九六年)、岡田精司『古代祭祀の史的研究』(塙書房、一九九二年)などに詳しい。

(9) M・エリアーデ『シャーマニズム』(堀一郎訳、冬樹社、一九七四年)参照。エリアーデの研究にたいしては、「社会学的分析」が欠如しているといった批判があるが、人間の変性意識、宗教者の内的世界の視点から読み直すことを、斎藤英喜「シャーマニズムとは何か」(岡部隆志、津田博幸、武田比呂男との共著『シャーマニズムの文化学』森話社、二〇〇一年)で指摘した。

(10) 表紙に「昭和三十九年旧正月吉日/三神如来外必密集書物/昭和六十一年丙寅旧七月七日/物部村別府/中尾計佐清書」とある。

(11) 山本ひろ子「呪術と神楽3」(『みすず』445号、一九九八年四月)、高木啓夫「すそ祭文とほうめんさまし——弓打ち太夫の因縁調伏」(『土佐民俗』72号、一九九九年)など参照。

第三章　神楽・祭文・呪術──「御崎様の祭文」と式王子

1　天井裏に鎮座する御崎様

旧物部村の旧家では、御幣にその姿が象られたおびただしい数の神々が、その家の人々とともに暮らしている。「家」は人々の日常暮らす場所であると同時に、神々の棲まう聖なる空間でもあった。

こうした家に祭られる神々の多くは、荒神・金神《こんじん》・庚申《こうしん》・恵比寿《えびす》、歳徳神《としとくじん》……、といった、日本列島各地の家々にも見ることのできる、民俗神（屋内神、宅神）としてメジャーな存在である。だが、その来歴や祭祀の作法を見てみると、やはりいざなぎ流の太夫たちの息がかかっているものが多い。それら家の神々の一角に、本章が対象とする「御崎様《おんざきさま》」も鎮座しているのである。

御崎様の考察に入るまえに、他の著名な神々を紹介しておこう。

図24　古木・新木・大荒神の幣

図25　金神の幣

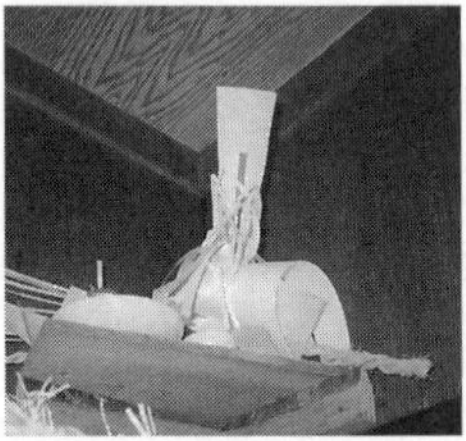

図26　庚申の幣

家に棲まう神々

まずは大黒柱の上に祭られる「大荒神・新木《しんぼく》・古木《こぼく》の幣」。荒神は、一般に家の竈神とされるのが有名だが、物部村では大黒柱が荒神の住まいである。その理由は、いざなぎ流の来歴を語る「いざなぎの祭文」のなかのエピソードと関わる。館を建てた大工が賃金の恨みで大黒柱の下に墨さしを込めておいたので荒神が祟った……。いざなぎ流の太夫は、家の神祭りのときには「大黒柱の元《もと》祭り」として、大黒柱の元に供えをして、太夫がいざなぎ流の七通りの祭文（山の神・水神・地神・荒神・土公神・いざなぎ・恵比寿《えぶす》の祭文）をすべて誦み上げるという丁寧な祭りを行なっている。

茶の間の北側の桟には「金神の幣」、南側には「庚申の幣」が鎮座している。金神は、

図27　恵比寿の倉入れ　家の主人が二本の幣を手に持って馬のかっこうをあらわす。

いうまでもなく方位の神で、祟りやすい遊行神として恐れられる神だ。いざなぎ流に「金神の祭文」もある〔補注1〕。なお、家を新築したときには、土地をもらうために桑の木で二階棚を作り、丁重な祭りが行なわれる。庚申も有名な民俗神。道教にルーツがある神で庚申待ちの風習は有名だ。いざなぎ流の庚申の祭りでは、太夫が庚申の棚に向かって、扇の端をもってクルクル回しながら、座っては立ちという所作を十二回繰り返し、「庚申の真言」を唱える次第となっている。

さらに家の神として忘れてはならないのが「恵比寿《えぶす》」。いざなぎ流には「恵比寿の倉入れ」という独特の

図28　御崎様の幣　天井下の桟に並べられている。

行事がある。家の主人が馬になって、その背中に米や金、酒を乗せて、恵比寿が祭られる台所の「倉」にそれらを納めていく。そして最後には、にぎやかな「恵比寿回し」という笑いのパフォーマンスが行なわれる。

また家の外に出てみると、家の水源（水道の元）に、山の神と水神が「和合」した姿をあらわす「水神和合の幣」がある（八三頁**図15**、参照）。山の神幣と水神幣とのあいだに「和合の幣」が立てられる。この和合の幣は、「山の神の祭文」のなかで山の神と龍宮乙姫との仲を取り持ったオコゼのことを象っているという。

物部村の家々に祭られる神々。それらメジャーな民俗神たちもまた、いざなぎ流太夫による独自な来歴譚や祭祀作法が織り込まれていたのである。太夫たちによって、これらすべての神々は掌握され、管理されていたといってよい[1]。このことは、「御崎様」という神格を考えるときの、一つの手掛かりになるだろう。

天井裏のパンテオンへ

物部村の旧家に祭られる神々のなかでも、とくに位の高い神たちが鎮座する特別な空間があった。「サンノヤナカ」とも呼ばれる天井裏である。もちろんかつての家の造りでは天井裏がなかったので、下から見える屋根裏の空間にあたる。(2)

人々の暮らしを見下ろす、薄暗い天井裏。そこはまさしく神たちのパンテオンにほかならなかった。普段は家の主人以外は近づくことはできない、タブーに守られた聖域でもある。ここに鎮座する高位の神々は、物部村内でも「平家伝承」と結びつき、中世の「名《みょう》」組織の連合を象徴する神格とされる「天《てん》の神」(3)(補注2)、あるいは修験道の月待・日待行事と関連もある「三日月様・お十七夜様・二十三夜様」(土地ではオテントウサマとも呼ぶ)という月日神(4)、そしてもう一つ重要なのが、これから考察の対象となる「御崎様」(ほかに「御先様」の表記もあるが、以下「御崎様」に統一)である。

御崎様という神の素性はよくわからないことが多い。歴史的には、本家筋から別れた分家筋(旧被官・旧問人)の家に祭られた神で、旧家といっても村内では下層に位置するような家の神ともいう。「天の神」を祭る本百姓層から、その支配下に置かれた家々に分与された神というわけだ(5)。しかし、現在、御崎様の神格については、地域による偏差とともに、様々な伝承・解釈が見られる。たとえば物部川下流域の集落では、御崎様を「星の神」とする伝承があり、「天の神」という神格との習合も見られ、「天の高神大御崎《たかがみ》」「御崎天の神」の呼称もある。一方、上流域では「天の神」とは別種の神とされ、御崎様は八幡・摩利支天《まりしてん》・式王子・天神・巫神などと一緒に祭るグループ神を形成している。あるいは御崎様は肉食を嫌うので、御崎様を祭る家ではけっして四足《よつあし》の肉は食べないというタブーもある一方、御崎様とはじつは「犬神」のこととする言い伝えも多いという。[6] また「御崎」(御先)がミサキとも読めることから、ミサキ神信仰との関連も考えられるが、[7] その本体は、文字どおり謎に包まれている存在といえよう。

このように御崎様の素性を求める作業は、個々の伝承にこだわると拡散してしまい、収拾がつかなくなる。そこでは結局、御崎様の正体を知ることはできなくなってしまうのだ。ではどうしたらいいだろうか。

ここでもわれわれの方法は、中尾計佐清太夫の言説とその祭祀作法にスポットをあてて、彼の側から見えてくる御崎様の姿を明らかにすることにある。その場合、計佐清太夫が中心に活動した地域、物部川上流域の家々に祭られる御崎様が主要な対象となるだろう。

グループ神としての御崎様

御崎様が鎮座する天井裏(サンノヤナカ)を覗いてみよう。薄暗い、その聖域には、木で組まれた幣立てと横向きに並べられた無数といえるほどの白い御幣が見える。(ただし近年では天井裏ではなく、天井下の桟の部分に並べる形が多い。二一八頁図28、参照)。その数は十三本という定数があるらしいが、ようするに御崎様は単独で祭られる神ではなく、何体もの御幣たち（神たち）で構成された、グループ神であったことがわかる。

その御幣・神々の並べ方は、次のようになっている。

・大八幡（幣は一本）
・矢喰い八幡（幣は一本）
・小八幡（幣は一本）
・御崎様（幣は三本）
・摩利支天（幣は一本）
・式王子（あるいは式人形）
・いざなぎ
・天神
・巫神（昔、中頃、今当代各一本）

注目したいのは、御崎様グループの神々が、いざなぎ流太夫の祈禱法とも密接な関わりをもっていることだ。それぞれの素性を洗ってみよう。

「大八幡・矢喰い八幡・小八幡」という八幡系の神は、いざなぎ流のなかの「西山法」

と呼ばれる猟師の技術と関わる式法・呪術の神である。西山法のなかには、「八幡矢切りの法」「八幡玉落としの法」「八幡のくじ」といった呪法が存在している。以下のような法文である。

大八幡小八幡、矢ぐい八幡様を行い正《(招)》じまいらする、八幡矢切りの方《(法)》を以て、元本人とがほん四だい《(次第)》で七ツのきもを今ぞうちとをす、ぱつとちる《(散)》ち《(血)》はかすみ《(霞)》のごとく、ただ半時もびくともさせんぞ、そくめつ《(即滅)》そばか《(沙訶)》　（「八幡矢切りの方《(法)》」）
五方矢ちがへあたらん矢そばか
切ったそ八幡ちけんにそばか、いんで又立をぬいたぞ、七へんきったぞ、ちけん《(智拳)》にそば《(沙》
か《訶)》と切ってはなす。　（「八幡玉おとしの方」）（「八幡のくじ」[8]）

これらの法文は、山で猟をする猟師たちが、互いに相手の猟を邪魔するときに使ったとされるが、山の魔物と対決するときの呪法ともなっている。また一種の調伏法としても使われるようだ。

「摩利支天」は、一般に武人の守護神とされるが、いざなぎ流には「丸四天《まりしてん》のけはづし」といった術がある。

丸四天《（摩利支天）》のしかんぶすむ、朝日さすよを〈のし、水のをで、でみればいきくる虫もいきをさめる、いきくる虫もごきくるも、こきもどすぞ、こきあげるぞ、ふき《（吹）》やもどすふきやあける
（「丸四天のけはづし」[9]）

これは基本的には病人祈禱などで魔性魔群の物を調伏するときの呪法といえる。

次に続く「式王子」は、いざなぎ流の式法の中核をなす重要な神格である。この式王子が、これからの考察にとって見すごせない神格となることを確認しておこう。

「いざなぎ」は、いうまでもなくいざなぎ流の始祖神、天竺に住むという「いざなぎ様」である。その来歴はいざなぎ流の根本祭文の一つ「いざなぎの祭文」に説かれている[10]。日本の天中姫宮様が天竺に行って、いざなぎ様から祈禱の法を伝授されたことが「いざなぎ流」の起こりという。

「天神《てんじん》」は一般に知られる菅原天神とは別で、いざなぎ流の天神は鍛冶屋の始祖神となっている。その来歴を記すのが「天神の祭文」である。さらに「天神法」という呪法があり、いざなぎ流のなかでは最強の式法とされている。この点は第五章で詳しく見ることになるだろう。

そして最後の「巫神」は、第二章で見た、死者霊（家の亡くなった主人の霊）が神として祭り上げられた神格である。生前、その主人は御崎様の祭りに従事していたので、死後も

御崎様の左脇に控えるとされている。ただし、巫神が、いざなぎ流太夫の職能と不可分な神格であったことは、すでに見たとおりだ。

御崎様は太夫の守護神なのか

以上のように、家の神たる御崎様は、いざなぎ流太夫の呪法と密接な関わりをもつ神々と一緒に祭られていたことがわかる。このことは、御崎様という神格のなかにも、八幡や摩利支天、式王子、天神などと同じように、太夫の式法を守護し、使役される要素が孕まれていたことが想像されよう。たとえば、計佐清太夫の別府《べふ》地区に隣接する市宇《いちう》出身の小松豊孝《とよのり》太夫（現在は香美市物部町大栃に在住）も「ここでまつられている神々は太夫の守り神ばかりで、オンザキ様とは太夫のまつる神なのだ[11]」と語っている。

こうした実例は、御崎様という神を祭ってきた「被官・問人層」という社会的な階層が、同時に太夫職を継いでいた家筋と見ることができるのかもしれない。また御崎様を祭る家の階層と土佐の「犬神統」と重なるという指摘も[12]、いざなぎ流太夫が、どのような社会的階層の人々によって担われたかを考えるうえで、示唆深いものがあろう。そうすると物部川上流域の御崎様を祭る家は、現在は太夫をしていなくても、先祖を辿れば太夫をしていたと推定してもいいだろう。事実、物部川上流域は「太夫村」とも呼ばれ、かつては数多くの太夫が活動する「いざなぎ流」の拠点の一つであったという[13]。

かくして、御崎様には、いわゆる屋内神、家の神一般の問題に解消することはできない、きわめて特異な相貌が浮上してくる。いざなぎ流太夫という職掌と密接な関係がある神ということだ。さらにわれわれの視線は、「太夫」の社会的な職能というレベルをこえて、いざなぎ流太夫の宗教世界、呪術体系の技術・知識のなかから「御崎様」という神を凝視していく必要があろう。

御崎様を求めて――。やはりポイントは、太夫によって実修される御崎様を祭る儀礼の現場であった。御崎様は、その儀礼現場にこそ、神としてのリアルな相貌を見せてくれるにちがいない。

2　御崎様の「本神楽」の儀礼次第

代行者としての太夫

御崎様の祭儀は、日常的にはその家の長男が御崎様の祭祀担当者となる。毎年旧正月十五日が祭日で、天井裏から床の間に移し、米・田芋・柿などの供えをして祭った(14)。

このときは太夫を呼ぶことはせず、家の主人、長男が祭り手である。しかし数年、十数年に一度ぐらいのわりで行なわれる大規模な御崎様の祭儀＝宅神祭のときは、家族だけでは祭ることができず、太夫という専門の祭祀者が雇われることになる。御崎様を祭る家の人々は、太夫を雇い、彼らに御崎様の大規模な祭儀＝本神楽を行なってもらうことで、家の神祭りを果たすことができるのである。家の人々にとって、太夫の存在を抜きにして、御崎様の祭祀はなかったわけだ。

こうした面から見える太夫の職能は、御崎様を祭る家の人々に代わって、神祭りを実行する専門宗教者ということになる。御崎様という神の祭りをとおして、村落内の「家」秩序を定期的に再生し、維持・強化する担い手ともいえる。いざなぎ流の太夫は、村落社会の人々と神霊の世界とを仲介していく役割を担う存在であった。それは民俗社会に生きる民間宗教者の社会的な機能をあらわしていよう。太夫が実修する御崎様の祭儀とは、その社会的な機能を実現する儀礼空間としてあったのである。

しかし、あらためて、太夫が実修する祭儀の現場へと降り立ってみたとき、われわれは次のような問いのまえに立たされる。「本神楽」と呼ばれる祭儀空間のなかで、太夫たちが向き合う「御崎様」という神格は、祭りを依頼した家の人々の信仰する「御崎様」と、はたして同一の神といっていいのか——。

この問いかけは、一見すると奇妙なものに聞こえるかもしれない。太夫たちは家の人々のために御崎様の祭りを実行するのだから、そこで祭られる御崎様は、家の神以外のなにものでもないはずだ。太夫は、家の人々のために神祭りを請け負っているのだから。家の神とはちがう御崎様、という神格がはたしてありうるのだろうか、と。

ともあれ、そうした問題を設定したうえで、「御崎様の祭文」の読誦される本神楽の現場へと赴くことにしよう。

いざなぎ流の「神楽」のどこに注目すべきか

御崎様の祭儀のメインは、「本神楽」と呼ばれる次第である。「本神楽」は、そこに至るまえの前段行事の「取り分け」「精進入り《しょうじ》」「湯沸かし」「湯神楽」「礼《れい》神楽」などの儀礼・祭儀を終えた後に、宅神祭の中心行事として行なわれる。また「本神楽」のあとには「舞神楽」の次第もある（一四四頁図17、参照）。

まず、それぞれの「神楽」の次第を簡単に見ておこう。

(1) 湯神楽
(2) 礼神楽
(3) 本神楽
(4) 舞神楽

(1)「湯神楽」は、釜で湯を沸かし、「火ぼて」（松明二束）に火を付ける所作をし、「湯ボテ」（榊枝二束）に釜の湯をひたし、神々を清める唱文を唱えていく。「大小神祇様をば、

図29　湯神楽

熊野の新宮・本宮の御湯の上へは送り迎えて……」という詞章とともに、実際に湯を振りかける所作をする。また回転して舞う所作がある。祭りの舞台、祭りの道具、神々、氏子、呪詛《すそ》のお宮などを清めるのが目的である。一種の「神清め」となるが、こうした「湯神楽」には、中部地帯の花祭、冬祭など霜月系湯立神楽との共通性を見いだすことができる。

(2)「礼神楽」は、勧請したすべての神々への「ヤソーの神楽」と、神楽の道具となる榊・注連・笠・太鼓・弓・洗い米の祭文（本地）を誦む次第である。「湯神楽」は立ち動作があったが、礼神楽は、本主（リーダー）となる太夫が「諸物《しょもつ》」（一斗二升の米袋）、「弓」

を正面に据えて座り、それを囲むように何人かの太夫たちが円座に座して、神楽幣を左右に振りながら祭文（本地）を誦み唱えていく儀礼である。天井からはバッカイが吊され、四方には「ヒナゴ幣」が付けられた注連縄を張り巡らす。そこが「神楽の舞台」となるわけだ。

こうした祭文読誦が中心となるのは、(3)「本神楽」も同じである。本神楽のネーミングは、文字どおり、その祭りの主役となる神の神楽の意味である。ということは、後に見るような本神楽の次第は、御崎様はもちろん、そのときの祭りの主役となる神が、八幡様、天神様、恵比寿様であれば、それぞれの神にすべて対応することができる内容になっている。

(4)「舞神楽」は、神々への廻向として、また氏子たちへの余興として舞踏の形になった「礼儀の舞」「印観《いんかん》の舞」「太刀の舞」「扇の舞」「襷《たすき》の舞」「へぎの舞」「弓の舞」（二三〇頁**図30**、参照）などの次第がある。「池川《いけがわ》神楽」、「本川《ほんかわ》神楽」などの土佐の神楽とも共通する演目をもつ、[15]舞踏としての神楽である。だがそれは、たとえば奥三河の「花祭」のような、高度に洗練された舞踏や、出雲や高千穂のような巧妙に仕組まれた演劇的な神楽にくらべると、きわめて単調で素朴なものに見えるのはたしかだろう。

いざなぎ流の神楽（礼神楽、本神楽）は、五色の紙垂れを下げた綾笠を被った太夫たちが、神楽幣を手に持ち、体を左右にゆったりと揺らしつつ、単調な太鼓のリズムにあわせ

図30　舞神楽（弓の舞）

て、祭文や唱文を誦み唱えていく、コトバを中心とした祭儀である。白い御幣が左右に揺れ動き、詞章を唱える太夫の声と太鼓の音だけが静かに響く、一種瞑想的な空間。一般的な「神楽」の名称から想像されるような、華麗な舞踏や演劇的な所作、あるいは笛や太鼓、歌謡といった音楽的世界のイメージからはほど遠い。

それは祈禱と芸能の未分化な、神楽のより古い形態を伝えるものとして、「祈禱神楽」とか「祭文神楽」のネーミングで一定の評価を得てきた[16]。神楽の古態の姿を残すものというわけだ。だが、さらに近年の神楽研究のなかで、中国地方や奥三河の神楽（花祭）にも、膨大な数の祭文が伝承されていることが明らかになり、それら祭文の読誦を中心とした「中世」的神楽の実態が見えてきている。それらの神楽の担い手も、法者（ホウシャ・ホシャ・ホサ）、神子（ミコ）・棹・太夫・宮人と呼ばれる、広い意味での民間宗教者たちである[17]。このとき、いざなぎ流の神楽は[補注3]、「中世」の神楽の実像を今に伝えるものとして、あらためて注目される必要があるだろう。

御崎様の本神楽の舞台へ

では、御崎様の「本神楽」は、具体的にどのように行なわれるのか。中心となるのは、太夫たちが誦み唱える祭文、唱文である。本神楽を理解するためには、神楽幣を左右にゆったり振りながら、数々のコトバを唱えていく、太夫たちの低い声を聞き分けるしかない。

(1) けがらいけし
(2) ひきつぎ
(3) 願びらき
(4) 水ぐらえ
(5) ごとう
(6) 神の育ち、祭文
(7) 願びらき
(8) 舞いあげ

(1)「けがらいけし」は、神楽を行なう太夫たち自身の身を清める詞章。(2)「ひきつぎ」で、それまでどのような祭り・儀礼を行なってきたかを述べ、(3)「願びらき」でメインとなる御崎様の神楽を執行する旨を申し上げる。そして(4)から(6)の次第を挟み、(7)の「願びらき」で、神楽を受けた御崎様が高い位に上がったことを述べて、(8)ではじめて、太夫たちが立ち上がり、早いリズムの太鼓にあわせて舞を舞う。体を左右に旋回させ、手に持つ神楽幣を高くかかげる舞である。神が舞い上がった姿の表象といえよう。

ここから本神楽の中心となっているのが(4)～(6)の次第であることは、一目瞭然である。以下、(4)～(6)に焦点を絞ってみよう。

(4)の「水ぐらえ」。いうまでもなく、第二章で見た巫神の「取り上げ神楽」にも行なわれた次第である。あらためてその詞章を読んでみよう。

くらゐへやげのきよめ《(清)》の水にわ、天ぢく《(竺)》りゅうさん川の百三川のきよめの水ヲをこな《(行)》い
をろ《(降)》いて、神がモリめ《(守目)》かぐら《(神楽)》がやく志や《(役者)》がひと《(一》や志やく《約)》志やくらせたまゐば、一まん《(万》
さい《才)》ともきよまりへやあがらせたマウナリ……、二万ざいともきよまりへやかり、あん《(安》
ざ《座)》のくラ《(位)》イ二付たまゐ、ほんざ《(本座)》のくらいに付たまゐ、てんげ《(天下)》のくらいとあかりまあせ、
にかにかうれしう、をんご《(御)》しう《(酒)》めすろー、ひやりやとんどん、さアばらさあばら……。

（藤岡好法太夫『古祭神之家伝文』[18]）

引用したのは、計佐清太夫の活動域と重なる旧物部村杉ノ熊で活動していた太夫のテキストである。神の位を上げるための「清めの水」が天竺から招き降ろされ、それを「神が

守目、神楽が役者」が一杓ずつ、神に注ぐ。そうすると、神の位が「一万才」へと清まり上がっていく。そして、家の最高神としての安座・本座の位に就き、「御ご酒」を召し上がるだろう……。

この詞章は第二章で見た計佐清太夫のものとほとんど変わらない。神楽の詞章は、祭文テキストとくらべてほとんど異伝がない。それは神楽の詞章が早くから固定化されていたということになるのだろう。

天竺の聖なる池から汲んできた「清めの水」。その水で御崎様を清めて、位を上げていく「神が守目、神楽が役者」の像。いうまでもなくそれは、いま、神楽を実修する太夫たちの姿にほかならない。本神楽の現場で、太夫たちは「神楽の役者」と自らを呼ぶのだ。

「水ぐらえ」の固有性

やがて神楽の進行によって、御崎様の位は「十二万才」にまで上がっていく。

きよ《(清)》めの水にわ、天ぢく《(竺)》りうさん川の百三川のをんぜい川、ひめつがいけ《(池)》の、さるさかいけの水くみあげて、ごこく五水とくみやあわ志て、行下シテ、神がもりめ《(守目)》かぐら《(神楽)》がやく志《(役者)》や、十二志やくりと志やくらせたまゑば、十二や万ざい、ちごのやく志、てん《(天)》だいしよぐん《(代将軍)》、てん《(天)》の大をんざき《(御崎)》のごいぜんさま《(様)》とわ、きよまりへやがり、あんざ《(安座)》のく

らい二つきたまゐ、ほんざ《(本座)》のくらい二付たまゐ、てんげ《(天下)》てんげのくらイとあがりまうせ、
ニかニかウレシーと右のとをり　（同前）

以上、御崎様の「本神楽」は、天竺の清めの水によって、神を清め、その位を高めていく、一種のイニシエーション儀礼の構造をもつことが見える。御崎様は、祭りを受けることがないと穢れ、「溺れ神」と呼ばれる。したがって、神は何年に一度か、太夫による「本神楽」＝清めの水を受けることで、その身を清め、ふたたび神としての最高位を極めねばならないのである。

この「神清め」という発想は、基本的には巫神の「取り上げ神楽」と同じである。また太夫の執行する本神楽では、たとえば恵比寿や天神、先祖《せんそ》八幡などの神楽も、ひとしく「水ぐらえ」が中心となって行なわれる。いざなぎ流の「本神楽」の中枢にあるのが、「水ぐらえ」＝神清めにあったことが推定されよう。ちなみに「水ぐらえ」の「くらえ」は、クラエル、クラエという言葉で、神楽をすることを表現する。「水ぐらえ」がまさしく神楽そのものをあらわすといってもよい。

第二章でもふれたように、「神清め」の宗教思想をもつ神楽は、「湯立神楽」の系統に多く見いだすことができる。中部地方の奥三河の「花祭」、坂部の「冬祭」、草木《くさき》の「霜月神楽」などに、その姿が見られるわけだが、それらの場合、神を清めるのは、湯立の釜で沸

かした「湯」として形象化される。そして神々に「湯」を浴びせかけることで、神々は清められていく。神々の「湯浴み」(19)〔補注4〕である。

こうした湯立神楽に連なる神楽は、いざなぎ流の場合、本神楽の前段に行なう「湯神楽」に見ることができる。だが「湯神楽」にたいして、本神楽の「水ぐらえ」には大きなちがいがある。何よりも「湯」にたいする「水」の表象。そして本神楽では実際に「水」を浴びさせるという具体的な所作は一切ない。すべて、円座に座って、神楽幣を振りつつ歌い唱えていく「くらゐへやげの清めの水」を「神楽が役者が一杓しゃくらせ給へば……」という太夫たちの声＝コトバによって形象化される。

こうした「水ぐらえ」の宗教的な背景には、修験山伏の「閼伽《あか》の作法」（大日如来の浄水で清めることで「仏」に成る峰入りの行）との連関や、聖なる「水」を注ぎ、位を高めていく密教の「灌頂」の影響も考えられよう。「水ぐらえ」の儀礼は、普遍的な宗教儀礼史的な位置付けが可能となるわけだ。

しかし、思想的背景の問題はひとまず措き、御崎様という神格と「水ぐらえ」との関係にポイントを絞ってみると、これまでまったく指摘されることのなかった、両者のあいだの固有な結びつきが見えてくる。すなわち、御崎様の来歴を語る祭文と神楽の関係である。「御崎様の祭文」を読み解いていくと、その物語世界が、じつは神楽（水ぐらえ）の創始・起源を語っていたことに気付かされるのだ。

3　「御崎様の祭文」の物語世界と神楽

本神楽の進行のなかで、祭文が読誦されるのは、(6)「神の育ち」の次第である。本来は(4)「水ぐらえ」、(5)「ごとう」が終わったところで始まるのだが、現行では「水ぐらえ」と並行して別の太夫によって誦まれることが多い。「神の育ち」とは、文字どおり御崎様という神の来歴、素性についての物語である。その物語を知ると、「水ぐらえ」という神楽の中心儀礼が、じつは、御崎様という神の来歴と不可分な関係にあったことが見えてくる。「神楽」と「祭文」とが密接に連関していく儀礼の現場である。

さっそく、太夫が語る御崎様の物語を聞くことにしよう。

計佐清太夫本「御崎様の本地」の世界

現在、「御崎様の祭文」のテキストは、数種が翻刻、紹介されているが[20]、ここでもまず中尾計佐清太夫が実際に使ってきた祭文から見てみよう。

(1)　大将軍様の、御本地こわし《(詳)》くたず《(尋)》るねば、父の御名をあく吉《キチ(黄)》おうごん《(金)》如来と、申すなり母の御名わ、福吉おうごう如来の王とも申おすなり、

(2) 父のたいざに大三年三月、母のひはら《腹》、すみや、ひめみや、九の月わ、おござにやど《宿》らせ給うて、ごうざばれば、あたる十月をおまち《待》あれども、御ざん《産》のひも《紐》がとけ《解》まいらせん、十一、二月をおまちあれども、御さんひぼが、とけ《解》まいらせん、十三月の半中頃に、御産のひぼとけまいらして、生れ御たん《誕》じよう《生》なされてごうざばれば、大将軍のごいぜん様わ、生れしえ《干支》と日の年号、こわしくたづねれば、徳保元年辰の三月十と五日に生れ御たんじようなさるれば、

(3) うぶ（湯《水》の）定めのありしさに、日本の水わ、おそれなり、とう《唐》ど《土》の水わむ《無》らい《礼》なり、是レ天竺の拾参川百三川の清めの水わ、こいやく《下》だいて、神の社段の火を取り出して、あつ《熱》くにぬるくに、ぬべや合して、

(4) 頭《コウベ》を洗ふてまりめなる、両眼まなこを洗ふて明かなる、耳を洗ふて聞く智かしこう、はなを洗ふてあいきようなろう、口を洗ふて読む智かしこう、右や左の手をぞ洗ふて書智かしこう、どう《胴》たい《体》ご《五》たい《体》を洗ふてようごうならう、足を洗ふて、日本六十八ケ国を大将軍様の若君せり《所》よう《領》とふみやとらした、

(5) うぶ水定めがすみいき申せば、うぶ上げ、御本地、御え《廻》こう《向》神楽に御ひほもと、読み上げかん《勧》じよう《請》申しまいらした

（中尾計佐清太夫「御崎様の本地」[21]）

「神の育ち」の祭文にふさわしく、御崎様の出生から語られる。ここで御崎様は「大将

軍様」と呼ばれる。いざなぎ流には「大将軍の本地」という祭文テキストがあり、大将軍という神格がある。(22) それは「天の神」祭祀の中心となる祭文で、御崎様とは、一応別の神格と考えられるのだが、両者には複合する面もあり、まさに御崎様の素性の不明確さの一端が見えるところだ。なお「大将軍」の神名は、陰陽道の西方守護の神との関わりも考えられ、九州地方には大将軍の神楽もある。(23)

照応する「水ぐらえ」と神の産湯

以下、祭文のストーリーを整理してみよう。

(1)で、御崎様（大将軍）の父母の名前が紹介され、(2)では、御崎様が十三月の半ばにようやく誕生した経緯が語られる。一種の異常誕生譚のパターンで、室町時代物語『弁慶』や『酒呑童子』などにも見られる語り口である。(24) 御崎神は、異常なる誕生をした御子神なのだ。

問題は(3)の段落。産まれた子の「産湯」をめぐる件だが、その「湯」が日本、唐土の水ではなく、「天竺の拾参川百三川の清めの水」を降ろして、神社の社殿の火（神火）を使って産湯を沸かし、(4)では、その湯で神の体を洗い清めていった様子が叙述される。

注目されるのは、産湯となる「天竺の拾参川百三川の清めの水」。いうまでもなく、この天竺の聖なる水は、本神楽の「水ぐらえ」のコトバと呼応する。「天竺の拾三川百三川の清めの水」で身体の各部を洗うことで、御崎様が「日本六十八ケ国を大将軍様の若君」として成長していったと展開していく。それは本神楽の「水ぐらえ」で、御崎様の位が十二万才まで上がっていき、家の最高位の神として「安座」「本座」についたという内容とも重なってくることが見てとれるだろう。なお計佐清太夫のテキストで「うぶ（湯の）」の横に小書きで「水」と書かれているのも注意される。「水ぐらえ」が「水」であることから、わざわざ「産湯」を「水」と解釈しようとしているのだ。

決定的なのは、この祭文が「御本地、御廻向神楽……」と結ばれるところだ。「御崎様の本地」という祭文は、御崎様の本神楽のための祭文テキストであったことが見てとれよう。

神楽起源譚としての祭文

本神楽の「水ぐらえ」。本来それは、御崎様という神格生成のために作られた儀礼ではないか――。

今、そうした想定のなかで、さらに刺激的な「御崎様の祭文」を、他の太夫たちの所持するテキストから見いだすことができる。そこで計佐清太夫によって導かれた暗示は、より確実なものになるにちがいない。

杉ノ熊の藤岡好法太夫のものを見てみよう。

(1) 天之大御ざき《崎》のごいぜんさまのウまれ《生》そだち《育》わ、どことやらかとたづね《尋》れば、南なん方あをつが島のとらくが村のウミ山川のみ志をざかい《潮境》にをわ志ませば、父のをん名ヲ申せばふくをちをーごんによらい《黄金如来》、母の御名ヲ申せばあくをちをーごんによらい、

(2) 父のたいなに三年三月、母のひばらゐわたらせたまゐば、九月半ともやどらせたまゐば、あたる十月ヲをまち《待》やれとて、をござのひぼー《紐》がとけまいらせん、十一二月ヲをまちやれどもをござのひぼーがとけまいらせん、十三月半なかごろニ、をござのひぼーがさらりととけマシ、ごーたん志よ《誕生》へいやあがらせたまゐば、

(3) てん《天》の大をんざき《御崎》のごいぜんさま《様》わ、ゆほーいからかつよく《強》ニござらば、せみ《蝉》やとり《鳥》、はね長《蝶》やととりニ、まねばせたもーて、てんがこーどーたかまがはら《高天原》ゐ、まをしてあが《上》らせたまゐば、ちち《父》はは《母》わうぶち《血》にもつれて、みしをさかしにをぼれ《溺》しりて、ならく《奈落》ならくをーわしますが、

(4) 天じく《竺》かなまくどー《金巻童子》を志壱人のみこの申されヨーニハ、日本之氏子わ十や二人のかぐらやくしゃ《神楽役者》ヲなみすゐ、むつとば八つとば十二の八つふさ付きのぱんかい仕立て、大日本へ引下《ヒキオロシ》、大けの家の三のやなかで、たかかみ《高神》てん《天》の大をんざき《御崎》のごいぜんさまとうしろだて《後立》にいわい《祝》もつのが世かろーものと申せば、

(5) 氏子共らわかみ《神》のぶたい《舞台》をつく《作》り仕立て、十二人々のかぐらやくしゃ《神楽役者》をなみすゐて、むつとば八つとば十二の八つふさ付きのぱんかい仕立て引下て、大けの家で三のやな

かでたか《高》かみ《神》天之大御崎のごいぜんさまをうしろだてにいわいぞめした、まつり《祭》ぞめ
した、ひやりゃーどんとー
（藤岡好法太夫『古祭神之家伝文』[25]）

「生れ育ちは、どことやらかと尋ぬれば……」。「神の育ち」の名にふさわしい出だしであろう。(1)で生まれ在所と父母の名前。(2)では誕生に際して十月たっても出産せず、十三月目にようやく誕生したことが語られる。異常誕生譚のパターンである。ここまでは計佐清太夫本とそれほど変わらない。ちがうのは(3)の段落。産まれに支障があった御崎様は、蟬や鳥、蝶に変身して天上世界に舞い上がっていった。そのために、父母は産の血に溺れて（穢れて）しまった。

こうした前半の来歴を受けて、(4)で「天竺金巻童子」なる者の指示によって「十や二人の神楽役者」を揃えて、神楽を始めることになる。すなわち、「ばっかい」を仕立て、御崎様を降ろしてきて、神の舞台を作り、十二人の神楽の役者たちによって神楽をして、御崎様を家のサンノヤナカ（天井裏の神の棚）で「高神天之御崎のごいぜん様」として祭っていく。そうして御崎様を家の後ろ立て（守護神）として祝い初め、舞い始めた……。

もはやいうまでもないだろう。藤岡太夫本の「御崎様の祭文」に描かれている「神楽」の場面は、現在太夫たちが執行している御崎様の「本神楽」の現場そのものに通じているのだ。とくに「十二人の神楽役者」という、神楽の担い手の表現は、「水ぐらえ」のなか

の「神が守目、神楽が役者が……」という詞章と対応するし、また「ばっかい」を仕立てる次第も、現行では略式になっているものの、御崎様の本神楽に「ばっかい」は不可欠であった。

計佐清太夫の「御崎神様の本地」には、「十二人の神楽役者」は登場せず、また実際に神楽執行をしたという場面も描かれてない。だが、祭文の末尾の「御本地、御廻向神楽に御ひほもと、誦み上げ勧請申しまいらした」の表現は、祭文の内容全体が、まさしく御崎様の神楽執行の「本地」であり、それを読誦する行為が御崎様の神楽そのものであるという認識を示している。一方、藤岡太夫本は、「十二人の神楽役者」による具体的な神楽創始の物語になっていた。太夫たちは「神楽の役者」として、祭文に記された由来どおりに御崎様の本神楽を行なうわけだ。

計佐清太夫本と藤岡太夫本を相互に補完させるとき、われわれの目の前にあらわれてくるのは、「御崎様の祭文」が、神楽起源を語る〈神話〉としての働きをもった事実であろう。

「産血の穢れ」を浄化する神楽

さらに藤岡太夫本の「御崎様の祭文」を読み込んでみると、「水ぐらえ」の清めの水＝神清めという儀礼思想の深層に、「産血の穢れ」と浄化というテーマが浮き上がってくる。

御崎様にたいして、なぜ「十二人の神楽役者」による神楽が必要とされたのか。ポイントは、異常なる産まれ方をした御崎様の「うぶ血」＝産血に父母が「もつれてみしをさかしに溺れて……」と語られるところだ。そしてこれを受けて、十二人の神楽役者が揃えられ、神楽が執行されたと展開していく。とすれば、神楽執行の理由は、御崎様の産血の穢れ＝出産における「赤不浄」を清めることにあったのではないか。神楽は産血の穢れを浄化する呪力をもつ、と認識されていくわけだ。

「産血の穢れ」というモチーフは、他の太夫の所持する「御崎様の祭文」にも共通して見られる。(26)

塩にかまれて産血にしけ参らして、八万奈落へだいごう深くけがらい溺れてわします。
（「御崎の本地」）

塩にもまれて、産血にしけられ、たいごの不浄に穢れておわしますれど……。
（「御崎之祭文」）

父母、産血にしもりし、おちに溺れしもれて、御潮境に、ならくならくでおわします。
（「大御崎様の本地」）

これらの祭文テキストでも、産血の穢れ（産穢）ということが、御崎様の誕生の物語に不可欠のモチーフであったことがわかる。この点について、「誕生に失敗した神」「死したる赤子神を家に招いて祭ったのが、御崎ということになる」という解釈もある。(27)

たしかにそこには、闇から闇に葬られた不具の子や、間引きされた子という民俗社会の暗い現実が横たわっていよう。彼らの魂を鎮魂するために、葬られたクセ子の神格化がなされたのかもしれない。そうした推定は興味深い。

しかし注目すべきは、異常誕生した子供の「産血の穢れ」を浄化するために、神楽が執行されたという展開である。そして問うべきは、なぜ「神楽」が産血の穢れを清める力があるのか、だ。

あらためて想起されるのは、本神楽の「水ぐらえ」＝天竺の聖なる水による「清め」の唱文であろう。あの天竺から汲み降ろされる聖水は、御崎様の産血の穢れを清めるためにあったのではないか。その背景に、民俗社会で伝わる産血の穢れ＝赤不浄、産褥中における女性の死亡などの「血の池地獄」伝承との関連も考えられよう。産褥中で死んだ女性を供養するための「流灌頂」は、ひしゃくで川の水を注ぐという所作が伝わっている。(28)「灌頂」は、まさに「水ぐらえ」の儀礼思想とも呼応しよう。

計佐清太夫本の「産湯」のための「天竺の拾三川百三川の清めの水」は、同時に異常誕生した子供の産血の穢れを浄化する聖なる水ともなる。「水ぐらえ」の神楽は、御崎様という神格と不可分にあったのだ。

繰り返し確認すれば、本神楽における「水ぐらえ」の詞章は、御崎様の神楽だけに誦まれるものではない。巫神、天神、恵比寿などの神楽にもひとしく読誦される。「水ぐらえ」はいざなぎ流の神楽の基本型である。だが「御崎様の祭文」と神楽との連動を知った今、神楽の中枢＝「水ぐらえ」が、じつは御崎様の祭儀によって編みだされたのではないか、という推定が可能となるのだ。

御崎様の本神楽。「水ぐらえ」の宗教思想。ここに見えてくるのは、「神清め」という抽象的なイデーではなく、産血の穢れにまみえる存在を浄化していくという、きわめて直接的、身体的な世界である。[29]「神楽」＝神への奉納芸能という常識的理解を大きく踏みこえて、穢れそのものにまみれ、そのただ中から、神なるものを育て上げていく呪術としての「神楽」。われわれはその現場に降り立つことになるのだ。

4　太夫の「原像」を求めて

「十二人の神楽役者」をめぐって

藤岡好法太夫本「御崎様の祭文」には、神楽の執行者たちのことを叙述する一節があった。「十二人の神楽役者」である。実際の神楽の場に十二人の太夫が揃えられることを意味している。もっとも太夫の数が減少した現在では、太夫が十二人揃うことは難しくなっている。だが神楽の場で用意される神楽幣は必ず十二本あり、一人の太夫が何本かの神楽幣を手に持って行なうことで、十二人が参加している形にするのである。

このとき、祭文のなかの「十二人の神楽役者」とは、いま実際に神楽を執行する太夫たち自身ということになる。神楽を行なう、いざなぎ流太夫の神話的起源が「十二人の神楽役者」のなかにあったわけだ。

ところで「御崎様の祭文」以外にも「十二人の神楽役者」の由来を語る祭文がある。「大土公神の祭文」である。

日照りが続いたために、日本の世は尽き、海底に沈んでしまう。そのとき「ばんごん大王」は、あちこちに土地・島を探しまわり、さらに昼と夜の区別が必要と思って、天の岩屋を訪ねた。そこで岩屋を壊そうとしたために、なかの「月日の将軍様」の怒りをかってしまう。

月日のしよぐんさま《将軍様》わあ《荒》（ら）きにごはらだて《腹立》なされて、われらが大上《王城》やかたを、あら《荒》きにむこー《向》て日本の御よー《世》、光《照》いて守事をできまいらせん、日本氏子すくなくすれば、うまれ子に、いたるまで、なみするゐ、をーひな《雛》人け《人形》をあいそゐ、十二人々のかぐらやく《神楽役》しや《者》をなみするゐ、三十三どのらいはいかぐら《礼拝神楽》をたまわれ、それそーあれば、日本の御よー《世》わ、みごとにてらいて守ろのーと、をーせられ……（半田文次本「大土宮神本地」[30]）

怒った月日の将軍は、生まれたばかりの子、「お雛人形」もそえて、「十二人の神楽役者」を揃えて、「三十三度の礼拝神楽」を行なうことを要求してくる。それに応えて、「三十三度の礼拝神楽」を行なうと月日の将軍様の機嫌は直り、岩屋から出てきた。そしてこの後、ばんごん大王の子供・五人の王子たちの所領分けの物語へと続いていく……。

この物語の展開が、古代の岩戸神話を下敷きにしていることは明らかだろう。岩屋に入った月日の将軍の怒りを解き鎮めるために「三十三度の礼拝神楽」を行なうというモチーフが、天の岩屋にこもったアマテラスの怒りを解くための祭儀＝神楽起源神話にもとづいているのである。(31)

「御崎様の祭文」と通じるのは、日本には氏子が少ないので赤ん坊や雛人形もあわせて「十二人の神楽役者」を揃えて……という神楽の作法である。なお、ここにある「お雛人形をあいそゑ」は、神楽の舞台の四方に吊された、三面の顔をもつ十二体のヒトカタ人形＝「十二のひなご幣」を意味する。「お雛人形」は十二体のヒトカタとして、舞台に侵入してくる外道や魔物たちから神楽の場を防衛していたのである。彼らもまた、神楽を担う存在にほかならない。

ところで、中世の神楽来歴の言説を見ていくと、「神楽」の執行者は、「五人の神楽男《お》・八人の八乙女」というのが定型であったらしい（鎌倉期の『沙石集』、南北朝の『神道雑々集』など）。そしてこの「五」と「八」の数には、それぞれ「五智の如来」「八正道」（また

図31　ひなご幣　神楽の舞台の四方に括り付けられる。

は「八葉の蓮華」）といった仏教からの由来が推定されている。ちなみに、奥三河の花祭祭文などにも「五人の神楽男、八人の花の八乙女」という詞章が見られる(32)。

これにたいして、いざなぎ流の神楽は、あくまでも「十二人の神楽役者」であった。そして「十二」の数は、赤ん坊や雛人形も総動員して揃えなければならない数とされていた。「五」「八」の仏教由来にたいして、「十二」の数が十二支・十二方位・十二時・十二神将などの陰陽・五行説（陰陽道）に関わることは明らかだ。「十二人の神楽役者」を揃えて執行すること。「十二」の数は、完璧に整えられた、まったき世界を具現していたのである。「十二人の神楽役者」とは、まさしく神楽を執行する「いざなぎ流太夫」の原像にほかならないわけだ。

「天竺金巻童子」とは誰か

さらに藤岡好法太夫の「御崎様の祭文」を見直してみると、その「十二人の神楽役者」を揃えさせ、神楽の実修を指示した人物がいたことに気付く。その名は「天竺金巻《かなまく》童子」——。金巻童子とは何者か。次に、この人物の素性を追ってみることにしよう。

御崎様誕生の産血の穢れを清めるべく、神楽執行を指示した「天竺金巻童子」。他の太夫が所持する「御崎様の祭文」では、この人物のことを「天竺あかぎの皇帝菩薩のみこ」（小森信次太夫「天野神御祭尓御崎之本地申上也」）、「みこしの滝の神子殿」（「御崎様の御本地祭文」）と呼ぶヴァージョンがある。「みこしの滝の神子殿」は素性不明だが、「天竺あかぎの皇帝菩薩のみこ」のほうは、「釈迦皇帝の祭文」というテキストがあり[33]、また「呪詛の祭文」には、釈尊の弟子の一人でありながら破門された不具の占い師「こうてい」（黄帝）なる人物が登場する。中国の伝説上の「黄帝」とも通じているのかもしれないが、いざなぎ流太夫の姿が投影されていることも指摘されている[34]。

さて、「天竺金巻童子」なる人物の実像は、ついに不明というしかないが、彼の相貌のなかに、いざなぎ流太夫の原像の一人を見いだすことは可能かもしれない。他の唱文のなかにも、じつはこの人物がけっこう頻繁に登場してくるのが確認できるからだ。その素性をさらに探索してみよう。

病人祈禱のなかの金巻童子

いざなぎ流太夫たちの活動として、宅神祭、山の神祭祀などともに重要なポジションをしめるのが「病人祈禱」である。魔性魔群や生霊、死霊、呪詛《すそ》などの障りによる病いを治癒していく儀礼であるが、そこで使われる基本的な法文として「五体の王子」というテキストがある。そのなかに、金巻童子の姿を発見することができる。

(1) 日本とをど《唐土》天竺三が長のあわいよりも、これ天竺にわ四千八百八十や国わします、国の御中よりも青ば《葉》の国とて、国が一郡いできはじまり申してござれば、青ばの国の御中よりも、青ばの七けんしめん《四面》の、ひをんの、みやしろ《社》にまいやあそば《遊》せたもをてをはします、五たいの大じ《王子》あら《荒》人神のごいぜん様をわ、

(2) こん日こよい《今宵》わ、かんなぎはか正《巫博士》が、四小四大《師匠次第》で、五きと《御祈禱》を、うわしに行小《招》じまいらするが、

(3) この方もん《法文》四き方四大《式法次第》わむかしの百三りゆかなまくど《金巻童子》をじのみこどの《巫殿》が行つかうのにわ、日本のあや《綾》が千だん《反》たち《太刀》がひとふり《一振》、とをど《唐土》のあやが千だんたちがひとふり天竺のあやが千だんたちがひとふり、三千だんに、みふりのつるぎのその上よりへぎの

本で行つかうに、一時かけて行つかゐば、ぢ《地》はらゆむ、二時もかけて行つかゐば、天はらゆむ、三時四時もかけて行つかゐば、むこをなあをみ、きくさも社らんとかれい、大土《地》わみぢんと、われいき申した、五たい《体》の大じ《王子》あら人神のごいぜん様とわ、う《受》けやたまわり申してござるが、

(4)　今日こよいわ、かんなきはか正が四正四大の、五きとをうわじ《上字》に、行小じまいらするが、この方もんのしき方し大《次第》わ、四正《師匠》の申すに、三丈さがりた小けの家でわ行つかうな、わがみ《身》にかかるぞなれば、一どわ行つかゐと、やーく《厄》の神にわ三どと行つかうな、よをとわ、うけやたまわり申して五ざるが、三丈上りた大けの家でよきよろこび《喜》の、五きと《御祈禱》をうわじになればたびとわ行をろ《降》いて行つこをて、五き年《御祈念》五きとをいのりかなゐて、とをりてあどなをとら《取》ん、あどなをとるなひけいををら《折》ん、ひけいををるなよとわ、うけやゆる《許》され申した、四き方四大《式法次第》に、うたがい《疑》どころがわしまさん、

(5)　今日こよいわかんなき《巫》はか正《博士》も四小四大《師匠次第》で拾六天のふまぬしうちこ《米主氏子》に時やとわ《雇》れを申してあくじ《悪事》のよみ《読》わけしだいのゐんぎり《縁切》、はだ《肌》よのそをでんをいたいてをくり《送》ばら《祓》い、ぢ病本病やまいわねをたち、はをわからいた、御き年五きとを、かぢをわいの《祈》りはじめまいらしたが、じりきにあいまいらせん四小四大の五きとをうわじにあれば、ごたい《五体》の大じあら人神の五いぜん様と行小じ《招》まいらするが、

(6)　かんなきはか小わ、四小四大に、四き方四だいで、五方のそなゐが、五百五升、ぢ

天のそなゑが七百七升、両ぼく合して、一〆二百に、一斗二升の、ひけい小もつ《諸物》わ、立をき申して、その上より、七日の正じ《精進》もあら正じ、三日の正じもあら正じ、百日正じわ長正じで、一時正じ御てみわきよ《清》めて、御てみにへだてをいれまいらして、

(7) 四正四大で、五たいの大じあら人神の、五いぜん様の、一の大じ《王子》様の、四ん五ん《真言》にわ、一にきぢん《鬼神》かんまんそばか《莎訶》、やかんまん、ぼろにをどをどそばか《莎訶》や、をどをど□にわびしゅんだりやあそわだりやそばかと、四ん五ん《真言》かけて、しんごん《真言》れいぎ《礼儀》て行小《招》じまいらする

（中尾計佐清太夫「五たい《体》　の大じ《王子》」(35)）

当て字も多く、文意が取りにくいところもあるが、以下、内容をまとめてみよう。

(1) 日本・唐土・天竺三が朝の境にある青葉の国の「ひをんの御社」で舞い遊んでいる「五体の王子荒人神のごいぜん様」の紹介。

(2) 今日今宵の祈禱の場で、「巫博士」である自分（太夫）は、自分の師匠に教わったとおりの式法次第で、五体の王子を祈禱の「上字」（要め）としてもちいるために招き降ろす。

(3) この法文の式法次第は、昔の「百三りゅう金巻童子の巫殿」が行ない使ったものに由来する。昔の金巻童子は日本・唐土・天竺それぞれ宝物を揃え、五体の王子を召喚

する供物にした。その王子は、一度、使うと土地は揺れ動き、二度使うと天が揺れるという強大な力をもっているものとして、受け賜っている。

(4) 巫博士である自分は、この王子を招き降ろすが、師匠からは、小さな家の祈禱でこれを使うと自分の身に災いが罹るから使ってはいけない、だが大きな家ならば、祈禱の祈りを適えてくれるだろう、その力には疑いどころはないと聞き学んでいる。(そして以下、実際の祈禱の様子が叙述されていく。)

(5) 今日今宵、巫博士である自分は、「ふま主氏子」に雇われて、悪事に読み分けや縁切りの祈禱を行なう。そのための供えとして、

(6) 多くの「ひけい諸物」を用意し、長い間の精進潔斎を行ない、自分のほうに魔性魔群のものが憑依しないように「へだて」の術もかけた。

(7) 五体の王子の一の王子の真言を唱え、王子を祈禱の場に行ない降ろそう……。

問題の「天竺金巻童子」は、(3)段落目に登場するのだが、それを検討するまえに、冒頭の「巫博士」の名告りについて見ておきたい。

「巫博士」と式王子

「巫《かんなぎ》博士《はかしょ》」とは、いざなぎ流太夫の自称・名告り。「巫《かんなぎ》」は「神子《みこ》」とも重なる巫覡の

名称、「博士《はかせ》」は陰陽博士にもとづいた「陰陽師」の別名である（中世では「博士」は民間で活動する陰陽師をあらわした）。それが合体したネーミングだが、ここは、いざなぎ流太夫が「地方陰陽師」の系譜に連なるという、そのルーツの一端が見えるところだ(36)。ただし巫博士の名告りは、「取り分け」や「病人祈禱」などに限定される。それは、たとえば先に見た「神楽の役者」というように、宅神祭の神楽を行なうときの名告りとは、種類がちがっていることが想像されよう。

　これについて、かつては取り分けや病人祈禱を行なう太夫は、神事・宅神祭などには参加できなかったという、職能の区別があったといわれている(37)(補注1)。また「巫博士」や「神楽の役者」という複数の名告りをする太夫に、系統のちがう民間宗教者が複合、競合して成立した「いざなぎ流」なるものの歴史的背景が推定されるのである。

　では、巫博士の名告りをするときの儀礼テキストを見てみよう。

　このかんなぎはかしよ《巫博士》わ、ししよう《師匠》次第で高田の是うわいん《上印》十二ひなごの王子様式のけいごう日のけいごう式や十郎式や五行の大万尺の岩を行おろいて、うちやしづ《鎮》めてまいらする……。　（「高田の行(38)」）

「取り分け」（詳しくは第四章）の最後、「すそ」（呪詛）を鎮め封じる「高田の王子」を招

図33　高田の王子幣

図32　五体の王子幣

き降ろす法文《ほうもん》の一節である。高田の王子とは、太夫たちが「行ない使う」（使役する）、式王子の仲間である。

「巫博士」とは、「高田の王子」などの式王子を使うときに太夫が名告るホーリー・ネームであった。式王子を召喚し、それを使役する太夫は巫博士の系譜のなかにあったというわけだ。したがって、巫博士と名告って「行ない降ろ」してくる「五体の王子」も、病人祈禱の場で、病者に憑依した悪魔・外道などを追い払うために使役される式王子の一人、ということになる。

注目されるのは、巫博士としての太夫が行ない使う「五体の王子」の式法が、昔の「百三りゅう金巻童子のみこ殿」が行ない使う起源にもとづく、と語られるところである。御崎様の神楽の作法を指示した、あの「金巻童子」が、「五体の王子」という式王子の式法の創始者として登場してくるのだ。

「五体の王子」と「御崎様」のミッシングリング

あらためて、病人祈禱の場で「昔の百三りゅう金巻童子」の先例にそって召喚される「五体の王子」とはいかなる神なのか。

五体の王子とは、「人間の体内に隠れている病根、魔性魔物を引き具していく力を有する」神であり、「病根を断ち切る職能が与えられている」とされる[39]。まさしく病人祈禱において、太夫に使役される式神であった。祈禱の場の「法の枕」(幣の元とも)という、一斗二升の米を入れた円形の容器に、天神幣・荒神幣・山の神幣など九本の幣の一つとして立てられる。その位置は、「取り分け」における高田の王子幣と同じである。そして病人祈禱のもっとも基本的な形である「おし加持祈り」の「行ない」という次第において、先の「五体の王子」の法文が読誦されるのである。

法文によって、五体の王子は、病人祈禱を実修する太夫の式王子として召喚される。そして、病者の体内から病いの原因となる、魔性魔群のものと病人との縁を切らせ、体内の外に引き連れていく。それは、昔の「金巻童子」の教えに従うものであったわけだ。

それにしても、病人祈禱の式王子たる「五体の王子」は、「小けの家では行ない使うな、

図34 「神楽の役者」となる太夫たちが頭にかぶる綾笠 その笠の裏には、五芒星や臨兵の九字などの陰陽道の呪符が書き込まれている。「神楽」と「呪術」との接点を如実にあらわすところである。

我が身にかかるぞ」（計佐清太夫「五たいの大じ」）といったように、それを使役する場を誤ると、太夫自身に災いをもたらしてくる恐ろしい力をもつ神格であった。式王子としての五体の王子が、いかに強大な力を有しているかを暗示するところだ。それほどの力をもつ神格だからこそ、病人の体内に巣くう魔物や魔性魔群を、強制的に体外へ引き連れていくことができる。だが使い方を誤ると、こちらに取り憑いてくる。だから太夫たちも、病人祈禱では、できれば「五体の王子」＝式王子を使用しなくてもすむようにするという（伊井阿良芳太夫の言葉）。最後の切り札として、五体の王子が召喚される。そうした強烈な力をもつ式王子＝五体の王子の式法は、金巻童子が最初にもちいたのである。

ここでわれわれは、予想外の事態に立ち合うことになる。家の神＝御崎様の神楽の始まりを指示した「天竺金巻童子」なる人物が、いま、太夫の使役する式王子＝五体の王子の式法創始者として登場してきたからだ。先にふれたように、かつて太夫の職能には、家の神祭り（神楽）と病人を治癒する祈禱との役割分担があった。事実、神楽をするときの太夫は「神楽の役者」と名告り、病人祈禱などを行なうときは「巫博士」と名告っている。だが、ここで、その神楽と病人祈禱の両方の起源に「金巻童子」が関わることが見えてきたのだ。

当面している問題は、こうもいいかえられよう。家の高位の神としてサンノヤナカに鎮座する御崎様。一方、太夫に使役されて、病人の体内に巣食う魔物・悪霊を退治していく五体の王子。そのふたつの神格が、「金巻童子」という人物を介して、思わぬ結びつきを見せてきた、というように。

どうやらわれわれは、金巻童子をとおして、御崎様のあらたな一面に出会うことになるようだ。

5　「式王子」の系譜と御崎様

「五体の王子」や「高田の王子」は、病人祈禱や取り分けでの力を発揮する「式王子」、すなわち陰陽師が使役した「式神」の系譜に位置する神格である。いざなぎ流の式王子の名称は、陰陽師の「式神」と修験の「王子」（童子）とが合体したネーミングと推定しうる。いざなぎ流が陰陽師、修験の習合した呪術世界を有することの一つの証左というべきところだ。

「式王子」については第五章で詳しくふれることになるが、近年、髙木啓夫の研究(40)によって、その系譜や体系について判明してきたことを整理しておこう。髙木の研究成果によれば、「式王子」は、その働き＝式法による区別から、大五の王子、火炎の王子、愛宕の王子、ひなごの王子、大鷹・小鷹の王子などの固有名のついた、多種多様な式王子たちが存在していることがわかってきた。太夫たちは、それに対応する法文のテキストを所持し、それを読誦することで、これらの式王子を召喚・使役していくのである。なお計佐清太夫は、式法に関わるテキストは「法文」と呼び、神祭りに関わる祭文と区別している。それを書き記す書物（覚え書き帳）も、祭文と法文とにきちんとわけている。

式王子の根源を語る法文

一方、式王子の呪法によって区別された「……の王子」の名称にたいして、固有名のない、ただ「式王子」とのみ呼ばれる法文テキストもある。「しき王子」「しき王子様行之法」「大しき王子」「用友姫ノ行」「用ゆう女のうら式」がその系統である。式王子がもつ具体的な呪力や職能ではなく、式王子の誕生・来歴を語る、いわば式王子の根源的な法文群である。

計佐清太夫が所持する、式王子の来歴を語る法文の一つを見てみよう。

(1) 日本とをど《(唐土)》天竺三が長の、あわいよりも、これ天竺にわ四千八百八拾八国わします、国の御中よりも、だんだの国とて、くにが一郡いできはじまり申して五ざればだんだの国の御中、だんだの国の北やき《(鬼)》門うしとら《(艮)》本、高き山をわひきく《(低)》やし、ひくき、ところからわ、どろ《(泥)》をあげ《(上)》させたもをて、だんだがいけ《(池)》をつかせたもをてだんだがいけゑうみいれ申て五ざれば、これこそ行へ上ねばをそれ《(恐)》にござわるのをよとわ申して百三りうのみこど《(巫殿)》のをやとい《(雇)》、とりまつらして五《(ご)》ざるが

(2) 百三りうのみこどのの申されよをにわ、これこそ行へ上ることわいともやすくに五ざるが、いかいのもの《(物)》いり《入)》小もつ《(諸物)》がいるがのをとわ、申して五ざればいかいのものいり小もつ《(諸物)》わはいかほどいろをぞ、日本のきぬ《(絹)》が千だん《(反)》たちがひとふり、とをどのきぬ

が千だんたちがひとふり、天ぢく《竺》のきぬが千だんたちがひとふり、五方のそなへが五百五升、ぢ天のそなゑが七百七升、両ぼく合して百や一〆二百に一斗二升のひけい小もつ《諸物》に方《法》のまくら《枕》がいるがのをとわ申して五ざれば、ひけい小もつ《諸物》に方のまくらわ、かくの五とく《如》にととの《整》のゑしんづれば、

(3) その御ときに百三りうのみこどの申されよにわ、われ一人でわなるまい、かなまくどをじ《金巻童子》のみこど《巫殿》のもやといくだせよのをとわ申して五ざれば、その御時にかなまくどをじのみこどのもやといとりまいらして五ざるが、かなまくどうじのみこどの申されよにわ……。

(中尾計佐清太夫「よゆ女《用友姫》かやしじき」[41])

このテキストでは詳しく語られていないが、法文のタイトルとなっている「よゆ女」(用友姫)とは、式王子の母親にあたる女性である。この法文は、「用友女」から産まれた式王子の処遇について説き明かすものである。以下、内容をまとめてみよう。

(1) 日本・唐土・天竺の境の国の「だんだの国の北や鬼門艮本」に産まれた子がいた。その子は天上世界に上げる必要があったので、「百三りうの巫殿」を雇った。

(2) 雇われた百三りうの巫殿は、その子を上げるのはたやすいが、数多くの「諸物」(供物のこと)が必要だと、日本・唐土・天竺それぞれの絹や剣などを要求した。

(3)　さらに百三りうの巫殿は、自分一人では難しいので、「金巻童子の巫殿」を雇うことを提案する。雇われた金巻童子は、また諸物を要求する……。

見てわかるように、この法文は先の「五たいの大じ」の内容と繋がるところが多い。「五たいの大じ」の「昔、百三りゅう金巻童子のみこ殿が行いつかうには……」の記述が、こちらでは二人の人物に分割されている。ようするに産まれた子を天上に上げるために雇われた人物として、金巻童子が登場するわけだ。

ここで雇われる存在であり、また多くの「諸物」を要求するという金巻童子の行動には、明らかに太夫たちの活動の原像を見ることができよう。太夫たちもまた、村人や家の人々に雇われて祈禱をする。また「ひけい諸物に法の枕」は、現在も太夫たちが祈禱儀礼のときに用いる祭具であり、供物の表現である。この法文は、式王子の来歴とともに、太夫たちの祈禱の現場と呼応するテキストといえよう。

しかし「よゆ女かやしじき」からは、なぜ産まれた子が金巻童子によって「行ないへ上ねば」ならないのか、その具体的な理由が不明だ。どうやら、このテキストは、式王子そのものの出生についての記述が省略されているらしい。出生のことをはっきりと語る別の式王子の法文がある。

クセ子としての式王子

その出生は、次のように語られていく。

天竺四千八百八十八国の国の御中、奥千丈のせいの不元白ばの社に、いできはじまり、白ばの社の其御中より、用友姫と乙女が一人いでき初まり申してござれば、日本へ渡りて、日本の山主川主海主となれあい、とおどへ渡りて、とおどの山主川主海主となれあい、天竺へ渡りて山主川主海主となれあい、あわして三が朝の王ともなれあい申して、どこにてもすみ長所がござらん、元の白ばの社へもどらせ給いて、御身に御子がさづかり申して、ござれば、九月をお待ちあれども、ごさんの紐がとけまいらせん、十月、十一月、十三月、十四月同じ、十五月の半中頃に、ごさんの紐が解けまいらして、生まれ御誕生なされてござれば、頭に黒金甲をめしてわします、口には黒しんくれない様なる舌を喰い出し、御身に四かいのふて切りかけさせ給て、生れ誕生なされて御座れば、

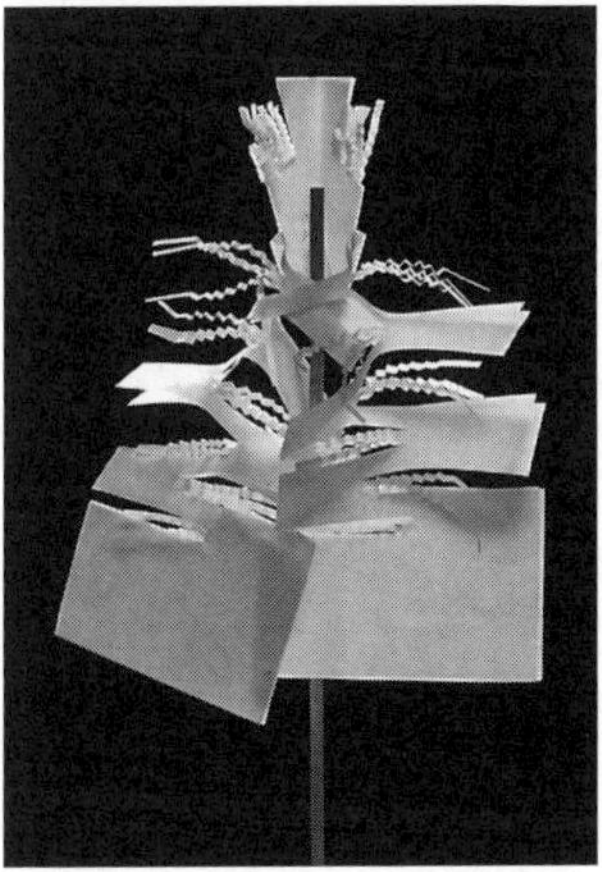

図35　志岐王子の幣

せいの高さが七尺二分もわします……。

（中尾計佐清太夫「用友姫ノ行(42)」）

天竺の白ばの社にいた用友姫が、日本・唐土・天竺の王たちと交じり合い、子供を妊娠した。その子は、十五月目にようやく誕生したが、その姿は頭に黒金の兜をつけ、口には真っ赤な舌をなめ出し、背丈は七尺二分もある異常児＝クセ子であった。以下、物語はこのクセ子の処遇をめぐって展開する。

なんなるくせ子で見ても神のおしゆとへ上げて、日本、とおど、天竺三が長のぢ社、じもんの博士が御祈禱神と行ひ使へばよかろうものよと、つかわせ、金まく童子のみこ殿雇い入れ、二人のみこ殿が取上、これこそ羽休め木がのをてはなるまいものよと、つがわせ給ふて、天竺四千八百八十八国の国の御中、大段国、北鬼門丑寅元に、だんだら大とて池がわします、その池の中が四万よ丈、深さも四万よ丈、その池のはたに白松千本、黒松千本、ま松千本三千本生へや育たせ給てござれば、これこそ羽休め木によかろうものよと……。

（同前）

金巻童子によって天竺に上げられる用友姫の子。その理由は、産まれた子がクセ子＝異常児であったからだ。あまりにも恐ろしい姿をした子であった。だが、その子を「じもんの博士」たちの祈禱の神として「行ひ使」えばよかろうと判断し、天竺のだんだら池、その池端にある松の木のもとへと送り出した。その処理を担った者こそ、ほかならぬ「金巻童子の巫殿」であったというストーリーだ。これがわかると、「よゆ女かやしじき」のテキストは、式王子を天竺に上げる金巻童子たちの活動に力点を置いていたと理解しえよう。二つの法文が総合されることで、式王子をめぐる物語が完成するのである。

式王子も御崎様も、ともに異常出生の子

クセ子として誕生した式王子。それを天に送り上げた金巻童子。ここにおいて、いやおうなく想起されるのは、御崎様の物語である。

御崎様も、誕生に際して「十三月半ば」にお産の紐が解けたという、異常出生の子であった。そして御崎様が誕生したときの産血によって、父母は穢れにまみれ、それを清めるために、金巻童子が神楽の執行を指示した。こうした御崎様の物語は、異常児＝式王子の物語とシンクロしてこよう。その要に位置する「金巻童子」とともに。

物語世界のなかで符合していく御崎様と式王子の相貌。それを繫ぐ金巻童子。そこで想像されるのは、「金巻童子」の姿に自らを重ねる太夫たちが、その祈禱実践のなかで、家の最高神＝御崎様を、文字どおり、太夫の式法の神へと近づけ、それへと変成させていったのではないか、というスリリングな瞬間である。物語内部にとどまることなく、あらた

に生成していく神の現場である。

「水ぐらえ」の神楽によって、清められ、位を上げられた御崎様は、サンノヤナカ（天井裏）を鎮座地に、家の最高神として君臨していく。だが、その祭場に祭られるのは、御崎様だけではなかったことを思い起こそう。

大八幡・矢食い八幡・小八幡・御崎様・摩利支天・王子・式王子・いざなぎ・天神・巫神

サンノヤナカの御崎様のグループ神たち。これらの神々の素性は、多くいざなぎ流の式法＝式王子の呪法と関わっていた。神楽によって安座・本座の位に就く御崎様は、太夫の守護神や式神に類する神格グループのなかに組み込まれていくのだ。だからこそ「ここでまつられている神々は太夫の守り神ばかりであり、オンザキ様とは太夫のまつる神なのだ」という太夫自身の言説も生み出されるのである。

「式神」へとシフトする御崎様

たしかに太夫たちは、それぞれの神の固有性を重んじている。たとえば山の神と天刑星（疫神）の祭文に共通するところがあっても、それを一緒にしてはいけないと認識していた（第一章、参照）。太夫にとって重要なのは、その神がいかなる働きをするのか、という具体的な力をきちんと分別することにあったからだ。しかし、その一方で、家の神として鎮座し、家の人々を護る御崎様を、太夫の「守り神」へと変換させていく式法を作り出していくのもたしかだ。「山の神の祭文」から「山の神のけみだし式」「山の神のさわら式」を生み出したように。

ここでわれわれは、御崎様そのものを、ついに式法の神へとシフトさせる法文テキストに出会う。

天竺こうどが、社に祝われまします、天の大御崎様のあらしき《荒式》の方《法》を、一時半時に行い正《招》じまいらする、おり入り用合《影向》なされて、御《おんたび》度候え、地にて地平く、天にて天平く、中にて中平く、元本人、とが《咎》、とが《咎》本しだい《次第》、びらりやそくめつ《即滅》びらりやそばか《莎訶》、おくりかやいてまいらする、てめにしよこを見せて御度候え。

（中尾計佐清太夫「御崎敷」[43]）

冒頭の「天竺こうどが社に祝われまします」とは、「御崎様の祭文」に語られる内容に対応する。そこに鎮座する「天の大御崎様」とは、まさしく家の高位の神たる姿であった。だが、太夫は、その神の力のなかに秘められた「荒式の法」を召喚してくる。「荒式」とは、文字どおり荒々しい式法のこと。すなわち調伏に用いられる式法だ。「天の大御崎様の荒式の法」によって、仇となる相手、「元本人、各本次第」を「即滅」させることが可能となる。そうした式法の神へと御崎様を変成させるのが、この法文であったのだ。なお「送りかやいてまいらする」とは、相手から送りつけられた調伏の法を打ち返す（いわゆる呪い返し）力、といえよう。

太夫たちは「式王子」の式法を伝えてきた。しかし彼らは、あらかじめ作られた「式王子」のみならず、御崎様という家の神をも、太夫のあらたな式法の神＝式王子へとシフトさせていく。「御崎敷」とは、つねに他の太夫との術や技の競い合いのなかに生きる太夫たちが、他者の技を凌駕せんがために編みだしたあらたな「式法」ではないだろうか。

神楽と呪術の相関関係

「御崎敷」は、明らかに呪詛・調伏に使われる「裏式」（第五章、参照）のテキストであった。家の最高神としてサンノヤナカに祭られる御崎様のなかから、そこに秘められた「荒式の法」としての力を導きだす。それを可能とするのは、この法文の読誦によってである。と同時に、こうした強大な力を発揮する御崎様は、じつは太夫たちの「本神楽」（水ぐらえ）によって、清められ、位を高められていく儀礼が前提にあった。いいかえれば、神楽という儀礼のなかで太夫自身が育て上げた神であるからこそ、「天の大御崎様の荒式の法」として「一時半時に行い招じまいらする」こと、すなわち太夫の式法の神として召喚、使役することが可能となったのだ。「神楽」そのものに「呪術」の力の根源があったという、儀礼の現場がここに見えてくるのである。

太夫たちは、御崎様を祭る家の人々に依頼され、家の人々にはできない、御崎様の完璧な祭りを実修していく。太夫は、不可視な神霊と人々とを仲介していく存在だ。けれども太夫がそこで、完全な祭りを遂行せんと、「御崎様」なる神を清め、その神格を高めようとすればするほど、家の人々には認知しえないような、神の深みへと到達せざるをえなくなる。家の人々にとっては、自分の家の神祭りを完璧に行なってもらおうと依頼したにもかかわらず、家の人々の預かり知らない儀礼の中枢において、御崎様という家の神は、太夫の守り神、式法の神へと変換されていく事態が進行していったのだ。

家の神、屋内神信仰、あるいは芸能としての神楽。そうした多くの常識的な民俗学の認識を突き崩していく現場がここにある。それこそが、われわれのまえで繰りひろげられるいざなぎ流太夫の儀礼実践にほかならなかった。ここに浮上してくるのは「呪術」という主題である。

その主題は、いやおうなく、式王子や法文、裏式という、いざなぎ流の深奥にある問題へと踏み込むことを要求してくる。そのことを切り離して「いざなぎ流」の世界を理解することは、やはり無理というべきだろう。

われわれはようやく、いざなぎ流の祭文と儀礼の中枢へと立ち至る。「呪詛《すそ》の祭文」の世界である。

注

(1) たとえば、吉村千穎「屋内神の一形態」(『日本民俗学』49号、一九六七年)は、次のような重要な指摘をしている。「旧槙山村(現物部村)一帯は、地元民俗学の間で、専ら素朴な年中行事が少ないという理由で、今まで少しく軽視されてきた様な気がする。慥かにそれは首肯けることで、筆者自身も調査中、しばしばそういう感じをうけた。その理由が何であろうかと考えてみるに、ここにもいざなぎ流の影響を、その一端として想定したくなるのである」。もちろんわれわれは「素朴な年中行事」と「いざなぎ流の影響」を対比し、前者を価値づけるような旧来的な民俗学の発想をこそ、こえる必要があるわけだ。

(2) 梅野光興編・執筆『いざなぎ流の宇宙』(高知県立歴史民俗資料館、一九九七年)参照。

(3) 物部村の「天の神」信仰については、小松和彦「天の神祭祀と村落構造」(『歴史手帖』一九八三年七月号)、高木啓夫『いざなぎ流御祈禱(第三集)天ノ神・御先神・みこ神篇』(物部村教育委員会、一九八六年)、前田良子「『槙山風土記』の一考察」(『海南史学』第29号、一九九一年)など。さらに梅野光興「天の神論」(『高知県立歴史民俗資料館紀要』第4号、一九九五年)が、諸地域の伝承、文献を収集、精査している。

（4）修験道の月待・日待作法については、宮家準『修験道儀礼の研究（増補版）』第三章「修験道の祭」（春秋社、一九八五年）を参照。
（5）物部村のオンザキ信仰については、吉村、前掲論文（1）、同「高知県香美郡旧槙山村における民間信仰の一報告」（『近畿民俗』43号、一九六八年）、髙木、前掲書（3）、小松、前掲論文（3）、同「いざなぎ流祭文研究覚帖・御崎の祭文」（『春秋』一九九三年四月号〜六月号）。梅野、前掲論文（3）などの研究がある。
（6）小松、前掲論文（3）。
（7）ただし、髙木、前掲書（3）では、ミサキ信仰とオンザキ信仰とのちがいを強調している。なお中国地方のミサキ信仰については、三浦秀宥『荒神とミサキ――岡山県の民間信仰』（名著出版、一九八九年）がある。
（8）オリジナルテキストは、中尾計佐清太夫所持『西山道立方　みがこい家がための方門（法文）』に収録。
（9）オリジナルテキストは、計佐清太夫、前掲資料（8）に所収。
（10）「いざなぎの祭文」のオリジナルテキストは、吉村淑甫監修、梅野光興・斎藤英喜共編『いざなぎ流祭文帳』（高知県立歴史民俗資料館、一九九七年）に収録。また「いざなぎの祭文」の研究は、小松和彦「「いざなぎの祭文」と「山の神の祭文」――いざなぎ流祭文の背景と考察」（五来重編『山岳宗教史研究叢書15　修験道の美術・芸能・文学［Ⅱ］』（名著出版、一九八一年）、梅野光興「いざなぎ祭文の誕生」（斎藤英喜編『呪術の知とテクネー――世界と主体の変容』森話社、二〇〇三年）など。

（11）梅野、前掲書（2）。

（12）小松、前掲論文（3）。

（13）小松、前掲論文（10）。

（14）これは岡ノ内集落の例である。吉村、前掲論文（1）参照。

（15）高木啓夫『いざなぎ流御祈禱の研究』（高知県文化財団、一九九六年）参照。

（16）本田安次「祭文から能へ」『日本の民俗芸能3　延年』（木耳社、一九六九年）。

（17）石塚尊俊『西日本諸神楽の研究』「陰陽師と法者神楽」（慶文社、一九七九年）、岩田勝『神楽源流考』第九章「神楽による死霊の鎮め」（名著出版、一九八三年）、山本ひろ子「神楽の儀礼宇宙」（『思想』一九九五年十二月～一九九七年十月）、鈴木正崇『神と仏の民俗』第一部第四章「巫覡と神楽」（吉川弘文館、二〇〇一年）など。

（18）オリジナルテキストは、高知県立歴史民俗資料館の梅野光興氏より提供。

（19）池原真「「玉取り」と「神清め」」（〔補注3〕に再録）、山本ひろ子「花祭の形態学」（ともに『神語り研究』第4号、春秋社、一九九四年）。

（20）高木、前掲書（3）、梅野・斎藤共編、前掲書（10）に収録。

（21）オリジナルテキストは、中尾計佐清太夫所持『三神如来外必密集書物』（表紙に「昭和三十九年旧正月吉日／三神如来外必密集書物／昭和六十一年丙寅旧七月七日／物部村別府／中尾計佐清書」）。

(22) 梅野・斎藤共編、前掲書(10)に、滝口弥久忠太夫「大将軍本地」の翻刻がある。その解題(梅野光興執筆)によれば、「大将軍の本地」は、天の神祭祀に用いられる祭文で、したがって大将軍は天の神の中核的な神格、または天の神そのものとも考えられる。ただ天の神の神格については、計佐清太夫たち物部川上流域の太夫たちは、「大土公神の本地」のなかの五人五郎王子と見なしている。

(23) 永松敦『狩猟民俗と修験道』(白水社、一九九三年)。

(24) 小松和彦『神々の精神史』(伝統と現代社、一九七八年。のちに講談社学術文庫、一九九七年)。

(25) 前掲(18)に同じ。

(26) 以下の祭文は、高木、前掲書(3)に翻刻・収録。高木はそれぞれの祭文の所持者や地域を明記していないが、梅野によれば、「御崎の本地」は桑ノ川在住の小松為繁太夫の所持本、「御崎之祭文」は上韮生川流域の笹に伝来したもの、「大御崎様の本地」は物部村川下流域系のテキストという。以上、前掲書(10)の解題を参照。

(27) 梅野、前掲書(10)解題。

(28) 青柳まち子「忌避された性」(『日本民俗文化大系10・家と女性』小学館、一九八五年)参照。

(29) 「産の穢れ」を浄化する神楽については、備後地方の「手草祭文」などにも見ることができる。山路興造編『日本庶民文化史料集成』第一巻(三一書房、一九七四年)。岩田、前掲書

(17)第五章「宝蔵太子と龍女姫」に考察がある。

(30) オリジナルテキストは、前掲書(10)に翻刻、収録。

(31) 一般的に『記』『紀』に記された「岩戸神話」を神楽の起源譚と見なしてきたが、近年の神話研究では、『古事記』や『日本書紀』の神話をそのまま祭儀神話とすることには批判的である。神野志隆光『古代天皇神話論』(若草書房、一九九九年)。古代の神話テキストで、アマテラスの岩屋こもりを「神楽」の創始と結びつけるのは、九世紀初頭の『古語拾遺』からである。このことは、神話テキストが、祭儀との関係のなかで変容していくことを明らかにする最近の研究動向とリンクする。神楽(宮中神楽)と『古語拾遺』との結びつきについては、阿部泰郎「変貌する日本紀」(『国文学・解釈と鑑賞』一九九五年十二月号)などの研究を参照。また斎藤英喜「宮廷神楽の神話学」(古代文学会編『祭儀と言説』森話社、一九九九年)、斎藤「御神楽のアマテラス」(『院政期文化論集Ⅱ　言説とテキスト学』森話社、二〇〇二年)も、神楽と「日本紀」の関係を論じている。

(32) この点、山本ひろ子「大神楽と「浄土入り」」(『変成譜』春秋社、一九九三年)に詳しい。また中世神楽の担い手をめぐる文献上の研究として、鶴巻由美「中世御神楽異聞」(『伝承文学研究』47号、一九九八年)を参照。

(33) 前掲書(10)に翻刻・収録。また小松和彦「いざなぎ流の祭文――「釈迦・こうていの祭文」」(大阪大学文学部日本学研究室『日本学報』3、一九八四年)も参照。

(34) 小松、前掲論文(5)。

(35) オリジナルテキストは中尾計佐清太夫所持『五たいの大じ　よゆ女のかやしじき』(年号などの表題はない)。
(36) いざなぎ流太夫の歴史的な形成については、まだまだ不明のところが多い。早く、木場明志「民間陰陽師の咒法――高知県香美郡物部村「太夫」における事例」『論集日本人の生活と信仰』(同朋舎出版、一九七九年)がある。また近世期における中央の土御門家の支配との関係については、木場「近世日本の陰陽道」(『陰陽道叢書3　近世』名著出版、一九九二年)に指摘がある。さらに、梅野光興「神子・博士・陰陽師――いざなぎ流祭儀の生成」(『比較日本文化研究』第6号、二〇〇〇年)が、この問題を進展させている。詳しくは、序章、参照。
(37) 梅野、前掲書(2)など。
(38) オリジナルテキストは、髙木啓夫『いざなぎ流御祈禱』(物部村教育委員会、一九七九年)に翻刻、収録。
(39) 髙木啓夫『いざなぎ流御祈禱(第二集)病人祈禱篇』(物部村教育委員会、一九八〇年)。
(40) 髙木、前掲書(15)。
(41) オリジナルテキストは、中尾計佐清太夫、前掲(35)。
(42) オリジナルテキストは、髙木、前掲書(15)に翻刻、収録。
(43) オリジナルテキストは、中尾計佐清太夫所持『必密之方　御神集書物』(表紙に「昭和参拾壱年正月／必密之方／御神集書物／槇山村別府／中尾計佐清」)。

〔補注1〕「金神の祭文」については、その後、斎藤英喜「いざなぎ流と中世神話――中尾計佐清本「金神方位之神祭文」をめぐって」（佛教大学『歴史学部論集』第四号、二〇一四年三月）で論じた。

〔補注2〕「天の神」のその後の研究は、小松和彦『いざなぎ流の研究――歴史のなかのいざなぎ流太夫』（角川学芸出版、二〇一一年）第Ⅳ部第二章「岡内村名本家の天の神祭りと神楽の役者」に展開されている。

〔補注3〕「中世神楽」については、斎藤英喜・井上隆弘編『神楽と祭文の中世』（思文閣出版、二〇一六年）に所収の論を参照。

〔補注4〕草木の「霜月神楽」については、池原真「静岡県水窪町草木霜月神楽に見る湯立ての儀礼構造」（前掲〔補注3〕書、所収）が提起している問題を再考する必要があろう。なお、本論文の意義付けについては、前掲〔補注3〕書の「解題」参照。

〔補注5〕この点については、近代におけるいざなぎ流の問題として、小松、前掲〔補注2〕書、第Ⅴ部「いざなぎ流太夫の近代」を参照。

第四章　「呪詛の祭文」と取り分け儀礼――「法者」の世界へ

1　「呪い」信仰といざなぎ流

民俗学のあらたな転回点に

いざなぎ流の名を世にひろめた功績が小松和彦にあることは、あらためていうまでもないだろう。一九八二年刊行の『憑霊信仰論』[1]に収録された諸論文によって、それまで地元の民俗学者にしか知られていなかった「いざなぎ流」の世界が、多くの人々に知られるところとなったからである。

しかし『憑霊信仰論』所載の「《呪詛》あるいは妖術と邪術」、「式神と呪い」などの論文に顕著なように、小松和彦のいざなぎ流研究が、「呪詛」信仰、「呪い」信仰といった一面に収束されていったこともたしかであろう。それはいざなぎ流を、「呪い」というおどろおどろしい世界に限定しすぎている、という批判も招いた。いざなぎ流といえば「呪い」という先入観を作ってしまったのである。

けれども、小松が「呪い」信仰の視角からいざなぎ流の世界に踏み込んでいったのは、「呪い」という言葉から受け取られる、エキセントリックな興味本位のものではなかったはずだ。「呪い」信仰の研究は「日本の《闇》の文化史」や「日本人の精神の奥底に潜む情念の世界」を解明することで、憑きものや異人、妖怪、民間宗教者といった多様なテーマともリンクしていく。それは先祖崇拝や農耕定住民といった「常民」世界に狭められた柳田国男以来の民俗学にたいして、民俗社会の深部にひろがる暗がりに照明をあてることで、民俗学を転回させていく、新しい動向を率先するものとなったのだ。(2)

いざなぎ流と「呪い」信仰との結びつきをもっとも鮮明に語るのは、その名もまさしく「すそ（呪詛）の祭文」である。小松が学会でそれを紹介したときに、あまりに物語がうまくできすぎているために、本人の創作ではないかと山口昌男が疑ったという、有名なエピソードがある祭文である。そこには、釈迦・釈尊の時代、人間界に何ゆえ呪いが始まったのか、それは誰がどのような方法で行ない、最後はどう処理したかという、きわめてスリリングな物語が語られる、文字どおり呪いの起源を語る祭文である。

『憑霊信仰論』以降、小松は「呪詛神再考」(3)という論文を発表し、祭文とそれが誦まれる「取り分け」という儀礼、さらに物部村の民俗社会における「すそ」という用語の分析を深めていった。「すそ」がたんなる攻撃的な呪い（邪術）という行為に限定されるものではないことを、「エントロピー」という人類学の概念をもちいて、共同体や個人の身体の秩序を解体していく、破壊的なエネルギーの問題へと普遍化していった。それは人類学の理論を応用して、いざなぎ流、あるいは物部村の「すそ」信仰を媒介に、日本の民俗社会のコスモロジーを解明した、一つの成果を示したものといえよう。

「呪詛の祭文」と陰陽道研究

ところで「呪詛《すそ》の祭文」は、いざなぎ流という、きわめて特異な領域の事例のように見なされてきたが、近年の陰陽道研究の進展のなかで、けっしていざなぎ流の専売特許でないことが、具体的にわかってきている。有名な『枕草子』の「物よくいふ陰陽師して、川原にいでて、すそのはらへしたる……」に見られる陰陽師の「すそのはらへ」儀礼と系譜的な繋がりがあることは、小松もすでに指摘しているが、さらに陰陽師が実際に行なった「河臨《かりん》祭」「呪詛祭」という呪詛祓儀礼が平安貴族の日記・古記録、史料のなかに多く見いだされ、[4] または密教僧と陰陽師が共同で行なう「六字河臨法《ろくじかりんぼう》」という呪詛祓（呪詛返し）の修法が密教の事相書（『阿娑縛抄《あさばしょう》』）に記されている。[5] さらに時代は下るが、陰陽道の宗家・土御門家の家司を務めた若杉家の「祭文部類」所載「呪詛之返祭文」「河臨之祭文」[6] には、いざなぎ流の「すその祭文」と共通するような表現も見ることができる。[7]

あるいは近世期の修験資料には「咒詛返之大事」（『修験深秘行法符咒集』巻七）といったものが伝えられ、また地方の神楽太夫、祈禱太夫たちのなかにも、奥三河の禰宜資料「咒詛返祭文[8]」、備後田中家資料「呪詛祭文之祓[9]」など、〝呪詛の祭文〟系統の祭文は、広く日本各域の宗教文化のなかに見いだすことができるのだ。また近世の地方陰陽師資料にも陰陽師が呪詛祓に携わる事例がある[10]。

目にふれることはそれほど多くはないものの、これらの事例は「呪詛」なるものが、いかに祈禱や呪術の根幹に深く根付いているかを物語ってくれよう。まさに「呪い」の宗教文化といってもよい。いざなぎ流の「呪詛の祭文」も、そうした祭文たちの系譜のなかに位置していることはたしかである。いざなぎ流だけが、なにも特異だったわけではないということを確認しておこう[11]〔補注1〕。

「取り分け」との相関のなかで

「呪詛の祭文」の物語は、小松和彦の紹介によって広く知られるようになったが、じつは、いざなぎ流太夫が伝える「呪詛の祭文」には、多数の種類があった。『憑霊信仰論』が紹介した祭文は「釈尊流」(釈迦流とも)と呼ばれるヴァージョンで、それ以外にも、「提婆《だいば》流」「女《おんな》流」「月読《つくよみ》」「日《ひ》読《よみ》」「西山法」「七夕法」など、多くの種類が伝えられている。それらを総称して「呪詛の祭文」と呼ぶのである。

いざなぎ流の「呪詛の祭文」が多くの種類をもつことについて、小松和彦は次のように説明している。

いざなぎ流の太夫たちは自分たちがたくさんの種類の「呪詛の祭文」を知っていることを誇示する。その理由は、自分たちがいかに多くの呪詛法を知っているか、ということは自分たちがそれに対処する法をいかに多く知っているか、ということを意味しているからなのである。[12]（35頁）

「呪詛法」とそれにたいする「対処する法」の多様化によって、多くの種類の「呪詛の祭文」のテキストが生み出された。その「対処の法」を実践する場が、「呪詛の祭文」が誦み唱えられる「取り分け」という儀礼である。基本的には、その場以外では「呪詛の祭文」は使われない。「呪い」の起源とその処理を物語る「呪詛の祭文」とは、太夫たちが「取り分け」という儀礼を遂行するうえで不可欠な祭文であったのである。したがって、「呪詛の祭文」を解読することは、「取り分け」儀礼の内容を理解することと不可分となる。

図36　取り分けで御幣を持ち、唱文を唱える太夫

「取り分け」儀礼については、これまでもたびたびふれているように、いざなぎ流の太夫たちが執行する家祈禱・宅神祭・氏神祭・山鎮め

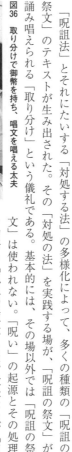

などの祭儀のまえに、必ず行なわれるものである。その目的は、祭儀の場となる家や神社、山々の周囲の「穢らい不浄」＝「すそ」を除去し、浄化することにあった。祭りのまえに「家の掃除をするようなもの」と説明する太夫もいる。具体的には、家、神社やその周囲、家族、氏子たちの身体に付着した「すそ」をミテグラという祭壇に寄せ集め、それを「呪詛の名所（御社）」に送り鎮めるという構造をもつ。「すそ」の送却儀礼といってよい。それを遂行するときの要になるのが、「呪詛の祭文」の読誦であったと、基本的には理解しておいていいだろう。

取り分け儀礼の現場から「呪詛の祭文」を読むこと。われわれはここで、「いざなぎ流」の中枢に位置する「呪い」信仰をめぐる諸問題に、これまでとはちがう視角からアプローチすることになるだろう。「呪術」を行使する者の内的な思想、論理とは何か、というテーマである。

2　「呪詛の祭文・釈尊流」の解読

呪詛は釈迦王と提婆の王の対立から生じる

小松和彦の紹介によって有名になった「呪詛の祭文」は、「呪詛」系統の祭文のうち、「釈尊流」（または釈迦流）と呼ばれるテキストである。それは「呪詛の祭文」の中心とな

るものという。まずは、小松が紹介した祭文のストーリーを抜き出してみよう。(13)

(1) 釈迦釈尊の御世、釈尊の妃が重病になった。神仏に七十五品の珍品を献ずるから妃の病いを治してほしいと願を懸け、さらに珍品を揃えたものに御世を譲ると言った。

(2) それを聞いた弟の提婆《だいば》の王が七十五品を揃え、約束どおり御世を渡せと迫ったが、百姓たちが「釈尊の子供が生まれたら、その子が七歳になるまでは提婆の王に御世を預け、そのあとは子供に渡すように」という提案をした。

(3) やがて妃に男の子が生まれ、釈迦王と名付けられた。七歳まで伯父の提婆の王が国を支配したが、その後になっても、彼は釈迦王に御世を返さなかった。返してほしければ、弓矢の勝負をしようと迫った。

(4) そこで提婆の王と釈迦王とは弓矢の勝負をしたが、釈迦王の矢は石の的、鉄の的、血刃の鍬の的を見事射抜いたが、提婆の王の矢は的から弾き返されてしまい、勝負に負けた提婆の王は髻を切り落とし、行脚の修行に旅立った。

(5) しかし、提婆の王の妃は、このことを恨みに思って、釈迦王を呪い殺そうと、神仏に祈って呪いを懸けたが、釈迦王には咎がないので呪いは効かなかった。それでも、妃は釈迦王への「因縁調伏《いんねんちょうぶく》」を続け、「逆さま川」に入って、天を仰ぎ、地に伏して水花を三度蹴上げ蹴下ろして呪詛した。

(6) そこを通りかかった唐土《とうど》拯問《じょもん》が「やってはならないことだ」と妃を諌めたが、妃は、「女の身でこうしているのは理由がある」と逆に「呪い調伏」を唐土拯問に頼んだ。最初は断ったが、ついには「たくさんの品物を揃えるならば」と調伏の実行を承諾する。

(7) 妃が多数の品物を揃えたので、唐土拯問は「今回だけはやってやろう」と、「逆さま川」に入り、七段の壇を作り、茅萱のヒトガタ人形を作り、それに着物を逆さまに着せ、逆さまに刀を差し、六道御幣を打ち振って、水花を三度蹴上げ蹴下ろし、天を仰ぎ、地に伏して呪い調伏をした。

(8) この呪いが懸かったため、釈迦王は重病に陥ってしまう。それで、釈迦王の弟子の一人で、占い上手の黄帝菩薩に「米占い」をさせたところ、「逆さま川」を通る唐土拯問に占ってもらえばいいと教えてくれる。

(9) そして唐土拯問に占わせると、釈迦王は提婆の王の妃の恨みを買って、因縁調伏を受けていると占い判じた。釈迦王は、病気を治してもらうために、「戻し調伏返し」「呪詛の一掃返し」を唐土拯問に依頼した。

(10) 唐土拯問は、多数の品物を要求し、それが揃うと「逆さま川」に入って、「南無呪詛神の一掃返し」を行なった。その結果、提婆の王の妃が重病に懸かったので、今度は妃のほうから呪詛の一掃返しの実行が依頼される。

(11)　唐土拯問は、それでは切りがないので「呪詛の祝い直しの法」を行ない、南無呪詛神を、日本・唐土・天竺の潮境にある「とろくの島の呪詛の御社」に送り鎮めた。

これは門脇豊重太夫の「釈尊流」（釈迦流）のテキストにもとづく物語の要約である。それにしても、人間世界に「呪い」が始まったのが、釈迦釈尊の家督相続をめぐる争いが原因であったとは、なんとも凄まじい設定である。釈迦王と家督相続をめぐって争い、負けた「提婆の王」とは、提婆達多《だいばだった》にもとづくネーミングらしい。提婆達多は、釈尊の従兄弟ともされる人物で、後には釈尊にしたがって出家するが、釈尊を妬み敵対し、三逆罪を犯した人物とされている。[14]いざなぎ流の「呪詛の祭文・釈尊流」は、仏典を利用しつつ、それを大胆に書き換えることで成り立っているといえよう。

呪い調伏を創始、処理した唐土拯問

しかし、この祭文のなかで、一番印象的なのは、提婆の妃と釈迦王との間に立って、両者に物品を調達させ、「呪い調伏」「因縁調伏」「呪詛の一掃返し」を請け負っていく「唐土拯問」という人物であろう。この人物は、いざなぎ流の太夫たちの「神話的形象」とされる。彼が行なってはならない呪法といいつつ「呪い調伏」や「呪詛返し」を行なっていることから、唐土拯問を始祖とする現在の太夫たちも同じように呪詛をしていたにちがい

ないと、スキャンダラスな視線を向けられる原因を作った人物でもある。けれども、これからの考察でわかるように、唐土拯問なる人物は、太夫たちにとって、とてつもなく大きな意味をもってくるのだ。

祭文の物語には、呪い調伏についての、いくつかのランクを作っていることが読みとれる。

◇提婆の妃自身による「呪い調伏」

◇妃に依頼された唐土拯問による「呪い調伏」「因縁調伏」

◇釈迦王に依頼された唐土拯問による「戻し調伏返し」「呪詛の一掃返し」

調伏法は利害の対立している当事者が行なうよりも、それを専門とする第三者に依頼するほうが効き目があること、さらに最初の調伏よりも、「調伏返し」「呪詛の一掃返し」といった、いわゆる呪詛返しのほうが、さらに強力であることが語られている。「かけてきた方術をただ返すのみではなく、その方術にもう一つ方術を加えて相手を傷めつけるところに呪詛返しの特色がある[15]」というわけだ。

祭文は、こうした調伏法の恐ろしさを物語った最後に、それを処理する方法を次のように語る。

◇唐土拯問による「呪詛の祝い直しの法」と「とろくの島の呪詛の御社」への送却

かくして「釈尊流」の祭文は、より強力な調伏法を実践しうる者こそが、その対処の法も知っているという、呪術をめぐる思想を打ちだすのである。そして呪詛を祝い直し、鎮め送ったという祭文の結末が、「すそ」をミテグラの元に呼び集め、「呪詛の名所」に送却する取り分け儀礼の目的に呼応していく。取り分け儀礼のなかで、この祭文を誦むとき、太夫たちは「唐土拯問」と一体化し、かつて彼が行なったように、自分たちも「すそ」を送り鎮めることができるわけだ。

その場合、呪詛神を送却する場所が、特別に「とろくの島の呪詛の御社」と設定されていることは重要だ。たとえば山の神は山へ、水神は川へ、と祟りなす神たちやその眷属は、祭文の廻向によって、元の住みかに送り返される。それが送却儀礼である。しかし、呪詛神の場合、元の住みかとは、憎しみや恨みを起こした本人の心である。本人のもとに呪詛神を送り返すのは、まさに「戻し調伏返し」「一掃返し」と同じこと、つまり報復行為となるのだ。だからこそ、唐土拯問は、呪詛神を送り鎮める場所として、直接の相手ではなく特別に「とろくの島の呪詛の御社」(呪詛の名所)を設定していくのである。

このことを受けて、太夫たちは、「釈尊流」の祭文を「唐土拯問への礼儀」として誦む。また唐土拯問が取り分け儀礼の「後ろ神」(守護神)となる。そこには「すそ」を処理してくれた唐土拯問を称える意味が込められていよう。「呪詛の祭文・釈尊流」は、「すそ」の発生とその処理の来歴を語る神話テキストといえよう。

こうした「呪詛の祭文」の主題は、他の太夫の所持するテキストからも確かめることができる。

……火の病になったきさき（提婆の妻）が再び「とおどおじよもん」に占ってもらい、調伏の返りの風が吹いたことを知り、再び一そう返しをしてくれと頼む。「とおどおじよもん」は、自分の法は木竹小木へ返せば木竹小木がこげ、岩に返せば岩が木の葉に散り、大地へ返せば大地がみじんに割れいき、子孫へ返せば子孫が自分とともに絶え行く法なので、一そう返しはしないと断る。きさきは、それなら「祝い直し」をしてくれと頼む。「とおどおじよもん」は、祝い直しもならぬ法だが布施があるならやってやろうといい、きさきは貢物を差し出す。それで「とおどおじよもん」は地を入れもの雲をふたほどの貢物を手に入れた……。（滝口弥久忠太夫「すそのさいもん」の要約[16]）

提婆の妃から、もう一度「呪詛の一掃返し」をしてくれと依頼された後に、その法はあまりにも強烈な力を発揮して危険だから、「祝い直し」をして「すそ」を収めたという結末である。

こうした「祝い直し」について、竹添喜譜太夫本「寿楚能《すその》祭文」では、天竺壱岐と対馬の唐土と天竺の境にいる「大はの王」（提婆王）、「大はのきさき」、「大は如来」（釈尊のこと?）を呼び、御世を元に戻し、膳のかわしをして納得し喜んでもらったと語られる。ようするに調停が成り立ったという結末である。また「すそ」そのものは、天竺まきが千本、荒木千本、ひいら木千本三千本の木の中に、こけが岩屋に「南無呪詛神」として誦み鎮めた（森安宮春太夫本「大わの本地」）という結末がつくテキストもある。[17] こうした「祝い直し」を語る物語が、「すそ」を「呪詛の名所」に送却していく取り分け儀礼の目的に適った祭文といえよう。「祝い直し」を語る祭文を誦むことで、文字どおり取り分け儀礼は完遂される。「釈尊流」の祭文が取り分け儀礼で誦まれる理由は、明確だろう。

しかしそれにしても、唐土拯問という人物の行為に焦点を当ててみたとき、たしかに彼が最終的には呪詛を処理したにせよ、初めに提婆の妃や釈迦王（釈尊）から呪い調伏、調伏返しを依頼されてそれを実行したという経緯は、どうも矛盾した行動のようにも見えてくる。自分で呪いを仕掛けておきながら、それを自分で処理していくという唐土拯問の行動は、自己矛盾に陥らないのだろうか。

当面していることは、じつはさらに奥深い難問に発展する。太夫たちの使っている「釈尊流」の祭文のなかに、「祝い直し」や「送り鎮め」のことがまったく出てこないテキストがあるからだ。そこに登場する唐土拯問は、ただ提婆の妃と釈迦王（釈尊）の間にたって、調伏法を仕掛ける人物であった。そこでの彼はまったく悪辣な人物としてしか語られない。中尾計佐清太夫が使っている釈尊流＝「尺寸《しゃくそん》《釈尊》がやしの祭文」も、そうした調伏返しの結末で終わる祭文であった。

「調伏返し」で終わってしまう祭文

計佐清太夫「尺寸がやしの祭文」のストーリーを要約してみよう。

(1) 昔、大権御世の御世渡しのときに、大権殿が言ったことに、五代の仏の御世（財産・所領）は釈迦如来が受け取るのがよいと提案したが、釈迦如来は子がなかったので、提婆の王（弟か）に相続させようとした。しかし提婆の王にも妻子がなかったので、西国仏の御世に参り、そこで見つけた美しい姉妹のうち、姉は身体に障害があったので妹の姫君を妻にすることにした。

(2) こうして仏の御世の相続は提婆の王に決まりかけたが、そのうちに釈迦如来の妻が妊娠した。提婆の王は、釈迦如来の妻が要求する食物を探してあげて、早く「御世」を渡してほしいと要求したが、釈迦如来は妻に子供（釈尊）が出来たので、釈尊が七歳になるまで待ってくれという。

(3) 釈尊が七歳になると、今度は弓矢の腕を競って、勝ったほうを世継にすることにした。成長した釈尊は伯父の提婆の王と弓矢の勝負をするが、提婆の王は負けてしまい、世継の権利を失った。

(4) これを怨んだ提婆の王の妃は、釈尊への恨みをつのらせ「大調伏」をしようと、唐土拯問の巫を雇って、調伏を依頼した。唐土拯問は調伏には大量の物入りであると、多くの物品を要求し、それが揃うと釈尊への因縁調伏を始める。すると釈尊はその術によって重い病いに罹ってしまう。

(5) 呪いが掛かったのを知らない釈尊は、唐土拯問に原因を占ってもらう。唐土拯問は自分が調伏したことを知らん顔して、釈尊にたいして、あなたは人から恨まれることをしていないか、これは調伏されているのが原因だと占い判じる。

(6) 釈尊は唐土拯問に大量の宝物を差し出して、「大調伏の調伏がやし」をしてくれるように依頼する。唐土拯問がそれを行なったので、提婆の妃は、二度と外出できないような「三病患い」に罹ってしまった。その病いを治す医者や巫者がいないというのは、このときの因縁（由来）によるものである。（中尾計佐清太夫「尺寸がやしの祭文」）(18)

前半の展開など、小松和彦が紹介した「釈尊流」（釈迦流）の祭文とかなりちがう。またここでは釈迦王ではなく「釈尊殿」が提婆の妃から呪われる相手になっている。だが、それよりも決定的なちがいは、結末部分だ。計佐清太夫本では、釈尊に依頼されて唐土拯問が「調伏返し」を行ない、そのために提婆の妃が重病に罹ったという場面で、バッサリ終わってしまうのだ。「すそ」の「祝い直し」や「とろくの島の呪詛の御社」に送り鎮めたという結末がない、「不完全」と思われるような物語であった。その結末部分の原文を引いておこう。

大長ぶく《調伏》の長ぶくがやしのごきねん《祈念》致してござれ、大ば《提婆》つれさせ給ふたつまのきさき《妃》へ、ちぢんかやらせ給ふて、一ま半しきならてにはれふし申してござれば、百人のみでし《弟子》そろえて祈れど祈が身合申さん、百八人のいしや《医者》がそろうてくすれどくすりが身に合申さん、百八人のきゆしよがそろうてきゆすれども、きゆが身に合申さん、にをうごんぜとも名づけたり、かあら人とも名付けたり、にをごんぜとわ何の事、川ら人とわ何の事、三病わづらい人にてうたがい《疑》処がわしません、今だがすじよ《衆生》につたえて三病わづらい、なおす、みこも、いしやも、きゆし、よもないと言ふのは其のいんねん《因縁》ともようまれたり

「大調伏の調伏返し」を仕掛けられた提婆王の妃は、百人の御弟子、百八人の医者、百八人の「きゆ」（意味不明）の治療によっても治ることのできない病いに罹る。それは「三病わずらい」（ハンセン病）という病名が付される。

この物語の結末は、取り分け儀礼から切り離して祭文の結末だけを見ると、咎のない人物にたいして呪い調伏を仕掛けると調伏返しを受けて、悲惨な末路に至るという教訓話めいたものに読めてくる。「三病わずらい」という不治の病いに罹るのは、そうした呪い調伏を行なった者の宿命なのだ、というように。計佐清太夫本の「釈尊流」の祭文には、「すそ」をどう処理したかということよりも、呪い調伏の恐ろしさを強調することが目的のようにも読めるだろう。取り分け儀礼の目的にとって、一番肝心なことが一切語られず、「大調伏の調伏返し」の絶大なる力を語って終わってしまうのである。

太夫にとっての「祭文」とは

それにしても、計佐清太夫の所持する「釈尊流」の「呪詛の祭文」は、何かの原因で最後の「祝い直し」の部分が脱落した、不完全なテキストなのだろうか。どうも、そうではないらしい。なぜなら、「祝い直し」を語らず「調伏返し」の絶大な力と、提婆の妃の悲惨な最後で物語が終わってしまうテキストは、計佐清太夫以外の、たとえば小松豊孝太夫本「呪詛の祭文釈尊流」、滝口弥久忠太夫「し屋く尊流」（最初に紹介したテキストとは別本）など、けっして少なくはないからだ。こうしたヴァージョンの「釈尊流」の祭文も、太夫たちのあいだで普通に使われている。

そして何よりも重要なのは、計佐清太夫自身が、自分が使っている「尺寸返しの祭文」

を不完全なものとはけっして考えていないことだ。事実、計佐清太夫は、この祭文を使って、自らが執行する取り分け儀礼を完遂させている。祭文の結末に、「祝い直し」や「送り鎮め」が語られていなくても、「すそ」を送却する取り分け儀礼の執行には、なんら支障は生じないのである。

あらためて確認しよう。「釈尊流」の祭文が取り分け儀礼のなかで誦まれるのは、「すそ」を送り鎮めるという目的を遂行するためであった。そのためには、祭文のなかに、「すそ」の発生とともに、それがいかに処理されたかという来歴が記されていなければならない。またそれを実行した唐土拯問の功績を称えることが、祭文読誦の目的となる。

しかし計佐清太夫の祭文は、唐土拯問が請け負った禍々しい呪詛の力は、なんら処理されることなく、呪詛の犠牲となる提婆の妃の惨たらしい最後で、物語は終末を迎えてしまう。それは儀礼の目的との合理的な結びつきをもたない、いわば「不完全」とも見えるような祭文なのだ。それなのにどうして、その祭文の読誦によって、すそを「呪詛の名所」に送却する取り分け儀礼が実現しうるのだろうか。ここには、われわれの抱いている、完結した物語の祭文と儀礼との合理的な結びつきとはちがった思考法が見いだせよう。

完結した物語という認識とはちがう、太夫にとっての「祭文」。儀礼のなかでの祭文読誦の意味。それを探りだすのは、やはり「取り分け」儀礼の現場のなかに降り立つしかないようだ。

3 「取り分け」儀礼の現場から

現在は宅神祭、氏神祭祀を行なう太夫がそのまま取り分けもしているが、かつてはその役割には分担があったという。取り分けをする太夫は神楽には携わらない、というように。たしかに現在でも、取り分けの儀礼と、家の神祭り、神楽とのあいだには厳密な区別が存在している。

たとえば神楽のときは、太夫たちは浄衣で正装するが、取り分けは普段着のままで行なうとか、取り分けを執行する場所は神棚のある部屋以外とか（新築の家での最初の取り分けは、外庭で行なう）、また祭儀には多量の御幣を必要とするが、取り分けで使う御幣を切る紙と、神楽のときの御幣の紙とはぜったいに混ぜてはいけないとか、かなり厳しい区別がされている。

したがって取り分けは、本祭祀、神楽のまえの準備といったいい方もされる。しかし計佐清太夫は、「取り分けがきれいにできなければ、神祭りもうまく進めることはできない」というように、その重要性を強調する。たしかに実際に取り分けの場に接していると、本番の神祭りや神楽よりも、準備と位置づけられている取り分けのほうに神経を集中させているようにさえ見える。それはとても本番まえのたんなる準備で片付けるわけにはいかな

図37　取り分けをしている太夫

いようだ。また、第三章でもふれたように、取り分けの遂行には、いざなぎ流呪術の中枢＝式王子も関わってくる。「呪詛の祭文」は、こうした取り分けの儀礼のなかで読誦されるのだ。

　では、「取り分け」はどのように執行されるのか。その現場へと赴くことにしよう。

供え・祭具・御幣

「取り分け」の執行には、数多くの供えや祭具、御幣が用意される。計佐清太夫が記した文章から、その内容、種類を見てみよう[19]。なお、以下は、昭和六十二年（一九八七）十二月、物部村別役《べっちゃく》の小松神社大祭（第一章、参照）に関して記されたものである（以下、資料Aと呼ぶ[20]）。

ずつまい。一枚揃。七ツノナリモノ。道タチカタナ（レイシャクボン）。
五穀、稗・粟・大豆・小豆・トウモロコシ。
三階みてぐら。切り飾り。四幣みてぐら。大ばの人形。
七貫七合、三合米、八合八勺の米。一斗二升一貫二百勺。

（資料A）

【ずつまい】「すそ」に供える、一種の供物のこと。具体的には、祭祀に関わる地域の氏子（宅神祭ならば、その家の家族、親族）の身体の「穢れ」にあたる爪とか、髪の毛、着物の糸くず、ほこり、また家の四隅から集めた土などをビニール袋や捻り包みにする。

【一枚揃】太夫による祭祀執行に賛同したこと（それを心揃えという）を示す金銭。穴の

図38　取り分けの祭壇　後ろが「法の枕」、前が「ミテグラ」。「大ばの人形」の幣が見える。

図39　大ばの人形の幣

あいた硬貨（五円、五十円など。昔は一文銭）が使われる。

【七ツノナリモノ。道タチカタナ（レイシャクボン）】これは儀礼を行なう太夫の道具となるもの。祭文や唱え言を誦むときに鳴り物としてもちいられる楽器だが、実際には割れた茶碗や皿（レイシャクボンと呼ぶ）を錆びた釘、鎌（これを道タチカタナ＝道断ち刀と呼ぶ）などで叩いて音をたてる。

【五穀、稗・粟・大豆・小豆・トウモロコシ】これも「すそ」に供える食べ物。少量の稗・粟・大豆・小豆・トウモロコシの「五穀」を茶碗に入れ、家の雨垂れ落ちのところで黒焼きにしたものを紙で包んでもちいる。黒焼きにすることについて、計佐清太夫は「灰となった五穀が生え出るまでおどろくな（目を覚ますな。外に出てくるなの意味）と鎮める」と説明している。

このように「取り分け」では、「すそ」なるものが神格化され（「南無呪詛神」と呼ぶ）、それにたいする供物が用意されることが見てとれる。取り分けは、「すそのお祭り」でもあるのだ。本祭祀のまえに「すそ」を祭り鎮めておくことといってもよい[21]。

そこから、次に「すそ」を祭り鎮めるための二つの祭壇が用意される。一つは「みてぐら」。もう一つが「法の枕」である。

【三階みてぐら。切り飾り。四幣みてぐら。大ばの人形】これが祭壇の一つ「みてぐら」にあたる。「みてぐら」は普通は小型のものが使われるが、小松神社の大祭などの大規模の場所では「三階みてぐら」(三階層のみてぐらともいう)がもちいられる。

標準型の「みてぐら」の作り方を見てみよう。

まず直径二十センチぐらいの藁の輪を台座にして、そこに四本の柱にあたる「四幣みてぐら」を立てる。また「四幣」よりも大きめの「大ば《提婆》の人形」の幣が正面に立てられる。いうまでもなく、「呪詛の祭文」で呪い調伏発生の大元となる提婆の王を象る御幣である。「すそ」の根源の幣といってよい。さらに「みてぐら」の藁の輪のうえに「花べら」という花の形に切られた色紙、四幣のうえを天蓋のような覆いの紙をかぶせる。

一方、大祭に使う「三階みてぐら」の場合は、藁の輪を三つ用意して、下段には大荒神(青色紙)・山の神(赤色紙)・水神(紫色紙)・すそ(桃色紙)・四足(赤色紙)・疫神(青色紙)・六道(白色紙)の御幣を立て、中段には山みさき、川みさきの御幣、上段には四本の四幣を下から突き通す形で立てる。そしてそのうえに「不動五大尊」の幣をかぶせる形になっている。提婆の王の幣が高く立てられた、その「みてぐら」にこそ、人々に災いをもたらす「穢らい不浄」としての「すそ」が呼び集められるわけだ。まさに「みてぐら」(幣帛)である。

もう一つの祭壇が「法の枕」(「諸物」ともいう)である。そこにもちいられるのが、【七貫七合、三合米、八合八勺の米。一斗二升一貫二百勺】と、祭祀の規模によっていくつかの種類にわけられる米である。その米を丸い形の入れ物(昔は曲げ物の桶を用いたという）に入れて、その中心に「高田の王子」という式王子の幣を立てる。そして儀礼の進行にあわせて、その手前の位置に、天神の祓幣・大荒神幣・山の神幣・水神幣・天下小（天刑星）幣・四足幣・呪詛幣を立てていくのである。

「法の枕」の用語は奥三河の花太夫の祈禱資料にも出てくることが指摘されているが、[22]その働きは文字どおり、「法力」を駆使していく太夫たちの枕（元）となる祭壇といえよう。だからこそ、太夫たちの法によって使役される式王子の一人＝高田の王子幣が法の枕に立てられるのである。

なお、取り分けで使う御幣を切った紙屑、串の竹の切り屑も、そこに「すそ」などの不浄のものが宿ってしまうので、まとめて「みてぐら」のなかに収めていく。実際、切り屑が散らばっていると、家の人がそれを怖がって触らないようにしている姿を、いく度か見かけた。

取り分け儀礼はどのように進行するか

以上の準備が整ったら、いよいよ「取り分け」が始まる。それはほぼ一日がかりで行なわれるものだ。その儀礼の様子は、外から見ているぶんには「法の枕」「みてぐら」のまえに座した太夫が、聞き取りにくい声で祭文や唱え言を誦み唱えていく（時々、錫杖や鳴り物がならされる）だけで、それほど動きがあるわけではない。しかし、コトバで儀礼を作り上げていくいざなぎ流にとって、問題は、太夫の口を通して誦まれる祭文や唱文の内容そのものにあった。「呪詛の祭文」がその中核に位置することは、いうまでもないだろう。

取り分け儀礼はどのように進行していくのか。そして「呪詛の祭文」は、どこで誦まれるのか。次に、計佐清太夫の書き記した「取り分け」の次第を見てみよう（以下、資料Bと呼ぶ[23]）。

㈠　けがらいけし。
㈡　こりくばり。
㈢　祓い。五ツか七ツか。式《四季》の歌神途《神道》。で神迎へ。
㈣　みてぐら祈り。
㈤　祭文。えぶす《恵比寿》。荒神。地神。どんくう《土公》。伊誁《奘》諾。山の神。水神。天神。七ツの祭文を読む。「天神の祭文は鎮めを頼む也」縁切り祈り。読割祈。たたき集祓い集め。総縁切り祓い集めて。唐土拯問の尊（太夫）様に頼んで。御九じ。を見る。御九じが揃えば。唐土拯問の（太夫）に礼儀として尺寸返しの祭文を読む。又縁切りをする。そして。九じを見てよろしければ。送り鎮めを。高田の王子様に頼んで送り鎮める。

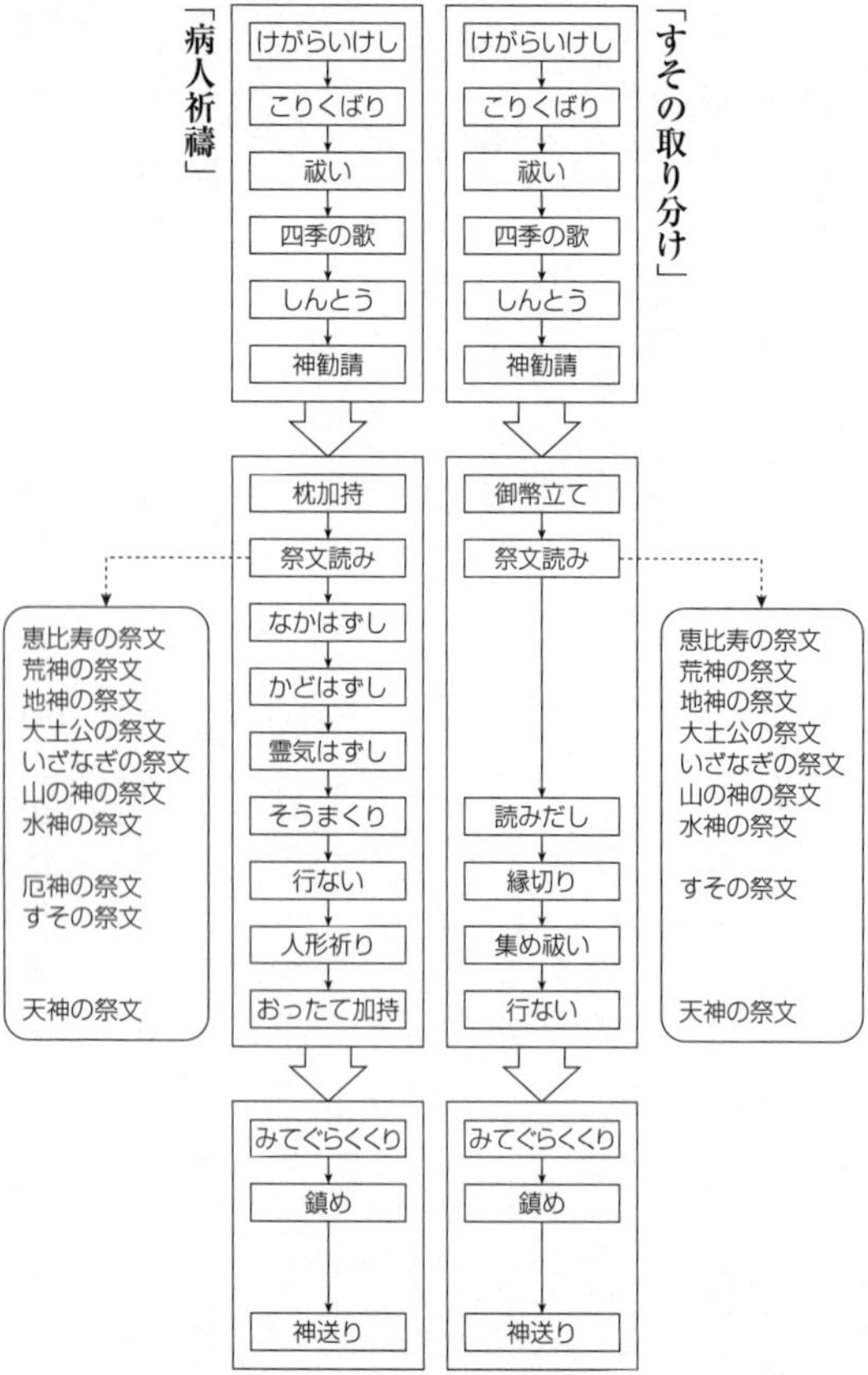

図40　取り分け儀礼と病人祈禱との対比

（高知県立歴史民俗資料館『いざなぎ流の宇宙』より）

（必伝アリ。九天《口伝》アリ。家伝アリ）
神送り以上となって居ります。（資料B）

「呪詛の祭文・釈尊流」の読誦は、儀礼進行の㈤のパートで、いざなぎ流の「七通りの祭文」と呼ばれる、恵比寿・荒神・地神・土公神・伊奘諾・山の神・水神の祭文、そして「天神の祭文」が誦まれた後に、「唐土拯問の（太夫）に礼儀として尺寸返しの祭文を読む」と記されている。「尺寸返しの祭文」が「釈尊流」に当たる。「釈尊流」の祭文は、「唐土拯問の（太夫）に礼儀として」誦むわけだ。

それにしても「すそ」を送却するための取り分け儀礼のなかで、どうして「恵比寿の祭文」以下の、多様な神々の祭文が誦まれるのだろうか。取り分け儀礼は、われわれの想像をこえて、かなり複雑な構造をもっているようだ。以下、儀礼の進行を追ってみよう。

㈠【けがらいけし】まず儀礼を執行する太夫自身の身の穢れを、きれいにする唱え言を唱えていく。途中で休憩し、ふたたび儀礼を開始するときにも、まず「けがらいけし」が唱えられる。

㈡【こりくばり】一種の神勧請の唱文。日本各地の代表的な神祇から始まって、旧物部村の各所に祭られる神社の神々、あるいは巫神たちの名前をあげ、これから行なう取り分け儀礼の「たしかな前立て、後ろ立てを頼みまいらする」と、加護を祈るのが目的である。

㈢【祓い。五ツか七ツか。式の歌神途。で神迎へ】複数の祓えの唱文[24]を唱え、さらに神仏の来臨を請う。「式（四季）の歌」は、季節の美しい様子を歌うことで、それに誘われて多くの神々が来臨することを祈るものだ。目的としては「こりくばり」と同じだが、「こりくばり」は「神々様に取割の次第を行ふ事を案内をする事」という神々への呼びかけ、そして「四季の歌、神途（神勧請）」は「準備が整《トトのへ》が出来ました。是から取割が始まる来て下サイ」（資料A）と実際に神々の来臨を迎える段階、というように太夫は区別している。

㈠から㈢までは、取り分けを始める準備段階で、儀礼の進行を守護してもらう神たちを迎え入れるパートである。それは最後の「神送り」とも対応しよう。したがって、取り分け儀礼の中心は、神迎え／神送りに挟まれる形で執行される㈣、㈤にあるわけだ。

相手どるのは「呪詛」だけではない

㈣【みてぐら祈り】取り分けがここまで進行すると、太夫は、今まで横に並べてあった御幣――天神の祓幣・大荒神幣・山の神幣・水神幣・天下小幣・四足幣・呪詛幣を手に持ち、それをユラユラと振りながら「御幣立て」という唱文を唱え、やがてそれを一本ずつ、「法の枕」のなかに立てていく。そこに高田の王子幣を中心とした、神々のパンテオンが現出するのだ。その「御幣立て[25]」の唱文を見てみよう。

(1)幣で飾れば、ここはへぎが元ともなり給ふ。幣で飾れば、ここは伊勢ワしゅんめい《神明》、高天原、御祈禱殿の舞台となり給ふ。

(2)幣で飾れば、ふまぬし《主》氏子へ取りては、十二が方から神の位を取りたる、神等仏の位を取りたるか御尊等、高き大神、ひけき小神、山の神王大神、木竹に木霊の荒神、半徳水神か、末代金神、はぐんさす神、大金神のごいぜん様から、おしか《叱》り前が強くに御座れば、命の立替え、身の立替、身がわり、ひけいに、へぎや飾りてまいらする身はだ《肌》は、離れて、眷属集めて白紙御幣、花べら、花みてぐらへみ遊び用合《影向》成り給へ。

(3)幣で飾れば、ふま主病者へ取りては、十二が方から空を通れば、通り者、むつら《六面》王、八つら《面》王、にゃ、やぎりやぎよ《夜行》し人、空のおじやに天の魔群、さんかの四足、しばきぐう、くひん《狗賓》化け者、山主魔性、川主魔性、木竹のけしょう、魔群ましょう、山みさき、川みさき、道みさき、王のみさき、王元守目の祓うた守目のみさき、おんごんなされたおんごんみさき、ちょわいなされたちょわい神、しほれ神、しほれ仏、三万三千五百十四人童子に落神、ちり眷属、節神昔、中頃、今当代の、なむすそ《南無呪詛》神祇に、ほのうのみさき、ゆうたか、ゆうたかみさき、いぬ《狗》神、さる《猿》神ざるまわし、敷法きるま、すいかん、長縄、四足、生霊、死霊、じゃまん外道に、りょげりょうみさきに、行合強くに御座れば、命の立替、身の立替に白紙御幣、花べら、花みてぐらも取りとう立て、ひけいによらめて出でまいらした、身はだ《肌》を離れて、はだよを離れて、眷属集めて、白紙御幣、花べら、花みてぐらへさらさらみ遊び用合《影向》成り給へ。

リフレインされる「花みてぐらへさらさらみ遊び影向成り給へ」の詞章。ここで行なわれるのは、「すそ」にたいして、人々の「身肌を離れて、肌よを離れて」、このミテグラの元に集まってこいという呼びかけであった。

しかし注目されるのは、ここで呼びかけられる相手が、いわゆる「呪詛」に限定されていないところだ。たしかに取り分け儀礼の目的は「すそ」（呪詛）への対処にあり、だからこそ「呪詛の祭文」が誦まれる。(3)のパートに「昔、中頃、今当代の、南無呪詛神祇」とあって、神格化された呪詛のことが出てくることも確認できる。けれどもそれ以上に、今、ミテグラのもとに呼び集められる相手は、膨大な数と種類の神々であり、その眷属たちであった。それらのなかに呪詛神の姿は埋もれてしまうほどだ。ここでは取り分け儀礼で相手どるのが、単純に「呪詛」として限定されないことを確認しておこう。いざなぎ流における「すそ」という概念のひろがりが見えてくるのだ。

いったい、「すそ」を相手取る取り分け儀礼のなかで、どうしてかくも多数の神々や眷属たちが寄せ集められるのか。このことを理解することが「取り分け」の勘所となるはずだ。以下、唱文を読み解いてみよう。

(1)「へぎ」は、薄く削りとったままの板で作った折敷（角盆）の古語。神々に供える供物の乗せる折敷から、供えそのものの意味に転じたと理解できる。数々の幣が立てられた「法の枕」（あるいはミテグラ）は、「伊勢は神明、高天の原」と同じ祈禱殿の舞台へと見なされていく。そこに神々の来臨を請う。「取り分け」が、一つの神祭祀のスタイルをもつところだ。しかし、ここに迎えられる神々は、(二)「こりくばり」や(三)「神勧請」で迎えられた、儀礼を守護する神たちとはまったくちがう存在であった。

(2)「ふま主氏子」とは、法の枕や、その他神々の供物となる「ふま」（米）を用意して、儀礼執行を太夫に要請した者である。したがって、飾り立てられた幣のもとに「み遊び影向成り給へ」と、寄せ集められる「高き大神」「ひけき小神」たちとは、「ふま主氏子」にとって、「お叱り前が強くに御座れば」といった祟りや災いをもたらすような荒ぶる神たちであった。取り分けのミテグラに寄せ集められるのは、人々にとって、災いの元となっている神霊たちなのだ。そこには山の神・水神・荒神とともに、「金神」「はぐん指す神」という、陰陽道の方位の神たちも登場する。「艮・鬼門」（金神）、「阿津智神の方位」（指す神）といったもっとも恐れられた神たちだ。

それらの「お叱り」が強い神々が人々の「身肌」に憑依していたら、「身肌」から離れて、「へぎや飾りてまいらする」この舞台のもとに集まってくれと呼びかけていく。神々に献じられる「ひけい」（供物）は取り憑いた「ふま主氏子」の「命の立替え、身の立替」となるわけだ。

さらに「眷属」たちにも呼びかける

「お叱り前が強くに」ある神たちに、さらに自らの眷属をも引き連れてくることを懇願する。(3)のパートは、その眷属たちの姿である。引き連れられる眷属とは、多様な妖怪・動物霊・生霊・死霊といった魔群魔性のものたちであった。ここには「夜行神」「芝天狗」「狗賓の化け物」「狗神」「猿神」などメジャーな妖怪、動物霊も見えるが、物部特有な存在も見ることができる。

たとえば「六面王《むつら》」「八面王《やつら》」は、それぞれ頭と尻尾が六つ、八つある大蛇の怪物である。古代神話のヤマタノオロチにも通じようが、物部村には、この大蛇の妖怪の伝承が、とくにいざなぎ流の太夫伝承と重なって伝えられている[26]。

物部村の山々には、そうした魔物たちが多数棲息していた。人々が彼らに不都合なことをすると、それらは人々の「身肌」に憑いて、人々を病いに陥れる。そうした魔物たちは、神々の眷属として認識されていたのである。人々がそれらに「行合強くに御座れば」すなわち山のなかなどで出会い、取り憑かれ、魅入られて病気になったならば、その「病者」の命の立て替えとして、この祭壇（ミテグラ）が用意されたということになる。だから病者の身肌を離れて、ここに「み遊び影向成り給へ」と呼びかけていくわけだ。

「眷属」を呼び集める(3)の冒頭が「ふま主病者」となっているように、儀礼の依頼主は「病者」とされている。もちろん実際に病人がいるかどうかは別だ。それを仮定して、取り分けを行なうのである。それは人々と神々、その眷属たちとのあいだに「曇り」や「隔て」が生じ、病気が引き起こされることを前提に、取り分けの儀礼を行なうことを意味する。そして実際に個別的な「病者」がいれば、この取り分けの方法を使い、病人にたいする祈禱へとシフトさせることができる。いざなぎ流の病人祈禱である。病人祈禱の次第が、取り分けの基本構造をもとにして作り上げられていることは、すでに指摘されている[27]（三〇二頁**図40**、参照）。

なお「御幣立て」のあとに「あるじ祭り」と呼ばれる次第が挟まれ、太夫は米つぶをまき散らしながら、「あるじ」＝「東方木の神。南方火の神。西方土の神。北方兼（金）の神。中方水の神」（資料A）を祭る。まさに陰陽道の五行神ということになろう。また「十二社権現」として「祇園様のけ《（眷）》ンぞ《属）》く。四百四病役《（疫）》神。川の色くず。山の色くず。山里。川里。神里（色くずと云ふ事は。書く事は出来ません）」（資料A）という、秘密の次第も挿入されていった。

太夫自身をガードする呪法

ミテグラの元に勧請される眷属の膨大な種類、数の多さには驚くほどだが、ともかく一つも残さず拾い集め、送り返すという太夫の意思があらわれているところだろう。計佐清太夫によれば、取り分けのときは、ただ高位の神たちだけではなく、それが引き連れる数多くの眷属たちにも、一つひとつ「声をかけてやる」ことが大切だという。また伊井阿良芳太夫は、取り分けのときは「何が出てくるか（何が人に憑依し災いになっているか）、祈ってみないことにはわからない」という。太夫たちは、「取り分け」という儀礼によって、そうした不可視の存在とコミュニケーションをとり、さらに予測しえない精霊、魔性魔群の世界を奥深く探索していくわけだ。それはじつに、何と遭遇するかわからない、きわめて危険な儀礼実践ということになろう。

その過程で、太夫たちが密かに、自身の身をガードする呪法を行なっていたことを確認しておこう。このとき、次のような重要な呪法を行なう。

霞《カスミ》の印を結すんで。みてぐらと。太夫の間を曇らせて見えない様にする。隔の大神様を行い降す。何の障りも。悪事。呫《（すそ）》。役神ニ印で隠レること。（資料A）

「取り分け」儀礼において、人々に取り憑き、災いをなしている物と向き合う太夫。へたをすれば自分自身の身体に取り憑いてしまうかもしれない。そこで太夫は「みてぐら」と自分とのあいだに「霞」、「隔」を作り、向こうからこちらの姿が見えないようにする。そこで用いられるのが「隔の大神様」。この「行い降す」の表現は、太夫たちが式王子（式神）を召喚し、使役するときの決まり文句である。「隔の大神様」とは、そうした式法の神であった。秘密裏のうちに式王子の一種が、太夫の身をガードする神として使われているわけだ。また「印」を結んで、こちらの姿を隠す。それは唱文や次第として書き留められない、まさしく太夫が儀礼の進行過程のなかで密かに行なう技といえる。取り分けは、太夫にとって、「何が出てくるかわからない」といった緊張極まりない儀礼実践の現場であったのだ。

「よつれ、もつれ」の不浄を取り分け、送り返す

さて、以上のように、膨大な数と種類の神々や眷属たちを相手どるのは、取り分け儀礼における「すそ」という対象が、いわゆる呪い調伏に限定されていなかったことと通底していく。また先に紹介した「釈尊流」の祭文のなかに、提婆の妃が神仏に祈願して呪詛をかけたというシーンがあったように、呪いの祈願の対象とされた神々が、人々にとっては「曇り」や「隔て」となり、災いをもたらしていたことも考えられる。ともあれ、取り分け儀礼は複合した「すそ」を、まさしく取り分けていくわけだ。太夫は「穢らい不浄」のものは「よつれ、もつれ」の状態にあるととらえている。

「よつれ、もつれ」とは、お叱りの神々や眷属たち、魔性魔群のものが、複雑に絡み合っている状態を意味する。災いの原因が、文字どおり複合している状態である。したがって、取り分けとは、そうした複雑に絡み合っている多くの「穢らい不浄」を、それぞれ一

つずつ分離して、選り分けていくのである。

ここでわかってこよう。「よつれ、もつれ」の状態の災いの元を一つずつ分離していくなかから、最終的に、もっとも厄介な相手、すなわち呪い調伏で発生した呪詛へと至りつくのである。

ミテグラに集められ、取り分けられた穢らい不浄のものは、次に、それぞれの元の住みかへと送り返してやる。すなわち送却儀礼である。そのときに発揮されるのが「祭文」の読誦である。

> 祭文で神ハ社殿。仏ハ仏殿。山の神ハ山え。水神ハ川え。役神ハ病神ハ南方枯木が如郷殿の元え。四足ハ（山の四足ハ山え。川の四足ハ川え。生良《生霊》四足ハ。元の五尺の体え。死の四足ハ元三尺四面墓え）。（資料A）

人々の身肌から離れてミテグラのもとに呼び集められた神たち、眷属たち。人々にたいして「お叱り」する、祟りなす存在。祭文の読誦は、そうした神々と眷属たちを「廻向」し、それぞれの本来の住みかに送り返すことが目的であった。「よきよろこびで。送りに着と云ふ」（資料A）ということになる。それを果たすのが、祭文と「りかん」のコトバであった。第一章の「山の神の祭文」に付された「りかん」を想起しよう（七一頁、参照）。

「りかん」のコトバによって、山の神は、祭文に語られたとおりに、自分の眷属すべてを引き連れて本来の居場所へと帰っていく。「山の神ハ山え」である。七通りの祭文読誦は、そうした廻向と送却の働きをするわけだ。なお「資料B」の次第で、「天神の祭文」が別枠になっているのは、天神という神格が、そうした送却儀礼の対象ではないことを示唆する。それは「天神の祭文は鎮めを頼む也」の文言に対応しよう（この点は、第五章で詳述する）。

さて、こうした諸々の「お叱り」の神々、眷属を送り返したあとに、いよいよ最後の「呪詛神」の送却へと進行していく。

すそハ（トウドジョモンノ。タテオイタすそノ名所エ。）（資料A）

唐土拯問の設立した「呪詛の名所」への送り鎮め。それを果たすものこそ、「呪詛の祭文」にほかならなかった。

4 「南無呪詛神」の来歴をめぐる祭文

人々に災いをなす魔性魔群のものたちをミテグラの元に呼び集め、そして祭文と「りかん」の読誦によって廻向し、送却していく。こうして進行していく儀礼のなかで、太夫が最終的に突き当たるのが、呪詛そのものであった。七通りの祭文を誦み終わり「御九じが揃えば」、いよいよ「呪詛の祭文」が誦まれる次第に入る。「唐土拯問への礼儀」としての祭文読誦である。

ところで、最初に確認したように、いざなぎ流の「呪詛の祭文」には何種類かの祭文がある。「唐土拯問への礼儀」として誦まれるのは「尺寸《（釈尊）》返しの祭文」（釈尊流）である。だが、それを誦むまえに必ず読誦されるのが「呪詛の祭文・提婆《だいば》流」の祭文であった。

悪霊としての提婆の王

「提婆流」の祭文とはどのような内容なのか。なぜそれが「釈尊流」のまえに誦まれるのか。ともあれ、その祭文を解読していこう。

(1) 大ば《（提婆）》の王わ日本でいるべ切るべのいくさ《（戦）》にまけ《（負）》られて、日本を立ちいで西にくろくも東にくろくも立ておいて、山が七里川が七里海が七里三七二十一里わしや《（叫）》けばせ給ふて、人間す上《（衆生）》犬猫牛馬ちくるい《（畜類）》にいたるまで、みな我等が千丈取りこに取りほそうよのうとわ申して、しやけばせ給ふござれば、

(2) 日天二たの日月将軍様がききつけ申して、そこをしやけぶは大ばの王でわないかよ、

それでわもんぶ《凡夫》の氏子がたすかるようもあるまい、三丈さがりてねがのたくせんみこ《託宣巫》にかかりて、ねがい《願》のたくせん《託宣》をろすがよかろうものよと申してござれば、三丈さがりてねがいのたくせんみこ《巫》にかかりて、ねがいのたくせんをろいてみまいらすれば、東方ひでぐえどころによもぎの柱を立て三尺四めんのいたづり社の御てん《殿》をみがいて、月々日々大々祭をたまわるなれば、ひろくにゆる《許》そう、

(3) それでわもんぶの氏子のためにわこともよなが《夜長》にござれば、神の前にわちんじゅう《鎮守》んどう《堂》、仏の前にわほうじんぐう《宝神宮》、中にははなわらちんじゅうとゆはいてまつり《祭》をとらいようものよと申して御座れば、

(4) いまたがす《衆生》上へつたわれもうして、神の前ニはちんじゅうどう仏の前にはほうじんぐう、中にははなわらちんじゅと祝ふて言ふのもそのいんねん《因縁》、ともようまれたり。

(計佐清太夫「すその祭文大ばりう」[28])

例によって、意味不明のコトバも多いが、次のようなストーリーが読みとれよう。

(1)日本での戦さに破れた「大ばの王」(以下、「提婆の王」に統一)が、日本を去って、山が七里、川が七里……と叫んで、人間や牛馬までもとり殺そうと叫んでいたので、(2)日天二体の月日の将軍がそれでは人々が助からないと、託宣をする巫に願いの託宣を降ろしたところ、巫に提婆の王の霊が憑依し、東方に御殿を建てて、月々日々に大きな祭りをして

くれれば許そう、と託宣した。(3)それでは氏子がたいへんなので、神の御前に鎮守のお堂、仏の前に宝神宮、中にははなわら鎮守として祭りをして差し上げると交渉して、それで許された。(4)今に至るまで、提婆の王の霊を鎮守のお堂、仏の宝神宮で祝い祭っているのは、この因縁(由来)である——。

このストーリーからは、人々に災厄をもたらす悪霊が巫覡に憑依して、災いを鎮めたければ、自分をこのような方法で祭れと指示する構造が抽出できる。それは『古事記』『日本書紀』に出てくる大物主の伝承や、神功皇后の伝承、あるいは「竜田風神祭祝詞」のなかにも見いだすことができる、祟り神を祭り鎮めるときの、一つの様式化されたスタイルといってよい[29]。

それにしても、呪詛神を相手どる「取り分け」儀礼の最初に誦まれる「呪詛の祭文」は、なぜ「提婆流」なのだろうか。そしてそもそも「提婆の王」とは何者なのか。なぜ彼は人々を死に至らしめる災厄を撒き散らす悪霊となったのか。

「提婆流」の祭文の物語からは、その理由は読みとれないのだが、じつはこの祭文は、「釈尊流」の祭文の後日譚的な内容になっていた。悪霊となる提婆の王は、甥の釈尊(釈迦王)との間に起こった御世相続の争いに負けて、その恨みから人々に災いをもたらすのである。冒頭の「提婆の王は日本でいるべ切るべの戦さに負けられて」とは、その争いに対応していよう。そして、「すそ」を呼び集めるミテグラに高々と立てられる「大ばの人形」とは、まさしく提婆の王を象った御幣であった。祭文の物語世界と儀礼の場の祭壇とが見事に呼応するわけだ。

取り分け儀礼で鎮められる「すそ」。その根源に位置する「提婆の王」。だからこそ、それを鎮めた来歴を記す祭文＝「提婆流」が、何よりもまず誦まれる必要があったわけだ。だが、問題はさらに奥にひろがっていく。

託宣儀礼と弓祈禱

提婆の王が悪霊と化して人々に災厄をもたらすことは、「託宣の巫にかかりて……」という、託宣儀礼によって発覚する。計佐清太夫本では、その託宣に至る作法などは詳しく描かれていないが、別の太夫のテキストでは、そこが詳細に語られるものがある。人々に災厄をもたらす「提婆の王」の鎮めが、いざなぎ流の託宣法と関わることがわかってくるのだ。

旧物部村市宇《いちう》出身の小松豊孝《とよのり》太夫の「提婆流」の祭文を見てみよう。

月日の将軍様から示現おたく《(託)》がござるに、釈迦如来は前成るゴンザの川え祈り入り用合《(影向)》召《メサ》れて、七丁木半白葉の真弓お張り伏せ、元はす金剛界えは、氏神ゴンゼお行い下ろいて、末《ウレ》はず台蔵界えはミコ神ゴンゼお行い下ろいて、一とや重ねのおござの紙は三神如来のおござの紙とはまねませ給ふて、一とや重ねの御ござ紙は本代如来のおござの紙ともまねばせ給ふて、四寸二歩のモヂ竹は九万九千の天の星の命子《ミコ》ともまねばせ給ふて、おり紙大小神祇は村では一社の氏神様ともまねばせ給ふて、一尺二寸のブチ竹は大山不動の利剣の棒ともまねばせ給ふて、ナイデンナル神四方ミヂンと打ちや鳴いて、祈念の御祈念なされば、提婆の王がよりに附かふぞ……。

（「呪祖《（ママ）》の祭文提婆流」[30]）

「提婆の王」の託宣を聞きだすのは、「七丁木半白葉の真弓」を使った弓祈禱としてあった。「釈迦如来」が弓をたたきながら、神懸かりしていく儀礼である。祈禱に使う弓の元筈、末筈、弓を括りつける箱の台座、弓をたたくときの竹にそれぞれ神が降りてきて、それに守護されて「祈念の御祈念」をすれば、その体に提婆の王が降りてきて、祭り方を指示していく。

さらに提婆の王から聞きだした祭り方をめぐって「それでは凡部の氏子のためにはことも夜長にござれば……」と交渉していく場面についても豊孝太夫本は、次のように叙述する。

と告がわせ給ふに、相取り日のしやく《（尺）》日取の申され様には、其れは大儀にござれば……

（同前）

弓をたたきながら提婆の王の霊が乗り移った「釈迦如来」にたいして、交渉していくのは「相取り日のしやく日取」という役目のものであった。

弓をたたきながらの神懸かり。そして託宣を聞き出し、交渉していく「相取り日のしやく」の存在。この物語展開には、いざなぎ流太夫の執行する託宣儀礼の場が写しとられていたのである。すなわち弓をたたきながら神や霊、仏を降ろす「本役」の太夫と、それから神や霊の要求を聞き出し、交渉し、取り次いでいく「相取り」または「日の尺」と呼ばれる相方の太夫による、二人ひと組みで行なう託宣儀礼の場面である。現在では行なわれなくなったが、かつては頻繁に執行されていた、病人祈禱の一つである「祈念祈禱」（弓祈禱）という儀礼がここに見てとれるわけだ[31]（断章2、参照）。

さらに、この祭文からは、いざなぎ流の太夫が「弓祈禱」（あずさ神子）を専門に行なった「博士」系統の宗教者にあったことが確認できる。弓祈禱は、近世期に諸国陰陽師を支配した土御門家から禁止事項とされた行為である[32]。そのために、弓祈禱を行なった博士たちは、土御門家の支配する「陰陽師」には入らなかったらしい。そこから、「いざなぎ流の出自が近世の途中からの土御門陰陽道に起源をもつものではなく、それより以前の中世の博士にルーツをもつ[33]」と見なすことができよう。

また神霊が寄り憑く「本役」と、託宣を導きだす「相取り」（日の尺）とのペアになって行なわれる託宣儀礼のスタイルは、岩田勝が指摘した「セット型シャーマニズム」の構造と対応することは明らかだろう。[34]「神がかる巫者―神がからせる司霊者」というペアの関係で進行していく祭儀のシステムである。それはシャーマンが単独で神懸かりして、託宣したり、病気治療したりする「単独型シャーマニズム」にたいして、もう一つのシャーマニズム儀礼の形態であった。

さて、以上のような小松豊孝太夫本の「提婆流」の祭文からは、「すそ」の根源としての提婆の王が、神懸かりの託宣儀礼によって、その悪霊としての正体が明かされたという構造が見えてくる。「提婆流」の祭文とは、「すそ」なるものの根源を察知した託宣儀礼の起源譚でもあったわけだ。[35]だからこそ、「すそ」を相手どる最初の祭文は「提婆流」でなければならなかったのである。儀礼の進行からいえば、まず「すそ」の素性を解き明かすことが最初のステップとして置かれるからだ。

さらに「調伏法」の種類を探りだす

しかし「呪詛の祭文」は「提婆流」だけではない。取り分け儀礼の進行では、「提婆流」に続いて、さらに複数の「呪詛の祭文」が誦まれていく。「月読の祭文」「日読の祭文」と呼ばれる祭文である。

(1) 正月子の日に、子の年の者が子の方一生一代いかずが方え参りて、地がたき[仇]、ねがたき、ねんじ《念》るかたきが、あるよと申して、火をうち《打》かけて、がげうちかけて、王《大》のさ《麻》うちかけて、むこうな相手のきもさき三寸ちばな《血花》にさけよと申して、八万《幡》矢ぎりの方《法》まで行いかけて、いんねん長ぶく《因縁調伏》ないたなむすそじんぎ《南無呪詛神祇》のものでもござるか、

十二月迄で同じ

(2) 正月子の日に子の年の者が子のぢ《地》の方一生一代いかずが方へまいりて、地がたき、やがたき、ねんじるかたきがあるよと申して、ひだげさらわく、さらをさ、さかや人形、さかやかたな《刀》をつこうて、いんねん長ぶくないたなむすそじんぎのものでもござるが、十二月迄で同じ

(3) 正月子の日に子の年の者が子のぢの方一生一代いかずが方へ参りて、地がたき、やがたき、ねんじるかたきがあるよと申して、地にわ地神荒神ないか、山には山の神、川には半徳水神、道には道ろく《六》神、村氏神氏や仏、日本高《弘》法大師、日本大小神祇、空には二たい《体》の月日ないかと申して、神の前でわ神を立てづき、仏の前でわ仏を立てづぎ、いんねん長ぶくないたるなむすそじんぎ、ほのうのみさきのものでもござるか

十二月迄で同じ　（計佐清太夫「月よみ《読》の祭文」[36]）

(4) 正月子の日に子の年の者が子のぢ《地》の方の一生一代いかずが方へ参りて、神のとりい《鳥居》え、血もじ《文字》をかき仏のまなこ《眼》へ、はり《針》でをうち、ねんじにねろうて土にりゆふくないか、天にきたはないかと申して、いんねん長ぶくめされた、なむすそじんぎか、

九でん《口伝》あり、いき合ないてこれあり候とも、身はだ《肌》わゆるいてけんぞく《眷属》あつめてし幣がみてぐら、大ば《提婆》が人形十二ひなごへまつまり用合《影向》なされて十二月迄で同じ、二月丑ノ日三月とら《寅》日四月う《卯》日五月辰ノ日六巳ノ日七月午ノ日八月未ノ日九申ノ日十月酉ノ日十一月戌ノ日十二月亥ノ日　同じ

（計佐清太夫「月よみ《読》の祭文」）[37]

これらの祭文は、「提婆流」とくらべると、まったく物語性がない。「正月子の日」に「子の年」の者が「子の地の方一生一代いかずが方」に行って、様々な方法で相手を呪う＝「因縁調伏」を行なったために発生した「南無呪詛神祇」のことが語られる。その背景にどのような原因があるかということは一切語られていない。そして「十二月迄で同じ」とあるように、正月から一年間のあいだに発生した「すそ」を捕捉しようとする。

主題となっているのは、調伏の方法である。⑴は「火を打ちかけて、がげ打ちかけて、大麻打ちかけて」という呪法から、さらに「八幡矢切りの法」までも追加して調伏する方法。⑵は「逆や人形」を使った方法、⑶は地神・荒神・山の神・水神・道六神・氏神、そして氏仏や弘法大師などに祈願する調伏法、⑷は神社の鳥居に血文字、仏の眼に針を打つといった呪法である。これらは「因縁調伏めされた、南無呪詛神祇」という呪詛神の来歴に関わる。どのような調伏法が因縁（原因）となっている呪詛神か、ということをこれらの祭文が語り明かしてくれるわけだ。

そして⑷の末尾にあるように、様々な方法による呪いに「行き合い」（憑依）した場合でも、その「南無呪詛神祇」は眷属もろともに身肌を離れ、ミテグラのもと「提婆が人形」のもとに集まってこいと呼びかけるのである。その部分は、先に見た「御幣立て」の唱文のスタイルと対応しよう。

「提婆流」の祭文が、悪霊と化した提婆の王による災いという、いわば神話的な起源であったことにたいして、「月読の祭文」「日読の祭文」は、さらに多様な調伏法に由来する呪詛神たちの素性を探索していくことが見てとれよう。

調伏法のテクニックを相手どる太夫

もちろんこのことは、いま、実際に取り分け儀礼をしている家の誰かに呪いが懸かっていたから、というわけではない。太夫の儀礼実践は、つねにそうした不幸な出来事を想定して、あるいは過去に発生しただろう呪詛をミテグラに一つ残さず集めて、鎮めていくのである。ようするに、念には念を入れていく作法なのである。「月読の祭文」「日読の祭文」に描かれる呪詛法は、太夫が想定する代表的なものといってよい。

さらにクジを取ってみて判明した場合、またはその家や土地に古くから伝えられていた出来事として、たとえば女性の恨みが懸かっていることがわかったら「女流の祭文」、西山法という猟師の呪法を使った呪いの場合は「西山の月読方祭文」、あるいは卒塔婆や墓を使って呪ったときは「仏法の月読の祭文」、七夕法を使ったときは「七夕方月読の祭文」がそれぞれセレクトされて、読誦されることになっている。[38]多種多様な「呪詛の祭文」とは、まさに多様な調伏法に見合い、それに「対処する法」を編みだしていった、太夫たちの実践的呪法のテキスト群であったわけだ。

いざなぎ流の取り分け儀礼。それは人間世界には、つねに恨みや嫉みなどによる「呪い」が発生していることを想定して行なわれる。その祭文の種類が細分化されるのは、呪いを懸けるときにもちいた呪詛法、調伏法のテクニックの種類に対応していた。いいかえれば、太夫が相手どるのは、呪いを発生させる人間の心の部分ではなく、実際に呪うときの調伏法の、そのテクニックの多様な種類の側にあった。どのような技や法が使われているかを解き明かすことで、それに由来する呪詛神を送り鎮めることが可能となるのである。

あらためて「呪詛の祭文・釈尊流」に登場した唐土拯問なる人物とは、調伏法を始め、その方法を開発していったことに気付かされよう。彼こそが、「月読」「日読」の祭文に繰りひろげられていく、多種多様な調伏法を編みだしていった神話的存在にほかならなかったのである。その起源を語るのが「釈尊流」の祭文であった。呪い調伏の仕掛け人、唐土拯問——。

小松和彦によって紹介された門脇豊重太夫本の「呪詛の祭文・釈尊流」では、調伏法を編みだした唐土拯問が、同時に「南無呪詛神」を「とろくの島の呪詛の御社」に送り鎮め、その処理を行なう。だからこそ、「釈尊流」の祭文は、「取り分け」における唐土拯問への「礼儀」として誦まれるのであった。しかし――。

ここでようやく、冒頭に突き当たっていた難題に立ち戻る。計佐清太夫が取り分けで読誦する釈尊流の祭文＝「尺寸返しの祭文」には、「祝い直し」と呪詛神の送り鎮めの来歴が、一切語られていなかった。そして、そうであるにもかかわらず、計佐清太夫は、その祭文の読誦によって、自らの取り分け儀礼を完遂させていた。なぜ、そうしたことが可能なのか、という問いである。

5 「唐土拯問」という謎

これまでも見てきたように太夫たちの執行する儀礼の現場では、祭文を誦むだけでは儀礼は遂行しえない。そこには祭文に付け足される「りかん」という特別なコトバが必要とされていたのである。

取り分けにおける「りかん」

では、取り分け儀礼のなかで、「釈尊流」に付け足される「りかん」は、いかなるコトバであったのか。計佐清太夫本の「釈尊流」と同じように、提婆の妃の無残な最期の場面で終わる祭文を使っている小松豊孝太夫の「りかん」を参考にしてみよう。

(1) 是迄南無咒阻《（呪詛）》神祇荒やミサキの物には、一双《（掃）》返しの祭文よみや開いて参らした。此の祭文ではホオメンさまいて四幣がミテグラ提婆の人形十二のヒナゴゑ集まり用合《（影向）》成り給え、

(2) 十六天の三神屋ツマに御神のザツマ八百八品の家且用敷に、おり物反物金ネ金《キン》銀にごゑ《（縁）》んを掛けてござろう共、植木千木古木に塚墓仏のザツマに御えんを掛けてござろう共、山川四足二足とよれてもつれてよも候共、十二ケ年の氏子仲場米主病者に御ゑんを掛けてござろう共、花ミテグラゑごゑんを切らいて、ごゑんをはないて、サラサラ集まり用合《（影向）》成り給え、

(3) ブニアテ、ヒケイは白米《ヨネ》千石黒米千石、マ米が千石ヒケイヨラメテ出まいらした、まだにもヒケイがおろかにござれば屋地の四方のツツマユ《（イ）》、ごこく《（五穀）》一枚揃えに道《（断）》たち刀にレイシャクボン、いろりの灰いどち迄も、ひけいよられて、出まいらした、まだにもヒケイがおろかにござれば、病者のえり先そで先、たもと先、ぴんの毛、二十の爪先迄もヒケイよらめて出まいらした。

(4) 是受取りをなされて、四幣がミテグラ提婆の人形、式殿御社《ミヤシロ》壱の休場《ヤスバ》で、三條下り七丈下り、石がせいだん古木の元ガヤが七本、昔千年トウドウ《（唐土）》上門《（拯問）》の尊の建て置く、

呪阻《じゅそ》の名所え、地は三寸とは買い取り申して十三年の年切り掛けて送り鎮め打ちやしづめて参らする、鎮まり行け、鎮まり用合《ようごう》成り給え。

（小松豊孝太夫『咒阻方の法式次第』）

(1)「一掃返しの祭文」（釈尊流の祭文のことか）を誦んだので、南無呪詛神は「ホオメンさまいて」（機嫌を直して）ミテグラのもとに集まってこいと呼びかけるコトバ。(2)家屋敷・織物反物・金銀・植木古木・塚墓、そして病人の体に呪詛神が取り憑いていたら、そこから「御縁を切らいて」（離れて）ミテグラの元に集まれという。呪詛神が取り憑くことを「御縁を掛けて」というのである。(3)「ブニアテ、ヒケイ」とは呪詛神に与える供物の意味。「白米千石黒米千石、マ米が千石」の米に誘われて、出てこいと呼びかける。それでも足りなければ……と続くのは、家の囲炉裏の灰、家族の爪や髪の毛など穢れの品々である。穢れたものが呪詛神の供物とされるわけだ。また「五穀」「一枚揃」「レイシャクボン」「道断ち刀」は取り分け儀礼の祭具。まさに儀礼の現場に即した叙述である。そして(5)で供物を受け取った呪詛神に、ミテグラの人形幣（提婆の人形）を最初の休み場所にし、最後は「昔千年唐土拯問の尊の建て置く」という「呪詛の名所」に送り鎮めると宣告する。その土地は三寸は買い取ったので、十三年間の年限をつけて、呪詛神よ鎮まり行けと呼びかけていく。

注目されるのは、呪詛神を送り鎮める場所。「昔千年唐土拯問の尊の建て置く、呪詛の名所」である。呪詛神は、唐土拯問が設立した「呪詛の名所」に送却されるのだ。その実践的な働きをもたらすのが、祭文に付される「りかん」であった。

あらためて確認するように、小松豊孝太夫本の「釈尊流」の祭文は計佐清太夫のそれと同じように、提婆の妃の無残な最期で終わり、そこには唐土拯問が「すそ」を処理したという記述はない。だからこそ、祭文のあとに「りかん」を付け足すことは、祭文にはなかったことを補うことで取り分け儀礼が完遂しうると、理解することができよう。祭文と「りかん」は、儀礼の現場のなかで相補うのである。

しかしそうだとしても、なぜ、自らの祭文のなかに語られない、唐土拯問の「祝い直し」「送り鎮め」のことを、「りかん」のほうに付け足せるのだろうか。祭文と「りかん」の間には齟齬は生じないのだろうか。

それは豊孝太夫が、他の太夫たちが使っている「祝い直し」＝呪詛神の送り鎮めの祭文の内容を、太夫間の共有の知識として知っているから、「昔千年唐土拯問の尊の建て置く、呪詛の名所」のことを付け足せるのだと理解してもよい。太夫たちの間で共同化された「唐土拯問」についての知識である。だが、さらに彼らの「唐土拯問」にたいする特別な認識の仕方が、ここから見えてくる。

「法者」としての唐土拯問

導きだされるのは、呪い調伏法を行使することと、それを処理する法とは等価の行動であったという価値観である。それは、呪い調伏＝悪なる行為、送り鎮め＝善なる行為という倫理的な価値観とはちがう、「呪術」そのものの行使者としての思想といってよい。

豊孝太夫は、次のようにこれを説明する。

> 祭文咒祖《呪詛》の式次を始めた法者は当堂上門《唐土拯問》の尊。取り納めるにも右の尊を頼まなくては出来ない。　（同前）

唐土拯問が「咒祖（呪詛）の次第」を創始した「法者」であるから、それを「取り納める」ためにも、「法者」としての彼の力に頼まなければならない――。太夫たちが取り分けの遂行にあたって、唐土拯問を「後ろ神」と考えるのは、唐土拯問が多様な調伏法を作り上げ、その最高の技の保持者である点にあった。そして調伏法を作り上げた法者であるからこそ、彼がその処理法をも熟知しているという考え方である。太夫たちにとって必要なのは、その技術そのものであった。それは呪詛神の由来を、人々の憎しみや妬みの心に求めるのではなく、どのような呪詛の法、技によっているかに求めることと同じ思想といえよう。呪術のテクニックが問題なのだ。

ここから理解できるのは、太夫たちにとって、「戻し調伏返し」「一掃返し」も、呪詛神の「祝い直し」「送り鎮め」も、呪術のテクニックとして同質なものと、受け止める認識である。その認識があるから、太夫たちにとって、呪詛の「祝い直し」や「送り鎮め」の結末が語られていないテキストであっても、取り分けの儀礼に対応する祭文として使用しえたのだ。

呪詛の実行とその処理とを同質と見る思想——。もちろん、計佐清太夫をはじめとして、現在活動している太夫たちは、呪い調伏の実行を否定する。それは倫理的、社会的に悪い行ないとする価値観をもっている。また祭文のなかでも、唐土拯問は、提婆の妃に頼まれて、咎のない釈尊にむけて呪詛を仕掛けることにたいして、「さよーな、しよしめ悪くする者でわないのお」(滝口弥久忠太夫本「し屋く尊流」)とか「因縁調伏を、した事わないが」(同)といったように、その行為がよくないことだと述べている。あるいは「南無呪詛神の一掃返し」についても、「南無呪詛神の一掃返もならぬ法でござるが」(同)と躊躇するコトバがある。ここには頼まれて調伏法を使うことがよくないことであり、その法自体も悪法という認識が見えよう。

呪術それ自体の価値体系へ

社会的な存在としての太夫たちが、呪い調伏の実行を否定し、それを悪なる法として認識していることはたしかである。実際に、呪い調伏の依頼が舞い込み、多額の金銭を積まれたが、それを拒否したというエピソードを、計佐清太夫自身も語ってくれた。

しかし、こうした社会的・倫理的な価値観による認識とは異なった思想が、「唐土拯問」をめぐる祭文のなかには孕まれていたのではないか。それこそが「法者」としての唐土拯問の思想である。呪い調伏の発生そのものは、釈尊と提婆の妃との間の利害関係にもとづく。だが法者としての唐土拯問自身は、それらの利害関係とは無縁であるし、彼自身がなんらかの悪意をもって実行したことは一切なかった。太夫たちの「後ろ神」としての唐土拯問は、社会的な善悪の価値観や現世の利害関係とは別に、なによりも最高の力をもつ「戻し調伏返し」「一掃返しの法」を実行しうる法者であることがすべてなのだ。そのなかに価値が求められる。まさに呪術のテクニックの実践者である。

ここには、社会的な価値観に解消することのできない、呪術それ自体の価値体系の存在が浮上してこよう。それは目に見える現実をこえてしまう、もう一つの世界に根拠を置くような思想といえる。「法者」としての唐土拯問をめぐる太夫たちの認識のなかには、この世の社会的な存在でありつつも、それを超出していくような世界を生きていく姿を見いだすことができるのだ。それこそ〝魔術師〟としての存在といってもいいだろう。

呪術それ自体は、社会的な効果を要求される、まさに現世利益的な力である。だが、それを実行する太夫たち自身にとって、呪術の力の価値は、この世の世界とはちがう体系のなかに存在している。それを呪術の実践者の思想といってもよい。「取り分け」儀礼で読誦される「呪詛の祭文」から、法者としての太夫の儀礼実践に宿る思想を読みとること――。それは、はたしていかなる思想なのか。

その呪術思想の中核にあるのが、「神」をも自由に使いこなすという境位ではないか。すなわち、「式王子」の実践法である。「取り分け」儀礼のクライマックスは、まさしく式王子の呪法として展開していく。

6　「高田の王子」の式法

さて、ふたたび取り分け儀礼の進行に戻ろう。

「祭文」読誦が終わると、「縁切り祈り。読割祈。たたき集祓い集め。総縁切り祓い集め」という次第が続く。家の神仏に付着している「すそ」、さらに屋地、家のなかの布団や枕、着物などに残って穢らい不浄となっている「すそ」をそれらから縁切りさせて、徹底的に、一つも残さずミテグラに集める、唱文が誦まれる場面である。

繰り返される「縁切り」の次第

このとき米粒をミテグラのなかに入れて、これを供えにやるから集まってこいと呼びか

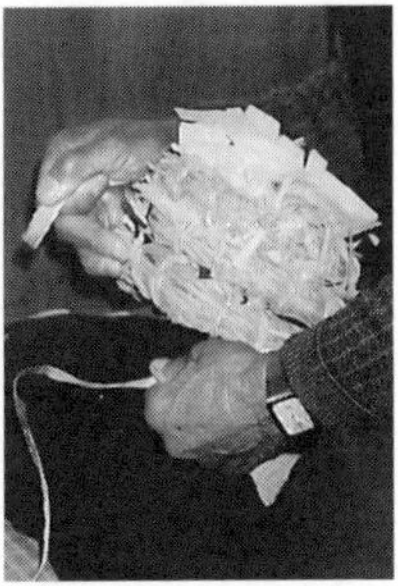

図41　ミテグラを括る

図42　ミテグラと法の枕の幣を括り「関」の印を打つ

ける。また「たたき集め」では、道断ち刀（古釘）でレイシャクボンと呼ばれる割れた皿などをたたいて、最後までしつこく残っている「すそ」をたたき集める呪術を施していく。「たたき集め」は、複雑にもつれあっている「すそ」を強制的に引き離していく様を象徴していよう。ここで太夫は、何度もクジを見て、まだ残っているものがあると判断すると、幾度も「縁切り」の唱文を唱えていくのだ。

そして「総縁切り祓い集め」において「ゆうがの祓え」という唱文を唱える。穢れ不浄のものを最終的に祓い集めてくるのである。このとき「法の枕」に差してあった御幣たちを一本ずつ抜き取り（ただし「高田の王子幣」と「呪詛幣」は残す）、それを手に持ってユサユサと振りながら唱文を唱え、最後に、

白幣がみてぐら大ば《提婆》が人形、これのりくらへ、あつもり用合《影向》成り給へ。[39]

の文句で、御幣をミテグラにたたき付けるようにして、唱え詞は終わる。すべての穢らい不浄、すそが集まったことを、それで確認するのである。

ここから儀礼の進行は、一気に終わりに向かっていく。ミテグラは素早く解体され、「法の枕」から抜き取られた御幣と一纏めにされて、「不動びゃくの縄」と呼ばれる縄（楮の皮）ですべてを縛り上げていく。そのとき、周りの切り屑や散らばった米粒も、一つも残さず集められる。ミテグラに集められた「すそ」、魔性魔群のものたちを逃げだせないようにするのだ。

縛られたミテグラは、三度数珠の間をくぐらせ、最後に五種類の「関」の印を打つ。「剣の印」「ばらもんの印」「あじろの印」「金わの印」「岩の印」である。これですそは封じられ、呪縛されたわけだ。

「すそ林」にて――「大ずそ」鎮めの伝承と事実

朝早くから始められた「取り分け」は、この段階が終わった頃には、もう夕刻になっている。太夫は、縛り上げたミテグラを持って、家の裏手の山の斜面など、人が入ってこないようなところに赴く。そこは「すそ林」と呼ばれる場所であった。太夫は、「すそ」を集めたミテグラを、このすそ林に埋めてしまうのだ。

「すそ林」――。「すそ」が封じられるその場所は、まさしく祭文のなかで、唐土拯問が作り置いた「呪詛の名所」に当たる。ここで太夫は、唐土拯問が行なったとおりに「すそ」の送り鎮めを実行するわけだ。

旧物部村のあちこちには、そうした「すそ」を鎮め封じたすそ林がたくさんある。とくに昔の「大ずそ鎮め」の場所は重視されている（「大ずそ」は、実際に行なわれた調伏法の呪詛のことを意味する）。計佐清太夫は、次のようなことを語ってくれた。それは「伝承」でありつつ、彼らの世界のなかでの「事実」でもあった。

明治の初めの頃、別府集落の山の樹木を、徳島県側の人間が盗伐していることがわかった。そこで怒った木の持ち主は、太夫に依頼して盗伐した人に調伏を仕掛けてもらった。すると徳島側の人も法師に調伏返しを依頼した。これが繰り返されて、物部側にも、徳島側にも多数の死者が出てしまった。その当時、県境にある別府の山の上を、呪詛を仕掛けるときの式人形が飛び交っていたという。やがて、犠牲者が続出したために、物部側の太夫が「大ずそ」の祝い直しをして、呪詛神を鎮め祭る儀礼を行なった。それでこの事件は解決したが、そのとき使われた式人形は、別府集落近くの某家の天井裏に祭られているという（第三章で、御崎様と一緒に祭られるグループ神のなかに「式王子」＝式人形があったことが想起されよう）。また、あるところに、そのときの「大ずそ」を鎮めた場所（すそ林）があり、計佐清太夫は師匠からの伝えとして、今まで二回、そのすそ林の鎮めを行なったという。

図43　すそ林

図44　すそ林で祈禱をする太夫

すそ林の鎮め封じには「年切り」といって、耐久年度が決まっている。基本は「十三年の年切り」という。だから太夫たちは、そうした大ずその鎮め物がある土地では、定期的に「取り分け」を行ない、その鎮め封じの呪力を更新しなければならない。「呪詛の祭文」に語られる唐土拯問の仕事。それはそのまま今の太夫たちにも行なわれていたのだ。祭文のなかの出来事は、そのまま、この物部での出来事という認識が太夫たちのなかにあった。「伝承」は、彼らの儀礼実践のなかで「事実」と化すのだ。

どのようにして「すそ」を鎮めるのか

さて、太夫は、すそ林の一角に穴を掘り、すそが封印されたミテグラをそこに埋め、そのうえに大きな石をかぶせる。そしてその左右には「呪詛幣」「高田の王子幣」が二本立てられる。その鎮め＝すその活動を停止させる呪法の後ろ立て（守護）となるのは、「天神」という神であった。先に「天神の祭文は鎮めを頼む也」（資料B）とあったとおりだ。あらかじめ「天神の祭文」を誦んでおくのである。

しかし、鎮めの呪法はそれだけではない。

封印の石の左右に立てられた二本の幣。呪詛幣と高田の王子幣。計佐清太夫によれば、この呪詛幣は、唐土拯問のことをあらわしているという。呪い調伏を創始した人物が「すそ林」に立って、自らの法に始まった「呪詛」の力が出てこないように監視している姿、といえよう。祭文の世界がそのまま幣の形に表象されているわけだ。

では、もう一本の高田の王子幣は？　それこそ、いざなぎ流の呪術体系の中核をなす、式王子（陰陽師の式神にあたる）の一つであった。太夫は、ここで「高田の行ない」という唱え詞を誦み唱えていく（近年は、鎮めのまえに座敷内ですます例が多い）。高田の王子を行使するための式法である。

注目したいのは、ここでふたたび「唐土拯問」が登場してくるところだ。

(1)　日本とうど《唐土》天竺三ケ長の間より四千八百八十八国の国がをわします、高田の国の御中より高田の大万尺の岩がおわします、高田の大万尺の岩と申すは、よこ《横》も八万四丈、たて《縦》も八万四丈、大地へ三尺はへこもり天へ三尺ぬけ給うて、式打つ式の岩びやくうつ、びやのの岩、四方びやくせん□んの其の上に、尺なんそうとて木が一本はへやそだ《育》たせ給うておわします、五方へ五本のみどりが三十三びろ、さかへておわします、東方一のみどりに、高田の式や太郎の王子様が、まい《舞》やあそ《遊》ばせ、南方次郎、西方三郎、北方四郎、中方九ぢうのとうにわ、月日の将軍様がまいやあそばせ給うておあします、東方式や太郎の王子様お三尺一分の玉の印へえに行い正《招》じまいらする、五方同じ。（中略）

(2)　此かんなぎ《巫》はかしょ《博士》わ、ししょう《師匠》が次第で高田の是うわいん《上印》十二ひなごの王子様、

図45　取り分けの鎮め　左が「呪詛幣」、右が「高田の王子幣」。真ん中の岩の下に「すそ」が封じ鎮められている。

式のけいごう《警護》、日のけいごう、式や十郎式や五行の大万尺の岩を行おろいて、うちゃしずめ《鎮》てまいらする、

(3)　此の方問《法文》式法次第と申すは、昔しとうどうじょもんのみこ《唐土拯問の巫》が、行いつかうにわ五百五十五年の年ぎり《切》かけて行いしずめた、たとへでござるが、中とうだい《当代》わ。白とう国の、じょもんの命が行つかうにわ二百五十五年の年ぎりかけて行つからせ給うたとわ申せで、今とうだいわ五十五年年ぎりかけでしずめおけと御ゆる《許》されて御座れど、

(4)　此のかんなぎはかしょわ十三年の年切りかけて高田のうわいんしよごもかけおき申すあ、八万四丈大万尺の千丈ひろま□ひうめの岩の大神様を行いおろすお、高田のうわいんかけおき申あ、高田の式のけいごう様がおり入用ごう《影向》たちれて立つて守らせ給へ、高田の大万尺の岩とうちゃしずめてまいらする、　（中尾計佐清太夫「高田の行」）(40)

(1)は、すそ林に置かれる石の来歴。それは「高田の大万尺の岩」と呼ばれる。さらにその岩の樹木に「高田の式や太郎の王子様」が降臨してくることが語られる。それは儀礼としては「三尺一分の玉の印へえ」（高田の王子の幣）に召喚してくる呪法となる。(2)の、「巫博士」の名告りは、太夫たちが式王子を使役するときの姿をあらわす。彼らの師匠から伝授した法で、「十二ひなごの王子様」以下の式王子たちを召喚して、すそをうち鎮めていくことが宣言されるのである。

(3)のパートで、太夫＝巫博士が使う「法文式法次第」、すなわち高田の王子を使役する呪法の来歴が明かされる。そこに、あの唐土拯問が登場してくるのだ。

「昔唐土拯問の巫」は高田の王子の式法によって「五百五十五年」の年限ですそを封じ鎮めた。次の中当代の「白とう国の、拯問の命」は「二百五十五年」の年限、さらに今当代は「五十五年」の年限で鎮めることができた。ここには太夫＝巫博士へと通じていくすそ鎮め封じの技が「昔」の始祖から継承されてきたこと、時代をへるにしたがって、鎮める年限が短くなっていくことが明かされていくのである。

そしてこれを受けて、(4)で、いま、取り分けの鎮めを行なう「此の巫博士」は「十三年」の年限ですそ鎮めを実行すると語る。その鎮めるときの「うわいん」（上印＝押さえ・要めとなるもの）として「八万四丈大万尺の千丈ひろま□ひうめの岩の大神様」を降臨させる。さらに高田の王子たちを将来させて、呪詛神が再び出てこないように守っていくようにと唱える。

「高田の行ない」という詞章。太夫たちが取り分けの最終局面で実修する「高田の王子」の使役法は、呪詛の調伏法の創始者＝「法者」たる唐土拯問に由来することが、ここにはっきり明言される。これを唱えることで、太夫たちは、呪詛を確実に鎮め封じる高田の王子を自由に召喚し使役することが可能となる。その呪法は、遠い昔の唐土拯問に始まり、それを「師匠次第」として受け継いだというわけだ。

しかし、じつのところ、唐土拯問が登場する「呪詛の祭文・釈尊流」には、彼が高田の王子を使役した来歴は一切語られていない。祭文のなかでは、呪詛神の「祝い直し」のことはあっても、呪詛神を「行ない鎮め」るための高田の王子の式法の来歴はなかったのだ。ここにも、祭文の世界を前提にしつつ、そこから大きく跳躍していく、あらたな呪術実践のコトバが作りだされていく現場を見ることができよう。様々な調伏法を編み出し、それを実行する「法者」であるからこそ、呪詛を鎮め封じる式法の創始者たりえたという認識が、こうしたあらたな「高田の行ない」のテキストを生みだすことも可能とするのである。

「法文」というあらたなテキストたち

太夫たちは、高田の王子という式王子を「行なう」（使役する）ためのテキスト「高田の行ない」を、祭文とは区別している。それは「法文《ほうもん》式《しき》法次《ほうし》第《だい》」、すなわち「法文」と呼ばれるテキストである。祭文にたいする「法文」という、あらたな呪術のコトバが、ここに登場してくる。

たとえば計佐清太夫は、「祭文」と「法文」を書き記した覚え書きの帳面を厳密に区別する。祭文を書き記した帳面を『御神祭文集書物』と名付け、ここにはぜったいに法文は書き記さない。法文のほうは、

◇『敷大子《式王子》行書物』
◇『秘密之方　御神集書物』
◇『西山道立之法』
◇『法文覚《式》書』
◇『御神仕木書物』

といった名称の帳面にまとめて収録している。法文は基本的に、いざなぎ流の式法＝式王子を使役する呪法のテキストで、神を祭るときの祭文とは区別しなければならないという思想である。

テキストとしては、祭文と法文は区別される。けれども、法文のなかで高田の王子を使役する法者の始祖は、あくまでも「釈尊流」の祭文に登場する唐土拯問であった。呪術実践のただ中において、太夫たちは、祭文のなかの「戻し調伏返し」「一掃返し」を実行しうる最強の法者の物語から、式王子を使役する呪法を創始した者を見いだしていく。法文の呪術は、その祭文から導きだされた法者に来歴するというように。(41) それによって、「すそ」を鎮め封じるための「高田の王子」の使役が可能となっていく。「神」を使いこなす、という呪術師の最高の境位に至りつくのである。

ここで、祭文と法文の関係をめぐる、計佐清太夫の次のような言葉に、われわれは出会うことになる。

字文の。次第にわ。表の中に裏あり。裏の中にわ表わありません。(42)

いざなぎ流の呪術実践を支える、祭文と法文の関係。表と裏の分別。われわれはどうやら、「いざなぎ流」の奥義ともいうべき太夫の知と技の最深部に、ようやく到達しつつあるようだ。

ここであらためて、取り分け儀礼の進行のなかで、もう一人重要な「神」の存在があったことを思い起こそう。太夫に「鎮めを頼む也」と依頼された神――、天神である。この天神をめぐる祭文と儀礼・式法のなかに、いざなぎ流の「表」と「裏」の奥義が秘められていたのである。天神をめぐる式法。それを「天神法」という。

注

(1) 小松和彦『憑霊信仰論』(伝統と現代社、一九八二年)、増補版は、講談社学術文庫、一九九四年。

(2) 『神々の精神史』(講談社学術文庫、一九九七年)の赤坂憲雄の解説、参照。

（3）『現代思想』青土社、一九八四年七月号。
（4）陰陽師の祓儀礼については、小坂眞二「禊祓儀礼と陰陽道――儀式次第成立過程を中心として」（『早稲田大学大学院　文学研究科紀要』別冊3、一九七六年）を参照。
（5）六字河臨法については、村山修一『日本陰陽道史総説』（塙書房、一九八一年）、渡部真弓「中臣祓と日本仏教」（『神道と日本仏教』ぺりかん社、一九九一年）、桜井好朗「六字河臨法の世界」（『儀礼国家の解体』吉川弘文館、一九九六年）などを参照。
（6）オリジナルテキストは、村山修一編『陰陽道基礎史料集成』（東京美術、一九八七年）に収録。
（7）オリジナルテキストは、日本大蔵経編纂会編『修験道章疏』第二巻（国書刊行会、二〇〇〇年〈復刻〉）に収録。
（8）豊根村古文書館所蔵。本資料については、和歌山県立紀伊風土記の丘学芸員、藤森寛志氏の協力による。
（9）オリジナルテキストは、岩田勝編『中国地方神楽祭文集』（三弥井書店、一九九〇年）に収録。
（10）林淳「幕末の土御門家の陰陽師支配(1)」（『愛知学院大学人間文化研究所紀要　人間文化』9号、一九九四年）に紹介される『諸国御支配方御日記　安政三年』に「解返呪咀祭、右者呪咀を負人の為修行仕候」とある。
（11）他の「呪詛の祭文」との比較については、斎藤英喜「いざなぎ流――「呪詛の祭文」と民間陰陽師の系譜から」（『国文学・解釈と鑑賞』二〇〇二年六月号）で、若干試みた。

(12) 小松和彦「いざなぎ流祭文研究覚帖(30)呪詛の祭文」（『春秋』一九九四年四月号）。

(13) 小松、前掲書(1)を参照。

(14) 中村元『原始仏教の成立』第二章「釈尊を拒む仏教」（『中村元選集』第一四巻、春秋社、一九九二年）参照。

(15) 高木啓夫「憑き物としての呪咀《すそ》と呪咀《じゅそ》」（『いざなぎ流御祈禱の研究』高知県文化財団、一九九六年）。

(16) 斎藤英喜・梅野光興共編『いざなぎ流祭文帳』（高知県立歴史民俗資料館、一九九七年）脚注（梅野光興執筆）を参照。

(17) 前掲書(16)の脚注、参照。

(18) オリジナルテキストは、中尾計佐清太夫『御神祭文集書物』（表紙に「御神察(祭)文集書物／昭和二十三(子)年二月吉日／中尾計佐清」とある）。高木啓夫『いざなぎ流御祈禱』（物部村教育委員会、一九七九年）にも翻刻収録。

(19) 「取り分け」の次第については、高木、前掲書(18)、梅野光興編・執筆『いざなぎ流の宇宙』（高知県立歴史民俗資料館、一九九七年）なども参照した。

(20) 計佐清太夫から斎藤宛に送られた書簡資料。

(21) こうした本祭祀のまえに、低い位の神々、精霊などをあらかじめ祭っておくという発想は、奥三河の花祭における「高根祭り」にも見ることができる。祭りを妨害しないように天狗などを祭る儀礼である。この点、上野誠「〈花祭〉と天狗伝承――招かざる精霊たちの座」(『民俗芸能研究』第九号、一九八九年)。

(22) 山本ひろ子「呪術と神楽 1」(『みすず』一九九八年二月号)。

(23) 計佐清太夫から斎藤宛に送られた書簡資料。番号は原文のまま。読みやすいように改行を施した。

(24) 「さんげ」「錫杖祓」「塩祓」「熊野のバサンの祓」などが伝わっている。

(25) オリジナルテキストは、髙木、前掲書(18)に収録。便宜的に段落わけして記号を付した。

(26) 槙山村(現物部町)市宇の半田サブノスケという昔の太夫が八面王と遭遇し、対決した「伝承」が有名である。物部の民話編集委員会編『これも方丈ものがたり』(物部村教育委員会、一九八五年)にその話が載せられている。また中尾計佐清太夫自身も、若い時に八面王に出会った話を語っている。なお、物部の山中には八面王の墓と称されるものが多くあり、それは長さが五間(約九メートル)もあるという。またその墓は山中を漂泊する職能集団である木地師が持っていた巻き物、掛け軸、免許状を埋めたところとも伝えられている。その掛け軸には八面王の絵が描かれ、だから八面王は木地師の後ろ立て(守り神)になるともいう。あるいは八面王の墓は木地師の魂魄を納めたところともいう。以上、計佐清太夫の語りによる。なお、平成八年(一九九六年)一月、物部村岡ノ内集落で執行された「大山鎮め」の儀礼は、別役崎岩の山の中腹にある「木地大明神」の石碑のまえで行なわれた。これは平成五年に起きた大規模な山火事にたいする鎮め儀礼として執行されたものだが、山火事は木地師の祟りをも招いたということになろうか。
(27) 髙木啓夫『いざなぎ流御祈禱（第二集）病人祈禱篇』（物部村教育委員会、一九八〇年）、小松、前掲論文(3)。
(28) オリジナルテキストは、計佐清太夫、前掲資料(18)。
(29) この点については、斎藤英喜『アマテラスの深みへ』（新曜社、一九九六年）で詳しく論じた。
(30) オリジナルテキストは、小松豊孝太夫執筆『咒阻方の法式次第』。
(31) 髙木啓夫「すそ祭文とほうめんさまし――弓打ち太夫の因縁調伏」（『土佐民俗』第72号、一九九九年）を参照。
(32) 木場明志「近世日本の陰陽道」（木場明志他編『陰陽道叢書　3近世』名著出版、一九九二年）を参照。
(33) 梅野光興「神子・博士・陰陽師――いざなぎ流祭儀の生成」（『比較日本文化研究』6号、二〇〇〇年）。
(34) 岩田勝『神楽源流考』（名著出版、一九八三年）。
(35) 小松、前掲論文(12)。
(36) オリジナルテキストは、計佐清太夫、前掲資料(18)。
(37) オリジナルテキストは、計佐清太夫、前掲資料(18)。
(38) 梅野、前掲書(19)参照。

(39)　オリジナルテキストは、計佐清太夫、前掲資料(18)。
(40)　オリジナルテキストは、髙木、前掲書(18)。
(41)　「法者」の問題については、鈴木正崇『神と仏の民俗』(吉川弘文館、二〇〇一年)を参照。
(42)　斎藤宛の、一種の切り紙の形の資料。
〔補注1〕「呪詛神」の問題については、その後、斎藤英喜「呪詛神の祭文と儀礼——「呪詛祭」の系譜といざなぎ流「すその祭文」をめぐって」(ルチア・ドルチェ＋松本郁代編『儀礼の力』法藏館、二〇一〇年)で、さらに展開した。

第五章　表のなかに裏あり――「天神の祭文」と天神法

1　「法文」と「式王子」研究のために

いざなぎ流の太夫たちが、多種多様で膨大な数の祭文を伝えていることは、これまで見てきたところである。だが、一方で、早くからその存在は知られながら、実態調査の難しい病人祈禱や、あるいは「式王子」という式法に関わること、さらに禁断の呪法たる呪い調伏に繫がるらしいことから、踏み込んだ研究がなされていない一群のテキストがあった。「法文《ほうもん》」と呼ばれる祈禱テキストである。太夫たちもこれまで祭文のほうは比較的公開してきたが、法文については、いざなぎ流の秘事・口伝として、研究者の立ち入りを拒んできた。

そうしたなかで、いち早く小松和彦『憑霊信仰論』(1)が「式王子」「不動王生霊返」などの法文を紹介・分析し、調伏法に繫がる法文の一端を明らかにし、さらに近年、髙木啓夫『いざなぎ流御祈禱の研究』(2)が、式王子、関、囲い、身堅め、天神法に関する精密な調査・研究を発表し、「法文」の世界も、ようやくその姿が明らかになりつつある。

けれども、あらためて、いざなぎ流祈禱の全体系のなかで「法文」はどのような位置にあるのか、そもそも「祭文」と「法文」とはどういう関係にあるのか、そして太夫が操作する式王子の祈禱儀礼とどう連関するのか、という根本的な問題をめぐっては、いまだ多くは謎に包まれている。しかし、その問題を明らかにしなければ、いざなぎ流の世界はついに理解したとはいえないのもたしかだ。

いま、祭文に匹敵するほどの、いやそれ以上のおびただしい数の法文群の解読に踏み込んでいったとき、これまでの口承文芸・民俗芸能・民間信仰・民俗社会などといった切り口とはまったく異なる「いざなぎ流」の呪術世界が浮上してくることはまちがいない。それはおそらく、われわれの近代的な思考法とは異なる、もう一つのあらたな世界観、思想を教えてくれるだろう。

計佐清太夫の「法文」帳から

中尾計佐清太夫も、膨大な法文テキストを多数所持している。『敷大子（式王子）行書物《おこないしょもつ》』『秘密之方　御神集《おんかみしゅう》書物』『西山道立之《にしやまみちたての》法《ほう》』『法文覚帳』『五たい（体）の大じ（王子）よゆ女（用友姫）のかやしじき』といった名称の帳面（書物）の類いがそれである。わたし自身は、一九九二年ごろから計佐清太夫の法文についての調査・研究を許され、太夫の教示によって、いくつかの法文の内容について学ぶことができた。計佐清太夫が所持する法文類のなか、『秘密之方　御神集書物(3)』に収録された法文のタイトルを抜き出してみよう。

＊水敷ノ法　山つやす法　＊地神のくじ　＊公《荒》神地神ど《土》く《公》う様ヲ上ル方　＊地神のち《智》けん《拳》　＊塩ふきの方　＊せき七里の方　＊公神をおろす事　＊一時はや敷《式》天のむらく雲の法剣のくじ　＊山の神のけみ出し敷　＊大公神けみ出敷　＊不動のさあら地けん　＊山の神の付けさあら　＊山の神さあら敷　＊天通のさか車の敷　＊千里投火の法　＊火を吹き付ける方　＊火を上る方　＊あ《愛》たご《宕》の火玉敷　＊みぢんの法　＊み谷の岩くづし　＊日天のさあら敷　＊岩わりげんのう敷のうら《裏》くじ　＊とがのからほこわりのくじ　＊お日のまわり敷うら敷　＊地神の剣立つ　＊公神ののうめきりのくじ　＊くたらく敷　＊ちすいでの方　＊ちいすい長のうら敷　＊人の玉《魂》水ぬく方　＊公神さかいんの方　＊弘法大師の打敷一ツウチノ方　＊用ゆう《友》姫のうら敷　＊用ゆう姫の敷くじ　＊八万《幡》の行うら敷　＊なる神敷のうら敷くじ　＊岩割げんのう敷うらくじ　＊天神吹きみだしのうら敷　＊ちむらさんのうら敷くじ　＊天とうの行のうら敷くじ　＊天神九代の行のうら敷　＊めいこうのくじ　＊めいこの敷くじ　＊めいこの敷くじかやし切り　＊三国のうら敷　＊大五んのみだれ敷　＊大権のうら敷　＊天神ノこんから敷　＊天神の宇《裏》ら敷上天川　＊天神血花くづし　＊五人五郎の王子のうら敷　＊地国《獄》敷　＊御崎敷

そのおびただしい数と、なんともおどろおどろしい名前にたじろく思いである。まず注目されるのは、「敷」（式）の名がつくものが多いこと。それは陰陽道における「式神」の法術に繋がる「式王子」に関わることが推測される。これらの法文は、太夫たちが式神（式王子）を召喚し、使役するためのテキストであったことは確実だ。また「くじ」（九字）は、一般に修験道や密教行者の護身法――「臨《りん》・兵《びょう》・闘《とう》・者《しゃ》・皆《かい》・陣《じん》・列《れつ》・在《ざい》・前《ぜん》」といった呪文を唱え、煩悩魔障や災難などから身を守る呪法である。だが「敷」や「くじ」に、たとえば「用《(友)》ゆう姫のうら敷」「岩わりげんのう敷のうらくじ」「大権のうら敷」などの名称がつくところから、これらが護身法の「裏」、すなわち調伏法と認識されていることが想像される。

　さらに興味深いのは、法文の多くに地神・公神（荒神）・水神・山の神、天神、御崎などといった、いざなぎ流のオーソドックスな祭文に語られる神々の名前が見えることである。「水敷ノ法」「山の神のけみ出し敷」「公神ののうめきりのくじ」などなどである。それらの法文は、「水神の祭文」「山の神の祭文」「荒神の祭文」などの祭文と関連する式法であることが予想されよう。もっとも計佐清太夫は、祭文を収録する書物（『御神祭文集書物』、一六頁参照）には、ぜったいに法文を書き記していない。これは逆の場合も同じである。祈禱を実修する太夫にとって、法文と祭文とは繋がりをもちながら、両者の間には厳密な区別があったことが知られるのである。

「法文」と「式王子」の系統

「法文」と呼ばれるテキストが、多く「式王子」に関わることは明らかである。その場合、「式王子」について、大きく二つの系統があったことが考えられる。

一つの系統は、高木啓夫の研究によって判明した、[4] 式王子の出生・来歴を記す「しき王子」(押谷資料)、「しき王子様行之法」(押谷資料)、「大しき王子」(源太郎家資料)などの名称をもつ法文群である。これは狭義の式王子の法文と見ることができる。計佐清太夫の所持する法文でそれに該当するのは、「よゆ女かやしじき」(『五たいの大じ よゆ女かやしじき』)である(詳しくは第三章、参照)。今見ている『秘密之方 御神集書物』に収録されている「用ゆう姫のうら敷」「用ゆう姫の敷くじ」などは、狭義の式王子にもとづいて、その具体的な式法・方術を使用するときの法文と思われる。

しかし、さらに注目すべきは、そうした狭義の式王子にたいして、もう一つの系統の式法があったところだ。それこそ、先に指摘した「水敷ノ法」「山の神のけみ出し敷」「公神(荒神)ののうめきりのくじ」「天神吹きみだしのうら敷」など、水神・山の神・荒神・天神といった祭文のなかの諸神を式神として操るときにもちいられた法文である。狭義の式王子にたいして、計佐清太夫の式法のなかには、山の神・水神・荒神などの神々を「式王子」と同じように操作するための法文が、かなりの分量として存在していることが見てとれるのである。

当面している問題は、小松和彦が次のように指摘したこととリンクするだろう。

「式王子」とは彼らが操る神霊の総称で、実際には特定の「式王子」を自分の「後だて」（守護神）としつつ、目的に応じて多くの神霊を「式王子」化する。天神、犬神、猿神、等々、さまざまの神霊が、いざなぎ流の「式法」によって「式王子」となる。そして、式王子化する式法を数多く知っていればいるほど、その祈禱師の呪力は強いとされる。

（「説明体系としての「憑きもの」」[5]）（96〜97頁）

この「式王子」は、日頃は天竺天とか中空とか地中などに納められていて、必要に応じて祈り招き、そしてそれを操って《呪詛》を除くとされている。「式王子」は、極めて荒々しく恐ろしい神であると考えられており、しかし特定の神ではなく無数に存在している神霊や精霊を、特別の呪文・法文を唱えることによって式神化させるものであるらしい。

（「《呪詛》あるいは妖術と邪術」[6]）（123頁）

「特定の「式王子」」とか「この「式王子」は、日頃は天竺天とか中空とか地中などに納められていて……」と記述されている「式王子」は、先ほどの分類からいえば一つ目の系統の式王子に当たると見てよい。

重要なのは、小松が指摘する「目的に応じて多くの神霊を「式王子」化する」、「神霊や精霊を、特別の呪文・法文を唱えることによって式神化させる」という部分である。計佐清太夫が使う「山の神のけみ出し敷」「大公神けみ出敷」「水敷ノ法」「御崎敷」などの法文は、文字どおり多様な神々を「式神化」させるための「特別の呪文・法文」のテキスト群であった。そして計佐清太夫が、膨大な数のそうした法文を所持していることは、「式王子化する式法を数多く知っていればいるほど、その祈禱師の呪力は強い」ということを、文字どおりあらわしていよう。

「特定の「式王子」」の式法だけではなく、さらに山の神や水神、荒神などの諸神をも「式王子」と同じように操る式法を作りだしたのは、太夫の呪力を増大化させようとしたことを意味する。こうした「式神化」する法文を膨大に伝えるところにこそ、実践的な呪術師としてのいざなぎ流太夫の生きた姿を見ることができるはずだ。(ただし狭義の「式王子」についても「御崎様」という宅神の来歴、素性と連動する部分をもつことは、第三章で考察したとおりである。)

「表の中に裏あり。裏の中にわ表わありません。」

山の神や荒神、水神、天神などの諸神を「式神化」する法文――。それらは、神々の「祭文」に付随し、そこから派生・展開した呪法・式法と、ひとまずは理解していいだろう。

たとえば第一章でもふれたように、山の神ならば、山の神の由緒や祭祀の起源を語る「山の神の祭文」を基本にして、そこから「山の神の付けさあら」「山の神さあら敷」などの「法文」類が派生・分化したという推定ができるのである。そして法文類のおびただしい数の多さは、いざなぎ流の呪法や式法が、祭文をベースにしつつ、複雑に生成・発展したことを思わせる。そこに一つの「呪術体系」を見いだすことも可能だろう。そのためには、できるだけ多くの法文類の資料を収集し、それを分類し系統化していくことが研究として必要になる。髙木啓夫の労作『いざなぎ流御祈禱の研究』は、その一つの成果であることはまちがいない。

けれども、もう一方で、いざなぎ流太夫たち自身が、祈禱や儀礼の現場で祭文と法文とをどのように使い分けているのか、祭文と法文の関係を彼ら自身がいかに認識しているかを知る必要があろう。「祭文」と「法文」というテキストのちがいが、山の神や水神といった、太夫たちが祭祀の対象としている神々と渡り合っていくなかから、どのようにして生まれたかを見定めること、といってもよい。祭祀する対象たる神々を、自らが操作し、使役する神霊へと変換させることを、太夫自身がどのように認識しているのか、という問いかけである。

山の神や荒神・水神・天神・御崎様という神々を「式神化」するという呪法は、それらの諸神と渡り合い、それらを祭り鎮めていく太夫の儀礼現場とどう関わっているのだろう

図46　中尾計佐清太夫の切紙資料

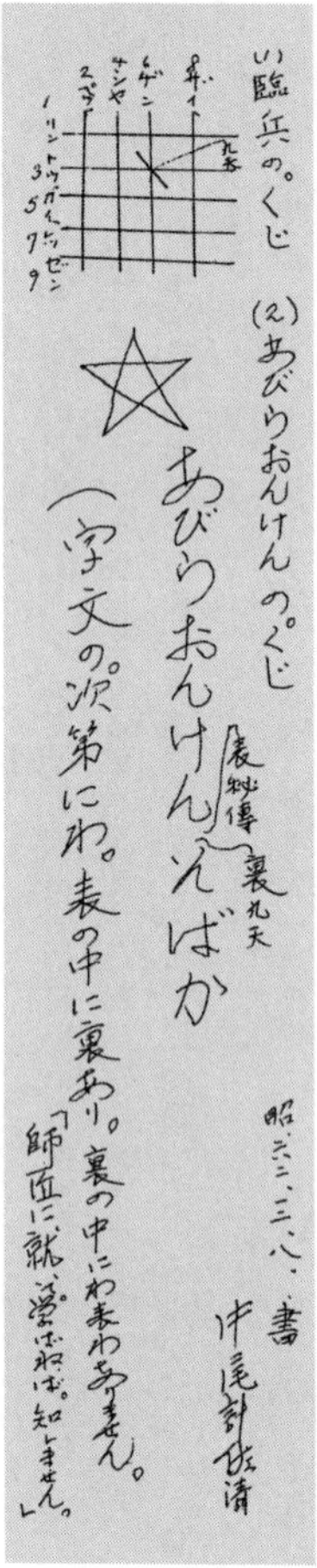

か。そこで、前章で取り上げた、計佐清太夫の、あの言葉がふたたび浮上してくる。

　字文の。次第にわ。表の中に裏あり。裏の中にわ表わありません。
　「師匠に就いて。学ばねば。知レません」。

　この、それこそ呪文のような言葉は、わたしが「いざなぎ流」の調査を始めた最初のときに、中尾計佐清太夫から一種の「切り紙」の形で渡されたものである。はじめはまったく謎の言葉でしかなかったが、「法文」と「式王子」の問題に至ったときに、ようやく少しは理解しえたように思う。
「法文」の多くは、神々の祭文のなかから派生・分化した呪法・式法のテキストといえる。それはまちがいない。「字文の。次第にわ。表の中に裏あり」とは、「表」の祭文のなかに、「裏」の法文が内包されていることをあらわしていよう。「法文」が祭文のなかのコトバから派生することを、「表の中に裏あり」と認識しているのである。それは太夫たちが、普段の祭祀の対象たる山の神・水神・御崎様などの神々のうちに、「式王子」と同じ役割をもつ「式神」としての力の根源を知り抜いていること、といいかえてもいい。たとえば「山の神」のなかに「山の神大大神さわら式」という力を見いだし、それを操作していくように。

けれども、「裏の中にわ表わありません」といった、反転する言葉に出逢うとき、「法文」が祭文を基本としつつ、そこから分化・派生したといった、客観的・合理的な認識とは、異なる境位に立たねばならないことを示唆していよう。それは「式王子」として活動していく神霊たちが、祭文の世界の神々とは切れた存在へとシフトしていくことと関わるはずだ。法文のなかに多く見いだされる「裏式」というのは、それを意味しているのではないだろうか。

それにしても、計佐清太夫の「表の中に裏あり。裏の中にわ表わありません」という言葉は、その言葉自体が呪文のように聞こえ、近代的な思考のなかで生きるわれわれの認識をこえる謎めいた響きをもつ。そしてその言葉の意味を知るには、「師匠に就いて。学ばねば。知レません」といったように、太夫との個人的、内在的な関係を必要とすることで、これまでの「客観的」「実証的」研究という姿勢とは異なる、一つの態度（方法）を、われわれの側に迫ってくるのである。

天神法をめぐって

さて、本章では、「表の中に裏あり。裏の中にわ表わありません」という計佐清太夫の言葉を、具体的な祭文と法文の解読を通して、太夫自身の思想に少しでも迫ることをめざしたい。そこで膨大な数の法文のなかから、

◇天神吹きみだしのうら敷
◇天神九代の行のうら敷
◇天神ノこんから敷
◇天神の宇ら敷上天川
◇天神血花くづし

という、「天神」の名をもつ法文テキストを中心に取り上げたい。

これらの法文は、天神という神霊を「式神化」する法文であることはまちがいない。その呪法は「天神法」と呼ばれ、いざなぎ流の太夫たちのあいだでも最強のものとして恐れ

られているものである。

では、そもそも「天神」とはいかなる神格なのか。そして「天神法」とは何か。まずは天神という神の来歴を語る「天神の祭文」の解読と、それが読誦される天神祭儀の分析から出発しよう。

2 「天神の祭文」の系統と物語

一般に「天神」といえば、菅原道真の怨霊を祭り鎮める北野天神が思い浮かぶ。後に学問の神となる天神信仰が、日本の信仰史のなかの重要な位置をしめることは周知のとおりである。(7) いざなぎ流の「天神」もそうした天神信仰の一角にあるはずだが、旧物部村の旧家に祭られる天神は道真との直接的な繋がりは見えない。「天神の祭文」が語るところによれば、いざなぎ流の天神は鍛冶屋の始祖神として伝えられているのだ。

「天神の祭文」の二つの系統

物部村周辺の「天神の祭文」は、現在のところ数種類報告され、大きく二つの系統にわけられている。(8) 一つは、

◇天神之巻物
◇鍛冶秘密巻物
◇神道鍛冶之大事

と題された系統である。それらは主に鍛冶職のもとに伝えられ、鍛冶師の始祖神である天神の由緒を語るテキストとしてふさわしいものといえよう。

もう一つの系統は、

◇金山《かなやま》祭文
◇金山本地祭文
◇天神祭文
◇天神本地

と題されたテキスト群である。それらは直接には鍛冶職ではない祈禱太夫、すなわちいざなぎ流の太夫たちが伝える祭文である。計佐清太夫が所持する「天神之祭文」は、いうまでもなく後者に属する。

計佐清太夫本「天神之祭文」のストーリー

それはいかなる内容をもつのか。さっそく計佐清太夫本「天神之祭文」[9]の内容を紹介しよう。

(1) 神代、日本の国に鍛冶の技術がないことを憂えた「しゃらだ王」の御子は、天竺に住む「天神王様」が鍛冶を教えてくれることを知り、天に上り、三年三月九十九日の修行をへて、鍛冶の技術を修得する。

(2) 日本に帰還したしゃらだ王は日本の宝にと三振りの剣を造ることにしたが、最初は金がうまく煮えず失敗する。娘の姿に変えた天神王様の教えで、鍛冶には「どろ」や「らんごが浜の小砂」が薬になることを知って、ようやくしゃらだ王は三振りの剣を鍛えることができた。

(3) 三振りの剣は、天神からそれぞれ「大刀剣」「小刀剣」「けんぴんごまのはし」と名付けてもらい、「日本の天神王様のみたまの剣」「日本皇の剣」「うち鎮めの明けん《拳》の太刀」とすることを決めた。

(4) やがてしゃらだ王は三人の弟子をとり、弟子たちは師匠に負けないように技術を磨いた。そして鞴・やりとり・蓋・たがね・やすり・金床などの鍛冶道具や、鍛冶するときの炭・煙・火などに神仏が示現してきた。

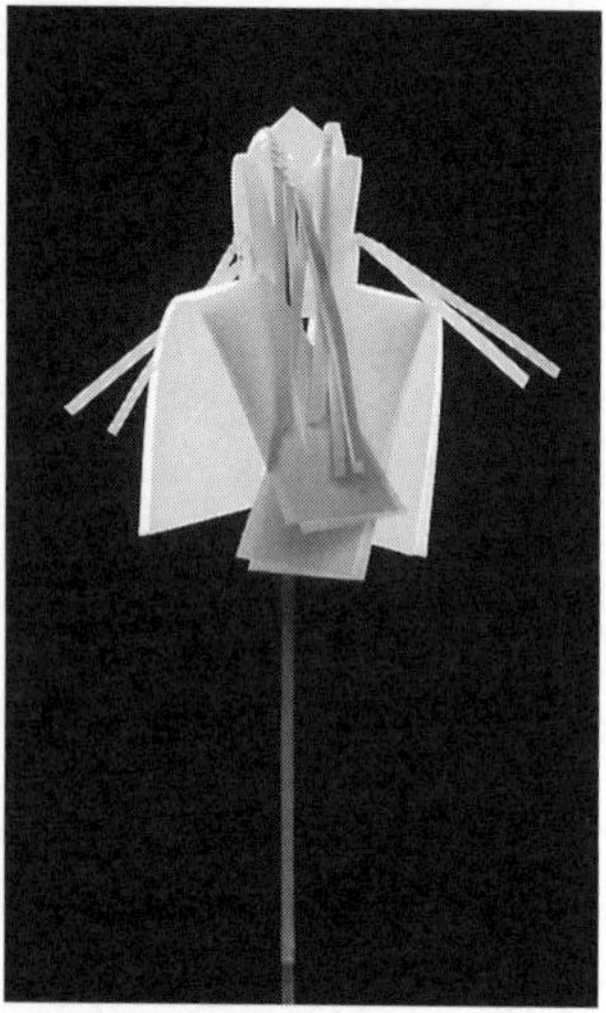

図47　天神の幣

祭文に語られる天神は、天竺に住み、「しやらだ王の御子」に鍛冶の技術を伝える神である。祭文は文字どおり鍛冶技術の起源神話といえよう。鍛冶の技術は、天上の神から授けられるのだ。とくに(2)の鍛冶を行なうときの専門的な知識を教えるところは、これが鍛冶職能者に関わる祭文であることを示していよう。ちなみに、刀を鍛える鍛冶の工程に、泥や砂、灰を使用することは、実際の鍛刀法として存在しているという[10]。鍛冶の技術は、刀剣の制作に代表されるのである。

「天神の祭文」の物語世界そのものは、鍛冶師の立場にたって見れば、自らの職能＝技術が、天竺の天神という神に由来する聖なる来歴譚となろう。自分たちの鍛冶の技術が神の知識にもとづく技として特権化されるのである。天神を祭る鍛冶師の家で、この祭文が誦まれるとき、それは鍛冶の技＝知識を授けてくれた天神への「礼儀」「廻向」としての機能をもつことになるわけだ。

なお、計佐清太夫本の「天神之祭文」とはちがった内容をもつ「天神の祭文」も存在する。たとえば永森本の「天神の祭文」[11]は次のようなストーリーになっている。

天竺の番権大王の七人の王子の一人がらんごが浜というところに漂着し、そこで鍛冶を始めることになり、天竺から石の鞴（鍛冶道具）を下らせる。するとその鞴に天満・大自在天・威徳の三天神が宿った。

そして王子が鍛冶を始めた「らんごが浜」は「備前福岡庄」とも語られ、この系統の「天神の祭文」が備前国の福岡鍛冶の系譜に連なるらしいことが指摘されている。こうした展開は中尾計佐清本「天神の祭文」にはまったく見られない。別ヴァージョンの存在は、鍛冶職の来歴や系譜のちがいということになるのだろう。

なぜ、太夫が鍛冶職の祭文を所持するのか

しかしそうだとしたら、これらの祭文もまた、本来は鍛冶職の家に伝えられたものだったのだろうか。「天神」が鍛冶師の始祖神であるならば、その由来を語る祭文や本地、巻物は鍛冶師の家に伝わるのが通常の形といえよう。だとすると、鍛冶職ではない祈禱太夫の家に「天神の祭文」が伝わるのはなぜなのか。

もっともこういう問いは、鍛冶職と太夫職との職能の分化を前提にした近代的な発想かもしれない。「鍛冶師」という職能、鉄を鍛練していく技術そのものが、じつはきわめて呪術的な行為であったこと、鉄を変成させ、未知の道具を産みだしていく鍛冶師と、自然に働きかけて神秘的なパワーを獲得していく呪術師や、不可視の神とコミットし、または自らの身体に神霊を宿らせるシャーマンとが共時的な存在であったことは、人類学や宗教学が教えてくれるところだ。(12) それゆえに、鍛冶師の聖なる技術は、天上の神から授けられるものであったとされたのである。

ちなみに、いざなぎ流には、大工法・杣法・猟師法（西山法）と呼ばれる職能に関わる祭文や式法が伝わっている。職能者の技術と祈禱太夫の呪術とが不可分であることを物語っていよう。

しかし、その一方で、太夫が所持する「天神の祭文」が、太夫という宗教者自身の祭文として機能することもたしかだ。それは、天神という神格そのものが鍛冶屋の神でありつつ、祈禱儀礼を実践する太夫自身の神へとシフトする問題に繋がる。いうまでもなく、これまでの章で扱ってきた山の神や御崎様をめぐる祭文や儀礼・神楽でぶつかったことと共通するテーマである。「天神の祭文」と「天神法」についての考察は、そうした議論を総括するような位置に置かれるだろう。

はたして鍛冶職の家に祭られる天神は、いかにして、どのような太夫自身の神へと変容するのか。

3　天神祭儀の現場から

天神の祭りは、土佐地方（東部）では、十一月八日が天神の縁日（祭日）と定められている。(13)それは全国的に当日が「吹子《ふいご》祭り」となっていることと(14)対応しよう。「吹子（鞴）」とは、いうまでもなく、鉄を鍛えるときに火起こしの風を送る鍛冶道具である。こうした年中行事的な天神祭儀は鍛冶を営む家の当主が中心となって執行するわけだが、数年に一度という形で行なわれる臨時の宅神祭にはいざなぎ流の太夫が雇われ、彼ら専門の祭祀者たちによる天神のための特別な祭儀が行なわれる。「天神の祭文」は、こうした祭儀の場で読誦される。

ともあれ、計佐清太夫が執行する天神祭儀の現場へと赴くことにしよう。

物部村・山中氏宅の祭儀

平成元年（一九八九）十二月二十六日から二十九日まで、中尾計佐清太夫は、物部村別府の山中春義氏宅で宅神祭を行なった。山中家に祭られる天神の「楽《くら》えへあげ」が主目的であった。

物部村の旧家では、五年、十年の単位で、いざなぎ流太夫を雇って、いわゆる「大祭」

としての宅神祭を執行する習わしになっており、その家の祭られている神すべてを対象とする祭祀を行なう。山中家では、天神のほかに「先祖《せんそ》八幡様」(主に狩猟に関わる神)、「神《かみ》守重《もりしげ》之巫神」(当家の先祖が神として祭られた神格。第二章、参照)、それに台所の神とされる「恵比寿《えびす》様」が祭られている。宅神祭のメインとなる行事は、これらの神々にたいして「本神楽」を献上することにあった。

本神楽とは、第二章、三章でふれた、いざなぎ流の宅神祭の中心的な儀礼である。宅神祭では、家に祭られる神々すべてにたいして、個々に本神楽が執行される。その順序は、古くから祭られている「先祖八幡様」をトップ、次に「神守重之巫神様」、そして「恵比寿様」の本神楽をしてから、山中家に祭られる神としてはあたらしい「天神様」の本神楽を最後に行なうというのが、平成元年の祭祀の次第となっていた。

ところが、このとき、祭祀次第の変更をせざるをえない事態が起きた。

祭りの次第に不満をあらわす天神

本神楽執行のまえに、舞台(祭場)を清める「湯神楽」がある(祭儀の次第は一四四頁**図17**、参照)。そのための「湯沸かし」(湯立て)をする。そのとき釜で沸かした湯に小銭と米粒を投げ入れ、祓幣で湯をかき回し、米粒が小銭のうえに揃った形で吉凶を占う「米《ふま》占《うら》」が行なわれる。具体的にはこれから執行する祭りが無事にできるかどうかなどを占うのである。祭祀の進行途中で、いま行なっている祭りに神が満足しているかどうかをいちいち確かめていくのだ。ところが、このときは三度繰り返しやったが、米粒がきれいに揃わなかった。いまの状態では祭りはうまくいかないという占いの結果が出たのだ。

そこで計佐清太夫は、あらためてクジ（数珠を使った占い。数珠玉を指で括り、玉の数が偶数か奇数かによって神意を占う。奇数だと神意が叶うと判断する）をとってみた。その結果、天神の本神楽の順番が一番最後になっていることが、米占が揃わない理由とわかった。天神自身が、祭りの次第に不満を表明したのだ。計佐清太夫は、急遽、新参の天神の本神楽をトップに変えることにした。決められた祭りの次第が、神の側の要求で変更されてしまったのだ。

こうした場面からは、宅神祭が定式化したとおりの祭祀次第によって執行されるのではなく、それこそ一回的に、神々とコミュニケーションを取りながら祭祀を進めていく様子が見えてこよう。そして祭りの順序を変えてしまう「天神」という神が、ひじょうに強烈な力をもっていることも見てとれる。太夫たちは、祭りを完璧に執行しようとすればするほど、神なるものの威力に向き合うことになるのだ。

さて、山中家では、「天神」は新参の神として扱われている。また鍛冶師の始祖神たる天神を祭りながら、山中家の現当主は、とくに鍛冶を職業としていなかった。これはどういう意味があるのだろうか。

図48　湯沸かしでの「米占」

「天神様取上げ」

山中家には、昭和四十一年（一九六六）から計佐清太夫が携わった同家の宅神祭記録が残されている。

◇「山中家」宅神祭記録

・昭和四十一年一月一日

先祖八幡様祭　礼神楽

神守重之巫神様《かみもりしげのみこがみ》

迎神楽

一月二日

恵比須神楽

・昭和四十九年（記事なし）

・昭和五十五年

屋の神様

天神様取上げ

大天神様と取上る

五年三年の内に迎え楽へをする筈ず
巫神様の左わきへ楽えへやげる
大□へ楽へつけてある
　水神様
泉の水神様の大祭をする
金神様の祭をする

・昭和五十九年二月三日
　天神様の迎神楽をする
三神屋《さんじゃ》の神へ楽えへやげる

・昭和六十年
　三神屋の神様え
初穂上げて楽えへやげてほどかしをする筈ず
　　　家内総願　氏子中

見てわかるように、昭和四十一年の宅神祭では「天神」は祭りの対象となっていない。ところがそれから十四年後、昭和五十五年（一九八〇）の宅神祭で、突然のように「天神」の祭りが行なわれているのだ。それは「天神様取上げ」「大天神様と取上る」と記されている。この年以降、山中家では天神の祭祀が行なわれるようになった。まさしく山中家にとって、天神は新参の神であったことが見てとれよう。

いったい、どういう理由で山中家は天神を祭るようになったのか。また「天神様取上げ」とはどういう儀礼なのだろうか。

天神様からの報せ

山中家において、かつて次のような出来事があった。以下、計佐清太夫の語りである。そもそもの起こりは、十数年前に遡る……。

ある深夜、山中氏夫婦の寝ている天井裏で、なにやらガラガラと金物が通るような音が聞こえた。それが幾夜も続いたので、山中氏は自分のところに相談にきた。「おがんだて」をして、クジをとったところ、「天神様の溺れ」ということが占い判じられた。そして「溺れ」の場所として家の裏手に昔、泉があった地点から一尺ぐらいのところ（うつしま様の明神の社）が判明したので、そこを掘り返してみると、土の焼けた跡が発見

図49　天神の取り上げ　元鍛冶小屋があった場所で祈禱が行なわれた。

された。これは、山中家の先祖がかつて鍛冶をしていたが、没落し、そのまま鍛冶の神たる天神様が祭られなくなったことを意味していたのだ。深夜の天井裏の金物の音は、いわば神の側からの祭りの要求（報せ）であった。

そこで山中家は、計佐清太夫を雇って昭和五十五年に「天神様取上げ」という祭祀を行なった。祭られなくなった天神（これを「溺れ神」という）を「取り上げる」という儀礼である。

天神様の取り上げ。それはどのように行なわれたのか。まず地の底に「溺れている」と太夫が判断した地面（焼けた赤土の場所）に天神の御幣を立てる。そして祈禱をして、その御幣に地の底の神霊を寄り憑かせる。これによって、地の底で溺れている神は救い上げられるわけだ。

この儀礼次第から、即座に思い浮かぶことがある。地の底の地獄で溺れている死者霊を取り上げ、巫神に祭り上げていく、巫神の祭儀（第二章、参照）である。どうやら、旧物部村では、地の底で溺れているのは死者の霊だけではなく、祭られなくなった神もまた「溺れ神」として認識されていたようだ。山中家の天井裏の金物の音は、そうした溺れ神としての天神が祭りを要求する信号＝報せであった。

かつて鍛冶職であった家が、それを廃業し天神の祭りも中断していたために、天神からの「報せ」を受ける。そのまま放置すると、当然、神による祟りや災厄（お叱り）を受けるので、それを防ぐために天神祭儀を再開するのである。

こうした溺れ神としての「天神の取り上げ」儀礼を、計佐清太夫は幾度か行なっている（巻末・祭祀調査一覧、参照）。平成二年（一九九〇）十二月に行なわれた物部村大栃の宗石《むねいし》計佐義《けさよし》家の祭りは、「地鎮屋堅めの祭り」という、一種の新築儀礼であった。だが、これを執行した計佐清太夫は、宗石氏が家の新築のために購入した土地が、以前、鍛冶職の家であったことをつきとめ、やはりここでも「溺れている」天神を取り上げる儀礼を行なった。それ以来、宗石家は鍛冶とは無関係ながら、天神を家の神として祭っている。また平成四年（一九九二）十二月の物部村程野の宗石梅喜代《うめきよ》家の宅神祭でも「天神の取り上げ」の儀礼があった。程野の宗石家は先代が鍛冶職であり、天神の取り上げは、昔、鍛冶小屋があったところで行なわれた（**図49**）。

こうした鍛冶神たる天神祭儀の復興・再開という現象の背景には、生産・技術形態の変化にともなう鍛冶職の衰退という社会的理由があるのはたしかであろう。だが、それ以上に重要なのは、天神からの報せをキャッチして、溺れ神を取り上げ、天神の祭儀を復興していく主体が、あくまでも太夫であったところだ。家の人々には知りえない、神との固有な関係が、この天神と太夫との間に見てとることができるだろう。

とくに計佐清太夫が幾度も天神の取り上げを行なっていることは注目したい。それはたんなる偶然ということをこえて、計佐清太夫と天神との間の、何か特別な関係を想像しえなくもないからだ。

天神の本神楽と祭文

さて、取り上げられた天神は、さらに正式な家の神として迎えられる儀礼が必要であった。天井裏に設けられた神棚の、家の神々の御幣の左脇にあらたに天神の御幣を立てる。これを「三神屋の神へ楽へやげる」という。そのために行なわれるのが、「天神様の迎え神楽」という次第である。地の底から取り上げられた「溺れ神」としての天神が、「迎え神楽」という儀礼をへることで、正式な家の神に昇格していくのだ。家の神として迎える神楽である。山中家では「取り上げ」から四年後の、昭和五十九年（一九八四）に「天神様の迎神楽」が計佐清太夫によって執行されている。

こうした儀礼構造も、第二章で見た巫神の塚起こし→取り上げ神楽→迎え神楽のあり方と対応していることがわかる。天神の取り上げ儀礼は、太夫たちが蓄積してきた巫神祭儀の手法を、あらたな天神の取り上げということに応用したものといえよう。太夫たちは、つねに現在という時代に必要となる、あらたな祭儀を作りだしていく。ただ昔から伝えていることを反復しているだけではなかった。儀礼の実践者としての太夫である。

天神の「本神楽」は、第三章で見た御崎様の本神楽と基本的には同じである。すなわち、「けがらいけし」「ひきつぎ」「願びらき」「水ぐらえ」「神の育ち」「祭文を誦む」「ごとう」「願びらき」「舞神楽」という次第である。

問題の「天神の祭文」は、この「水ぐらえ」と並行する形で誦み唱えられていく。本来は独立した次第と思われるが、現行の神楽では「水ぐらえ」「神の育ち」という次第が進んでいるときに、別の太夫によって「祭文」が誦まれている。「水ぐらえ」の詞章によって神としての「位」が高められていくと同時に、その神の来歴や由緒、神徳を語る祭文が誦まれるのである。鍛冶師の始祖神たる天神の功徳が唱え上げられるわけだ。祭文の詞章は、神楽の次第と一体となることで、そのコトバの威力が増殖していく。

さて、山中家の天神は、昭和五十九年の「迎神楽」によって、正式な家の神として祭られることになった。そしてこの後の平成元年（一九八九）の「楽えへやげ」は、家の神として独り立ちした天神の最初の祭りと位置づけられている。それにしても、「独り立ち」した天神の最初の祭りのときに、天神からの要求で、本神楽の順番を変更したという事態が起きたのは、なんとも象徴的な出来事といえよう。

天神と太夫との濃密な関係へ

溺れ神の地の底からの取り上げ。そして家の神への迎え神楽。さらに独り立ちした神の祭祀から家の最高神としての座へ――。このプロセスは、天神という鍛冶職の神をあらたに祭り上げることで、鍛冶の職能をもって生活する家を、聖なる職能の家として活性化していくことを意味した。そして、その家は村という共同体の秩序に組み込まれるのである。いざなぎ流の太夫たちは、家の成員に雇われてその儀礼を執行する。家の神として祭るべき天神を、家の当事者ではない太夫が代行するシステムといってもよい。ここにおいて太夫が不可視の神々との交渉を専門的に担うことで、神との関係にもとづく村落社会の秩序を維持していく面が見えてこよう。

しかし、その儀礼の現場に即せば、天神という「神」そのものは太夫によってしか扱えない、という内実が見えてくる。天神の報せを察知するのも、地の底から取り上げるのも、神にたいする専門的な知識・技術をもつ太夫にしかできない。家の神であるのに、家の当事者たちは直接的にはタッチしえない、神にたいする太夫の独占的な関係が見えてこよう。

太夫たちは、村落や家の神祭祀に深く関与し、それを完璧に遂行しようとする。それは共同社会の側から要請される太夫の職能でもあった。けれども、太夫たちが完璧な祭りを執行しようとすればするほど、彼らはそこで、「神」なるものの絶大なる威力に向き合わざるをえなくなるのではないか。祭りの進行が、神からの要求によって変更されるように。

太夫が神々と渡り合う祭儀実践の現場においては、太夫と天神とのあいだには、祭りの代行者といった立場に限定できない、もっと濃密な繋がりが感じとれる。鍛冶職の始祖神である天神が、鍛冶を職業とはしていない太夫の祈禱や儀礼の技、知識と絡み合ってくる相貌である。そうした視線から、「天神の祭文」を読み直してみよう。

4　鍛冶神から鎮めの神へ

聖なる剣の由来

計佐清太夫本「天神之祭文」は、天竺の天神から授けられた鍛冶法で三振りの剣を鍛えたことを語る。そのとき鍛えた剣は、「大刀剣」「小刀剣」「けんぴんごまのはし」と名付けられ、それぞれ「日本の天神王様のみたまの剣」「日本皇の宝」、そして「うち鎮めの明拳の太刀」としたという。天神から教えられた鍛冶の技術は「剣」の制作を目的としたのである。ここで「天神之祭文」は、鍛冶の始祖神によってもたらされた、聖なる剣の起源譚ともなろう。

注目すべきは、三振りの剣のなかの「けんぴんごまのはし」＝「うち鎮めの明拳の太刀」の素性である。祭文はこう語る。

> 大刀剣わ　日本の天神王様の　小刀剣わ　日本皇の宝にこめおき　けんぴんごまのはし
> わ　す上《（衆生）》の氏子が屋地割り　屋地開き　いかなるなんぢ《（難地）》こう《（耕）》地を切り開きうち開きを
> する供も　いかなるあれ《（荒）》物ふんじ《（封）》物を切り鎮め　うち鎮めの　明けん《（拳）》のたち《（太刀）》とかし《（貸）》おき
> 申して……
>
> （計佐清太夫本「天神之祭文」）

「いかなる荒れ物封じ物」とは、きちんと祭られず荒れている神、土中に封じ込められた穢れ、すそ（呪詛）や邪悪な山の魔・川の魔・大蛇・あるいは土に埋めた銭・鏡・剣・掛け軸・面・仏像などをあらわす。村人たちが宅地や耕作地のために土地を切り開いたときに、それらが祟りでてこないよう太夫が「切り鎮め　うち鎮め」るのが、「けんぴんごまのはし」＝打ち鎮めの明拳の太刀であった。そしてそれは「貸しおき申して」とあるように、打ち鎮めを行なう太夫に渡されることを意味した。天神に由来する剣の一つは、いざなぎ流の太夫の呪具となるわけだ。

ここにおいて、鍛冶職の来歴を語る祭文が、太夫の法術、呪具の由来へとシフトしていく。「天神の祭文」が、鍛冶師ではなく太夫のもとに伝わってきた理由がようやく見え始めよう。

「鎮めの神」としての天神

それはさらに、祭文の末尾にも連動していく。

木のふいごをさしひやを　のべて奥のはるかに　いってをとせば大ふ《(吹)》きがあみだ《(阿弥陀)》如来やりとりが天ま《(満)》の天神　ふた《(蓋)》がひらい《(飛来)》天神　をもりの石がせんげをしようめつ　まんげがしようめつ　なきいたが　日光月光月日の将軍様を　まねばせ給ふ五のけど口かわせの三郎　はい《(灰)》口わこんごどうじ《(金剛童子)》　たきた《(焚)》る火わふげん文十《(普賢文殊)》　くべたるすみ《(炭)》わから《(伽々羅)》文十《(文殊)》　もえ行くけむりが　さんざらりゆう《(龍)》　くべたるかね《(金)》わ　なま《(生)》かね《(金)》大明神　やいたるかねわ　あかびら大明神うツたるかねわ　きりよぐうぞ　かなとこ《(金床)》　ひらい《(飛来)》の天神やしやふり大りき　うひらめの大明神十二のかぢばし　やつるぎ大明神　たがねわ　きるべの大明神　すみ《(炭)》かきよせの大明神　くじり明神　たがねはきるべの大明神　すみかきよせの大明神　かをんほ童子　ほうきねせんかせ　そくづし　せんとこ　とるい大明神　やすりはすりこみがきの大明神　うち鎮めの大明神　ぬたわ池の明神　とぶねは地大《(土)》どんく《(公)》う　としるも地代どんくう　鍛のしいたるむしろはうちしきこんごどうじ《(金剛童子)》大鎚小鎚太郎鎚わ□所のあれ《(荒)》物　ふんじ《(封)》物　是れとうとう　つっしんに　うち鎮めの明

けん《(拳)》鎚と　是れうやまをて申しまいらする　(同前)

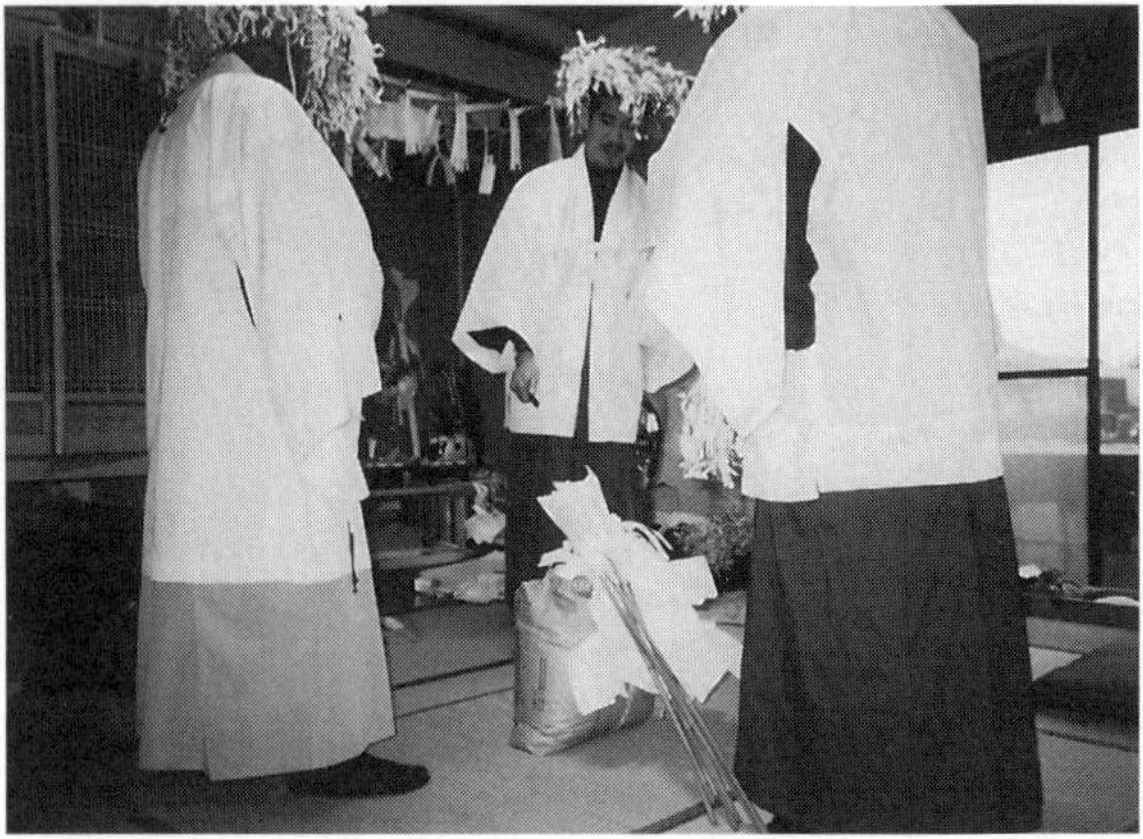

図50　方呼び鎮め　足先で地を踏む「反閇」の所作。手に小刀を持つ。

意味不明の語も多いが、「大吹きが阿弥陀如来」「やりとりが天満の天神」「蓋が飛来天神」「灰口は金剛童子」「焚きたる火は普賢文殊」「くべたる炭は伽々羅文珠」といったように、鍛冶の道具、煙や火といった鍛冶の工程そのものに多様な神仏・菩薩が示現してくるのである。それらは鍛冶職の守護神、仏の顕現といってもいいだろう。

だが、ここでも見逃してならないのは、鍛冶道具の「大鎚小鎚太郎鎚」が、「所の荒れ物　封じ物　是れとうとう　つっしんに　うち鎮めの明拳鎚」と語られていくところだ。熱い鉄を打ち延ばす大鎚・小鎚の強力な力が、所の荒れ物や封じ物が祟りでてくることを打ち鎮めていく呪具となるのである。鍛冶の道具が、太夫の鎮めの呪法へと転化していく。これは一種のメタファーのようにも見えるが、いざなぎ流の病人祈禱には、実際に大鎚・小鎚や金床・鞴などの鍛冶道具を使う技法があった。

鍛冶職の起源と、その始祖神＝天神の神徳を称える祭文の物語世界。だがその物語の内部に、鍛冶の技術で最初に鍛練された剣や、焼けた鉄を打ち延ばす大鎚そのものが、太夫の鎮め儀礼の呪具へと転じる構造がはらまれていた。そのとき、太夫にとって、天神という神格は、鍛冶職の神であることから、太夫自身の呪法の守護神へと変貌するのである。

さて、ここで「天神の祭文」が、家の神としての天神祭儀から離れ、「鎮め」という儀礼を完遂させるために誦まれていく場面に立ち会うことになる。まさしく「鎮め」の神としての天神である。

いざなぎ流の「鎮め」儀礼は、家祈禱などの祭祀の締めくくりとして行なう「荒神鎮め」「方呼び鎮め」が代表的である。[15] これらの鎮め儀礼に先立って「天神の祭文」が読誦される。このとき太夫は、「関の小刀」という小刀を手に持ち、反閇《へんばい》の所作で多種多様な荒神を鎮めていく。中尾太夫はこれが「けんぴんごまのはし」だと言う。天神によってもたらされた鍛冶の技で鍛練した剣が、太夫自身の呪法と結びつく現場である。

取り分け儀礼のなかの「天神の祭文」

さらに、鎮めの神としての天神の威力がもっとも発揮される場面があった。「取り分け」儀礼における鎮めである。取り分け儀礼のなかの「天神の祭文」が「鎮めを頼む也」と誦まれることを、思い起こそう（第四章、参照）。天神の鎮めの神としての力は、何よりも、呪詛を相手どる取り分けのなかで発揮されるのである。

だからこそ、取り分け儀礼のなかで誦まれる「山の神の祭文」「地神の祭文」「水神の祭文」など七通りの祭文と「天神の祭文」とはレベルの異なる扱いを受けていたのである。「天神の祭文」を読誦することで、天神という神が、「呪詛の祭文」に起源づけられた「すそ」の送り鎮めの最終的な「上印」（要め）となってくれる。天神は、取り分け儀礼のなかで、それを完遂させるための重要な太夫自身の神となるのだ。

なお、取り分け儀礼の次第書きには、「送り鎮めを。高田の王子様に頼んで送り鎮める」とも記されている。高田の王子は、いざなぎ流の「式王子」の一人である。天神は、高田の王子と連携して、「すそ」の送り鎮めを行なうと解釈することができる。「天神」が、高田の王子といった「式王子」と同じ役割をもつことの一端が見てとれるのである。いいかえれば、天神という神格のなかに、式王子と相通じる力が備わっていたということだ。なお、「高田の王子の幣」を立てた「法の枕」には、天神に由来する「関の小刀」も一緒に立てられていた。

取り分け儀礼のなかの「天神の祭文」。祭文に語られた「いかなる荒れ物封じ物を切り鎮め　うち鎮め……」という天神の呪能は、「すそ」の送り鎮めの力として、もっともその効力が発揮されていく。鍛冶師の始祖神としての天神が、鍛冶の家に祭られる神という相貌をかなぐり捨てて、呪詛や調伏といった禍々しい力の領域と渡り合っていく地点が、すぐそこに見えてくるのである。

5　荒ぶる鍛冶神たちの系譜

いざなぎ流の鍛冶神としての天神の相貌は、一般的な天神信仰のなかではかなり特異な存在であった。もっとも、「荒れ物、封じ物」「すそ」を打ち鎮めていく天神の呪能は、あるいは「御霊」としての天神の霊格の影響を暗示しているのかもしれない。

さらに視点を、「鍛冶神」というところにシフトさせてみると、他の地域の鍛冶神たち（それらは多く金山神《かなやまじん》、金屋子神《かなやこ》という）のなかに、いざなぎ流の天神との類似点を見いだすことができる。いったん、いざなぎ流から離れ、他の地方の鍛冶神たちの相貌を見てみよう。

呪詛を打ち鎮める金山神

香美《かみ》郡物部村（現・香美市物部町）から西北に隣接する土佐郡本川《ほんがわ》村（現・吾川《あがわ》郡いの町《ちょう》）には、いざなぎ流祈禱と共通する祭文や本地が伝えられていることで注目されているが[16]、そのなかに鍛冶師系の「金山の祭文」がある。「天神」という神名ではないが、次の一節は、あきらかに「天神の祭文」と類似する内容をもっている。

……燃エ立ツ火ハ不動火煙、金床ハ大カルヤウ《（シ）》ヤ明王、打タル金ハ大徳夜叉明王、大鎚ハ戌《イヌ》神、猿神、シキ王ソヲ悪魔ノ物ヲ四方八方十二ケ方へ打払イ、小鎚ハ地神公神、スソ神、スソミサキハ大地へ七尺底迄鎮メノ槌ヲ振リ上ゲ……

（曽我部重徳氏蔵資料「金山ノ祭文[17]」）

炭は木霊の龍王、炭掻きはから龍王、くべて火炎は不動明王、立ち煙は普賢菩薩、焼いたる金は、倶利加羅夜叉明王、金床は、こんがら童子、せいたか童子、天地の悪魔打ち散らし、まにりがおきに打ち散らさん事、鍛冶の不思議なり。

（高橋鶴吉氏旧蔵資料「金山之祭文[18]」）

鍛冶の工程、鍛冶道具への神仏の顕現から、大鎚・小鎚が「戌神、猿神、シキ（式）王ソ」、「スソ神、スソミサキ」などを打ち払い、打ち鎮めていくという呪法は、いざなぎ流「天神の祭文」と見事に通じていよう。とくにここでは、打ち鎮めや祓いの対象がより具体的に叙述されていることは興味深い。

中国地方の金屋子神

「金山」という神は、金屋子神ともいい、一般に鍛冶や冶金、採鉱・あるいは炭焼業者の神とされている(19)。有名なのは中国山地のタタラ師が伝えた金屋子神である。彼らのあいだにも「金山の祭文」が伝承されているが、そのうち鍛冶屋の職能を語る場面には、やはり鍛冶道具の類に多種多様な仏・菩薩が示現してくることが描かれている。

さらに、その末尾に至ると、

しき《(死式)》おうち《(打)》かへす《(返)》われ《(我)》そ、こん《(金》せん《山)》りやう《(龍)》王、大小金山大郎ニ、
あくねん《(悪念)》しき《(式)》うちかへすもわれそ、こんせんりやう王、大小かな《(金)》山大郎ニ、
小《(青)》りうしきおうちかへすもわれそ、こ〔ん〕せんりやう王、大小かな山大郎ニ、
しゃ《(赤》くりう《龍》しき《式)》うちかへすもはれそ、こんせんりう王、
ひ《(白》やくりやう《龍》しき《式)》をうちかへすもはれそ、こんせ□《(ん)》りやう王、
こ《(黒》くりやう《龍》しき《式)》をうちかへすわれそ、こ〔ん〕せんりやう王、大小金山大郎ニ、

王《黄》りやうしきをうちかへすもわれそ、こんせんりう王、大小金山大郎ニ、
ぢしき《式》をうちかへすもわれそ、こんせんりう王、
ねんりしきをうちかへすもわれそ、こんせんりう王、大小かな山大郎ニ、
いきりやう《生霊》四りやう《死霊》しゆそ《呪詛》あくねん《悪念》あくりやう《悪霊》ともからなりとも、今日かないこの丁、
ひみつ《秘密》のりけん《利剣》のさき《先》にかけ、きもん《鬼門》の方へはらいたまへ、　（井上家蔵「金山の祭文」[20]）

金山龍王と眷族（御子神）の大小金山太郎の来臨を請い、その力によって、死の式神、悪念の式神などを打ち返していく。金屋子神の威力が呪詛返しとなることが、はっきりと見てとれよう。また「秘密の利剣の先にかけ」というように、ここでも鍛練された鋼の剣が呪詛返しの先鋒となるのだ。[21]「死式打ち返すも我ぞ」のフレーズは、祭文を唱える祈禱師が金山神と合一して、呪詛の式神を打ち返していくシャーマニックな場面を想像させてくれる。

八丈島、東北の巫女祭文

さらに目を遠く関東の八丈小島へと向けてみよう。そこにもかつて活動していた島の巫女たちが「金山の祭文」を伝えていた。

……あたまにわ　小金のつちを　三枚あわせて　かぶせ　後にわ金山の左エ門ニは
まりしてん《（摩利支天）》の　法をむすんで　かたに懸れば三千　せ《（世）》界のあくま《（悪魔）》を　はらふけん也。
……抑　かの祭文ヲ読れれバ　子の年子の月子の日　子の時子の方ニテ生れたる男女の
子方にて　したるしゆそ《（呪詛）》うち返スモ我ぞこんて九万八千の　金山だらに《（陀羅尼）》　きんぜい《（謹請）》丑
の年丑の月丑の日丑の方ニテ生たる　男女の　丑の方に而したる　しゆそう《（呪詛）》　打返スモ
われ《（我）》ぞこんてい九万八千の　金山だらに……

（「金山乃祭文」）(22)

子・丑・寅……のあらゆる年月、方角の男女によって仕掛けられた呪詛を打ち返す呪法が唱えられている。「呪詛うち返スモ我ぞ」と、金山の神自身のコトバとなっているのは、中国地方の「金山の祭文」とも共通する。金山神が巫女に神憑かりして、呪詛の打ち返しを明言していくのだ。タタラ職、鍛冶職ではない巫女が伝えた「金山の祭文」として、祈禱太夫自身が伝えたいざなぎ流「天神の祭文」との類似点が見いだされよう。また子・丑・寅……と十二支にもとづく年月や方角から仕掛けられた呪詛への対処の作法は、「月読の呪詛の祭文」「日読の呪詛の祭文」など、呪詛系の祭文と共通するところもある。(23)〔補注1〕鍛冶神の祭文が、呪詛系の祭文と交流していく場面が想像されよう。

さらに東北岩手の盲目の巫女（神子）たちも、同じような「金山の祭文」をもっていた。

……ソウ中シテ東方南方西方北方中央カラフリ《（降）》来ル荒ラミサキモ、金シキ《（敷）》ノ上テタガネ《（鏨）》ヲカケテ、ウチ切リカイ《（返）》スモウチモド《（戻）》スモ、ハレ《（我）》ゾコンニヨ熊カ八千金山大神、陀羅尼薩婆訶ト敬白。

（「金山之縁起」[24]）

詞章の前半はやはり鍛冶道具に神仏が宿る叙述が続き、その後に「荒ラミサキ」を打ち返す「八千金山大神」への唱えに至るのである。

鍛冶神・タタラ神＝金屋子神の祭文が、たんに鍛冶職やタタラ職の始祖神話であることをこえて、式神の打ち返しや呪詛返しの祈禱文となっていく。それは西日本から東北までのかなりの広範囲の地域に見いだされるのだ。火をもちい、鉄を生成させ、鋼鉄の剣を鍛練していくタタラ神・鍛冶神の威力と、呪術師としての祈禱太夫や巫女たちの法力とが結びつく地点といってもよい。

歴史的な系譜は辿れるのか

このような民間宗教者たちの活動は歴史的にどのくらいまで遡れるのだろうか。個々のケースによって様々であろうが、「金山の祭文」の祖型らしきテキストが、中世後期に両部系（密教系）神道から発展・成立したとされる三輪流、御流神道[25]の印信のなかに見いだすことができる。三輪流の「鍛冶屋大事」をひいてみよう。

鍛冶屋大事

先鍛冶屋ニ入時護身法

次衣那荒神印　二手合掌ノ右頭指ヲ外可レ拂二三度一、

次送車輅

年於経天身於妨留荒御前曾古去多麻恵事業於世牟

印二手合掌ノ左ノ頭指ヲ以三度内ヘ招ク

大鎚大事　　　本地釈迦

法界定印

次金剛合掌

千刃破神乃教乃鎚那礼波打仁去奴留荒御前哉

（『三輪所願成就諸大事』(26)）

「鍛冶屋入時護身法」とあるように、これは鍛冶師が鍛冶仕事を行なうにあたって用いた印信といえよう。だが、その場合、たんなる技術職能者としての鍛冶ではなく、彼らの

「鍛冶技術」が呪術的な作法と不可分に存在していることが見てとれる。そこには鍛冶と呪術・祈禱とが一体となって存在する、鍛冶師の中世的な相貌を見いだすことができよう。

また「ちはやぶる神の教えの鎚なれば　打ちに去りぬる荒御前かな」の歌は、ミサキ(荒神)祓の呪歌であった[27]。鍛冶の作法が荒神やミサキの祓禳儀礼と展開するところ、「金山の祭文」と呼応する地点が確認できよう。

「大鎚大事」に「本地釈迦」とあるように、鍛冶道具に仏が顕現してくることは注意したい。この後「小鎚大事　本地彌陀」「鐵碪之大事　本地大日」「移金之大事　本地陀羅尼菩薩」「大箸之大事　本地薬師」というように、それぞれの道具に示現する本地菩薩・本地仏が記され、それらを顕現させるための印契と真言陀羅尼が付されていく。そして最後に「極位之大事」として、

南無金山守護十二神将喼々如律令
南無金山守護不動明王喼々如律令
南無金山守護八大童子喼々如律令
南無金山守護三宝荒神喼々如律令
南無金山守護四天王喼々如律令

というように、はっきりと「金山守護……」という神格を唱えていくのである。ここから、諸国の民間宗教者たちの持ち伝えた「金山の祭文」が、三輪流神道の印信をひとつのベースに、生成していった系譜が推定されよう[28]。おそらくそれを仲介したのは、修験山伏たちであったろう。同様の印信は、修験のテキストのなかにも伝えられていた。

小箸大事鍛冶也。三十七
本地龍樹菩薩。
先普《ッ》印。明曰。[illegible]阿迦薩達耶[illegible]
未敷蓮花印。南無龍樹菩薩所望成就唵唵如律令

鎚大事四十八
独古印。[illegible]
哥曰。
千刃破ル迷悟我身ニテ
万ノ神ハ我床ニマス

（『修験宗神道・神社印信[29]』）

「小箸」「鎚」という鍛冶道具の「本地」と、その本地仏を勧請して守護を乞う次第であ

ろう。これが修験道の印信として伝えられたことは、鍛冶道具に宿る神仏の威力をもって修行者の「迷悟」を打ち破る修法といえよう。あるいは、その威力によって、病者に憑いた悪魔の物を退散させる呪法とも解釈しえようか。

いざなぎ流の普遍性と特殊性

さて、以上のような資料群は、「天神の祭文」ひいては、いざなぎ流そのものが、けっして孤立した特異な存在ではなかったことを、あらためて教えてくれよう。「鍛冶神」の呪法という視線から、いざなぎ流がどのような時代の宗教思想、儀礼作法と交流しつつ、生み出されていったかを見定める手がかりがつかめそうだ。いざなぎ流の歴史的な形成過程である。それは今後さらに深めるべき大きなテーマとなるだろう。

諸国に伝わる「金山の祭文」は、呪詛《すそ》返し、式返しの呪法と結びつく。その場合、

◇スソ神、スソミサキハ大地へ七尺底迄鎮メ……　（曽我部重徳氏蔵資料「金山ノ祭文」）

◇ひみつ《（秘密）》のりけん《（利剣）》のさき《（先）》にかけ、きもん《（鬼門）》の方へはらいたまへ、　（井上家蔵「金山の祭文」）

といったように、鎮め、祓えの呪法となっていたことがわかる。たしかに、微妙な言い回しもあるが、基本的には、これら金山系の祭文は、呪詛系の祭文と同じように、呪詛を

「本地」に送り鎮めるためのものと見ていいだろう。けっして報復のために相手に打ち戻すときのものではない。

こうした性格は、いざなぎ流の「天神の祭文」が、取り分け儀礼の「鎮め」で誦まれることとも通じる。取り分け儀礼はあくまでも、呪詛を「呪詛の名所」に送却し、鎮めることが目的であった。その「鎮め」の要になるのが「天神の祭文」ということになる。

しかし、これら金山系の祭文と比較してみると、「天神の祭文」には、直接的な呪詛返しや式返しの文句がないことに、あらためて気付かされる。「天神の祭文」はあくまでも天神という神格の来歴、鍛冶職の由来の物語で、ダイレクトに呪詛や式神に向けて、「祓い給へ」「呪詛ウチ返スモ我ゾ」といった命じるような言葉はないのだ。

もちろん「天神の祭文」にも「切り鎮め、打ち鎮め」といった呪法を示す文句は存在する。だがそれは、天神という神格、あるいは天神に来歴する「剣」のなかに、そうした力が込められていることを示す由来の言葉でしかない。いざなぎ流の「天神の祭文」は、他の地方の金山系の祭文のように、直接的に呪詛や式神を相手どり、それを強制し、送却していくための呪文としての働きはしていないのだ。

ここにこそ、いざなぎ流の特質が見えてくるだろう。すなわち由来を語る「祭文」にたいして、直接的な呪法を仕掛けるときの「法文」が膨大に存在するところだ。他の地方に見られる金山神系の祭文がもつ要素は、いざなぎ流では「祭文」ではなく「法文」という形でさらに細分化し、複雑化していったのではないか。そしてその背景には、鍛冶神たる天神に式王子と同じ働きをさせ、天神を「式神化」する呪法が見てとれるのではないだろうか。

こうした問いかけから、ようやくわれわれのまえに、「天神の祭文」ではなく、「法文」と呼ばれる「天神法」のテキスト群があらわれてくる。

6 「天神法」の世界へ

祭文の世界を前提にした法文

まずは計佐清太夫の「天神法」の法文テキストを解読してみよう。

是レ天竺久べざい《弁財》天神王様の打たせ給た、やるかま《鎌》取る、かまとぶ釵の大神といえるしゆうへんを以て、よこ《横》へ七ツ、たつ《縦》へ九ツ、九までかくれば十文じ《字》、みなおんだらりやそば《莎訶》か、岩をほうた、はいかづら何の年の玉の病者へ、みをさまたげ《妨》た悪のものは、りばりそば《莎訶》かと切てはなす、おんきりけんばいやそば《莎訶》か。

(「天神のくじ」[30])

「おし加持祈り」という病人祈禱の「くじ」の一つとされている法文である。意味不明の言葉も多いが、天竺の弁財天神が打った「やる鎌」「取る鎌」「とぶ釼の大神」をもちいて、病者の身を妨げる悪の物を切り離す内容であることがわかる。ちなみに修験道では「くじ」（九字）は護身法であるが、いざなぎ流の場合は、ただ身を守るのではなく、身を妨げる悪魔や荒霊を病人の身体から分離させる力となっているようだ。

注目されるのは、病者の身を妨げる「悪の物」を「切て離す」呪具が「天竺弁財天神王様の打たせ給た」剣と語られるところだ。「天神の祭文」が語った屋地・耕地の土地に封じられた荒霊にたいする「切り鎮め、打ち鎮めの明拳の太刀」の役割が、病人の身体に取り憑いた邪魔や四足《しそく》（動物霊）・生霊・死霊などを、病人から「横へ七ツ　縦へ九ツ　九までかくれば十文字」に切り離していく呪具へと転化することが見えてこよう。

もっとも法文のなかでは、天神が鍛冶神の由来をもつことは直接には語られない。だが「天竺弁財天神王様」の鍛練した剣が病魔を打ち払う呪力を発揮するのは、祭文で語られた鍛冶神＝天神の来歴譚が前提にあることは、明らかであろう。祭文に語られた物語は一切省略し、天神の「切り鎮め、打ち鎮め」という強力なパワーだけが、病人の身体に巣食う悪魔、動物霊などを追い出していく力として導きだされるのである。ここに、祭文から法文が分化・派生したというメカニズムが見てとれるだろう。

剣を振りたて戦う天神

「天神のくじ」は、天神に由来する鎌や剣を祈禱の呪具として駆使している。さらに次の法文では、天神そのものを招き迎え、その強力なパワーで病魔を打ち払うという祈禱のテキストになっている。

大天神様のすみちょう御安座をこわし《詳》くたづね《尋》れば、地まく七だん国中だん国の、はしけ、はしが森みさん、こがねのから上国に祝われまします、大天神のあら《荒》式けい《警》ごう《護》様とも行いしょ《招》じまい《参》らする、東々方甲乙の方より七たい《体》の天神様が、黒金七ワ剣をふりたて、おり入用合《影向》なされて悪の者をふきやみだいて、四方ばらんと打ちゃ払て御祈禱かなえて給れ、たしかにたのみまいらする。

（「天神ふきみだしの行[31]」）

これは病人祈禱の「行ない」で、最後の「上印」としてもちいる法文である。冒頭で「大天神様」の住みか＝御安座の由来を語り、黄金の唐上国にまします天神を「大天神の荒式警護様」として招き寄せ、さらに七体の天神が、黒金の刀を振り立てて来臨し、病者に憑く悪の物を吹き払い、四方へと打ち払っていく。法文はそうした天神そのもののパワーの召喚を祈るのである。ここでも、「黒金七ワ剣をふりたて」という剣の呪具、あるいは「ふきみだし」という表現が、鍛冶道具の風を起こす「鞴」に通じていることから、

「天神の祭文」を前提にしていることは明らかであろう。天神は、鍛冶法を伝授した神であるとともに、それによって鍛練された鋼鉄の剣そのものにも変身するといってよい。

この法文は、「行ない」の名称をもつ。また文中にも「行い招じ参らする」とある。いざなぎ流祈禱において「行ない」というのは、太夫が神霊・式王子を使役する意味をもっている。陰陽道における「式神」の呪法である。いざなぎ流では「前だて」とも呼ぶ。

太夫の式神として天神を召喚する

ここにおいて、われわれは重大なことに気付かされる。唐上国に鎮座する天神を太夫が自らのもとに招き降ろし、その威力をもって病魔を打ち払っていく。それは具体的には、天神という神を、太夫に駆使される「式神」とすることを意味したのだ。「大天神の荒式警護様」とは、そうした式神としての名称であろう。まさに「荒式」だ。太夫たちは、「前だて」(式神)となってくれる天神を、法文を唱えることで〝雇ってくる〟ととらえている。天神という神は、式王子と同等の働きをする神へとシフトしていくのだ。

鍛冶職の始祖であり、鍛冶師の家の最高神として奉祭される天神。だが、太夫たちが法文を誦み唱えるとき、その神は、太夫に駆使される式神(式王子)へと変成し、自ら研ぎ澄まされた剣を振りかざし、多くの病魔を打ち払っていく。ここに見いだされるのは、そのようなスリリングな場面であった。

なお陰陽道における「式神」は、陰陽道の占いの式盤《しきばん》の十二神将から発生したと推定されている。[32][補注2] 一般に式神といえば、陰陽師に使役される下級霊（鬼神）のイメージがある。いざなぎ流祈禱でも、犬神（四足）や蛇、カエル（びき）、大鷹などの動物霊で「式を行なう」方法が知られている。[33] だが「式王子」という尊格の問題や、さらにここに見る「天神」、または山の神や水神・荒神・地神・八幡といった神々、さらに巫神や御崎様なども「式」とする行法を見るとき、「式神」を陰陽師に操作される低級霊・使役霊とする認識は、あまりに単純すぎるといわざるをえないだろう。なお、中尾計佐清太夫は「外道は式や行ないにはならない」と言う。「式神」となるのは、さらに強大な位の神であったのだ。

太夫によって見いだされる天神のパワー

さらに次の法文を見てみよう。

そも〳〵行正《(招)》じまいらする、そら大天神、中尾天神、ち《(地)》大天神、火らい《(来)》天神、次第天神、北の《(野)》の天神、なむ十二サイ天神、五方の五人の天神王様、七代天神、十二代天神様行いしよう《(招)》じまいらする、おり入用合《(影向)》なされて御度候得、天ニてべざい《(弁財)》天神王、とうど《(唐土)》にからす大おん、がつてん日本でしよみんしよらい《(蘇民将来)》、しそんつてん、おんめう吉郎、なむ吉りよう、地ちようるい、てん長るい、きじんちよるい、めんづらおんづらまづら小ろうはらう、けはろう、けはんにそばか《（莎訶）》、だいせんか、この法まなごの法を以て悪まの者千里打つ、万里と打つ、九万九千里　本のすみかへ打ってはなすぞ、しいろき給へ、さらさんもんくてんにそばか《（莎訶）》、
（「天神まなご打の方[34]」）

「行招じまいらする……」「降り入り影向なされて御給び候へ」。これも式神としての天神を召喚するときの法文だ。注目したいのは、ここでの天神が、祭文のなかの「天竺北野の天神王様」という一体の神格ではなく、「そら大天神　中尾天神、地大天神、火来天神、次第天神、北野々天神、なむ十二サイ天神、五方の五人の天神王様、七代天神、十二代天神」といったように、おびただしい数の神格に分化していくところだ。

もちろん祭文のなかでも、鍛冶の道具に顕現する神仏として、「やりとりが天満の天神」「蓋が飛来天神」などと語られていた。また「天竺」の天神にたいして「日本の天神王様」ともあった。祭文のなかで語られる「天神」の神格は、けっして単一神・人格神的な存在ではなかった。それは同じ鍛冶神（タタラ神）の「金山の祭文」に唱えられる金屋子神が、膨大な数の名で登場する「グループ・ソウル」（集団魂）と認識されることとも通じよう[35]。重要なのは、そうした神のグループ・ソウルは静態的に存在しているのではなく、いわば太夫自身の祈禱法のなかから見いだされ、導きだされていくところだ。

あらためて法文を見てみよう。人に障りをなす悪魔の者を「千里打つ、万里と打つ、九

万九千里」の元の住みかへと退散させる法文を唱えるときに、多様な名をもつ天神たちが招来される。法文の名称の「まなご打ち」の「まなご」とは、細かい砂を意味する。まさしく、微細に分化した天神たちが、病者の身体のあちこちに巣食った悪魔の者を捜しだし、それらすべてを「千里、万里」の遠く遥かに打ち払っていくのである。それは「天神の祭文」ではできなかった。太夫たちは、病人祈禱という実践の渦中において、「天神」という神の、より微細な神格のなかに分け入り、その根源的な力を見いだしてくるのである。

病人祈禱の場で太夫たちの法力を守護し、式神として駆使される多様な天神たち。それは法文を誦み唱えることで、太夫たちのまえに召喚される。そこに顕現する天神は、もはや鍛冶師の家の神として祭られる神格と遠く離れ、病人に取り憑いた様々な魔物、悪霊たちを打ち払う攻撃的な神霊へと変貌していたのである。

したがって、祭文から法文が派生・分化する過程とは、祭文のなかに語られる神のなかに、さらに強力な力を見いだし、それを太夫自身のもとに導きだす実践の現場であったといえよう。祭文に由来する天神＝鍛冶神の力のなかに分け入り、その鋼鉄を鍛える絶大で未知なパワーそのものを、攻撃的な力として抽出してくること、といってもよい。

呪い調伏の法文へ

たしかに「天神のくじ」「天神ふきみだしの行」などの法文は、病人祈禱の場で誦まれるテキストである。それは法文がストレートな呪詛や調伏のテキストでないことをあらわしている。しかし次のような法文を見てみよう。

此の釼と申すは、日本のかぢ《鍛冶》う《打》たん、とうど《唐土》のかぢうたん、これ天竺く小金のから上こく《国》から、から天神ののべさせ給た八釼を行い降いて、さか《逆》いん《印》さか手に取りて、元本人の守神は天へ切つて上げる、佛は七ツの寺へ切てもどす、こんぱく《魂》玉水は、四び玉水石人玉水八幡地ごく《獄》え切りをと《落》す、まだものこ《残》りた五尺のからだ《体》わ、地神のみかどへ切りつめる、下《舌》をくいきり、はぶろがなまき、むごん長らい、そく《即》めつ《滅》びらりやそば《莎》か《訶》と切つてはなす

(「天神九代の行のうら敷[36]」)

冒頭で「天神ののべさせ給ふた八釼」を、「日本の鍛冶打たん、唐土の鍛冶打たん」と語り起こして、その剣がまぎれもなく天竺の天神に由来する聖なる剣であることを強調する。いうまでもなく、その基底には、「天神の祭文」に語られた天神の剣の由来譚があった。それを「行い降いて」くる。

では来臨した「天神ののべさせ給ふた八釼」によって何をするのか。剣を逆印・逆手に取るという「逆印・逆手」は、「さかや人形、さかや刀をつこうて、因縁調伏ないた……」(「月読の祭文」)といった呪い調伏の作法に対応する。「逆さ」にすること、つまり「裏」

の式法である。天神の「八鈎」によって、元本人の守護神は天に切り離し、護持仏は、寺のうちに送り戻す。魂は、地獄に切り落とす。さらに残った身体は、地神のもとに切り詰める。舌を食い切って即滅させる……。

もはや明らかであろう。この天神の法文は、どう見ても、仇となる「元本人」を攻撃するための調伏法の詞章であった。

たとえば、次のような類型の表現がある。

元本人とが《（咎）》ほんしだい《（次第）》みぢんとあてれば、あけ《（開）》たまなこ《（眼）》わふさかせん、つふりたまなこ《（眼）》わあけさせん、あけた口ハふさがせん、ふさいた口ハあけさせん、ふん《（踏）》たつめ《（爪）》わぬかせんそ、一時がやしニむごんそばか、そくめつ《（即滅）》そはか　（「一時はや敷」㊲）

あげ《（上）》た足はをろ《（下）》させん、ふんだつめ《（爪）》はぬか《（抜）》せん、あけたまなこ《（眼）》はつぶらせん、ふさいだまなこ《（眼）》はあけさせん　あけた口はあけさせん、立ちたすがた《（姿）》わいざらせん、いざりたすがたわ立ちらせん、したを《（舌）》くいきり……。　（「天神の宇ら《（裏）》敷上天川」㊳）

開けた眼はふさがせない、つぶった眼は開けさせない、上げた足は下ろさせない、踏んだ爪は抜かせない、開けた口はふさがせない……。その禍々しく、悍《おぞま》しい死の描写は、これら調伏の法文の効力に生々しいリアリティがあったことを暗示しよう。

こうした呪い調伏の法文は「裏式」（裏くじ）の名をもつ。他にも「お日のまわり敷《式》うら敷」「ちいすい長のうら敷」「用ゆう《友》姫のうら敷」「八万《幡》の行うら敷」「なるかみ敷のうら敷くじ」「天とうの行のうら敷くじ」「岩わりげんのを敷のうらくじ」などと、法文を収録する書物に枚挙のいとまないほど載せられている。たとえばそれらも、

ないでんなる神、みちんとのくじ石の下なるみだれ神、ぱっとちるち《血》わかすみのごと《如》く、天とひとしき、かやさせ給、丑寅きもんつち方五蔵をちり〴〵きもをち《智》けん《拳》にそ《莎》ば《訶》かときってはなす（「なる神敷のうら敷くじ」[39]）

おそれながら天地の神様をたのみ奉る、時をちがえな、こくげんをちがえんごとく、父のちくびをはなす、母のちくびをはす、と《咎》がある人ニ三谷の水をさかしニかやしかけ、岩をくづしかけ五臓をけづり、ぞんぷをけわり、げんじやが前にそらはかつき、とがある人を三尺そこへ七尺そとばでつきつめる、月をめさん日をめさん、よ《拯問》ものは《博》か《士》しよも、よもあるまい、十二ななうねごしとも、をかをこさんまに、あさ日をみず、水をのまず、火円ニそばか、元本人とが本しだい切てはなす。（「岩割げんのを敷のうらくじ」[40]）

といった、「咎本人」「元本人」へ向けた呪い調伏の詞章と見ることができるのである。

何にたいする「裏」なのか

それにしても、「裏式」とは、何にたいする「裏」なのだろうか。次の法文を見てみよう。

七人の大天神様一時はんじ二行正じまいらする、時をちがゑ《違》ず、日をちがへず、こく《刻》げん《限》をちがへず、むこ《相手》をあいての五臓をけわり、ぞんぷ《臓腑》をけわり、むこをくろきも、ゆとろ二とかす、まだもとけんきも《肝》なれば、かんなき《巫》御手《弟子》にうけもち給た、やいは《刃》の釼を以て、くろきもかきわり、五臓をきり《切》やぶり《破》、ち《血》をあやし、ち《血》花にさかせる　正めつ《消滅》させる、かげ《影》もないぞ、そく《即》めつ《滅》そばか《莎訶》と切つてはなす　（「天神ふきみだしのうら敷」(41)）

「天神ふきみだしのうら敷」というタイトルから、先に紹介した病人祈禱で使う「天神ふきみだしの行」の「裏式」であることは明らかだ。つまり「裏式」は、病人祈禱の法文の「裏」という認識があることをまず見ておこう。

「七人の大天神様」の来臨を請い、太夫が召喚した天神たちに時を違えることなく「向こう相手」の調伏を強制・懇願していく。その「五臓を蹴割り　臓腑を蹴割り　向こう黒きもゆ　とろに溶かす」というコトバからは、鍛冶の火を燃え立たせる鞴の風、そして鉄を溶かす火による呪殺のさまが想像されよう。まさに「ふきみだし」である。そしてさらに、それでも駄目ならば、「巫御弟子《かんなぎみでし》（太夫を指す）に受け持ち給た刃の釼」を使い、「五臓を切り破り、血をあやし、血花に咲かせ」て影もなく「消滅」「即滅」させるのだ。いうまでもなく、この「刃の釼」は、鍛冶神＝天神に由来する剣であった。

この法文の「天神ふきみだしのうら敷」という呼び名は、先に見た「天神ふきみだしの行」に対応している。「天神ふきみだしの行」のなかで、「七体の天神様」が悪魔を打ち払った「黒金七ワ剣」が、怨敵調伏の「刃の剣」となるのだ。そして、そのような呪い調伏の法文は、病人祈禱の法文の「裏」ということで、「裏式」と呼ばれるのである。ここにおいて、「裏」は呪詛・調伏を意味すると見てよい。

調伏法と病人祈禱の境界はあるのか

ところが、問題はさらに複雑であった。別の太夫が所持する「天神ふきみだしの行」の別ヴァージョンに次のような文句が見つけられるからだ。

七振りの釼をのべ給わせ、悪魔の玉水七つに掻き割り、八つに蹴割り、にそつ式、血花に咲かせる。四方ざんざれ、箱乱れ、みぢんやそわかと行い参らする。
東方天神の上印と、三みつの釼、悪魔やいばにかけ、悪魔玉水乱れやそわか（莎訶）、南方上印つるぎ地釼、悪魔玉水乱れやそわか、西方天神上印、きり、ばっけん即滅そわか（莎訶）、北方四天王子、八天王子、地《（血）》花崩しの法文、法上印、四方乱れや、箱乱れ、鬼神とりん即滅そわか……。
（「天神ふきみだしの行[42]」）

これらの法文は、病人に取り憑いた「悪魔」を打ち払う目的で誦まれるものだ。しかしその表現のなかに、「玉水（魂）七つに掻き割り、八つに蹴割り」「血花に咲かせる」あるいは「即滅莎訶」といった、「裏式」の呪詛・調伏の法文と同じ文句が使われていることに気付かされよう。

どうやら、法文のなかのコトバ、表現だけからは、調伏法も病人祈禱法も区別をつけることは難しいのではないか。コトバのうえからは、呪い調伏と病人を治癒する祈禱の境界は揺らいでいくのである。ちなみに「血花崩しの法文」は、「天神ふきみだしのうら敷」の別名でもあった。「天神血花くづし」という法文の内容は「天神ふきみだしのうら敷」と同じである。

このことは、いったいどう理解すればいいのだろうか。

病人祈禱においてであっても、取り憑いた悪魔の力が強大であるならば、たんなる切り離し程度では治癒しえない。そこで、病魔を八つ裂きにするような、血花を咲かせるような、激しい祈禱法が必要となる。そのとき唱えられる法文は、まさに悪魔を調伏する内容なのだ。鉄を生成させる火を起こす鞴《ふいご》の、その強力な風の力で、病人に憑いた悪魔・外道や呪詛などを木端微塵に吹き飛ばす呪力。そうした「悪魔」に向けられた力を、そのまま「向こう相手」＝仇となる相手へもちいたならば、それは呪詛・調伏の法文となるのだ。

式法の神たる天神が、病人に取り憑いた「悪魔」を撃退し、退散させる力をもつとともに、その使用法においては、仇となる相手を呪殺する呪い調伏の神ともなること。それは天神という神がもつ「両義性」、と説明することも可能であろう。

しかし、この問題は、そうしたタームによる説明ですんでしまうのだろうか。

7 「式王子」という境位

さて、当面している「天神法」の問題は、「式王子」をめぐって議論されてきたところとリンクする。「天神法」についての具体的な事例をふまえつつ、これまでの議論を検証してみよう。

「式王子」をめぐる議論から

いざなぎ流の「式王子」の世界にいち早く着目したのは、いうまでもなく小松和彦である。その著書『憑霊信仰論』で紹介した門脇豊重太夫所持「式王子」「不動王生霊返」などの法文をめぐって、「呪い調伏」の要素をもちつつ「呪詛の祓い」と見なすことも可能であることを指摘している。そうした「式王子」のあり方は、人類学的な「両義性」のタームで説明されていくのである。

ただし、小松の論調のなかには、式王子の法文を「呪い調伏」として強調する一面もあった。たとえば「「式王子」は、その本質的狙いが相手を害するところにあるため、善神というより悪神・荒神としての性格の方が強い[43]」という論述は、それを端的にあらわしていよう。そうした「式王子」＝悪神・荒神という小松の視点は、「呪い調伏」を通して、民俗社会のなかの「負」「闇」の領域に注目していこうとする、その研究テーマともかさなっている。それは民俗社会のなかにおける「宗教者」（太夫）の役割とも通じるのである。呪詛・調伏を実行する太夫の存在とは、民俗社会のなかの敵対意識や悪意を「呪術」という形で緩和、代償していく、「負のシステム」が生みだしたもの、というように理解されていくのである[44]。そこには、柳田国男以降の「民俗学」のパラダイム・チェンジをめざす研究動向を率先した先駆性が認められよう。

こうした小松の「式王子」論と真っ向から対立するのは、髙木啓夫の研究である。髙木は『いざなぎ流御祈禱の研究』で、いざなぎ流研究のなかの未踏の領域たる「式王子」の系譜とその式法の体系を具体的に明らかにした。その著書の冒頭二百頁にもおよぶ「式王子と式方術」の章は、いざなぎ流の「神体系」「祈禱祭式作法次第」の重要な一角を担いつつ、その構造的な連関が不明であった「式王子」の系譜と式法の体系を詳細に解き明かし、「式王子」についての研究基礎を創った労作といえる[45]。

そこで髙木は、式王子の法文は基本的には病人祈禱にあることを強調する。いうまでもなく、その主張は、小松の式王子論への批判を意図したもので、いざなぎ流の「式王子」は小松が理解したような「興味本位の俗悪的式神」とは一線を画するもの、という結論に至るのである（ただし、髙木の論中には、直接、小松を名指してはいない）。だが、そうした〈善神か悪神か〉という二者択一的な認識は、いざなぎ流の式王子の世界を近代的な認識の枠組みのなかに狭めてしまうことになるだろう。天神法をめぐる法文の具体的な分析のなかで見えてきたのは、われわれの善／悪の価値判断が通用しないような、もっと複雑な実践の世界である。

その意味では、病人祈禱と呪い調伏の両面を兼ね備える天神法の実態を、「両義性」という認識でとらえることは、たしかに近代的な価値観をこえる可能性を見せてくれよう。両義性の視点は、近代が作り上げた善／悪の価値観ではとらえきれない、宗教世界のシステムの読み方を教えてくれたのである。

太夫自身の思想をもとめて

しかし、儀礼実践の現場に立つ太夫たちにとって、はたして「両義性」という説明はどこまで有効なのだろうか。彼らにとって、もちいる天神法の法文は、両義性というシステム内部で完結した認識の枠組みに納まりきるものなのだろうか。

依然として問うべきは、太夫たちが儀礼の現場において、天神という神をどのように認識し、それを使っていくのかという一点にある。それは抽象的な構造のうちに見いだされるのではなく、あくまでも儀礼の現場を生きる太夫の「実践」に宿る思想から見いだされる必要があろう。われわれは、その思想にどれだけ接近しうるか——。そうした問いを研究者の側から立ててみること、これが本論の基本的立場・方法といってよい。

それにしても、太夫たちは、なぜかくも多くの調伏法の法文、「裏式」を膨大に伝えてきたのか。「裏式」と病人祈禱の法文とがはっきり区別できないような表現をもつことを、太夫はどう考えているのか。それは彼らの執行する儀礼の現場とどう関わるのか。

もちろん、中尾計佐清太夫はいうまでもなく、現在活動している太夫たちの多くは、「呪い調伏」の実行をきっぱりと否定している。また太夫たちは、いざなぎ流祈禱を「呪い信仰」の面からとらえ、それが強調されることをいやがっている。しかし、彼らが「取り分け」儀礼の後ろ神と仰ぎ、自らの法力の根拠とする「唐土拯問」が、莫大な金品と交換して「呪い調伏」「因縁調伏」「もどし調伏がやし」を行なっているように、この地域の太夫たちが、かつては調伏儀礼に携わっていたことはまちがいないだろう。その背景には、この地域の小集落間がつねに敵対関係にあったらしいことも想像しうる。

けれども、祭文や法文を管理・所持し祈禱儀礼の実践に携わっている太夫自身の論理を見いだすとき、「呪い調伏」に関わる法文の問題は、まったくちがって見えてこよう。それは「呪詛の祭文」のなかの「唐土拯問」をあくまでも「法者」として扱い、調伏法の達人だからこそ、それを祝い鎮めることも可能と見なす認識と通じるものである。彼らがこだわるのは、呪い調伏の善悪というよりも、それをこえた「呪術」としての技術や知識の中身であった。このとき、「式王子」という神格も、善神か悪神かという判定をこえた存在として、太夫たちのまえに存在していたことはたしかであろう。問題は、そうした超越的な神格をどのように使いこなせるか、という「法者」としての技術と知識のなかにあったのだ。

法文をどのように使いこなすか

では計佐清太夫は、式法の法文を祈禱の現場でどのように使うのか。それは式王子（広義）の使役法とどうリンクしているのか。

計佐清太夫は、呪詛や調伏の「裏式」「荒式」の法文テキストは、実際に使うことはなくても、自分の祈禱の「後ろ立て」（守護）となるので、写し、持っていなければならないという。それは天神法の法文で召喚してくる天神の神格が、「天神の祭文」以上のパワーをもっていると考えているからだ。「七人の大天神様」「五方の五人の天神王様　七代天神　十二代天神様」といった天神たちは、法文によってはじめて導きだされる天神であ

図51　大山鎮めの祭壇

った。その神の力は、善悪の基準と異なる、鉄の生成や剣の鋳造に関わる、いわば純化された力そのものの表象であったのだ。そうした天神は、太夫の祈禱の「後ろ立て」となるのである。

　さらに太夫は、法文によって召喚される神の、その強大な力を自ら自由に操れるようにならねばならない。それは法文という書かれたテキストを固定的に扱うのではなく、太夫自身がその法文のなかのコトバを出し入れしながら、儀礼の現場で使い分けるという実践法に繋がっていく。太夫はそれを「裏の裏」とか「裏をくぐる」とかいって、法文を駆使していくのである。

具体的な例を見てみよう。

次の法文は、第一章で取り上げた山の神に関わるものである。

東東方山ノ《(上印)》神大大神の宮社の内さわらの敷、さわらちけん《(智拳)》と行をろす、五方同じ、敷のこれうわいんニ山ノ神大大神さわら敷さわらのちけん、はや風くろ風さわらの大役神をあたゑさせ給へ、くばる天なくわる天なくだる天なちなる天なちけん（智拳）ニそばか（莎訶）、あけたまなこ（眼）わふさかせん、あけた足ハおろさせん、ふんだ（踏）つめ（爪）わぬかせんぞ、そくめつ（即滅）そばか（莎訶）
（「山ノ神さわら敷」[46]）

最後の「開けた眼はふさがせん……」のフレーズから、これが呪い調伏の法文であることは明らかだ。山の神を式神として駆使して、「向こう相手」を調伏するわけだ。

調伏法に関わる「山ノ神さわら敷」。だが計佐清太夫によれば、そのなかの文句を一部「抜く」ことで、「大山鎮め」の「上印《うわいん》」として用いることができるという。法文は、書かれたテキストとして絶対視するのではなく、太夫の儀礼現場に即して、自由にコトバの変更が可能なのだ。

たとえば平成四年（一九九二）十二月の物部村市宇程野《ほどの》・宗石《むねいし》家の宅神祭の最後の鎮めの「上印」として、この法文が使われた。程野の宗石家はかなり山の奥に位置するために、奥山（大山）に住まう魔物・山ミサキ・川ミサキ・山爺・山姥などが「起きない」ように、もっとも厳重な「鎮め」が必要とされたのだ。そういうときには、強力な力をもつ山の神の法文、「山ノ神さわら式」を「かけておく」という。ただしその場合は、「害なところ」は省略して使う。すなわち「開けた眼はふさがせん……」の部分は誦まずに、「山ノ神大大神さわら敷」という特別な山の神の呪能を、奥山に生息する魔物たちを鎮めていくときの、最後の要＝上印にするというのである。

「山ノ神大大神さわら敷」から導かれる神の力は、「山の神の祭文」の読誦からは導くことができない、山の神のうちに秘められた根源的な力といえよう。それを召喚し、統御するためには、祭文ではなく「山ノ神さわら敷」という法文が必要となるのである。

「大荒神けみだし式」

こうした「鎮め」の「上印」としての法文の使用は、それこそ太夫の個人的な技に関わるようだ。計佐清太夫の「師匠じい」[47]は、「荒神のけみだし式」を鎮めの上印にもちいたという。計佐清太夫の所持する法文帳のなかに「荒神のけみだし式」は見えないが、それと類似する「大荒神けみだし式」がある。

(1)　東方ざいこの大じ《王子》ニ九人の御子がいできはじまり、南方百ていこの大じ《王子》ニ七人の御子がいできはじまり、西方さいわつじんの大子に五人の御子がいできはじまり、北方大ていこの大子ニ二人御子がいできはじまり、中方国ていこの大子ニ壱人の御子がいできはじまり、荒神の父を申せば、天百大と申す、母を申せば御百大と申す、いたいぐき三明とを明佛五たい《体》が小荒神と生れ、一才ニ力をまねぶ、あらそらニ四千八百八荒神と生れさせ候へば　東方八百三十三たい、南方西方北方中方に三千小ぼさつ《菩薩》あら

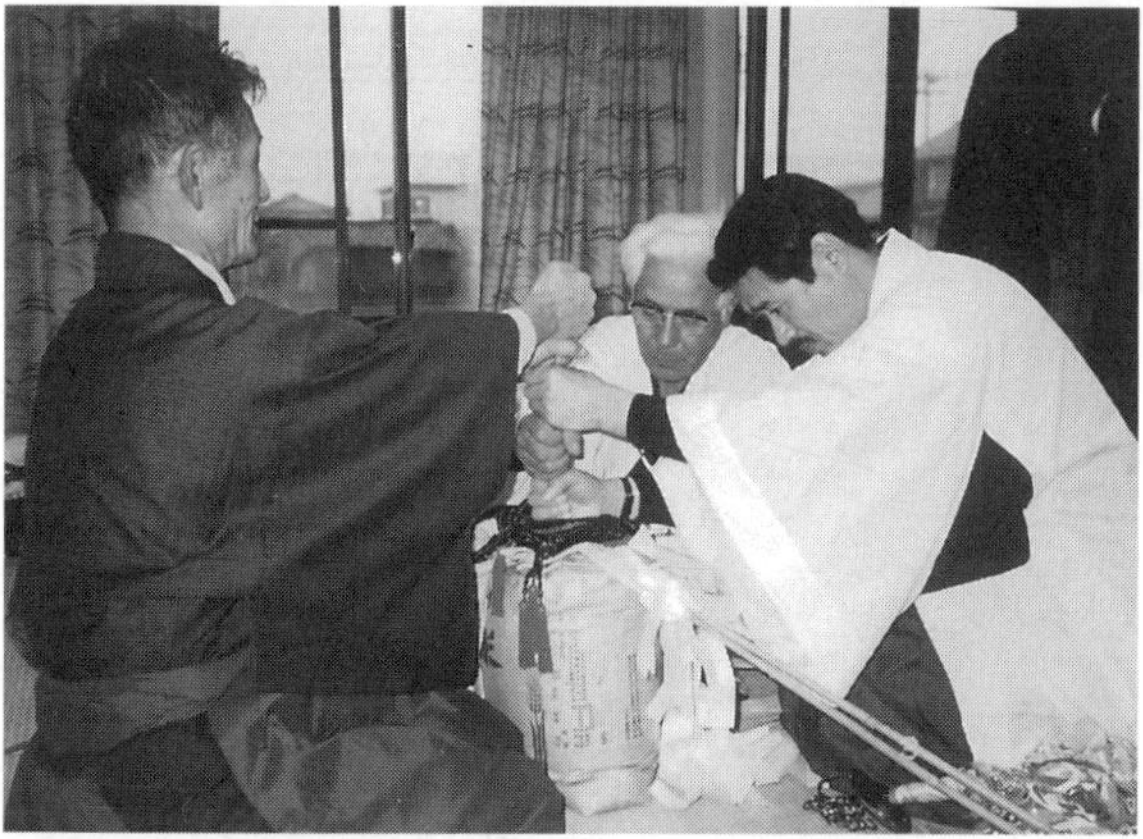

図52　鎮め「五印高田鎮め」の次第

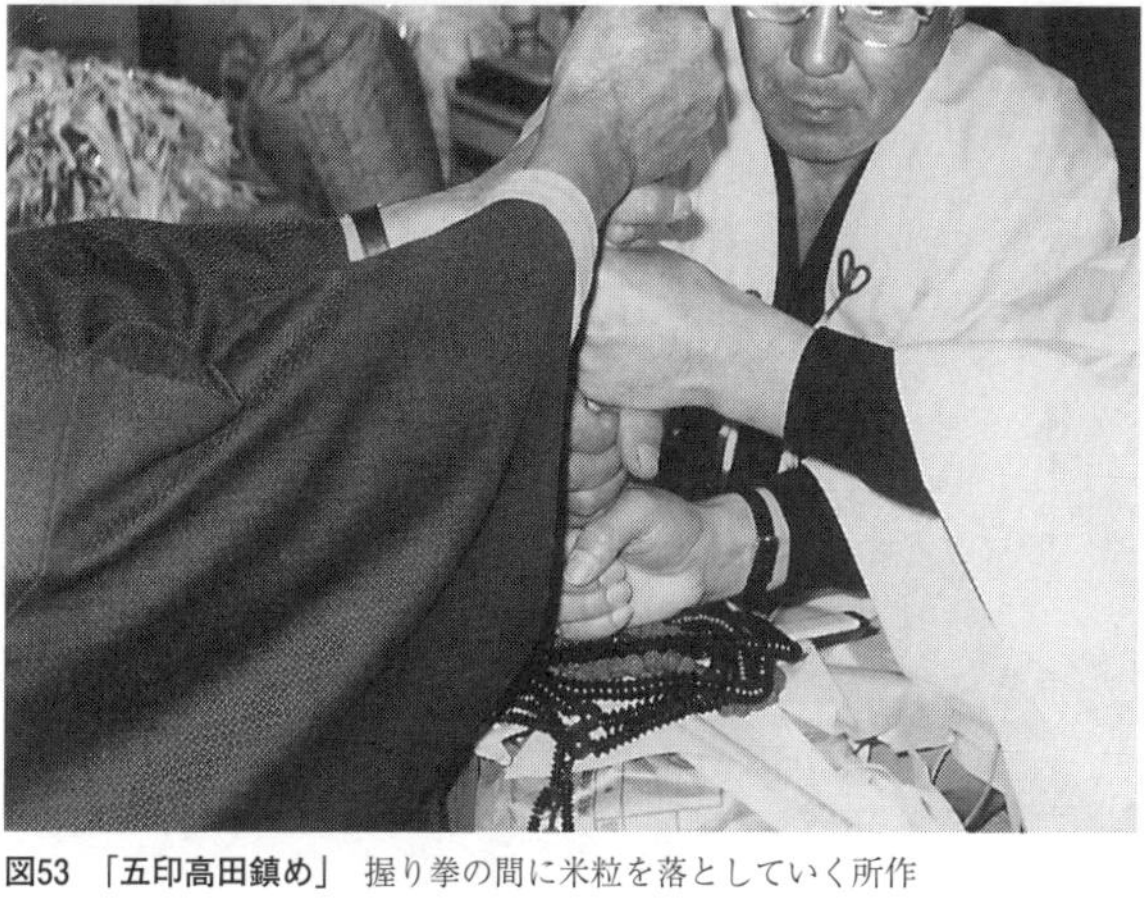

図53「五印高田鎮め」握り拳の間に米粒を落としていく所作

た、だいどんくうこ《土公荒》を神と生

(2) 荒神敷方天照平岡みすみが森より行いおろ《降》す、天地《笠》和合こたかのいん《印》、しんごん《真言》くるまのいん、やくいの一てにまきたてまきおろす、大子の白高ごへいへ行小《招》じまいらする、東方七けん三たいの荒神けみだし敷と行

(3) 五方荒神のさげたるけんな者ニふくめつだらりとゆう剣をそろへて、おるけん、きるけん、ふどを三めつけん　さこけん、荒神さこーけんのうわいん《上印》、五方十二が方からのりくる元本人、とが《咎》本四代《次第》、一こをけんニはら〳〵けみだすニ、ニけんばら〳〵けみだす、三こけんニばら〳〵けみだす、四こけんばら〳〵ける九こうけんニばら〳〵けみだす、とこけんにばら〳〵けみだす、十二が方へこけんニばら〳〵けみだす

(4) あいて《相手》の玉《魂》水きれ《切》てはなれ《離》て、そく《即》めつ《滅》そばか、東方ばら〳〵みだすきれてはなれてそくめつそばか、きくニ火く火のと《丁》土く土ノと《己》かくかノと《辛》水く水ノと《癸》が方へばら〳〵けみだす元本人とが《咎》本四代《次第》、ず名《寿命》こんぱく《魂魄》玉水きれてはなれてそくめつそばか

(「大荒神けみだし敷」[48])

(1)は荒神の生まれ、来歴の語り。(2)は「天照平岡みすみが森」に鎮座する、荒神の力を「けみだし敷」として御幣のもとに召喚する詞章。「行い降ろす」とは式神を使役するとき

の基本的な表現である。(3)(4)で太夫のもとに召喚された荒神の剣によって、「元本人、咎本次第」の「相手の魂、切れて離れて、即滅そばか、」と調伏していく。この法文自体は、荒神の力を「けみだし式」として使い、相手側の「玉水（魂）切れて離れて、即滅そばか、東方ばら、けみだす切れて離れて即滅そばか……」と調伏するための詞章であったのである。

しかし、この調伏の法文もまた、一部の文句を「抜く」ことで、究極の鎮めの法文となりえたというのである。「山ノ神さわら敷」が大山の鎮めにもちいられたことにたいして、「大荒神けみだし式」のほうは、神社や家の祭りでとくに強力な力をもって鎮めねばならないときにもちいられたのであろう。

儀礼に即した法文の使い方から見えてくるのは、書かれたテキストを固定的に唱えるだけではなく、儀礼の現場の渦中で太夫がコトバを出し入れしながらもちいる実態である。それは法文によって召喚される強大な神の力を、太夫自身が自由に使いこなすという、まさしく神の使役法と繋がる。そして計佐清太夫の方法とその「師匠じい」の方法とがちがうように、その儀礼現場に即し、かつ太夫の個人的な技に繋がるものとしてもちいられた。なぜ、それが可能なのか。それは法文で導かれる神の力の、根源的な来歴を記す祭文をもっているからだ。祭文を所持していることによって、太夫たちは、自ら使いこなす神々を掌握していることになるのである。だから、祭文が「元」となるのである。

神の祭祀者から「法者」へ

ふたたび、天神法の問題に立ち戻ってみよう。

列島各地に伝わる「金山の祭文」が、祭文として、そのまま調伏法や式返しの呪法としてもちいられる実態にたいして、いざなぎ流の「天神の祭文」は、そのままでは調伏法にもちいられることはなかった。いざなぎ流の場合、天神の力を調伏法に使うためには、「法文」というあらたなテキストが必要であった。こうした祭文から法文への派生・展開は、いざなぎ流の式法や呪法の技が微細に分化・発展を遂げたということを示唆する。祈禱技法の細分化に対応するように、テキストとしての祭文から多くの法文が分化・派生するプロセスを想定することができよう。

しかし、「天神の祭文」を元にして、そこから「天神のくじ」、「天神ふきみだしの行」、「天神吹きみだしのうら式」、「天神九代の行のうら式」といったいくつもの法文が生成していく過程とは、祭文に語り示された「天神」という神から、そこに秘められた、さらに強大な神の力を導きだしていくことを意味したのではないか。「大天神の荒式警護様」（天神ふきみだしの行）、「五方の五人の天神王様」、「七代天神・十二代天神様」（天神まなご打の方）、「七人の大天神様」（天神ふきみだしのうら敷）といった、多種多様に変貌を見せる天神たちとは、太夫たちが式法の技を介しつつ、「天神」という神の、より本源的な力の領域に分け入っていくプロセスであった、というように考えられないだろうか。

それは、火を使い鉄の生成を行ない、鋼鉄の剣を鍛錬していく鍛冶の起源神＝天神の、その強大な力の襞のなかに分け入り、より純化した力を自らのもとに招き寄せること、といってもよい。その「力」そのものは、病者に巣食う悪魔・外道を撃退することも、「向こう相手」を惨たらしい死に至らしめることも、区別できない領域にあった。共同社会のなかの善悪の価値基準が立ち入ることのできない、隔絶した神霊の存在である。「天神法」というテクニックは、彼らが天神という「神」なるものの、もっとも深い秘密の地点と向き合う境位ではじめて可能となるのだ。いいかえれば、「天神法」のテクニックのなかにこそ、天神という神の至高の境位が宿るのである。

太夫はたんなる「神」の祭祀者にはとどまらない。自ら唱える法文によって導かれる神を自由に使いこなすことで、祭祀の執行者、神の認識者であることをこえて、まさしく「法者」＝魔術師としての境位に立ちえたのだ。いざなぎ流の太夫は、祭文／法文というコトバによって神を操る、まさしくコトバの魔術師といえよう。

表と裏の実践的ロジック

ここであらためて、計佐清太夫の、あの言葉が呼び戻されてくる。「表の中に裏あり」。それは神々の祭文のなかに、法文を派生させる根拠があったこと。祭文のなかの神を祈禱に使う実践的テキストとしての法文。

字文の次第にわ。表の中に裏あり。裏の中にわ表わありません。
「師匠に就いて。学ばねば。知レません」。

「裏式」と呼ばれる「裏」の法文に至るとき、太夫たちは、もはや「表」の祭文に語られる神の領域から隔絶した、究極の神の力に向き合うことになる。そこに召喚される神は、人の力ではコントロールできない暴力や破壊、攻撃の力に満ち満ちている、きわめて危険な存在である。それは人の生命を無化してしまうような、絶大な暴力をも招き寄せる。そして法文を唱える太夫が、この「神」なるものの絶対的な深奥に触れ、それを己れの技として捕捉しえたとき、招来された神の力は、世界の根源的な〝鎮め〟を果たす力をもつ。このとき太夫は、「字文の次第」＝呪術のパラドックスを生きることになるのだ。

〝表の中に裏あり。裏の中には表なし〟――。それはまさしく、「呪術」なるものの深みに至りついた実践者のロジックにほかならないのである。

さて、こうした「表と裏」をめぐる式法について、計佐清太夫は「師匠に就いて。学ばねば。知レません」と断言する。実際、いざなぎ流の太夫たちは、各々の修行段階のなかから、最終的に「師匠に就いて」法文のことを学んでいった。法文をめぐる「表と裏」の世界は、師匠／弟子といういざなぎ流の内部の関係のなかでしか認識しえない領域なのだ。

このことは、いざなぎ流の深奥にある「式法」の世界に踏み込むためには、儀礼の精密なタイムテーブルを作成し、データを集め、祭文や法文を資料として蒐集し、分類・考察していく、これまでの学問的な立場では限界があることを示唆する。かといって、「師匠に就いて。学ばねば。知レません」といった、師匠／弟子の関係の内部にとどまったとき、それは「研究」や「学問」として成り立ちうるのか、という根源的な問いにぶつからざるをえないだろう。

以下、そうした問題をめぐる、わたし自身の立場について述べていこう。それは、最終的に、本書がとった方法について総括していくことになるだろう。

8　あらたな方法論の提示

「師匠に就いて。学ばねば。知レません」

計佐清太夫から「法文」についての調査を進めているとき、太夫は、自分の法術における「奥の手」となる法文が、天神法のなかにあることを示唆していた。いつかそのことも教えねばならないと漏らすことがあった（計佐清太夫自身も、その法は師匠じいが晩年になってから学んだ）。

計佐清太夫との交流が深まっていったあるとき、太夫は自身の奥の手となる天神法の法文の名前、さらにその法文を使うときの道具や所作、幣の切り方などを具体的に教えてくれた。だが同時に、このことはたとえ家族にたいしても口外してはならないと約束させられた。さらに太夫はこう言った。もしこれをむやみに口にしたら、いままでお前が学んだことはすべて力を失う、と――。

調査する相手から「秘密」のことを聞きだすということは、おそらく民俗学や人類学のフィールドワークのなかではよくあることだろう。その場合、研究者は情報提供者との人間関係とか、また民俗社会に接近するときの研究者の倫理の問題として、その「秘密」を守ってきただろう。とくに「呪術」の研究においては、深く相手と付き合えば付き合うほど「秘密」のことが情報として入手できるが、しかしそれは論文などでは公表できないという自己矛盾に陥ることになる。呪術研究のパラドックスである。呪術研究のフィールドワークでつねにぶつかる難問に、わたし自身も直面したわけだ。

さて、ここにおいてわたしは、計佐清太夫の指示どおりに、太夫の「奥の手」となる究極の天神法の法文については、一切ふれない立場を選ぶ。それは入手した情報や資料を公開しないということで、研究者としては批判される立場なのだろうか[49]。あるいは、民俗社会の内部に分け入った研究者が、情報提供者の立場を考えて、公開を控えるという倫理的な立場として認められることになるのだろうか。

しかしわたしの立場は、そうした判断とは異なる位置にある。

獲得された力／方法

計佐清太夫から「もしこれをむやみに口にしたら、いままでお前が学んだことはすべて力を失う」と言われたとき、わたし自身の「いざなぎ流太夫」にたいする関係が、調査者という位置から、異なるところにあったらしいことを、あらためて思い知らされた。いってみれば、「師匠と弟子」というような関係である。わたし自身、文字どおり計佐清太夫に就て「いざなぎ流」を学んできたのであった。表と裏のロジックは、「師匠に就いて。学ばねば。知レません」と宣告されたことを受け入れたからだ。

わたし自身にとって太夫との関係の現場は、自らのなかの認識方法や価値観、身体感覚などのすべてが、それこそ一挙に変容していく、恐ろしいような、しかしある種快感がともなう特殊な体験でもあった。まさしく「呪術」の体験といってもよい。もちろん、わたし自身はいざなぎ流の祈禱を実修できるわけではないし、また正式な弟子入りの儀礼＝「許し」を受けたわけでもなかった（法文の調査にはいったところから、「許し」を受けたほうがいいということを太夫から言われ、近いうちにそれを行なおうということになっていた。だが、計佐清太夫が病気で倒れたために「許し」は受けることができなかった）。

したがって、ここで計佐清太夫の指示どおりに、究極の天神法についてはふれないというわたしの立場は、蒐集した資料や情報を隠蔽・独占することとも、あるいは逆に民俗社会を調査する者の倫理に従うということとも異なる位置に立つことを意味する。わたしが

図54　伊井幸夫太夫の許しの場面

計佐清太夫の奥の手となる究極の天神法を明かさないのは、計佐清太夫の法力を守るためであり、そのことによって、わたし自身の「力」を守るということを、そのまま受け入れる立場である。それは民俗社会を研究するときの倫理という問題をもこえて、「呪術」なるものを研究するときの内在的な方法、といってよい。従来の民俗社会を研究する方法が、呪術の「力」の実在を主体的に認めえない立場であることへの批判として、わたしの立場が選ばれたのだ。そして、そこで獲得した「力」とは、法文の世界を論じていく本書の文体＝方法と密接な関係にあった。呪術の力の側から、〈世界〉なるものを把握し、記述していく方法と文体である。

呪術なるものの力。その力のまえに自ら

の身体や意識を投げだすこと。そしてその力によって、自らの身体や意識の変容を体験していくこと。本書の論述は、そうしたわたし自身の体験を反芻し、その意味を考えていくことでもあったのだ。

いざなぎ流の呪術世界との遭遇。それは新世紀を生きるわれわれの「研究」や「学問」「思想」の根底を問い直す、きわめてラディカルな体験としてあった。いざなぎ流はつねにわれわれに問いかけ続けるだろう。おまえは何者なのか、おまえはどこに向かおうとしているのか、と——。

注

(1) 小松和彦『憑霊信仰論』(伝統と現代社、一九八二年)。増補版は、講談社学術文庫、一九九四年。
(2) 髙木啓夫『いざなぎ流御祈禱の研究』(高知県文化財団、一九九六年)。
(3) 表紙に「昭和参拾壱年正月/必密之方/御神集書物/槇山別府/中尾計佐清」とある。なお、引用は原文表記のまま。
(4) 髙木、前掲書(2)「式王子と式方術」。
(5) 小松、前掲書(1)。

（6）　小松、前掲書（1）。
（7）　天神信仰史については、村山修一編『民衆宗教史叢書　第四巻　天神信仰』（雄山閣出版、一九八三年）、真壁俊信『天神信仰史の研究』（続群書類従完成会、一九九四年）などを参照。
（8）　高木、前掲書（2）「金山・鍛冶神の系譜と技術伝承」、同「天神之巻物一之巻——物部村鍛冶職とその巻物」（『土佐民俗』68号、一九九七年）。
（9）　表紙に「大正拾五年旧三月吉日／天神之祭文／昭和六十一年丙寅年旧三月八日／物部村別府中尾計佐清書」とある。オリジナルテキストは、吉村淑甫監修、斎藤英喜・梅野光興共編『いざなぎ流祭文帳』（高知県立歴史民俗資料館、一九九七年）に翻刻。
（10）　高木、前掲書（2）「金山・鍛冶神の系譜と技術伝承」を参照。
（11）　高木、前掲書（2）「金山・鍛冶神の系譜と技術伝承」に収録。
（12）　ミルチア・エリアーデ『鍛冶師と錬金術師』（大室幹雄訳、せりか書房、一九八六年）、中沢新一「鋼鉄はいかに鍛えられたか」（『東方的』せりか書房、一九九一年）を参照。
（13）　香月節子・香月洋一郎『むらの鍛冶屋』（平凡社、一九八六年）参照。
（14）　窪田蔵郎『鉄の民俗史』（雄山閣出版、一九八六年）参照。
（15）　「荒神鎮め」については、高木、前掲書（2）「方合せ太刀合せ荒神鎮め」、小松和彦「〝荒神鎮め〟儀礼の分析」（『記号学研究』第三号、北斗出版、一九八三年）などの論文を参照。
（16）　高木啓夫編『本川村史』第二巻「神社・信仰編」（本川村史続巻編集委員会、一九八九年）を参照。

(17) 髙木啓夫編『本川村史』第三巻「神楽・信仰資料編」(本川村史続巻編集委員会、一九九五年)に収録。
(18) 髙木、前掲書(17)に収録。
(19) 石塚尊俊『鑪と鍛冶』(岩崎美術社、一九七二年)。
(20) 岩田勝編『中国地方神楽祭文集』(三弥井書店、一九九〇年)に収録。
(21) 山本ひろ子「鉄の女神」(『へるめす』終刊号、一九九七年)を参照。
(22) 本田安次『日本民俗芸能4 語り物・風流二』(木耳社、一九七〇年)に収録。
(23) 他の「呪詛」系祭文との類似点は、斎藤英喜「いざなぎ流――「呪咀の祭文」と民間陰陽師の系譜から」(『国文学・解釈と鑑賞』二〇〇二年六月号)で簡単にふれた。
(24) 文化庁文化財保護部編『民俗資料選集14 巫女の習俗I』(国土地理協会、一九八五年)に収録。なお、こうした巫女(神子)に関わる資料は夫婦となる修験山伏がもちいている可能性もある。巫女と修験の関係についての最新の研究として、神田より子『神子と修験の宗教民俗学的研究』(岩田書院、二〇〇一年)を参照。
(25) 久保田収『中世神道の研究』(臨川書店、一九五九年)を参照。「三輪流」「御流神道」との類似点については、松尾恒一「物部村の職人と建築儀式――大工法をめぐって」(『民俗芸能研究』三十二号、二〇〇一年三月)。のちに『物部の民俗といざなぎ流』(吉川弘文館、二〇一一年)にまとめられた。
(26) 神道大系『真言神道(下)』(神道大系編纂会、一九九二年)に収録。

(27) 修験道の荒神供に見られる。また『修験深秘行法符咒集』の「咒咀返之大事」にも「年ヲ経テ身ヲサマタクル荒見前今ハ離レテ本ノ社エ」などという呪歌もある。

(28) 大工法と三輪流神道との関係については、松尾、前掲論文(25)。

(29) 日本大蔵経編纂会編『修験道章疏』第一巻、国書刊行会、二〇〇〇年。

(30) オリジナルテキストは、中尾計佐清太夫所持『西山道立之方』に収録。表紙に「八月八日／△西山道立之方／みがこい家かだめの方門／（法文）／中尾計佐清」とある。

(31) オリジナルテキストは、髙木啓夫『いざなぎ流御祈禱（第二集）病人祈禱篇』（物部村教育委員会、一九七九年）に収録。

(32) 村山修一『日本陰陽道史総説』（塙書房、一九八一年）を参照。近年の研究として、鈴木一馨『陰陽道』（講談社、二〇〇二年）がある。

(33) 「者敷（蛇式）の行」には「……天ちくひかるがかまより者敷の方とも行おろす」、「びきじき」には「……四方二水のいんをむすばせ給てわします」といった法文がある（中尾計佐清太夫『御神仕木書物』所収）。

(34) オリジナルテキストは、中尾計佐清太夫、前掲資料(30)に収録。

(35) 山本、前掲論文(21)参照。

(36) オリジナルテキストは、中尾計佐清太夫、前掲資料(3)に収録。

(37) オリジナルテキストは、中尾計佐清太夫所持『敷大子行書物』に収録。表紙に「大天神小天神五六天神十万八天神／敷大子行書物／昭和什《拾》年旧六月吉日／半田吉蔵」とある。

(38) オリジナルテキストは、中尾計佐清太夫、前掲資料(3)に収録。
(39) オリジナルテキストは、中尾計佐清太夫、前掲資料(3)に収録。
(40) オリジナルテキストは、中尾計佐清太夫、前掲資料(3)に収録。
(41) オリジナルテキストは、中尾計佐清太夫、前掲資料(37)に収録。
(42) 髙木、前掲書(2)に収録。
(43) 小松、前掲書(1)。
(44) こうした民俗社会・共同体の「負の共同性」に着目する論として、古橋信孝『神話・物語の文芸史』(ぺりかん社、一九九二年)、がある。
(45) 髙木書についての書評として、斎藤英喜「書評『いざなぎ流御祈禱の研究』」(『日本民俗学』220号、一九九九年)。
(46) オリジナルテキストは、中尾計佐清太夫、前掲資料(37)に収録。
(47) 計佐清太夫の師匠は、半田吉蔵・半田三郎・中尾長次・中山元次太夫であるが、ここでいう「師匠じい」が誰をさすかは不明。
(48) オリジナルテキストは、中尾計佐清太夫、前掲資料(37)に収録。
(49) ただし、ここで問題としている究極の「天神法」の法文は、髙木、前掲書(2)がすでに「資料」として公開している。
〔補注1〕 青ヶ島祭文といざなぎ流祭文との関係については、ジェーン・アラシェフスカ「〈研究ノート」青ヶ島における中世的病人祈禱祭文といざなぎ流との関係について」(斎藤英喜・井上隆弘編『神楽と祭文の中世』(思文閣出版、二〇一六年)を参照。

〔補注2〕陰陽道における「式神」については、その後の研究として、山下克明『平安時代陰陽道史研究』(思文閣出版、二〇一五年)を参照。また、斎藤英喜『安倍晴明——陰陽の達者なり』(ミネルヴァ書房、二〇〇四年)、『増補・陰陽道の神々』(思文閣出版、二〇一二年)においても詳述した。

〔補論１〕「いざなぎ流」研究史の総括と展望──二〇〇六年まで

はじめに

つとに知られるように、高知県旧香美郡物部村（現・香美市物部町）に伝わる「いざなぎ流」には、その端々に「陰陽道」「陰陽師」に連なる要素が数多く見出される。「陰陽道と宗教民俗」というテーマにとって、いざなぎ流ぐらい格好な存在はないといえよう。けれども、「いざなぎ流」をめぐるこれまでの研究の展開とは、その信仰世界や儀礼作法の内実が「陰陽道」という一点には解消しえない、多種多様な信仰・儀礼の複合体であることを明らかにすることにあった。「いざなぎ流」には、陰陽道のみならず、熊野系修験、歩き巫女の信仰、法華信仰との習合、そして狩猟や焼畑、鍛冶、杣《そま》、樵、大工など職能者の信仰との結合、あるいは三輪流、御流《ごりゅう》、吉田神道との類似点など中世後期から近世初期にかけて列島社会に広がった様々な信仰世界との交渉が見てとれるのである(1)。

さらに近年活発な、「諸国陰陽師（民間陰陽師）」や近世における土御門家の「陰陽師」

支配の歴史研究の進展によって、いざなぎ流太夫たちを「陰陽師」とは簡単には呼べないことが明らかになってきた。そこには、近世土佐における「陰陽師」と「博士」との職掌関係をめぐる歴史的な問題が控えているのである。

かくして、「いざなぎ流」が抱える複雑かつ多様な内実は、「陰陽道と宗教民俗」というテーマそのものが、けっして一筋縄では解けないことを示唆してくれる。それは、そもそも「陰陽道」自体が一つの歴史的な存在であって、時代によって多様に変化をしていること(2)、同時に「宗教民俗」なるものも、歴史を離れた「古層」や「原型」に解消しえないことを語っていよう。問題はつねに、いつ・どこの・誰の信仰なのか、ということにあるだろう(3)。

さて、本稿では、日本宗教民俗学会における二つの口頭発表（二〇〇三年五月例会、同年七月第一三回大会）をもとに、「いざなぎ流」研究史の総括と新たな課題、展望について論じていきたい。わたし自身は、一九八七年からいざなぎ流の調査・研究を始めて、その成果の一端を『いざなぎ流 祭文と儀礼』（法藏館、二〇〇二年版）にまとめたので、以下の本稿は、自著にたいする研究史的な再検証であるとともに、これ以降の研究への展望を示すことになるだろう(4)。

1　「祭文」研究から

一九七二年に刊行された『日本庶民生活史料集成』（三一書房）第一七巻「民間芸能」の解説で、編者の五来重は次のように書いている。

今有名な「いざなぎ流神道祭文」をつたえる高知県香美郡物部村の太夫は、かなり濃厚に陰陽師の祭と祭文をのこしているが、（中略）これは陰陽道と修験道の習合をしめすもので……。（318頁）

〈変革〉への熱狂と敗北の時代、一九七〇年代初頭――。その時代にあって、「いざなぎ流」が、民間信仰（宗教民俗）の内実を知るうえで不可欠な「修験道」と「陰陽道」との習合を示す世界として早くも熱い視線を集めていたことを、ここに確認しておこう。

あらためて「いざなぎ流神道祭文」なる名称に顕著なように、いざなぎ流への注目は、何よりもそこに伝わる膨大な数の「祭文」群に向けられた。早くそれは一九六〇年代にかけて、吉村淑甫「いざなぎ流神道祭文集」による数種の祭文の翻刻・紹介[5]、それを受けた福田晃、石川純一郎などの口承文芸研究者たちによって、「山の神の祭文」「天刑星《てんげしょう》の祭文」「いざなぎ祭文」などを対象に、御伽草子や説経、民間説話、昔話などと類似する物語世界をもつことが論じられていく。(6)「いざなぎ流」の研究は、まずは祭文にたいする「口承文芸」の視点から始まったといえよう。

しかし、いざなぎ流の祭文の実態は、「口承文芸」という枠組みをこえて、あくまでも太夫たちが実修する様々な祈禱や神楽などの場で誦まれる儀礼のコトバとしてあったことが重要である。宗教言語・儀礼言語としての祭文である。祭文は、あくまでも祭祀の場で、そこに召喚される神々に向けて誦まれているのである。それは、祭られる山の神や水神、土《ど》公神《くうじん》、天神、または呪詛《すそ》神などの来歴や起源、その祭祀方法の由来を語る神話的な機能をもつ。ここにいざなぎ流祭文は、大きく「中世神話」(7)〔補注1〕の一つとして位置づけることも可能となるだろう。

いざなぎ流の祭儀や祈禱の中心が「祭文」にあるという認識は、太夫たち自身のものでもあった。彼らにとって祭文は、神々とコトバをかわすための重要な武器となる。祭文は何よりも神々に向けて誦まれるのである。太夫たちは祭文によって神々とコンタクトをとり、そのお叱りを鎮めてもらい、また元の住処に帰ってもらうことを祈る。だから祭文はぜったいに現代語にしてはならないという。現代語にしたら神々にコトバが通じなくなる。また祭文をきちんと誦むことができれば、神霊からのお叱りによるどんな病を治す祈禱もうまくいく、あるいは祭りのなかで不明なことがあれば、祭文に書いてあることを調べてみればたいていのことは記されている、ともいう。祭文は儀礼執行者たる太夫たちにとっての実践的な武器であると同時に、知の宝庫としての「書物」であったのだ。

こうしたいざなぎ流祭文の存在形態は、一九八〇年代に中国地方の神楽祭文の研究を推し進めた岩田勝の研究成果、方法視角ともクロスするものであった。

> このように、司霊者が直接神霊にかかわる場面では、悪霊強制型が主体となり、そのためには祭文の読誦によるウエイトがきわめて高くなる。それだけではなく、祭儀の場をきよめたり、祭儀の妨げをする悪霊をはらいしずめるものも祭文により、そのうえでの神勧請の神強制も祭文によることになる。[8]（42頁）

「悪霊強制」「神強制」というタームは、マックス・ヴェーバーから借りた、西欧系の神観念にもとづくものという批判もあるが、[9] ここに提示された「祭文」の認識は重要である。祭文読誦が、儀礼の場に不可欠なものであると同時に、それを誦む「司霊者」（法者《ほさ》・祝《ものもう》師《し》・注連主《しめぬし》・太夫・博士・社人・社家）の呪的なカリスマを保持し、彼の意思どおりに神霊に働きかけることが可能となるという視点は、「祭文」を通して、中世的な宗教職能者たちの世界を切り開く可能性を示してくれたからだ。さきの『日本庶民生活史料集成』の解説で五来重が、古代の儀式的な祭文と近世の芸能化した「くずれ祭文」のあいだにあって、継子あつかいされてきたと指摘した「中世の祭文」研究を進展させる視角を示したといってもよい。そして「中世の祭文」は、後に見る中世的な「神楽」の世界とも連動することになるのである。

なお五来は、同解説で「祭文」研究が「日本の陰陽道」を明らかにするうえで「有力な資料」であると指摘しているが、近年の「陰陽道」研究は飛躍的な進歩を遂げて、陰陽道関連史料の翻刻、紹介も進んだが、(10)(補注2)陰陽道研究にとって「祭文」の位置づけは、まだそれほど明確になっていないように思われる。この点も、今後の可能性を示唆するものといえよう。

さて、いざなぎ流の太夫たちは祭文読誦を、彼らの執行する祭儀、祈禱儀礼の中心として重視するが、その一方で「其の場に相ふ様に読解を付けて祈る。祭文を祈っただけでは何のコウ果もない」(物部村大栃在住・小松豊孝太夫筆『咒阻方の法式次第』)ともいう。この「読解《よみわけ》」は、また「りかん」とも呼ばれる。儀礼の現場で太夫が祭文を誦むときに、その前後に、祭文を誦む目的や儀礼の効果についての文句を付け足すことを意味する。儀礼の現場で一回的に太夫が編み出すコトバといってよい。この「りかん」がすらすら出てこないと一人前の太夫とはいえない、という。

ここからは、いざなぎ流の儀礼現場が、たんに祭文テキストの反復読誦だけで成り立つものでないことが見てとれよう。太夫たちは、たとえば「山の神の祭文」を誦んで山の神祭祀を行なうとき、その場の事情にあわせて「りかん」を付け足していく。そうすることではじめて、その場の祭儀は完遂できるのだ。いざなぎ流の儀礼世界は、祭文を中心に、その周りに編み出される多様なコトバ＝りかんによって成り立つのである。

注目されるのは、こうした「りかん」のコトバが、文字化された祭文のなかに組み込まれ、さらに祭文の内容そのものも変更させていくところだ。たとえば「山の神の祭文」には、複数のヴァージョンが伝わっているが[11]、旧物部村の槙山川ぞいの太夫が伝える「山の神の祭文」は、共同祭礼としての山の神祭祀の由来を語ることを主体とし、上韮生《かみにろう》川側の太夫が伝えるものは、お叱りをする山の神の送却と鎮め＝病人祈禱の場に適した内容になっている。その祭文テキストの違いは、病人祈禱の現場における「りかん」が、「山の神の祭文」を変貌させたと推定することができるだろう。

なお、上韮生川流域の太夫は、祭儀・宅神祭よりも病人祈禱を主体とする太夫が多かったという報告もある[12]。それは祭文テキストのヴァリアントの生成が、太夫たちの流儀の違い、ひいてはそこから見えてくる、いざなぎ流の「原態」とその歴史的な変遷についての展望を切り開く可能性を示唆してくれよう。

2 「中世神楽」という視界

いざなぎ流の祭儀、宅神祭のメインは「神楽」と呼ばれる。神楽をふくめたいざなぎ流の祭儀や祈禱の具体的な次第については、高木啓夫の『いざなぎ流祈禱　三部作』（物部村教育委員会、一九七九年、一九八〇年、一九八二年）によって、その複雑かつ多様な実態が判明したことはいうまでもない。いざなぎ流の祭儀・祈禱・神楽研究の出発点は、ここに示されたのである。

さて、いざなぎ流の神楽は、大きく「湯神楽」「礼神楽」「本神楽」「舞神楽」といった次第・分類をもつが、その形態は通常知られているような神楽とは大きく異なっていた。たとえば華麗な舞いを中心とした奥三河の花祭や、高度な演劇的パフォーマンスで構成された中国地方の大元神楽、荒神神楽や九州の椎葉神楽、高千穂神楽などにくらべて、いざなぎ流の神楽はいたって地味だ。五色の綾笠をかぶり、浄衣を着した太夫たちが円座に座り、手にもった長い神楽幣を左右に揺すりながら、延々と祭文や唱文を誦み唱えていく。それは、芸能化した神楽と呪術的な祈禱とが未分化な、「神楽」の原初的な姿が見られるといった評価もなされてきた[13]。「祈禱神楽」「祭文神楽」といった名称・分類もされている。

しかし、祭文読誦を中心とするいざなぎ流の神楽の実態は、たとえば山本ひろ子による奥三河の花祭や大神楽の世界[14]、岩田勝による中国地方の荒神神楽、大元神楽[15]、または渡辺伸夫による対馬の弓神楽、椎葉神楽など[16]、中世の祭文研究とリンクして浮上した「中世神楽」の一角に位置することがわかってきたのである。また岩田によって指摘された、神楽の担い手としての「法者」の問題は、鈴木正崇によってさらに普遍化され[17]、かつて石塚尊俊が示唆した問題[18]を展開させることになったといえよう。

一方、「中世神楽」の実像は、鎌倉期の『沙石集』や南北朝期の『神道集』、また『神道雑々集』などの文献からも検出されるものであった[19]。そこには「五人の神楽男と八人の八乙女」という神楽実修の担い手像が描き出され、五色の幣帛をささげて五龍王に土地を乞い、湯を立てて大地を洗い清めたという、密教や陰陽道と習合した山伏神楽、湯立神楽など「民間神楽」とリンクする相貌が見出されるのだ。さらに奥三河に伝来した天正九年（一五八一）成立の『御神楽日記』（山内・榊原家文書、豊根村教育委員会編『神楽の伝承と記録』所収）を対象とした山本ひろ子の研究によれば、中世の神楽実修は、伊勢や三輪流などの「神祇灌頂」といった密儀とも繋がることが見えてきた。

なお「神祇灌頂」の儀礼世界は、近年の伊藤聡や小川豊生などの「中世神道」研究のニューウェーブ[20]がもっとも熱く注目するところである。中世的な神楽の実態は、そうした中世の信仰・儀礼世界とも連動していくわけだ。「中世神楽」という視界は、従来の民俗芸能研究で定式化された「伊勢流神楽」「出雲流神楽」「山伏神楽」といった分類による神楽研究を全面的に書き改めるような可能性を示してくれるのである(21)。

そこでいざなぎ流の神楽の現場に目を移してみると、クローズアップされるのは「ミコ神の神楽」と呼ばれるものだ。物部村の旧家では、亡くなった家の主人や先祖を、何年後かに「ミコ神」という神として祭り上げる儀式を行なう。この土佐のミコ神信仰は幕末の韮生郷柳瀬村の古老・柳瀬五郎兵衛が「御子神記事」(『高知県史・民俗資料編』所収)として書き記したことで、大正時代に柳田国男の「巫女考」(『定本・柳田國男集』第九巻)でも取り上げられている。「御子神記事」が記した「神歌ヲヨミテ幣ヲ振リタテ食ヘト云コトスルナリ」という行事こそ、いざなぎ流の太夫が実修する「ミコ神の神楽」の姿にほかならなかった。

その祭儀世界の詳細は本書、第二章に譲り、ここでは研究史的な問題点を整理しておこう。

「ミコ神の神楽」は大きく二つの儀礼ステップから構成されている。一つは「塚起こし」と呼ばれる次第。太夫は死者が眠る墓場に赴き、「海道ざらえ、地獄ざらえ」などの唱文を唱え、死者の霊にあの世でできた縁を切って、この世にもどってこいと呼びかける。そのとき大きな力となるのが、一月から七月までのこの世に咲く美しい花々をうたう「歌」である。この世に咲き乱れる美しい花に誘われて、霊は、遠い冥界から帰ってくるのだ。また非業な死者やあの世の亡者と深い縁ができてさ迷っている霊にたいしては、太夫自身が冥界の奥深くまで霊を探し求めて、連れ帰ってくるという唱文も誦まれる。死者の霊とのコンタクトは、すべてコトバによるわけだ。そして戻ってきた霊は「三五斎幣《さんごさいへい》」という御幣に憑き、生前の家まで連れられてくる。これが「塚起こし」の次第である。

「塚起こし」の次第をめぐっては、山本ひろ子が、備後荒神神楽の祭文「六道十三仏のカン文」(岩田勝編『中国地方神楽祭文集』所収)との類似点を指摘し、いざなぎ流のミコ神神楽が、中世後期に東北、中国、九州などの列島各地に繰り広げられた霊祭神楽・菩提神楽・後生神楽・浄土神楽など死霊の鎮めと浄化、成仏を目的とする神楽儀礼の一角に位置することを論じている[22]。岩田勝がすすめた、中世後期の民間社会に広がった浄土信仰と神楽儀礼との習合から成立する「浄土神楽」という問題[23]を具体化するものといえよう。それはまた、五来重が「山間僻地にのこる民間神楽」は「葬制史と芸能史の接点に位置づけられる[24]」と指摘したこととともリンクしよう。

あらためて、ミコ神神楽が「浄土神楽」という神楽の中世的形態をもつことの解明は重要である。だが、その一方で、いざなぎ流のミコ神神楽が「浄土神楽」の系譜に位置すると同時に、そこから屹立する固有な儀礼世界をもつことも見逃せない。それを示すのが、「塚起こし」に続いて行なわれる、屋内での「取り上げ神楽」という二つ目のステップである。

家を舞台とする「取り上げ神楽」は弓を前にした太夫をリーダーに、それを囲むように円座に座った太夫たちが唱える唱文や祭文によって進行するが、重要なのは「行文《ぎょうもん》・行《ぎょう》体《たい》」あるいは「水ぐらえ」での唱文である。

冥界から呼び戻した霊を、川や浜で清め、さらに羽黒山・比叡山・伊吹山・月輪山・笠《かさ》置《ぎ》山《やま》・金剛山・富士山といった各地の霊山に赴かせ、そこで神となるための修行を積ませる。これを「行文・行体」という。そして続いて霊の体に、天竺の聖なる川から汲んできた清めの水を注ぐ。これを「水ぐらえ」という。それを繰り返すことで霊は一万歳から十二万歳まで神としての位を高めていき、「荒（新）ミコ神」という神に変成していく。そして「字号」という神としてのホーリーネームを付けてもらい、三年・五年後に再び行なう「迎え神楽」によって正式なミコ神となり、家の天井裏で祭られて、家族たちを守る「祖霊神」となるのである。この過程はすべて太夫たちの唱える唱文・祭文などのコトバによって実現されていくわけだ。

「取り上げ神楽」のなかの「行文・行体」の次第が、修験山伏の修行観にもとづくこと、また「水ぐらえ」が閼伽《あか》の作法や灌頂など、修験道儀礼との交渉によって作られたことは明らかであろう。「取り上げ神楽」に濃厚にあらわれた〈修行〉というテーマこそが、いざなぎ流の「ミコ神の神楽」を「浄土神楽」の系譜から屹立させる重要な要素であったのだ。

なお「塚起こし」によって迎えられた死霊は「赤子」の姿に戻っていると太夫たちは観

想する。すなわち「取り上げ神楽」の行文・行体、水ぐらえの次第は、生まれ変わった赤子の成長過程とイメージされていくのだ。こうした死と再生の構造は、やはり修験道の峯入り儀礼にこめられた「出胎」＝擬似出産・養育儀礼とクロスする宗教思想の広がりを思わせよう[25]。出産・養育儀礼との接点は、いざなぎ流の中心的な神格となる「オンザキの神楽」にも見られるからだ。この点は、さらに今後の課題といえよう。

ともあれ、いざなぎ流の「神楽」の実態は、神楽研究の今後をリードする重要な現場であることはたしかであろう。

3 「呪詛の祭文」と式王子の系譜

「いざなぎ流」の名前を世間に広めた功績が、小松和彦の『憑霊信仰論[26]』にあることは、あらためていうまでもない。とくに「《呪詛》あるいは妖術と邪術」「式神と呪い」の論文は、いざなぎ流に内在する「呪詛信仰」の問題、また陰陽道と繫がる「式神」の問題をクローズアップしたが、小松自身の研究方向は、それらを通して「日本人の精神の奥底に潜む情念の世界」や「日本の《闇》の文化史」を解明することにあった。それが柳田国男以降の「常民」を中心とした予定調和的な民俗学を転回させる大きな意義をもったことは、ここで繰り返すまでもないだろう。

さて、いざなぎ流の「呪詛信仰」をもっとも濃厚に示す「呪詛（すそ）の祭文」やそれを読誦することで執行される「取り分け」の儀礼分析は、本書、第四章のなかでも大きなテーマとなったところだ。しかし、「呪詛の祭文」や「取り分け」は、いざなぎ流の根幹をなす重要な儀礼世界であるが、けっしていざなぎ流固有なものと限定できないのもたしかである。すなわち平安時代の古記録などに記された「河臨解除」、「呪詛祓」「呪詛祭」「河臨祭」などの儀礼、(27) また『陰陽道祭用物帳』（安倍泰俊、鎌倉時代中期成立）の「呪咀祭、反閇あり。中央の座に於いて祭文を読む。云々。呪咀祭と云ふは河臨の祓なり。(28)」などの史料が語るように、陰陽師が執行する重要な儀礼であったことがわかるからだ。あるいは林淳の紹介する近世末期の諸国陰陽師の関連史料にも、彼らが「解返呪咀祭」に携わっていたことが見てとれる（『諸国御支配方御日記　安政二年(29)』）。

さらに村山修一が紹介した、土御門家の家司である若杉家に伝った陰陽道関係史料中の『祭文部類』（安倍泰嗣書写・天正一一年〈一五八三〉、村山修一編『陰陽道基礎史料集成』）にも、

＊「呪咀之返祭文」　天文二一年（一五五二）

＊「河臨之祭文」　文明六年（一四七三）

といった、陰陽師が用いた呪詛系祭文を見ることができる。とくにこれらの祭文が一五、一六世紀の中央陰陽師（安倍家）に伝わる点も注目されよう。その時期は、まさに「いざなぎ流」の草創期と推定される時期と重なるからである。

かくして「呪詛の祭文」の問題は、いざなぎ流が「陰陽道」との繋がりを濃厚に示す一例として重視されところだ。だが、さらに広く列島各地に伝わる呪詛系の祭文を見渡してみると、

＊修験史料「咒咀返之大事」（『修験深秘行法符咒集』修験道章疏・第二巻）
＊奥三河の禰宜資料「咒咀返祭文」（豊根村古文書館蔵）
＊備後田中家資料「呪咀祭文之祓」（岩田勝編『中国地方神楽祭文集』）
＊安芸国山県郡資料「呪咀祭文」（同）
＊金沢文庫蔵「咒咀神祭文」（金沢文庫編『中世の占い』）

などのように「陰陽師」に限定されない、多様な宗教職能者たちにも同様の祭文が伝わっていたことが確認できるのである。中世後期以降においては、呪詛系の祭文は、「陰陽師」に留まらず作り出されていたのである。それは「いざなぎ流」が、けっして陰陽道に限定されない信仰体系、祈禱作法をもつこととともリンクしよう。

さて、これら呪詛系の祭文を解読してみると、その目的は、いうまでもなく相手に呪いを仕掛けるものでなく、また仕掛けられた呪いを相手に打ち返す、いわゆる「呪い返し」でもなかった。資料中に見られる「返」の言葉は、仕掛けた相手に返すのではなく、呪詛を呪詛神《すそしん》として祭りあげ、その本地を定めて、そこに送り返すことで、呪詛の災厄を鎮めることを目的としていたのである。大きく送却儀礼の形態をもつわけだ。

さらにここに見られる呪詛系祭文は、特定の仕掛けられた呪詛というよりも、一年一二カ月、また四方、一二ヵ方など、あらゆる月、あらゆる方角の呪詛にたいしても対処しうるように構成されていた。したがって、これらの祭文が誦まれる場は、実際に呪詛を仕掛けられたときの対処というよりも、広く病人祈禱、治療儀礼などに使用された形になっていたことが推定されるのである。

いざなぎ流の「呪詛の祭文」も基本的には、それらと同じスタイルとなっている。それが読誦される場は、特定の呪詛への対処ではなく、祭儀の前段階に執行される「取り分け」という儀礼であったからだ(30)。

ただ、いざなぎ流の場合は、呪詛系の祭文が「釈尊流」「釈迦流」「提婆《だいば》流」「月読《つくよみ》」「日読《ひよみ》」「女《おんなりゅう》流」「西山の月読」「仏法の月読」「七夕方の月読」などの多数の種類に分かれていることが特徴的であった。それは仕掛けられた呪詛の種類、つまり呪詛の仕掛け方、その呪法によって呪詛系祭文の種類が細分化したと理解できる。総合的な儀礼と同時に、より個別的な呪詛への対処法が編み出されていったのである。太夫たちは呪詛（すそ）を取り分けて、鎮めていく儀礼＝取り分けの儀礼のなかで、たとえば女性にからむ呪詛が占なわれた場合は、とくに「女流」の祭文を誦むというように、儀礼の現場で祭文をセレクトしていくのである。その多数の呪詛系祭文の存在にたいして、どんな呪法で仕掛けられても対処できる、という太夫の自負も語られる。(31) この点からは、いざなぎ流の「呪詛」をめぐる具体的な儀礼が分化・発展していったことを推測させてくれるのである。他の呪詛系の祭文にたいして、いざなぎ流の「呪詛の祭文」が際立った個性を示すところといってもよい。

またいざなぎ流の「呪詛の祭文」のうち「釈尊流」では、釈尊と提婆王《だいばおう》、その妻との間で起こる財産相続をきっかけに呪詛が始まり、さらに提婆王の妻が「唐土じょもんのみこ」なる人物を雇って呪詛を仕掛けてもらうという「呪い」の起源神話を語っている。そうした物語性をもつ呪詛系祭文は、備後田中家資料「呪咀祭文之祓」にも多少見られるが、きわめて特異な内容といえよう。さらに「釈尊流」の祭文では、呪詛を仕掛けた唐土じょもんのみこが、最終的には「南海とろくの島の呪咀の御社」に呪詛神を送り鎮める結末になっている。呪詛神が送却される場所を、呪詛を仕掛けた本人が作り出すという、きわめて興味ぶかい来歴譚となっているわけだ。その点について太夫自身は「祭文咒祖の式次を始めた法者は当堂上門（注、唐土じょもんのこと）の尊。取り納めるにも右の尊を頼まなくては出来ない」（小松豊孝太夫、前出）と述べている。

呪詛神を送り鎮める場所が一つに定められるところは、他の呪詛系の祭文が数多くの呪詛神をそれぞれの本地へ送るという発想と大きく異なっているところだ。ただ興味ぶかいのは、土御門家の「呪咀之返祭文」「河臨之祭文」では、「呪咀君」をただ「本府」に返すとだけあって、呪詛神を一つの「本府」に送り返す発想が見られる。その点は、いざなぎ流の祭文と共通するといえるかもしれない。また「呪詛の祭文」のネーミングはないが、鍛冶師に関わる「金山《かなやま》の祭文」などにも「式を返す」「呪咀を打ち返す」といった呪法が見られることも注意しておきたい(32)。それは同様のものがいざなぎ流の鍛冶系祭文である「天神」の祭文や法文にも多く見られるからだ。呪詛系祭文の分析は、今後さらに他の宗教者が伝えた祭文との比較・検討が必要とされるところであろう(33)〔補注3〕。

呪詛系の祭文と連関して、いざなぎ流の特質としてクローズアップされるのは「式王子」の呪法である。早く小松和彦『憑霊信仰論』においても、陰陽師の「式神」との接点が指摘されてきたところだ。「式王子」の「式」は陰陽師の式神からきていることは明らかであろう。実際、太夫たちの言葉にも「式を打つ」といった言い方も見られる。

一方、「式王子」の呪法には、式王子という根本的な神格から、さらに高田の王子、五体の王子、大五の王子、三国あるじの王子、大鷹・小鷹の王子……といった多様な「王子」たちが派生・展開していく。これらの「式王子」の呪法体系については髙木啓夫による詳細な研究が発表され、[34]全体的な展望が見えつつあるが、式王子の素性、来歴についてはいぜんとして謎が多い。「王子」が盤古大王説話の五人五郎王子との繋がりがあること、また病人祈禱の基本として用いられる「五体の王子」は、熊野修験の『両峯問答秘抄』（『修験道章疏』第二巻）にも「五体王子」という名称が見られるなど、とくに熊野の「王子」信仰との接点は、今後さらに掘り下げるべき課題といえよう（なお、いざなぎ流と熊野信仰、熊野修験との関わりは、これまでも指摘されてきたところである[35]）。「式王子」の名称は、陰陽師の「式神」と熊野修験の「王子」との複合という見通しが立てられるからだ。ともあれ、いざなぎ流の「式王子」は、神霊強制や神働術（theurgy）という宗教史のテーマ[36]からも、今後さらに深められる問題といえよう。

4　「近世陰陽師」研究といざなぎ流

いざなぎ流と「諸国陰陽師（民間陰陽師）」との関係をめぐっては、木場明志の先駆的論文[37]以降、近世期の土御門系陰陽師と「諸国陰陽師」との歴史的な実像をめぐる、木場を筆頭とした、高埜利彦、遠藤克己、山本尚友、林淳、高原豊明、梅田千尋らによる「近世陰陽師」研究の飛躍的な進展によって、多くの知見が得られた[38]。すなわち、各地方で「陰陽師」を名乗り、卜占や暦売、祓え、祈禱、雑芸などの「商売」を営む者は、土御門家から

「門人」としての「許状」を発行してもらい、その対価として上納金を納めるというシステムが成立したことである。それは天和三年（一六八三）の霊元天皇の「諸国陰陽師支配」の綸旨＝勅許、それを追認する将軍家綱の朱印状、さらに寛政三年（一七九一）の「全国触れ流し」によって、江戸幕府の宗教統制政策の一角に組み込まれていったのである。明治三年（一八七〇）、明治政府によってそのシステムが解体されるまで、諸国の「陰陽師」系宗教者は、文字通り土御門家の支配下に置かれたわけだ[39]。

そこで、近世期における「陰陽師」を、中央の土御門家から発行される「許状」の修得者＝土御門家の「門人」と規定するならば、土佐のいざなぎ流太夫たちは「陰陽師」とはいえないのである。彼らが土御門の「許状」を所持したという確実な資料は、今のところ発見されていないからだ。また実際わたし自身も十数年間の調査のあいだに、現在活動する太夫たちの口から直接「陰陽師」という言葉を聞くことは一度もなかった。彼らが自分たちを「陰陽師」と認識することは、ないといってよい〔補注4〕。

一方、近世土佐藩には、長岡郡本山村に土御門家の「許状」を所持する「陰陽師」たちの一群がいたが、現在のいざなぎ流太夫たちが活動している香美郡（現・香美市物部町）の周辺では、土御門家に支配された「陰陽師」とは別に、永野吉太夫、芦田主馬太夫を「博士頭《はかせがしら》」として組織された「博士」と呼ばれる宗教職能者がいた[40]。彼ら博士たちは、土御門家が「陰陽師」と認定するときに禁令として定めた「米占《ふまうら》」、また弓を叩いて死霊な

図55　土佐国博士頭・芦田主馬太夫屋敷跡

どを降ろす「梓弓《あづさゆみ》」「弓祈禱」を専門に担っていたという[41]。

残念ながら現在のいざなぎ流太夫には「弓」を使った祈禱法は廃れてしまったが、たとえば呪詛系の祭文の一つである「呪詛の祭文・提婆流」では、弓祈禱によって呪詛神を祭る方法が語られ、またいざなぎ流の起源を語る「いざなぎ祭文」には、天竺のいざなぎ様から天中姫宮が「弓」の祈禱を習ってくることで「いざなぎ流」が始まったという物語が記されている。髙木啓夫によれば、つい近年まで、太夫たちが弓祈禱や梓弓をしていたことは、様々な伝承や記録から確認できるという[42]。現在のいざなぎ流太夫が、近世土佐の「博士」の系統に繋がる宗教職能者であることは、ほぼまちがいないようである。ちなみに「博士」の名称は、中世にあって民間で活動する陰陽師を指すことが梅田千尋によって指摘されている[43]。

実際、いざなぎ流太夫が用いる祭文や法文類には、「巫博士《かんなぎはかしょ》」「字文《じもん》の博士」と自らのことを自称する詞章が多く見いだされる。彼らは「博士」なのだ。だが、注意されるのは、そうした「巫博士」「字文の博士」の自称が、取り分けや病人祈禱、式王子の式法といった、ある種限定された場面でのみ使われるところである。太夫たちが、家祈禱、宅神祭などの家の神祭りのとき、とくに「神楽」を執行するときには「神楽の役者」「神が守《も》り目」というように、別の名乗り方をしているからだ。またその他の「法の巫《みこ》」「きねのりくら」「字文の御弟子」といった名乗りをする場合もある。彼らは執行する儀礼の場面、場面によって、その名乗り＝自称を変えていくのである。こうした自称の変化、複数性は、「いざなぎ流」[44]なるものの成立が、多様な宗教職能者たちの交流と統合のなかにあったことを示唆しよう。

5　「いざなぎ祭文」の異本生成をめぐって

ここで浮上してくるのが、いざなぎ流の根本祭文とされる「いざなぎ祭文」である。その祭文こそ、いざなぎ流が複数の宗教者たちの交渉と統合のうちに成立したことを自ら語っているからだ。すなわち「米占」や『法華経』などを修得した七歳の少女・天中姫宮が、天竺のいざなぎ様に弟子入りし、人形祈りや弓祈禱を学んできたところに「いざなぎ流」が始まったという物語である。

従来からも「いざなぎ祭文」はいざなぎ流の起源、来歴を語る祭文として注目されてきたが、[45]現在までのところ以下の三本のテキストが翻刻・紹介されている。

・物部村岡ノ内・滝口弥久忠太夫本「いざなぎさいもん」
・物部村大比・細木俊次太夫本「伊耶那岐《ママ》の祭文」
・『物べ村志』本「いざなぎのきいもん」[46]

また断片的には『いざなぎ流祭文帳』の脚注部分の校異で、山崎千代喜太夫本「伊弉祇乃祭文」、中尾計佐清太夫本「伊佐奈祇様の察（祭）文」、森安宮春太夫本「伊弉諾祭文」が引かれている。さらに「いざなぎ祭文」の名称はないが、物部村から遠く離れた吉野川源流域にあたる高知県本川村においても、表題不明ながら「いざなぎ祭文」の別ヴァージョンと思われるものが、翻刻・活字化されている。[47]

いうまでもなく、現在のいざなぎ流を伝える中心地域は旧香美郡物部村であるが、物部村の周辺地域にも、いざなぎ流と同様、あるいは多少の違いをもつ祈禱集団が存在したことはたしかなようだ。そこには、「いざなぎ祭文」の別伝と思われる祭文も伝わっていたのである。

注目されるのが、近年、梅野光興が紹介・分析した高知県大豊町の「いざなぎ祭文」の別系統テキストである。(48)

＊大豊町桃原「弓之本地」（天保一五年〈一八四四〉）、

＊同町大滝の小松熊由所蔵本「伊弉諾祭文弓之本地」（明治三四年〈一九〇一〉）

これらのテキストは、ストーリー全体は物部村に伝わる「いざなぎ祭文」とほぼ同じものである。だが梅野によれば、大豊町側の祭文には、天中姫宮が天竺のいざなぎ様に弟子入りする目的について、国中に広まった疫病を鎮め収めるためと語る点が注目されるという。これまで知られてきた物部村側の「いざなぎ祭文」のテキストが、弟子入りの目的をはっきりと語っていないことと比較すると、際立った特徴を示すからである。

また天中姫宮が習う「弓」の祈禱も、大豊町の祭文では「病人祈禱」と限定されているのにたいして、物部村側では、病人祈禱とともに「王の宝の弓」「武士の弓」「神のくらゐ（神楽のこと）の弓」「堂宮建立、屋敷建ての弓（大工法の弓）」というように、「弓」の信仰的な働きが多様に分化していることを指摘している。

こうしたテキスト間の相違をめぐって梅野は、大豊町側の祭文の様態から、本来の「「いざなぎ祭文」は病人祈禱をその目的とした祭文」であったと規定し、さらに次のように述べる。

槇山川流域〈注・物部村のこと〉のいざなぎ祭文は、病人祈禱の祭文から神楽の祭文へと移行する途中の形態なのであろう。だから、いざなぎ様が病気なおしをする一方、いざなぎ様から伝えられた弓で神楽を行なうなど、意味が拡散しているのである。いざなぎ祭文自体が、病人祈禱祭文であるという本来の性格を失って、神楽の方へとシフトしていく様子が祭文の比較からうかがえるのである。

この指摘は「弓祈禱」＝病人祈禱を中心とした「博士」に、いざなぎ流太夫の原態が見いだされることとリンクしよう。そして「いざなぎ祭文」が「病人祈禱祭文」から「神楽の方へシフトしていく」過程とは、現在のいざなぎ流太夫が、「博士」の職能を含みこみつつ、宅神祭、神楽などをも執行する「神子《みこ》」〈太夫〉という存在へと拡大・統合されていった歴史的なプロセスと対応することが推定されるのである〈ただし、近年の小松和彦の研究によれば、「博士」と「神子」〈神職〉とは区別された職能としてあったことが明らかにされた。〔補注4〕参照〉。

梅野論文の重要なところは、祭文のヴァリアント（異本）が、儀礼の現場や太夫の特異とする分野など、まさしく儀礼の〈実践〉のなかから生成することをはっきりと提示したところにある。それは「いざなぎ流」の歴史的な変遷が、彼らの儀礼のただ中から見いだされ、記述されていくことの方法的な可能性を示唆したといえよう。その方法的視角は断乎支持したい。ここに「いざなぎ流」研究の今後の方向性が指し示されているからだ。

そのときあらためて、祭文テキストの変容は、それを使って儀礼を執行する太夫にとって必然的なものと読み取る視点も必要となってくる。変容した祭文の内容が、「研究者」の目から見て「意味が拡散している」「本来の性格を失って」いるように見えたとしても、家祈禱や神楽の祭祀を中心とする太夫たちにとっては、その「いざなぎ祭文」のテキストこそが「本来」のものであったと認識する視点である。

たとえば物部村別府で活動した中尾計佐清太夫が用いた「伊佐奈祇様の察（祭）文」（計佐清太夫所持『御神祭文集書物』）の「弓のわかち」のパートは、

①三神如来、本代如来のくらえへあげの弓（宅神祭の神楽の弓）
②西山猟師、東山猟師の弓（西山法、東山法＝猟師法の弓）
③凡夫衆生が堂宮建立、屋敷建てのとき、悪魔を打ち払う弓（大工法の弓）
④凡夫衆生、氏子の祈念祈禱の弓（病人祈禱の弓）

⑤幼い凡夫衆生、氏子の警護の弓（祭儀の場で子供が弓を跨いだりしても畏れがないように）

といった内容が語られている。①はまさしく梅野のいう「神楽のほうへシフト」した「いざなぎ祭文」の典型的な例であろう。だがここで「三神如来、本代如来のくらえへあげ」という言い方は、たんなる宅神祭の神楽一般ではなく、計佐清太夫が重視する宅神の最高神＝「天の神」祭祀を意味していた。

「天の神」とは、いざなぎ流の神々のなかでも問題の多い神格であるが、基本的には中世の惣領制（同族結合組織）の「土居」筋によって祭られた神で、この地域のトップにたつ神格といってよい[49]。平家の落人伝説などとも結びつき、計佐清太夫の「伝」では竈神とも認識され、その祭祀にあたっては「おなばれ」という独特な作法があり、また「大土公の祭文」が天の神祭祀の中心祭文として読誦されている。

かくして計佐清太夫が主に活動した槇山川上流の別府は「天の神」を祭祀する重要地域であったので[50]、その地域の祭儀現場にふさわしい意味づけが「いざなぎ祭文」に付け足されたと理解できよう。そして②の猟師法、③の大工法、④の病人祈禱など、まさしく計佐清太夫の「伝」が、多様な祈禱法を統合した「神子」の姿を示していよう。さらに⑤の部分などは、実際の祭儀の場で子供たちが「弓」を跨いだりして、それが神のお叱りになってしまうことを防ごうとした、計佐清太夫独特な詞章とも考えられる。「弓のわかち」の詞章が、祭儀現場から一回的に生成していく「りかん」によって発展したものであることを如実に示すのである。計佐清太夫にとっては、自らの用いる「伊佐奈祇様の祭（祭）文」こそが本来的な「いざなぎ祭文」であったことは、いうまでもないだろう。

それにしても、「いざなぎ祭文」の多様な異本に対して「客観的」な視点で読んだとき、物語として筋道のはっきりしている大豊町側のテキストのほうが、病人祈禱を主体とする「本来」の祭文であったという梅野の解釈は、まちがいない。そこから、槙山川ぞいの、宅神祭、神楽をメインとする現在のいざなぎ流へと歴史的に変遷していったという見通しも、正当なものと思われる。

だがその変容が、太夫の実践する儀礼現場から生み出されると認識するとき、変容した（と思われる）祭文テキストにたいして、それを用いる太夫自身の意味づけを重視する視点も忘れてはなるまい。「意味が拡散している」と読める物部村側の「いざなぎ祭文」は宅神祭、神楽執行の現場を生きる太夫たちにとっては、より鮮明な「意味」をもつものだ。彼らにとってはその祭文テキストが「本来」のもの、という視線である。それを認識することが、祭儀・儀礼の現場から祭文のヴァリアント生成を跡付けるとき必要となるだろう。その視線を含みこんだうえで見えてくる〈歴史〉をどう「研究」として記述しえるかが、今後、問われてくるのである。

6 「陰陽道と宗教民俗」、あるいは方法論について

いざなぎ流の祈禱法のなかに山間の職能者の作法が伝わることは、これまでも注目されてきたところだ。すなわち、「西山方、東山法（猟師）」「大工法」「杣方」「天神法（鍛冶師）」「七夕法」である。こうした職能と繋がる呪法のあり方は、いざなぎ流が山間の民俗社会のなかに生成した「宗教民俗」であることを如実に語るところといえよう。

近年、こうした点に着目し、いざなぎ流が伝えられた「地域環境」（自然環境）や「職能」、「諸職」、「生業」との関係を重視する松尾恒一の一連の論文は、これまでの「いざなぎ流」研究の盲点をつく論点として注目される。[51] とりわけ、猟師たちの活動の実態、鍛冶師の信仰と技術の映像をおさめ、さらに物部村大栃在住の小松豊孝太夫による病人祈禱の実例の再現などを収録した『物部の民俗といざなぎ流御祈禱』（国立歴史民俗博物館、二〇〇三年）は、貴重な映像資料となっている。

あらためて、いざなぎ流太夫の祈禱法が、鍛冶師や大工、猟師、杣といった職能者の世界と連続していることは、鍛冶や猟師たちの「技術」と祈禱師やシャーマンといった「呪術」の世界とが未分化にあったという「アルカイック」な世界[52]を彷彿させてくれる。いざなぎ流の祈禱法が鍛冶師や猟師の職能と共有される一面をもつのは、こうした「古層」の

あり方を語っていよう。しかし同時に、いざなぎ流の太夫が「博士」や「神子」といった宗教的な職能者として屹立するのは、中世末期から近世社会において、未分化な諸職が分離し、それぞれの「職」が自立し、職能として固定していく歴史的な変遷の過程[53]をあらわしているのである。

松尾が、物部村の大工、鍛冶師、猟師たち職能者に伝わる「技術」(呪術)と、いざなぎ流太夫がもつそれとの関連性をめぐって、両者が「基本的には相互に依存し、協業しあいながら、一方で、状況によっては警戒、あるいは牽制しあう関係でもあった[54]」ことを具体的に示した成果は、いざなぎ流研究の裾野を広げたものとして大いに評価される。ここにいざなぎ流太夫たちの現場がより鮮やかに見えてくるだろう。しかし、鍛冶師や猟師たちの世界との連続性が明らかになればなるほど、それらの世界から突出し、職能者たちの「呪術」をも独占し、体系化していこうとする、いざなぎ流太夫たちの実践の特異性が際立って見えてくることも指摘しておきたい。

この点に関連して松尾は、拙著(『いざなぎ流 祭文と儀礼』二〇〇二年版)がいざなぎ流太夫の「専門職能者としての知識や技能をあまりに特別視し過ぎる」と批判し、「その祈禱が有効であるのは、共同体において神霊観念が程度の差こそあれ共有されていることが条件としてある」ことを忘れてはならないと強調している[55]。言われている点はまさにその通りであろう。太夫たちも「共同体」の一員として、その「神霊観念」を共有していることとは、あらためていうまでもない。

だが問題なのは、「程度の差こそあれ……」という認識だ。いざなぎ流は、その「程度の差」がいかに大きく、突出しているかを測定していくなかで、はじめてその信仰世界、儀礼作法の内実が見えてくるからだ。松尾の、当然すぎるほどの常識的な見解は、旧来的な平面化・標準化された村落社会の「民間信仰」のなかに「いざなぎ流」を解消してしまう危うさがある。「いざなぎ流」を研究するうえで忘れてならないのは、いざなぎ流が、共同体のなかで「程度の差こそあれ共有され」云々といった、素朴な共同体に一元化される「民間信仰」論を大きく転回させる存在として、われわれの前に登場してきたことだ。

この点、戦後の「民俗学」(民間信仰)の研究動向を振り返ったとき、一九七〇年代以降に修験道や巫女研究が焦点化された「民間宗教者」論が浮上してきたという林淳、真野俊和の指摘は重要である(56)。「土地に根生いの民間信仰」と「成立宗教(創唱的宗教)」との相互交渉のなかで捉える視点から編み出された「民俗宗教(57)」という概念ともリンクし、さらに「宗教/信仰/呪術」のタームの再検討という主題へと展開していくのである。そうした研究状況のなかで、小松和彦が「いざなぎ流太夫」という「民間宗教者」に出会ったことは、意味深い。村落社会のなかで平面的・一元的に「共有」されている「民間信仰」という認識にたいして、いざなぎ流太夫という「宗教者」の存在を介在させることで、民俗社会に流通する「信仰」の立体的・多元的な階層構造が発見されたからである(58)。したがって本書の視点は、たんなる「ひとつの見識」(松尾、前出論文)ではなく、あくまでも研究史の累積の果てに導かれたものなのだ。松尾の物言いには、研究史的(方法論的)な認識が欠如しているといわざるをえないだろう。

たとえば「山の神の祭文」をめぐって、髙木啓夫が次のように指摘するところは、いざなぎ流のもつ突出した信仰実態を示唆している。本書(第一章)でも引用したところだが、あらためて髙木の卓見を確認してみたい。

この山ノ神祭文を基本にして杣法や大工法、山ノ神祭り儀礼が成立しているところをみると、山ノ神祭文は山林に従事する人々の携えたものであろうか。もし、そうだとすれば、それが祈禱太夫たち(注・いざなぎ流太夫のこと)の手に委ねられたのは、いつどのような経過があってのことであろうか。(中略)そこには山ノ神祭文を携えてきた人々の特質らしさを示す祭文作法は全く見出されないのである。山ノ神祭文は、いわゆるいざなぎ流祈禱の祭式形態に没してしまっているのである[59]。(76~77頁)

いざなぎ流の「山の神の祭文」は、山を生業の場とする杣人たちが、山の神の許しを得て、山の樹木伐採を保障されていく、杣人の生業の聖なる来歴を語る側面をもっている。だが、祭文の内容そのものは、杣人と山の神とのあいだにたって、その調停をはたし、直接的に山の神祭祀を執行していく「天竺星やじょもんのみこ」という、太夫の原像と思われる宗教職能者の活躍を強調していくのである。その祭文の内容は、山の神祭祀が、杣人や猟師たちの生業にもとづく「特質らしさを示す祭式作法」とは異質な、太夫たち専門宗教者たちに独占されていったことと対応するわけだ。もちろん、太夫たちは「氏子」たちにも可能な簡単な作法を伝えておくという一面ももつが、正式な山の神祭祀は、彼ら太夫以外には不可能な、きわめて複雑で専門的な作法へと突出していくのである。髙木の指摘は、そうした実情を示しているわけだ。ここにこそ、「いざなぎ流」の特質があるといえよう。

この点、注目されるのは、「狩猟民俗と修験道」との関係を研究する永松敦の見解である。たとえば山の神にオコゼを供える習俗が民俗的な世界のなかで自生したかのように言われてきたことにたいして、永松は、鎌倉時代後期の賀茂家が作成した陰陽道祭祀書『文《ぶん》肝《かん》抄』（村山修一編『陰陽道基礎史料集成』）のなかに「山神祭　オコシト云魚ヲ供也」と記されていることを指摘したうえで、「山の神とオコゼの説話を保持・伝播し、オコゼを供える山の神祭りなどに従事したのも、修験者や陰陽師という専門の宗教者であって、一般民衆のなかから自然発生的に出現したわけではない」(60)と明確に論じていく。そこに広がっていく光景が、いざなぎ流の祈禱世界ともリンクしていくことは、いうまでもないだろう。

それにしても、一九七〇年代以降の「民間宗教者」研究のなかで、五来重が掘り起こした「地方修験」のフィールド(61)から、「陰陽師」へとシフトしたことの意味は大きい。明治初年の禁令によって近代国家が抹殺しようとした「修験道〈地方修験〉」が、〈近代〉的な価値への懐疑と批判・変革を実践した七〇年代の研究現場に登場したように、同じく近代国家が封殺した「陰陽師」が、新世紀に突入したわれわれの時代に新しいフィールドとして登場してきたからだ。そのとき、浮上してきた「陰陽師」の存在は、〈ポストモダン〉と呼ばれる現在のなかで、「宗教民俗」についての、さらには儀礼／信仰／呪術／魔術／霊性をめぐる新たな学知への探求を、われわれのいまに課してくるに違いない。いざなぎ流の太夫たちは、そのことを告げているのである。〔補注5〕

注

(1) 現在、「いざなぎ流」の全体像について、研究の最新成果とともに広い視点から概括的な紹介をしてくれるものとして、高知県立歴史民俗資料館編『いざなぎ流の宇宙』(梅野光興執筆)の右に出るものはないだろう。本書は一九九七年に同館が開催した企画展「いざなぎ流の宇宙」の図録である。その企画展に関連して刊行された『いざなぎ流祭文帳』(吉村淑甫監修、斎藤英喜、梅野光興編)、また宅神祭の模様を詳細に記録した映像『いざなぎ流御祈禱』、また企画展の関連シンポジウム(パネラー・髙木啓夫、小松和彦、山本ひろ子、斎藤英喜)とともに、「いざなぎ流」研究史の一つの画期となったことを明記しておきたい。

(2) 近年の「陰陽道史」研究の進展はめざましいものがあるが、単著としてまとめられたものとしては、山下克明『平安時代の宗教文化と陰陽道』(岩田書院、一九九六年)、『平安時代陰陽道史研究』(思文閣出版、二〇一五年)、鈴木一馨『陰陽道』(講談社、二〇〇二年)、繁田信一『陰陽師と貴族社会』(吉川弘文館、二〇〇四年)がある。またそれらの研究を踏まえ、「陰陽師」の儀礼現場から安倍晴明の〈生涯〉を描いた斎藤英喜『日本評伝選・安倍晴明——陰陽の達者なり』(ミネルヴァ書房、二〇〇四年)もある。最新の研究動向にもとづく概説書として、林淳・小池純一編『陰陽道の講義』(嵯峨野書院、二〇〇二年)、斎藤英喜・武田比呂男編『〈安倍晴明〉の文化学』(新紀元社、二〇〇二年)がある。

(3) 6節でもとりあげるが、『宗教研究』三二五号(二〇〇〇年九月)が特集した「「民間信仰」研究の百年」中の池上良正・岩井洋・川田稔・神田より子・真野俊和・中村生雄・宮家準の諸論文は、「民間信仰」の研究動向を知るうえで重要である。
（4）『日本民俗学』二三九号（二〇〇四年八月）が特集した「日本民俗学の研究動向（二〇〇〇―二〇〇二）」において、「信仰」（由谷裕哉執筆）「芸能」（松尾恒一執筆）が、『いざなぎ流祭文と儀礼』（二〇〇二年版）を取り上げているので、二三のコメントを付したい。由谷論文は「いざなぎ流」についてはは五来重・木場明志・小松和彦・髙木啓夫らの先行研究があると指摘したうえで、「私もそれらのいくつかを読んではいたが内容の多くは失念したので、正直言って斎藤の著作が旧来のいざなぎ流研究よりどう斬新で、どこがそれらを凌駕しているのかはわからない」と書いている。しかし「失念」したままで研究動向を執筆するとは、驚くべき怠慢というべきだろう。松尾論文については、詳しくは6節でふたたび触れるが、一つ疑問なのは「芸能」というパートで拙著を取り上げながら、いざなぎ流の「神楽」をめぐる点について、まったく触れていないところだ。とくに松尾論文が「二十一世紀に「民俗芸能」研究は可能か？」という論題を掲げながら、いざなぎ流の「神楽」の特質について言及しないのは、疑問である。
（5）吉村淑甫「いざなぎ流神道祭文集1～7」（『土佐民俗』一九六四年～一九七一年）。なお本翻刻は、前掲（1）『いざなぎ流祭文帳』に改稿のうえ、収録されている。
（6）福田晃「諏訪縁起・甲賀三郎譚の原像」（『神道集説話の成立』三弥井書店、一九八四年）、石川純一郎「山の神祭文考」（桜井徳太郎編『民間信仰の研究序説』一九七七年）、「いざなぎ流太夫の伝承――始祖神話と〝山の神祭文〟の周辺」（『國學院雑誌』第八六巻第三号、一九八五年）など。

（7）山本ひろ子「神話と歴史のはざま」（『神話と歴史のはざま』岩波書店、二〇〇一年）。そこで山本は、いざなぎ流の「大土公の祭文」を儀礼現場から切り離して論じる立場にたっているが、それは「行役神・牛頭天皇」（『異神』平凡社、一九九八年）において、奥三河に伝わる「牛頭天皇島渡り」を「送却儀礼」との相関関係から読み解いたのに比べ、方法的に後退しているものと思われる。なお「中世神話」については、山本『中世神話』（岩波新書、一九九八年）を参照。

（8）岩田勝編『中国地方神楽祭文集』総説（三弥井書店、一九九〇年）。

（9）民俗芸能学会、二〇〇四年五月例会における鈴木正崇の発言による。

（10）中村璋八『日本陰陽道書の研究』（汲古書院、一九八五年）、村山修一編『陰陽道基礎史料集成』（東京美術、一九八七年）、詫田直樹・高田義八編『陰陽道関係史料』（汲古書院、二〇〇一年）など。

（11）「山の神の祭文」のヴァリアントの分析については、小松和彦「「いざなぎの祭文」と「山の神の祭文」——いざなぎ流祭文の背景と考察」（五来重編『山岳宗教史研究叢書15　修験道の美術・芸能・文学[Ⅱ]』名著出版、一九八一年）を参照。

（12）小松和彦「いざなぎ流祭文研究覚帖・天刑星の祭文」（『春秋』一九八九年八・九月号）。

（13）本田安次「祭文から能へ」（『日本の民俗芸能3　延年』木耳社、一九六九年）。

（14）山本ひろ子「大神楽と「浄土入り」」（『変成譜』春秋社、一九九三年）、同「神楽の儀礼宇

宙」（『思想』一九九五年一二月号～一九九七年一〇月号）。
(15) 岩田勝『神楽源流考』（名著出版、一九八三年）。
(16) 渡辺伸夫『椎葉神楽』（平河出版、一九九六年）、「対馬の命婦と法者」（『和光大学総合文化研究所年報　東西南北』二〇〇一年三月）など。
(17) 鈴木正崇『神と仏の民俗』（吉川弘文館、二〇〇一年）。
(18) 石塚尊俊『西日本諸神楽の研究』（慶文社、一九七九年）。
(19) 山本、前掲論文(14)。また中世神楽をめぐる文献的研究としては、鶴巻由美「中世御神楽異聞」（『伝承文学研究』四七号、一九九八年）という先駆的論文がある。
(20) 伊藤聡「伊勢灌頂の世界」（『季刊・文学』一九九七年十月）、小川豊生「中世神話のメチエ」（三谷邦明・小峯和明編『中世の知と学』森話社、一九九七年）、同「中世神学のメチエ」（錦仁・小川豊生・伊藤聡編『「偽書」の生成』森話社、二〇〇三年）など。その成果は、伊藤『中世天照大神信仰の研究』（法藏館、二〇一一年）、小川『中世日本の神話・文学・身体』（森話社、二〇一四年）としてまとめられた。
(21) 「神楽」概念の再検討については、岩田勝『神楽新考』（名著出版、一九九二年）を参照。また近年、民俗芸能学会において、神田より子を中心に「神楽」の分類について、再検討する活動が進められている。なお神田『神子と修験の宗教民俗学的研究』（岩田書院、二〇〇一年）も参照。
(22) 山本ひろ子「呪術と神楽3」（『みすず』四四五号、一九九八年）。

(23) 岩田、前掲書(15)。

(24) 五来重『葬と供養』(東方出版、一九九二年)。

(25) 宮家準『修験道儀礼の研究〈増補版〉』第二章「修験道の修行と験術」(春秋社、一九八五年)。

(26) 小松和彦『憑霊信仰論』(伝統と現代社、一九八二年。増補版はありな書房、一九八四年。後に講談社学術文庫、一九九四年)。

(27) 平安時代の呪詛祓、呪詛祭については、小坂眞二「禊祓儀礼と陰陽道」(『早稲田大学大学院研究科紀要』別冊3、一九七六年)を参照。

(28) 小坂眞二「翻刻・陰陽道祭用物帳」(『民俗と歴史』一九九七年七月号)。

(29) 林淳「幕末の土御門家の陰陽師支配」(愛知学院大学『人間文化』九号、一九九四年)。

(30) 「取り分け」の儀礼分析については、高木啓夫『いざなぎ流御祈禱』(物部村教育委員会、一九七九年)、小松和彦「呪詛神再考」(『現代思想』一九八四年七月号)を参照。

(31) 小松和彦「いざなぎ流祭文研究覚帖・呪詛の祭文」(『春秋』一九九四年四・五月号)。

(32) 鍛冶師系の「金山の祭文」と呪法の関係については、山本ひろ子「鉄の女神」(『へるめす』終刊号、一九九七年)参照。

(33) この点については、斎藤英喜「いざなぎ流の呪術宇宙2」(『呪術探求』二号、二〇〇三年)で多少、試みた。

(34) 高木啓夫『いざなぎ流御祈禱の研究』(高知県文化財団、一九九六年)。

(35) 小松、前掲論文(11)。

(36) エリアーデ編（鶴岡賀雄・島田裕巳・奥山倫明訳）『オカルト事典』（法藏館、二〇〇二年）の「訳語について」で、「“theurgy”については、「降神術」と訳されることが多かったが、近年では、語の原義――「神（theos）を働か（ergon）せる術」あるいは「神の働きを得る術」――をうけて「神働術」という訳語も用いられている」とある。

(37) 木場明志「民間陰陽師の咒法――高知県香美郡物部村「太夫」における事例」（『日本人の生活と信仰』同朋舎出版、一九七九年）。

(38) 遠藤克己『近世陰陽道史の研究』（豊文社、一九八五年）、木場明志「近世日本の陰陽道」「近世土御門家の陰陽師支配と支配下陰陽師」、高埜利彦「近世陰陽道の編成と組織」、山本尚友「民間陰陽師の発生とその展開」（以上は、木場明志編『陰陽道叢書3　近世』名著出版、一九九三年）、林淳、前掲論文(29)、同「近世陰陽道の活動と組織」（『愛知学院大学文学部紀要』一七号、一九八八年）、「陰陽師と神事舞太夫の争論」（『人間文化』八号、一九九三年）、「近世陰陽道研究史覚書」（『愛知学院大学文学部紀要』創設三十周年記念号、二〇〇〇年）、「幸徳井家と南都陰陽道」（中尾尭編『中世の寺院体制と社会』吉川弘文館、二〇〇二年）、「近世の陰陽道」「陰陽師の活動」（『陰陽道の講義』、前掲(2)）、（これらは後に『近世陰陽道の研究』吉川弘文館、二〇〇五年にまとめられた。）。高原豊明『晴明伝説と吉備の陰陽師』（岩田書院、二〇〇一年）、梅田千尋「陰陽師――京都洛中の陰陽師と本所土御門家」（高埜利彦編『民間の生きる宗教者』吉川弘文館、二〇〇〇年）、同「近世土御門家の陰陽道支配について」

（大阪人権博物館編『安倍晴明の虚像と実像』二〇〇三年）、「江戸時代の陰陽師と土御門家」（『別冊歴史読本　安倍晴明と陰陽道の秘術』二〇〇三年）（後に『近世陰陽道組織の研究』吉川弘文館、二〇〇九年）など。（また「中世」の陰陽道研究として、赤澤春彦『鎌倉期官人陰陽師の研究』吉川弘文館、二〇一一年、木村純子『室町時代の陰陽道と寺院社会』勉誠出版、二〇一二年）。

(39) ただし、木場明志「近代における陰陽師のゆくえ」（『大谷学報』第七五巻・第三号、一九九六年三月）によれば、明治二六年段階において、土御門家を総裁に戴く「陰陽道本庁」の設立があり、全国的な「陰陽師」の組織化が試みられたようであるが、ほとんど成功しなかったようだ。

(40) 平尾道雄『近世社会史考』（高知市立図書館、一九六二年）参照。

(41) 木場、前掲論文(38)「近世日本の陰陽道」。

(42) 髙木啓夫「すそ祭文とほうめんさまし――弓打ち太夫の因縁調伏」（『土佐民俗』第七二号、一九九九年）。

(43) 梅田、前掲論文(38)「陰陽師――京都洛中の陰陽師と本所土御門家」。

(44) こうした視点からの最新の研究成果として、梅野光興「神子・博士・陰陽師――いざなぎ流祭儀の生成」（『比較日本文化研究』六号、二〇〇〇年）がある。

(45) 小松、前掲論文(11)、石川「いざなぎ流太夫の伝承」前掲(6)、山本ひろ子、「天中姫宮の修行の旅」（『土佐・物部村　神々のかたち』ＩＮＡＸ出版、一九九九年）など。

(46) 滝口弥久忠太夫本「いざなぎさいもん」は『いざなぎ流祭文帳』、細木俊次太夫本「伊耶那岐の祭文」は小松前掲論文(11)、『物べ村志』本「いざなぎのきいもん」は松本実『物べ村志』（物部村教育委員会、一九六三年）に翻刻・収録。

(47) 髙木啓夫編『本川村史　第三巻　神楽・信仰資料編』（本川村、一九九五年）収録「曽我部重徳氏蔵資料　15無表題」。「弓の本地系」と髙木によって命名されている。

(48) 梅野光興「いざなぎ祭文の誕生」（斎藤英喜編『呪術の知とテクネー』森話社、二〇〇三年）。

(49) 「天の神」については、吉村千穎「高知県香美郡旧槇山村における民間信仰の一報告」（『近畿民俗』四三号、一九六七年）、同「屋内神の一考察——高知県香美郡旧槇山村のテンノカミ・オンザキについて」（『日本民俗学』四九号、一九六七年）、小松和彦「天の神祭祀と村落構造」（『歴史手帖』一九八三年七月号）、髙木『いざなぎ流御祈禱（第三集）』（物部村教育委員会、一九八六年）、前田良子「『柀山風土記』の一考察——平家伝承と天の神」（『海南史学』第二九号、一九九一年）、梅野光興「天の神論」（『高知県立歴史民俗資料館紀要』第四号、一九九五年）。

(50) しかし、別府の中尾計佐清太夫が槇山川下地域の「天の神」祭祀に関与することで、その祭祀形態が上流地域の「別府伝」の形に変容していくという現象が起きた。平成五年（一九九三）一月、物部村影仙頭の小松敏明家の祭祀。

(51) 松尾恒一「小松豊孝太夫の足跡を辿って——いざなぎ流御祈禱戦後の一側面」（『大倉山論

集』四六集、二〇〇〇年)、「物部村の職人と建築儀礼――大工法をめぐって」(『民俗芸能研究』三二号、二〇〇一年)、「魔群・魔性の潜む山――高知県物部村、西山法・猟師の法をめぐる民俗世界」(『季刊・文学』二〇〇一年六号)、「木魂をめぐる祭儀と信仰――高知県、物部村の場合」(『国立歴史民俗博物館研究報告』第百八集、二〇〇三年)、「職能者の技術と呪術――高知県物部村、いざなぎ流御祈禱の周縁」(増尾伸一郎、工藤健一、北條勝貴編『環境と心性の文化史　下』勉誠出版、二〇〇三年)など。とくに、いざなぎ流の大工法と中世末の御流神道、三輪流神道との類似点を指摘するところは重要である。この点、松尾「両部神道遷宮儀礼考」(山本信吉他編『社寺造営の政治史』思文閣出版、二〇〇〇年)も参照。(後に『物部の民俗といざなぎ流』(吉川弘文館、二〇一一年)としてまとめられた。)

(52) エリアーデ(大室幹雄訳)『鍛冶師と錬金術師』(せりか書房、一九八六年)を参照。

(53) 兵藤裕己『平家物語の歴史と芸能』(吉川弘文館、二〇〇〇年)。

(54) 松尾、前掲(51)「職能者の技術と呪術」。

(55) 松尾恒一「芸能――二十一世紀に「民俗芸能」研究は可能か」前掲(4)。

(56) 林淳「戦後民俗宗教研究の再検討」(『愛知学院大学人間文化研究所報』二五号、一九九九年)、真野俊和「「民間信仰」は実在したか」前掲(3)。

(57) 真野俊和「民間信仰論から民俗宗教論へ」(桜井徳太郎編『日本民俗の伝統と創造』弘文堂、一九八八年)。

(58) 小松和彦「説明体系としての「憑きもの」」(前掲書(26)『憑霊信仰論』)。本論文の初出は、一九七九年である。

(59) 高木、前掲書(34)。

(60) 永松敦『狩猟民俗と修験道』(白水社、一九九三年)。

(61) それは五来重編『山岳宗教史研究叢書』全一八巻(名著出版)に結実した。

〔補注1〕「中世神話」をめぐる研究は、斎藤英喜「「中世日本紀」と神話研究の現在」(『国文学解釈と鑑賞』二〇一一年五月号)、同「日本紀講から中世日本紀へ」(伊藤聡編『中世神話と神祇・神道世界』竹林舎、二〇一一年)など。さらに中世から「近世神話」への展開としては、斎藤英喜「近世神話としての『古事記伝』」(佛教大学『文学部論集』第九四号、二〇一〇年)、同「宣長・アマテラス・天文学」(佛教大学『歴史学部論集』創刊号、二〇一一年)同「異貌の『古事記』」(『現代思想・総特集　古事記』二〇一一年五月臨時増刊号)、同『古事記はいかに読まれてきたか』吉川弘文館、二〇一二年、同「中世日本紀から『古事記伝』へ」(山下久夫・斎藤英喜編『越境する古事記伝』森話社、二〇一二年)など。また「近世神話」については、山下久夫「「近世神話」からみた『古事記伝』注釈の方法」(鈴木健一編『江戸の「知」』森話社、二〇一〇年)、同「『古事記伝』を近世以前から照らし出す」(山下久夫・斎藤英喜編『越境する古事記伝』森話社、二〇一二年)を参照。

〔補注2〕陰陽道の「祭文」については、その後の研究成果として、梅田千尋「陰陽道祭文の位置」(斎藤英喜・井上隆弘編『神楽と祭文の中世』(思文閣出版、二〇一六年)を参照。

〔補注3〕この点は、斎藤英喜「呪詛神の祭文と儀礼――「呪詛祭」の系譜といざなぎ流「すその祭文」をめぐって」（ルチア・ドルチェ＋松本郁代編『儀礼の力』法藏館、二〇一〇年）がその後の展開である。

〔補注4〕しかし、その後、いざなぎ流を伝える地域でも、江戸時代末期の年号がある土御門家の「許状」が発見されたことで、「陰陽師」を名乗る人びとのいたことが判明した。詳しくは、小松和彦『いざなぎ流の研究――歴史のなかのいざなぎ流太夫』（角川学芸出版、二〇一一年）参照。本書の研究史的意義については〔補論2〕で論じた。

〔補注5〕『いざなぎ流 祭文と儀礼』二〇〇二年版の書評として、神田より子（『山岳修験』三一号、二〇〇三年）、小池淳一（『宗教研究』七九巻三四四号、二〇〇五年）、梅野光興（『日本民俗学』二七八号、二〇一四年）がある。

〔補論2〕 民俗学はいかに〈歴史〉を記述するか
——小松和彦著『いざなぎ流の研究 ——歴史のなかのいざなぎ流太夫——』を読む

陰陽師の民間的残存の姿を伝えるとして、高知県旧物部《ものべ》村《そん》（現・香美市物部町）の民間信仰「いざなぎ流」は、今や多くの人の知るところとなった。その先鞭をつけたのが、小松和彦氏の『憑霊信仰論』（伝統と現代社、一九八二）であることは、あらためていうまでもないだろう。そこには平安時代や中世の説話集に伝わる安倍晴明の活躍さながら、「いざなぎ流太夫」と呼ばれる宗教者たちによる呪詛返しや式神（式王子）の呪法などが、この現代の山間村落に伝えられていたことが鮮やかに描き出されたのである。そして、この著作が、柳田国男以降、定式化した「常民の民俗学」とは異質な、呪い・祟り・憑きもの・異人などの「負の民俗社会」への眼差しを切り開いていった民俗学のニューウェーブとして、今も多くの読者に読み継がれていることは、周知のところだろう。

一方、『憑霊信仰論』が刊行されて以降、九〇年代から新世紀にかけて「陰陽道」や「陰陽師」の歴史的研究が飛躍的に進展していった。平安時代の陰陽道研究とともに、目覚しく研究が展開したのが江戸時代における「陰陽道」「陰陽師」の歴史的な実態である。

そこでは、安倍晴明に発する陰陽道の「宗家」である土御門家が、地方の陰陽道系の宗教者に「許状」＝営業保証を与え、その対価として金銭を貢納するという「本所支配」の体制の成立過程が明らかにされた。それは地方社会における「陰陽師」の実態研究とともに、朝幕関係論、身分的周縁論という近世史研究のトレンドなテーマとも結びつくことで、多くの研究成果をうむことになったのである。[1]

けれども陰陽師の民間的残存とされる「いざなぎ流太夫」に関して、近世陰陽道の歴史的な研究と直接結びつく成果は、残念ながらほとんど出ることはなかった。[2]なによりも、いざなぎ流に関する歴史資料の欠如ということが大きく影響しているが、それ以上に「いざなぎ流」なるものの複雑さや特異さが、これを「歴史」の文脈のなかに位置付けることの困難さを招いたともいえよう。

さて、こうした研究状況のなかに打ち出されたのが、「歴史のなかのいざなぎ流太夫」の副題をもつ『いざなぎ流の研究』（以下、「本書」）である。ここで初めて「いざなぎ流太夫の先祖たち」という形で、中世から近世、そして近代に至るまでの、歴史のなかのいざなぎ流太夫の実像が明らかにされていったのである。歴史資料にもとづきながら「いざなぎ流太夫の先祖」を探究していく試みは本書以前にはないという著者の自負は、なによりも本書を読む者を圧倒しよう。

ただし重要なポイントは、本書が多数の歴史資料を駆使することで、一見「歴史学」の側にシフトしたように見えながら、ここに提示されるのは、あくまでも民俗学の側から〈歴史〉はいかに記述しえるのかという問題意識である。それは近年の民俗学が〈歴史〉をどう論じるのか、という先端的なテーマ[3]とリンクしていることは間違いない。本書は、八十年代において新しい民俗学の旗手であった小松氏が、さらに二十一世紀初頭における民俗学が抱える最新の問題に切り込んでいった著作と位置付けてもいいだろう。

まずは本書の目次を掲げておこう。

序　章　いざなぎ流とはなにか
第Ⅰ部　槇山の社会と生活を素描する
第Ⅱ部　槇山の歴史を探る
第Ⅲ部　いざなぎ流太夫の先祖たち
第Ⅳ部　平家落人伝説と太夫たちの祭祀活動
第Ⅴ部　いざなぎ流太夫の近代
終　章　いざなぎ流信仰の遡源と形成をめぐって

「いざなぎ流」を伝える旧物部村は、かつて「槇山《まきやま》」と呼ばれていた。まず「槇山」という地域の社会、民俗的な生活の概要に始まり、中世から近世にかけてのこの地域の支配者の動向を明らかにし、支配者たちの動向と密接に繋がる「いざなぎ流太夫」の先祖の姿へと迫っていくというのが、本書の流れである。直接「いざなぎ流太夫の先祖」の歴史的な実態を探る第Ⅲ部、第Ⅴ部が本書の中心となることは、いうまでもない。

そこで中世にあっては、槇山の有力名主（在地小豪族）の支配シンボルである槇山惣鎮守社の祭祀を司った「惣の市」や「勾当《こうとう》」という神職名をもつ神主・社人、さらにその周辺で活動した僧侶、祈禱師たちが、「いざなぎ流太夫」の先祖として推定される。そして近世の幕藩制社会では神社祭祀を担った中世以来の神主たちは、それを「株」化し、村役人が承認するかたちで維持され、一方、病人祈禱系の宗教者は土佐藩から公認された博士支配下の「博士」としての職分を獲得したことが明らかにされていく。

つまり「いざなぎ流太夫の先祖」は、神社祭祀を担う「神主」系と、病人祈禱などを担当とする「博士」と呼ばれる系統とが複合していくなかで形成されていくことが、歴史資料にもとづいて解明されていくのである。

ところでここで問題となるのが「陰陽師」である。従来、いざなぎ流を伝える「槇山」地域には、土御門家の本所支配を受けた「陰陽師」の姿が見られず、土佐藩に支配された「博士」がいざなぎ流太夫の「先祖」と考えられてきたのだが、本書のなかで、文政四年（一八二一）あるいは文化十年（一八一三）という年号をもつ、土御門家から出された「陰陽師」の許状などの史料がいざなぎ流の太夫の家から発見されたのである。これは近世陰陽師の組織化の歴史から見れば、寛政三年（一七九一）の陰陽師組織加入を定めた全国触れの発令以降、土御門家の本所支配が、土佐藩の「槇山」という地方にも及んでいたことを証明する実例ともなるわけだ。さらに本書では、土御門家から「陰陽師」を認定された人物が、祖父の代までは「神主」としての仕事に就いていたことや、あるいは「博士」の株を売り買いしていたなどという実態も明らかにされていくのである。この点について本書では次のようにいう。

> こうした許状は、能力に応じて与えられるものというよりも、むしろ金銭によって購入できるものであった。このため、宗教者のあいだでは「許状」（神社神主株、博士株、陰陽師株）の売買もされていた。したがって、博士だからといって弓祈禱が得意だとは必ずしもいえず、陰陽師だからといって筮竹《ぜいちく》や算木《さんぎ》を用いた占いが得意だったとは限らない。
>
> （終章「いざなぎ流信仰の遡源と形成をめぐって」628頁）

　歴史資料のなかに記録される「神主」「博士」あるいは「陰陽師」という存在は、あくまでも公的な権力が与える社会的な存在形態なのである。彼らが「いざなぎ流太夫の先祖」に繋がるとしても、しかし本書がこだわる「いざなぎ流太夫の先祖」とは、「公権力から見てどのような存在形態をとろうとも、この地域に伝承されてきた信仰知識を伝承する者たち」のことだと、区別されていくのである。つまり幕藩権力によって認定された神主・博士・陰陽師という職分の向こう側で、この地域で伝承されてきた「信仰知識」をもって活動していた宗教者こそが「いざなぎ流太夫の先祖」であった、というわけだ。ここにこそ、歴史資料から見えてくる社会的存在をあつかう歴史学にたいする、民俗学（とりあえずそう呼んでおく）としての本書の立ち位置が示されるのである。すなわち――、

> 私は、右に挙げた神主や博士、陰陽師、修験のいずれも、現在のいざなぎ流太夫の先祖たちであった可能性が高いと考えている。しかし、それは彼らがしっかりとその伝統的な信仰知識を継承している、という条件つきである。私はまた、彼らの弟子や未公認の宗教者たちもいざなぎ流の太夫の先祖たちである可能性が高いと思っている。しかし、これもやはり、彼らがこの地域に伝承されていた信仰知識を伝承しているという条件つきである。
>
> （第Ⅲ部・第三章「『政典条例』に記された幕末期の宗教者たち」307頁）

そして、問題はまさしく「その伝統的な信仰知識」、「この地域に伝承されていた信仰知識」という民俗学があつかう信仰世界が、神主や博士、陰陽師、修験などの「公権力」が与える存在形態と関わりながら、どのように形成されてきたかを歴史的に解明することに

あろう。ここにこそ民俗学に問われる〈歴史〉の問題が浮上してくるのである。ただし、残念ながら本書では、「この地域に伝承されていた信仰知識」の歴史的な生成に関しては、多くは触れられていない。それは本書に続く第二巻「いざなぎ流の祭文と祭儀」の課題ということになるだろう。

もうひとつ本書の眼目となるのが第V部「いざなぎ流太夫の近代」である。これまで漠然と古い時代からの名称と思いこまれてきた「いざなぎ流」が、じつは近代のなかで作り出された、という衝撃的な事実が明らかにされていくからだ。

すなわち明治維新以降、幕藩体制のなかで保証されていた神主・陰陽師・博士・修験という社会的な身分が解体されていくなかで、彼らの多くは明治九年（一八七六）に創成された教派神道のひとつ＝「神道修成派」に加入していく。太夫たちの神道修成派の加入については、名目上のことにすぎないとして、ほとんど問題とされてこなかった事実だ。

しかし本書は、「神道修成派」の加入によって外部の信仰知識と接触するなかで、自分たちの信仰知識を他のものと区別するために、それまでは祈禱法のひとつの名称でしかなかった「いざなぎ法」「いざなぎ流」を、自分たちの信仰知識総体をあらわす名称として使いはじめたことを推定していくのである。「いざなぎ流」の呼称は、漠然と古くからあったのではなく「近代」が作り出したもの、というわけだ。

さらにその過程で、近世において「神社神主」が担った祭祀系の知識と「博士・陰陽師」に伝承された占い・祈禱系の知識をも総合化した「いざなぎ流」という信仰・祭祀体系が成立したのではないか、という問題へと展開していく。つまり現在見られるような、「すその取り分け」から始まり「荒神鎮め」で終わる、室内を主な祭礼の「舞台」とする、儀礼分節から構成された複合的な祭祀構造や、それをひとりの太夫が行なうといった形態は近代における「いざなぎ流」の成立と不可分に関わる、というわけだ。

こうした議論の流れも、それまで「伝統的」「民俗的」と認識されていた信仰形態が、じつは近代のなかで作り出されてきたことを解き明かしていく、近年の民俗学の研究動向ともクロスするともいえよう。

しかし、あらためて問題となるのは、近代において「いざなぎ流太夫」として総合化される、「神社神主」や「博士・陰陽師」という近世の公権力の与えた社会的な職分の区別が、彼らのもつ信仰知識や祭祀作法の区別とどれほど重なっているのか、という疑問である。まさに「この地域に伝承されていた信仰知識」の実態である。この点について、じつは本書のなかに興味深い事例が紹介されている。

旧神主家である坂本家の文書群のなかに、「大山鎮法」といった鎮め系の作法・呪文の類い、また「祈禱身がくいの法」「天神たがねのくじ」「火ををこす法」「しきをもどす法」「荒神くじ」「しきをうつ方、あげる方」「しきをうつ方、もどす方」「十りせきあげの法」

などが記されていた。それはまさしく「いざなぎ流」の法文・式法・まじないの類いにあたる。これらは博士・陰陽師系の宗教者が使用するものだが、それを惣鎮守公士方大明神社に奉仕する神主家が伝えていたのだ。そこから、本書は以下のようにいう。

神社神主たちも代々「式法」を含めた祈禱・まじないの知識を大切にしていたことがわかる。さらにこの事実を敷衍させていえば、この地域の神社神主たちは、祭礼に奉仕するだけではなく、そのかたわらでは式法を用いて祈禱もする祈禱師であったということになるだろう。（第Ⅲ部・第四章「神主―仙頭村坂本神主家文書を中心に」314頁）

たとえば「神主」が執行する重要な祭儀の対象として「御崎神」がある。御崎神は特定の旧家に祭られる重要な神格であり、その神を対象とした「神楽」が行なわれる。しかしその一方で太夫が伝える「法文」に「御崎敷《おんざきじき》」というものがある。祭祀される御崎神を式王子（式神）の一種へと変換させ、太夫の使役神にする式法だ。あるいは家の先祖霊を神にする「みこ神」の場合も、「四方立のかこい」という護身法に使役される「巫神《みこがみ》小八幡」なるものに変換される呪法もある。みこ神はもともと太夫の死後の神格化と考えられるので、みこ神に取り上げた太夫自身が、自分の護身法の神として使役するのは、ごく当たり前であったようだ。さらには山の神、水神、天神などの祭祀や神楽の対象とされる神々も、

「山の神のさわら敷」「水敷の法」「天神九代の行《おこない》のうら敷」「天神血花《ちばな》くづし」などなどといった、式法の神＝式王子へと変換させる法文の資料が膨大に伝わっているのである。(4)

このような祭祀・神楽／呪術・祈禱の複合的な構造は、いざなぎ流の信仰世界の魅力であり、それこそが「神楽と祈禱」、「祭祀と芸能」といったような近代の学術知が作り出した分類概念を崩していくような「実践」「現場」の世界であろう。問題は、そうした「いざなぎ流」の信仰実践、祭祀現場、すなわち「この地域に伝承されていた信仰知識」が、どのような歴史的な生成過程をへてきたか、という冒頭の問いにもどることになる。

この問題への解答は、本書に続く第二巻まで待つしかないかもしれないが、しかしそうした「問い」が提出しえるのは、「歴史のなかのいざなぎ流太夫」を解明してきた本書の成果によることはいうまでもない。いざなぎ流の研究が、本書によって、あらたなステージへと転回していったことを再度、確認しておこう。

注

（1）代表的なものとしては、木場明志「近世日本の陰陽道」「近世土御門家の陰陽師支配と配下陰陽師」、高埜利彦「近世陰陽道の編成と組織」（木場明志編『陰陽道叢書』名著出版、一九九二年、に収録）、林淳『近世陰陽道の研究』（吉川弘文館、二〇〇五年）、梅田千尋『近世陰陽道組織の研究』（吉川弘文館、二〇〇九年）など。
（2）しかし近世陰陽道の研究をすすめた木場明志に、いざなぎ流太夫と「博士」との関係を論じた初期の成果「民間陰陽師の咒法」（大谷大学国史学会編『論集　日本人の生活と信仰』同朋舎出版、一九七九年）がある。
（3）最近の研究としては、市川秀之『「民俗」の創出』（岩田書院、二〇一三年）、中野洋平「民間宗教者と地域社会」（八木透編『新・民俗学を学ぶ』昭和堂、二〇一三年）など。
（4）第二章、第三章、第五章などを参照。

祭祀調査一覧

日時	場所	目的	参加太夫	次第
昭和62年11月27日～30日	物部村別役・小松神社	鳥居立替・参道改修の願立てにたいする願ほどき（第一章、参照）	中尾計佐清・中山義弘・小松豊孝・伊井阿良芳ほか	27日・取り分け／28日・取り分け続き、供養柱鎮め／29日・湯神楽、山の神祭祀／30日・礼神楽、小松神社様への本神楽、舞神楽、鎮め、座祝い
平成元年1月16日～19日	物部村山崎・半田宅	巫神の迎え神楽	中尾計佐清・中山義弘・小松豊孝・伊井阿良芳・宗石留清ほか	16日・取り分け／17日・精進入り／18日・湯神楽、礼神楽、御崎様の本神楽、オテントウ様の本神楽、恵比寿の神楽／19日・巫神の迎え神楽、鎮め、座祝い
平成元年12月26日～29日	物部村別府・山中義春宅	天神様の「楽えへやげてほどかし」（第五章、参照）	中尾計佐清・中山義弘	26日・取り分け／27日・精進入り、湯神楽、礼神楽／28日、天神様の本神楽、先祖八幡の本神楽、恵比寿の神楽、鎮め、座祝い／29日・後片付け、太夫送りの祝

				い
平成2年12月21日～23日	物部村大栃・宗石計佐義宅	「地鎮屋堅め大願祈請のほどかし」（新築の家の最初の祭り）	中尾計佐清・中山義弘・小松豊孝・伊井阿良芳・宗石留清ほか	21日・取り分け／22日・山の神、金神の祭り（外庭で）／23日・湯神楽、礼神楽、天神様の迎え、天神様の本神楽、恵比寿神楽、柱鎮め、座祝い
平成3年1月6日～9日	物部村別役・小原照子宅	小天神様の迎え神楽（鍛冶をしていた主人の霊を小天神として取り上げた）	中尾計佐清・中山義弘・小松豊孝・伊井阿良芳・伊井幸夫、宗石留清・岡田喜代子ほか	6日・取り分け／7日・精進入り、大水神様の祭り、湯神楽、礼神楽／8日・御崎様の本神楽、幸夫太夫への許し、天神様の本神楽、大天神の神楽、小天神の神楽、二十三夜様の礼拝神楽／9日・恵比寿の神楽、鎮め、座祝い
平成3年9月23日、25日	物部村別府	地神の祭り	中尾貞義・中尾計佐清・中山義弘	23日・取り分け／25日・湯神楽、礼神楽、地神の本神楽、荒神鎮め、座祝い
平成4年12月6日～12日	物部村市宇・宗石梅喜代宅	お十七夜様の礼拝神楽、巫神の取り上げ	中尾計佐清・中山義弘・伊井阿良芳・伊井幸夫	6日・取り分け／7日・取り分け続き、精進入り／8日・湯神楽、礼神楽、天神様の祈り／9日・日月祭（お十七夜様）

			ほか	の棚準備／10日・日月祭の湯神楽、礼神楽、礼拝神楽／11日・天神様の取り上げ、巫神の塚起こし、取り上げ神楽／12日・巫神の取り上げ神楽、塚鎮め、西山法の大麻鎮め、座祝い
平成5年1月3日～8日	物部村仙頭～南国市福舟・小松敏明宅	引っ越しに伴い、宅神、天の神を新宅へ移す。巫神の取り上げ	中尾計佐清・中山義弘・伊井阿良芳・伊井幸夫ほか	3日・取り分け／4日・取り分け続き、神勧請、福舟への移動／5日・精進入り、湯神楽、礼神楽、御崎様の本神楽、恵比寿神楽／7日・金神の祭り、天の神のおなばれ、天の神の本神楽、舞神楽／8日・巫神の塚起こし、取り上げ神楽、柱鎮め、座祝い
平成5年3月12日～17日	物部村別役・小原台太郎宅	巫神の取り上げ（第二章、参照）	中尾計佐清・中山義弘・伊井阿良芳・伊井幸夫、宗石留清・小松千鶴子ほか	12日・取り分け／13日・湯神楽、礼神楽／14日・御崎様の本神楽、お十七夜の礼拝神楽、恵比寿神楽／15日・塚起こし、取り上げ神楽／16日・取り上げ神楽、鎮め、座祝い／17日・塚鎮め・太夫送りの祝い

平成6年12月28日、平成7年1月1日～3日	南国市福舟・小松敏明宅	巫神の迎え神楽	中山義弘・伊井阿良芳・伊井幸夫ほか	（取り分けは平成6年12月28日・未見）1日・精進入り、湯神楽／2日・礼神楽、巫神の迎え神楽／3日・天の神の神楽、天の神のおなばれ、恵比寿神楽、鎮め、座祝い
平成7年12月28日、平成8年1月2日～8日	物部村別役・小原台太郎宅	巫神の迎え神楽、日月祭（断章2、参照）	中山義弘・伊井阿良芳・伊井幸夫ほか	（取り分けは平成7年12月28日、精進入りは2日、未見）3日・湯神楽／4日・礼神楽、巫神の迎え神楽、神霊が小原徳恵にかかる、神霊の取り外し祈禱／5日・巫神の迎え神楽、恵比寿神楽／6日・日月祭の準備／7日・日月祭の湯神楽、礼神楽、お十七夜の礼拝神楽、鎮め、座祝い／8日・太夫送りの祝い
平成8年1月8日～12日	物部村岡ノ内・公土方神社～別役崎岩	山火事にたいする大山鎮め	小松為繁・宗石力男・森安正芳・伊井阿良芳・伊井幸夫ほか	8日・取り分け／9日・取り分け続き〈小松為繁・宗石力男・森安正芳らを中心に行なう〉（10日、11日の行事は、未見）／12日・別役崎岩での大山鎮め〈伊井阿良芳・伊井幸夫による〉

平成9年6月23日～24日	物部村市宇土居	大山鎮め	小松豊孝・中山義弘	23日・取り分け／24日・供養柱鎮め、大山鎮め、座祝い
平成11年3月1日～4日	物部村市宇・十二社神社	十二社神社の最後の大祭、日月祭（序章、参照）	小松豊孝・中山義弘・伊井阿良芳、小松為繁・宗石力男・森安正芳ほか	1日・取り分け／2日・精進入り／3日・湯神楽、村荒神、山の神の祭り、礼神楽、神社様の本神楽／4日・日月祭、お十七夜の礼拝神楽、鎮め、座祝い
平成13年2月2日～9日	物部村別府土居	天の神、日月祭	中山義弘・伊井阿良芳・伊井幸夫ほか	（2日、取り分け／4日・精進入り、湯神楽／5日・礼神楽、本神楽、巫神の迎え神楽／6日・巫神の迎え神楽、若宮いくさ八幡の神楽／7日・恵比寿の神楽、天の神の神楽、未見）8日・株木鎮め、日月祭の準備／9日・日月祭の湯神楽、礼神楽、お十七夜の礼拝神楽、鎮め、座祝い
平成16年1月6日～13日	物部村瀬次郎、山田。小原照子宅	宅神の引越し。日月祭	中山義弘、伊井阿良芳、伊井幸夫、小松徳喜、	6日・取り分け／7日・宅神の引越し、氏神への挨拶（於・瀬次郎）／9日・精進入り、湯神楽／10日・礼神楽、本神楽、

			半田利張、宗石計佐義、小松千鶴子、佐竹美保	巫神／11日・大天神、小天神、恵比寿／12日・二十三夜の棚など準備／13日・湯神楽、礼神楽、二十三夜の礼拝神楽（日月祭）、神送り、座祝い
平成17年1月4日〜7日	福舟。中尾憲夫宅	中尾計佐清霊の取り上げ神楽	中山義弘、小松豊孝、小松徳喜、伊井阿良芳、伊井幸夫、半田利張、宗石計佐義、小松千鶴子、小原台太郎	4日・取り分け／5日・精進入り、湯神楽／6日・礼神楽、先祖八幡の本神楽、恵比寿神楽／7日・塚起こし、迎え神楽、神送り、座祝い
平成20年1月5日〜8日	福舟。中尾憲夫宅	中尾計佐清（神護重正八幡の巫神）の迎え神楽	伊井阿良芳、伊井幸夫ほか	5日・取り分け／精進入り、湯神楽／7日・礼神楽、先祖八幡の本神楽／8日・恵比寿神楽、神護重正八幡の巫神の迎え神楽、神送り、座祝い
平成28年10月15日〜17日	仙頭。祈禱殿	日月祭	小笠原謙二、森安正芳ほか	15日・取り分け／16日、湯神楽、礼神楽、オンザキの本神楽／17日、お十七夜の礼拝神楽

初出一覧

＊本書は、以下の既出論文をベースに、あらたに書き下ろした。

山ノ神祭文考――伊弉諾流の儀礼と祭文・序章（神語り研究会編『神語り研究』第三号、春秋社、一九八七年）→**第一章**

巫神祭祀考――いざなぎ流祈禱と神楽の世界（『椙山女学園大学研究論集（人文科学編）』第二十八号、一九九七年）→**第二章**

祭儀と祭文――物部村いざなぎ流（『岩波講座　日本文学史』第十六巻、岩波書店、一九九七年）→**第五章**

表のなかに裏あり――いざなぎ流「天神の祭文」と「天神法」（『椙山女学園大学研究論集（人文科学編）』第二十九号、一九九八年）→**第五章**

いざなぎ流の祭文と祈禱儀礼（口承文芸学会編『口承文芸研究』第二十一号、一九九八年）→**第一章、第三章**

書評「髙木啓夫著『いざなぎ流御祈禱の研究』（日本民俗学会編『日本民俗学』220号、一九九九年）→**第三章、第五章**

いざなぎ流「太夫」考――「御崎神」の祭文と神楽をめぐって（待兼山比較日本文化研究会編『比較日本文化研究』第六号、二〇〇〇年→**第三章**

神楽と祭儀のシャーマニズム（共著『シャーマニズムの文化学』第十章、森話社、二〇〇一年）→**断章2**
土佐いざなぎ流と晴明――陰陽師の呪術世界（『文藝別冊・安倍晴明』河出書房新社、二〇〇一年）→**第五章**
いざなぎ流「天刑星の祭文」と病人祈禱の世界（福田晃編『巫覡盲僧の伝承世界　第二集』三弥井書店、二〇〇二年）→**断章1**
いざなぎ流――「呪咀の祭文」と民間陰陽師の系譜から（『国文学・解釈と鑑賞』至文堂、二〇〇二年六月号）→**第四章**
祭文・神楽・太夫――高知県物部村「いざなぎ流」の世界（時田アリソン、薦田治子編『日本の語り物――口頭性・構造・意義』国際日本文化研究センター、二〇〇二年）→**序章、第三章**
「いざなぎ流」研究史の総括と展望（『宗教民俗研究』第十四・十五号、二〇〇六年、日本宗教民俗学会）→**〔補論1〕**
小松和彦『いざなぎ流の研究――歴史のなかのいざなぎ流太夫――』書評（『京都民俗』第三十・三十一号、二〇一三年、京都民俗学会）→**〔補論2〕**

図版一覧

＊とくに記載のない図版は著者の撮影による。

あとがき——すこし長々と

いざなぎ流太夫・中尾計佐清さんの逝去の知らせは、二十世紀最後の年も押し詰まった十二月三日の朝早くに届いた。入院先の病院で二日の深夜、逝去された。享年八十八。

それから一週間ぐらい後、ぼくは、高知県立歴史民俗資料館の梅野光興さんとともに、計佐清さんの墓参りに行った。お墓は、自宅を見下ろす山の斜面にあった。そこから山々のあいだを流れる物部川を見下ろすことができる。計佐清さんの家の部屋で、太夫から「いざなぎ流」の教えを聞きながら、いつも眺めていた風景だ。

亡くなった計佐清さんは、太夫の綾笠をかぶり、手には太夫道具の小刀や錫杖などの木製の模型を持ち、お棺に入って、土葬された。それは太夫が亡くなったときの、古くから伝わる葬り方という。計佐清さんは文字どおり「いざなぎ流太夫」として、「浄土の地獄」へ旅立ったのである。お墓に案内してくれた計佐清さんの奥さんが、ぽつりとつぶやいた。「斎藤さんとも長い付き合いじゃったね……」。

計佐清さんのお墓のまえで、ぼくの「いざなぎ流」との長い付き合いが終わったことを実感した。ぼくにとってのいざなぎ流は、何よりも計佐清太夫との付き合いのなかにあったのだから。計佐清さんが亡くなった今、ぼくのいざなぎ流は終わった。だからあとは、一日も早く、自分の「いざなぎ流」の世界を本にまとめるだけだ。でも、そんな思いを抱きながら、結局、本が完成するまでにそれから二年もかかってしまった……。

墓参りをした夜は、計佐清さんの自宅を見上げる場所にある別府峡の温泉に泊まった。いざなぎ流の祭儀の調査のときに度々泊まる宿でもある。その夜は、いろんなことを思いだしていた。何よりも、はじめて計佐清さんのもとを訪ね、別役の小松神社の祭儀を見せてもらったときのこと。鬱蒼とした木々に囲まれた神社の境内。そのなかの一室で繰りひろげられた取り分けの儀礼。あるいは神社の拝殿のなかでの神楽。薄暗い蠟燭の明りのなかで聞かされた、神々や霊物たちの世界と呪法の力の話。そして、夜、神楽を舞った「神前」、まだ神々の息遣いが残っているような拝殿のなかに布団をならべ、太夫さんたちと寝た時間——。

結局、あのときの鮮烈な体験が、そのあと何年にもわたって、ぼくをいざなぎ流の世界に導いた原動力であったのはたしかだ。小松神社の祭儀は、計佐清さんにとっても重要な「試業」（修行）であったという。小松神社の祭儀のあと、計佐清さんから届いた手紙にはこう記されていた。

お互に神前で試業させて戴きました事わ、本当有難い事だと思います。私、中尾も山川供に夜る日る試業わ致しました、が神前で試業させて戴いた事わ今度が最高試業でありました。

小松神社様の祭主であり、信仰の深い氏子でありばこそ、神前試業も御許が有ッたのだと中尾わ信じてやみません。是レからも「神を信じ」氏子の御用の時は何にでも、いとわず務め人の為につくし度いと思って居ます。

そして太夫から届く手紙の末尾にはいつも「あせらず勉強。学んで下さい」、「聞けば聞くほど、見れば見るほどむずかしく成りますのであせらずに勉強して下さい」、「これから長い年月を勉強するのですから、あまりあせらずにたゆまず勉強して下さい。其内ぐんぐんとわかって来るでしょう」という一文が付いていた。ぼくにとっての「いざなぎ流の調査」は、まさしく計佐清太夫のもとでの「試業」へと、どんどん深まっていったのだ。それは太夫を通して神々や諸霊の世界に分け入っていく、一種の「宗教体験」でもあったともいえる。

本の「あとがき」ということで、何やら思い出話めいたことを書き連ねてきた。けれども、ぼくとしては、こうした自分自身の「宗教体験」と「研究論文」としての文体や記述をまったく切り離すのではなく、どうやってそれを架橋させることができるのか、宗教世界やその体験を論じる「研究論文」はどのようなスタイルが可能なのか、そうした問題を抱えながら本書が書かれたことを、ここであらためて確認したかったのだ。それは序章に記したように、宗教学や人類学、民俗学などの学問内部でも問われれはじめている、きわめて現在的な主題である。

前に出した「いざなぎ流」についての本（『いざなぎ流　式王子』新紀元社、二〇〇〇年）のときは、「一般書」ということで、けっこう自由な文体で、それこそ「物語風に」書くことができたが、今回のこの本では、そのときの「自由な文体」で書けた世界を生かしながら、それをいかに「研究論文」というスタイルで記述しうるかということが、「研究者」としての自分にとっても大きな課題であった。どれだけうまくいったかどうかは、ふたつの本を読み比べていただいた読者の判定にお任せするしかない。

それにしても、この本の刊行までには、じつに多くの人々との出会いがあった。いうまでもなく、いざなぎ流の太夫さんたち——。

計佐清太夫の直弟子（一の御弟子）である中山義弘さん。計佐清さん亡き後、「中尾伝」の法流の文字どおりの継承者となられ、今、その貫禄たるや、在りし日の計佐清さんを彷彿させるものがある。計佐清さんたちとは流儀は異なるが、病人祈禱のエキスパート・伊井阿良芳さん。阿良芳さんからは、計佐清太夫とはちがう「いざなぎ流」の世界の一端を教えていただいた。飄々とした「一匹狼」の阿良芳太夫の姿は、計佐清さんとはまた異なった魅力に溢れていた。そして阿良芳さんの息子・幸夫さん。計佐清さんに正式な弟子入りをする「許し」の儀式に立ち会わせていただき（あのときは正直ちょっと羨ましかった）、年齢もぼくなどと近いせいか、年長の太夫さんたちとは話せないようなこともいろいろ教えていただいた。また大栃在住の太夫・小松豊孝さん。華麗な舞神楽を見せてくださった豊孝さんは、近年、自ら筆をとって「いざなぎ流」の式法次第の解説書を書き進められている。その書物からは、計佐清太夫からは学びえなかった、様々なことを学ぶことができ、本書でも利用させていただいた。これからの「いざなぎ流研究」にとって欠かせない資料となることはまちがいない。また計佐清さんに弟子入りした「霊能者」の岡田清代子さん。母上で、日光院の修験の法流を継ぐ小松千鶴子さん。岡田さんには、なぜぼくが「いざなぎ流」の世界に入ったかを占ってもらった……。

別役の小松神社のとき以来、お世話になった計佐清さんの長女の友子さん。友子さんは、お祭りのとき、太夫さんたちの食事の準備、御膳の後片付け、お茶の用意などを、ぼくの尻をたたくようにして手伝わせて、少しでも家の人々に負担をかけないように配慮してくれた。そして祭りを行なう家や地域の方々。とくに別役の小原台太郎さんのお宅のときには、別役中の人々が暖かく迎えてくれた。小原徳恵さん、小原照子さん、小松繁利さん……。

そして「いざなぎ流の調査」の後半期、一緒に調査を進めることになった、高知県立歴史民俗資料館の学芸員・梅野光興さん。まったく「天性のフィールドワーカー」というべき彼の存在は、口下手で人見知りをするぼくにって、ほんとに大きな援軍であった。また彼の運転する車に乗せてもらって、どんな山奥の場所にも調査に行くことができた。さらに歴史民俗資料館が一九九七年に行なった「企画展・いざなぎ流の宇宙」のときは、髙木啓夫氏、小松和彦氏、山本ひろ子氏とのシンポジウムをプロデュースされたが、それにパネラーとして参加させてもらえたことや、また彼との共同編集となった『いざなぎ流祭文帳』の刊行が、ぼくの「いざなぎ流研究」の大きな展開になったことはたしかだ。彼は、いまや「いざなぎ流研究」にとって欠かせない同志であり、大切な友人の一人である。

この本の直接的な仕掛け人である法藏館編集部の戸城三千代さん。戸城さんは入社したてにもかかわらず、仏教専門の老舗出版社である法藏館から「いざなぎ流」の単行本を出版するという「前代未聞」の企画を出し、上別府茂編集長を説き伏せ、ついに実現させてしまった。さらに企画が通ったにもかかわらず、なかなか原稿を書かないぼくに、やんわりと、あるときは脅しつつ催促し、そして原稿がでると、それをチェックし、わかりにくい部分をすべて書き直させるという作業をしてくれた。その意味では、彼女は本書の生みの親であり、育ての親でもある。本の刊行は編集者との共同作業なのだということを、まさしく実践してくれたのである。

平成十三年（二〇〇一）の物部村別府の「天の神」の祭りは、梅野さん、戸城さん、そして友人の説話・伝承学研究者の武田比呂男さんと一緒に見学した。祭りのあと、その面々と、計佐清さんの生家（計佐清さんの生家は「半田」姓。子供のときに養子となった）を訪ねてみようと、物部村舟ケ谷の細い山道を汗をかきながら登っていった。山の急斜面にへばりついたような一軒の家のまえに、やっとでた。たまたま家のまえで野良仕事をしていた婦人に話しを聞くと、その家は、計佐清さんの師匠の一人である半田三郎さん（計佐清太夫の一つまえの世代の著名な太夫）の生家であった。計佐清さんは中尾の集落から、今登ってきた山道を同じように歩きながら、三郎師匠のもとに通い、いざなぎ流の「試業」を積んできたのだ……という思いにかられ、戸城さんはひじょうに感動していた。この本は、編集者としての戸城さんにとって、計佐清太夫が課してくれた「試業」だったにちがいない。

さらに校正の作業をしていただいた森ひろし氏。森さんとは、じつはただならぬ因縁の間柄でもあった。また法藏館からの刊行については、中村生雄氏からの熱い支援をいただいた。そして本書の企画を認めていただいた上別府編集長。あらためて感謝を。

最後に（いや、ほんとは最初に）、小松和彦氏の『憑霊信仰論』。あの本がなければ、ぼくが「いざなぎ流」に出会うことはなかった。小松和彦氏からは、高知県立歴史民俗資料館の「いざなぎ流シンポジウム」、国際日本文化研究センターの「語り物」の共同研究、また名古屋のＩＮＡＸギャラリーでの公開対談などで、直接多くの教示をいただいた。それにしても、奇しくも『憑霊信仰論』が刊行されてからちょうど二十年目に、ぼくのこの本が出る。『憑霊信仰論』が提示した「いざなぎ流」の世界の奥深さを、二十年後の今、本書はどれほど展開させることができただろうか。

さて、計佐清太夫は、今、遠い地の底で眠っている。だが、あと何年かのうちに、計佐清さんの霊は、墓から起こされ、三五斎幣に迎えられ、行文行体の神楽によって、「巫神」として祭られることになる。この本が、あの世から計佐清さんの霊を迎える「いさみの花」の一つになってくれれば、「不肖の弟子」にとって、これほどの喜びはない。

二〇〇二年十一月　京都・紙屋川ぞいの下宿で

斎藤英喜

計佐清太夫、巫神となる——文庫版あとがきにかえて

五色の紙シデが垂れさがった綾笠をかぶると、とたんに世界が変わって見えはじめた。視界が無数の紙シデで遮られているせいだけではあるまい。そして長い神楽幣をもち、体を左右に揺すりながら、阿良芳太夫がリードする本神楽の唱文を一緒に唱えはじめると、たしかに別次元に誘われるような、不思議な感覚になっていた……。

平成十七年（二〇〇五）一月四日から七日にかけて、中尾計佐清太夫の「巫神」の取り上げ神楽が行なわれた。場所は計佐清さんの長男の憲夫さんの自宅。本主は一番弟子の中山義弘太夫が勤めた。塚起こしも無事にすみ、行文行体、水ぐらえの神楽で計佐清太夫の霊は「神護重正八幡《かみもりしげ》」の巫神となった。

そして、それから三年後の平成二十年（二〇〇八）。一月五日から八日、「神護重正八幡」の巫神となった計佐清さんを、正式な家の神として迎える祭りである「迎え神楽」が行なわれた。本主は伊井阿良芳太夫。そのとき阿良芳太夫から、長年、計佐清さんに教えを受けてきたのだから、最後の迎え神楽に参加するようにと促されて、伊井幸夫さんから

図56　計佐清太夫の巫神迎え神楽。右端筆者

太夫道具の笠と浄衣（なんと幸夫さんが計佐清太夫から譲られた浄衣）を借り、そして憲夫さんから譲られた計佐清太夫の数珠を護りにして、神楽の役者に加わったのだった——。

天竺十三川、百三川から行ない降ろした清めの水を神楽の役者が杓子で杓って、一万歳とも位があがっていくようにミコ神に注いでいく……。それを十二回繰り返して、十二万歳となり、神護重正八幡の巫神が神楽のお山にあがり、御ご酒を召され、ニカニカ嬉し、と喜ぶようにと唱えていく。そして水ぐらえが終わると、阿良芳太夫がクジをとる。神護重正八幡の巫神となった計佐清さんが「よき喜び」で神の座にあがったかどうかを伺うのだ。すごい緊張。僕などが神楽の役者に加わっていて、もし「不満」と出たらどうしよう。

でも無事にミクジをいただき、神護重正八幡の巫神は「よき喜び」で先祖八幡様の「右脇神楽のお山」へとあがり、正式な家の神として迎えられたのだった。

神楽の最後は、立ち上がって舞いあげ。舞うわれわれにむけて、家族や親族のひとたちがシキビの葉を撒き散らす。「あがった、あがった、良かったね」と巫神さまとなった計佐清さんへの喜びの声があちこちから聞こえてくるのだった――。

それにしても、いざなぎ流の「調査」に入って、二十年目の年、計佐清太夫の巫神祭祀の最後の神楽に正式な形で参加できるなんて、ほんとうにどんな言葉で表現したらいいのだろうか。僕と計佐清さんとのあいだの「いざなぎ流」をめぐる物語の終章が、こんなシーンで閉じられるとは……。

さて、それから十一年後、二〇一九年に、『いざなぎ流　祭文と儀礼』の文庫版を出すことになった。初版が出てからちょうど十七年目だ。久しぶりに最初から終わりまで通して読み返してみて、まったくの自画自賛でしかないけれど、ほんとにこの本、よく書けているなぁと思ってしまった。というか、これはこの時にしか書けなかった本で、今同じように書けと言われても、ぜったいに無理だ。本を書く、というのは、やはりその「時期」というのがあることをあらためて実感した。

したがって、文庫版としては、研究史を整理し、今後の研究の展望を述べた論文「「いざなぎ流」研究史の総括と展望」、またいざなぎ流太夫の歴史を明らかにした小松和彦氏の新著の書評を増補し、注のあとに、その後の研究成果を紹介する「補注」をつけ、本文は明らかな誤植や事実誤認の訂正、それと文章のわかりにくいところの最小限度の補筆・訂正を行なうことに留めた。

もちろん、そういっても、あらためて本書を読み直してみると、「限界」「欠点」がどこにあるのかは見えてくるし、さらにその後の十七年の「いざなぎ流」の研究の蓄積を踏まえて書き足したいところがないわけではない。とりわけ本書以降の研究としては、小松豊孝太夫の資料をベースにして、さらに物部の職能民俗との関係を論じた松尾恒一氏の『物部の民俗といざなぎ流』（吉川弘文館、二〇一一年）が刊行され、また梅野光興氏の「いざなぎ祭文の誕生」（斎藤英喜編『呪術の知とテクネー』森話社、二〇〇三年）、「天中姫宮、米の本地——いざなぎ流と巫女信仰」（国立歴史民俗博物館研究報告・142集『宗教者の身体と社会』二〇〇八年）などで展開されたいざなぎ流生成の「歴史」を問う議論は、本書では扱えなかった課題だ。それはいざなぎ流の「歴史」をどう記述するのか、という方法論の問題ともクロスする。本書の「現場」「実践」という方法論とは、自ずから異なる視野をもつ必要があるだろう。

そのことを如実にあらわしてくれるように、二〇〇二年版の刊行から九年目に、いざなぎ流の歴史的な生成という課題を真正面から論じていく著書が刊行された。小松和彦氏の『いざなぎ流の研究――歴史のなかのいざなぎ流太夫』（角川学芸出版、二〇一一）である。『憑霊信仰論』で、いざなぎ流の世界を世間に広めた第一人者による、待ちに待たれた研究書が「歴史のなかのいざなぎ流太夫」をテーマとしたことは、民俗学が「歴史」をどう扱いうるかという近年の民俗学の方法的な課題、まさしく二〇〇二年版の刊行から「十年」という研究動向ともリンクし、その刊行の意義はあらためていうまでもない。

かくして計佐清太夫の「祭文と儀礼」をテーマとした本書は、「歴史のなかのいざなぎ流太夫」から読み直されることになるだろう。

さらに、いざなぎ流研究をめぐる、その後の動向も記しておこう。まずは二〇〇九年五月、ニューヨークのコロンビア大学の日本宗教センター（ＣＣＪＲ）主宰で「陰陽道をめぐる国際研究集会」が開かれた。僕もその会議に呼ばれて「牛頭天王の変貌と「いざなぎ流」」と題した研究発表をし、また梅野光興氏も研究発表を行なった。さらに、残念ながら体調不良で不参加となったが、フランスのシモーヌ・モクレール氏も、早くからいざなぎ流に注目していた、海外研究者であった。ちなみに「陰陽道」の国際研究集会を主宰したコロンビア大学のベルナール・フォール氏もまた「いざなぎ流」に強い関心を持ち、自ら物部村を訪ねられるほどであった。研究集会には「陰陽道」に関する国内外の研究者が三十名以上集まって、議論を交わしたのだが、「陰陽道」とともに、いざなぎ流への国際的な関心の高さが実感される場でもあったことを報告しておこう。

その後、二〇一二年九月に、高知県立歴史民俗資料館の梅野光興氏の呼びかけによって、「いざなぎ流と物部川流域の文化を考える会」が発足した。九月二三日に、発足記念セミナー「いざなぎ流への招待」と題した催しものが物部町で開催され、小松和彦氏が記念講演をし、また十二年間フィールドワークを続けている和光大学の学生、そして山本ひろ子氏による報告も行なわれ、当初の予想を超える聴講者が、とくに物部の出身の方々を中心に多数集まった。

さらに二〇一二年十一月には、東京の和光大学で「いざなぎ流の研究の現在と今後」をテーマに、小松和彦、斎藤英喜、梅野光興、山本ひろ子をパネラーにしたシンポジウムが開かれた。二〇一三年十二月には、京都の佛教大学で、林淳、梅田千尋、小松和彦、斎藤英喜による「いざなぎ流と近世陰陽道――「民俗」と「歴史」の視点から」、二〇一四年五月には物部町で、小松和彦、山本ひろ子、斎藤英喜による「神々と精霊の物語――いざなぎ流祭文の世界」、二〇一四年十一月、千葉県の国立歴史民俗博物館で、松尾恒一、山本ひろ子、梅野光興による「荒神神楽といざなぎ流」、二〇一五年十月には、宮崎公立大学で、斎藤英喜、小松和彦、永松敦、梅野光興、井上隆弘による「宮崎の神楽と高知のいざなぎ流――よみがえる中世神話の世界」、そして二〇一六年五月に、物部町で、小松和彦、斎藤英喜、梅田千尋、梅野光興による「いざなぎ流研究フォーラム」が開催された。

こうした催し物は、高知県内外で「いざなぎ流」に関心をもつ一般の方たちへのメッセージとともに、多様な研究者との連携をしていくことを目的としたもので、参加者は延べ二千人を越えたという。

さらに二〇一七年十一月には、名古屋大学を会場に、「花祭×いざなぎ流」というイベントが行われた。講演会には、山﨑一司、小松和彦、山本ひろ子が登壇し、シンポジウムは「中世神道と神楽」というテーマのもと、斎藤英喜、松山由布子、星優也、小川豊生、松尾恒一が発言した。また映像資料にもとづく「鎮め」の儀礼をめぐって、梅野光興、佐々木重洋の報告、というかなり豪華なイベントとなった。どちらも立ち見が出るほどの盛況で、あらためて奥三河の花祭と高知のいざなぎ流をリンクさせた、今後の研究の方向性を提示したものといえる。

このように、二〇〇二年版が刊行された後に、いざなぎ流の研究は、新しいステージを迎え、ある意味で活況を呈したことはまちがいない。けれども、そのように「いざなぎ流」の研究が進展していったことに反して、「物部村」におけるいざなぎ流の祭儀は、相次ぐ太夫さんたちの死去、高齢化、そして「村」そのものの過疎化のさらなる進行によって、多くの太夫が結集して行なう「大祭」が行なわれることはなくなった。ついにいざなぎ流は消滅したと思われた——。

図57　2016年、最新のいざなぎ流日月祭

いや、違った。いざなぎ流の「大祭」が、なんと十五年ぶりに行なわれたのである。平成二十八年（二〇一六）十月十五日から三日間、物部町仙頭の祈禱殿で「日月祭」が執行された。担ったのは小笠原謙二太夫、森安正芳太夫と、弟子の太夫たちであった。祈禱殿とは、物部村内の旧家に祭られたオンザキ様などの宅神が、家人たちの転居などでそのままになっていたのを集めて祭った場所であった。まさに衰退していく「村」を象徴するような、あらたに作られた神域であったが、その場所こそが、いざなぎ流が「維持・再生」していく、新しい拠点ともなったといえよう。

執行者の太夫さんたちは、物部川下流域で活動した小松為繁太夫の弟子筋にあたる方たちで、じつは僕などはほとんど面識がなかった。上流域の中尾計佐清太夫の系統とは違う「伝」を伝える太夫たちであったからだ。それゆえ、執行された祭りの次第、形態も「いざなぎ流」であることは間違いないのだが、しかし、「計佐清伝」に慣れた目から見ると、何か違う、と感じてしまうのだった。さらに今回の祭祀には、小笠原太夫の弟子筋にあたる神社の神職さん、僧侶や山伏さんたちも参加して、いざなぎ流とともに、神道・修験道・密教が入り混じった、ひじょうに独特な姿を見せてくれたのだった。もちろん、いざなぎ流そのものが、混交した民俗宗教であるわけだから、今回の祭りは、その「原点」を見せてくれたともいえるのかもしれない。

さらに今回の祭りについては、後に僕が、最近流行りの facebook に情報をあげたことで、その書き方、内容をめぐって、祭りを執行された某県の神社の神職さんで「いざなぎ流太夫」となった方と、インターネットを使って、さまざまな意見のやり取りや情報交換を行なうという「後日譚」もある。若いその方は、なんと僕が書いた『いざなぎ流　式王子』（新紀元社、二〇〇〇年）を学生時代に読んで、「いざなぎ流」にあこがれて、弟子入りを目指していたという。そして今回その「夢」がかなって、正式な弟子入り＝「許し」を得たのだった。まったく研究者冥利につきる話である。しかしそれにしても、インターネットを使って、太夫さんと情報交換するというのも、新しい時代にふさわしい「いざなぎ流」の姿ともいえよう。そう、いざなぎ流は、けっして固定した「伝統」ではなく、日々、更新し、新しくなっていく「運動体」でもあったのだ。

さて、久しぶりに「いざなぎ流」のことをいろいろと思い出して書いていたら、キリがなくなりそうだ。このへんで「あとがき」も終えよう。

あらためて「法藏館文庫」の第一弾を飾ることができたことの喜びをお伝えします。そして二〇〇二年版の「産みの親」であり「育ての親」でもある戸城三千代さんに再度の感謝を。まだ新入りの身分でありながら、大胆にも法藏館から「いざなぎ流」の本を出すという、当時は誰もが驚いた「偉業」を成し遂げた戸城さんは、いまや、法藏館の中枢を担う大ベテラン編集者となられた。思えば、それは計佐清さんが課した「試業」(修行)の成果であったのだろう。巫神となる計佐清さんの取り上げにも、戸城さんは立ち会ったのだった。

文庫版という、より多くの方たちに読まれる姿に「変身」した本書は、どのような新しい読者の方たちに出会うことになるのだろうか。巫神として祭られている計佐清さんも、きっとそれを楽しみにしてくれると思う。

二〇一九年八月　涼しい夕風の吹く京都で　斎藤英喜

斎藤英喜（さいとうひでき）
1955年東京生まれ　日本大文学研究科博士課程満期退学。現在佛教大学歴史学部教授。専門は神話・伝承学。主な著書に『増補・陰陽道の神々』（思文閣出版）、『陰陽師たちの日本史』（角川選書）、『安倍晴明』（ミネルヴァ書房）他多数。

増補《ぞうほ》　いざなぎ流《りゅう》　祭文《さいもん》と儀《ぎ》礼《れい》

二〇一九年一一月一五日　初版第一刷発行
二〇二四年　三月一五日　初版第二刷発行

著　者　斎藤英喜
発行者　西村明高
発行所　株式会社 法藏館
京都市下京区正面通烏丸東入
郵便番号　六〇〇-八一五三
電話　〇七五-三四三-〇〇三〇（編集）
〇七五-三四三-五六五六（営業）

装幀者　熊谷博人
印刷・製本　中村印刷株式会社

ISBN 978-4-8318-2601-5　C1114